第 四 卷

1917—1918

孙中山全集

中国社会科学院近代史研究所中华民国史研究室
中山大学历史系孙中山研究室 合编
广东省社会科学院历史研究室

中 华 书 局

目　　录

陈母倪节孝君墓碑铭并叙(一九一七年一月一日) ……………（1）

批隆世储函(一九一七年一月一日) ……………………………（2）

致邓泽如函(一九一七年一月七日) ……………………………（2）

致□瑞石函(一九一七年一月七日) ……………………………（3）

批崇德公报社函(一九一七年一月九日) ………………………（3）

批郑占南函(一九一七年一月十日) ……………………………（4）

批卢永祥函(一九一七年一月十二日) …………………………（4）

批广州岭南学校某君函(一九一七年一月十二日) ……………（4）

批某某函(一九一七年一月十二日) ……………………………（5）

复叶独醒函(一九一七年一月十四日) …………………………（5）

批杨某函(一九一七年一月二十五日) …………………………（6）

批某某函(一九一七年一月二十六日) …………………………（6）

复宋元恺函(一九一七年一月二十七日) ………………………（6）

致邓泽如函(一九一七年一月二十八日) ………………………（7）

批某某函(一九一七年一月三十日) ……………………………（8）

致泗水中华商会电(一九一七年一月三十日) …………………（8）

复郭标函(一九一七年二月一日) ………………………………（9）

复徐统雄函(一九一七年二月三日) ……………………………（10）

致邓泽如函(一九一七年二月四日) ……………………………（11）

批中华革命党列必珠分部函(一九一七年二月五日) …………（12）

复李天如等函(一九一七年二月十一日) ………………………（12）

批某某函(一九一七年二月十七日) ……………………………（12）

批刘季谋函(一九一七年二月十九日) ⋯⋯⋯⋯⋯⋯⋯⋯⋯（13）

批陈树人函(一九一七年二月二十日) ⋯⋯⋯⋯⋯⋯⋯⋯⋯（13）

致南洋同志函(一九一七年二月二十日) ⋯⋯⋯⋯⋯⋯⋯⋯（14）

会议通则(一九一七年二月二十一日) ⋯⋯⋯⋯⋯⋯⋯⋯⋯（14）

批某某函(一九一七年二月二十七日) ⋯⋯⋯⋯⋯⋯⋯⋯⋯（15）

批吉隆坡同志函(一九一七年二月二十九日) ⋯⋯⋯⋯⋯⋯（15）

募助李萁归葬费引(一九一七年二月) ⋯⋯⋯⋯⋯⋯⋯⋯⋯（15）

批洪兆麟等呈(一九一七年二月) ⋯⋯⋯⋯⋯⋯⋯⋯⋯⋯（16）

批黄甲元函(一九一七年三月一日) ⋯⋯⋯⋯⋯⋯⋯⋯⋯⋯（17）

批林定一函(一九一七年三月五日) ⋯⋯⋯⋯⋯⋯⋯⋯⋯⋯（17）

批丁怀瑾函(一九一七年三月五日) ⋯⋯⋯⋯⋯⋯⋯⋯⋯⋯（17）

致北京参议院众议院电(一九一七年三月九日) ⋯⋯⋯⋯⋯（18）

致英国首相劳合·乔治电(一九一七年三月九日) ⋯⋯⋯⋯（19）

　　　附:同题异文 ⋯⋯⋯⋯⋯⋯⋯⋯⋯⋯⋯⋯⋯⋯⋯（20）

批某某函(一九一七年三月十五日) ⋯⋯⋯⋯⋯⋯⋯⋯⋯⋯（22）

批询北朱家桥发信人(一九一七年三月十七日) ⋯⋯⋯⋯⋯（22）

批朱某函(一九一七年三月二十七日) ⋯⋯⋯⋯⋯⋯⋯⋯⋯（22）

批包某函(一九一七年三月二十七日) ⋯⋯⋯⋯⋯⋯⋯⋯⋯（23）

批冯炎寄呈文件(一九一七年四月二日) ⋯⋯⋯⋯⋯⋯⋯⋯（23）

复徐统雄函(一九一七年四月二日) ⋯⋯⋯⋯⋯⋯⋯⋯⋯⋯（23）

祭黄兴文(一九一七年四月十四日) ⋯⋯⋯⋯⋯⋯⋯⋯⋯⋯（24）

批李墨西函(一九一七年四月十四日) ⋯⋯⋯⋯⋯⋯⋯⋯⋯（24）

致蔡元培电(一九一七年四月十四日) ⋯⋯⋯⋯⋯⋯⋯⋯⋯（25）

致邓泽如函(一九一七年四月二十五日) ⋯⋯⋯⋯⋯⋯⋯⋯（25）

致邓泽如函(一九一七年四月二十八日) ⋯⋯⋯⋯⋯⋯⋯⋯（26）

《同盟演义》序(一九一七年四月三十日) ⋯⋯⋯⋯⋯⋯⋯（26）

通告中华革命党各支分部函(一九一七年四月)…………………（27）

批某某函(一九一七年春) ……………………………………………（28）

为陈其美举殡讣告(一九一七年五月一日) …………………………（28）

致民友会同人函(一九一七年五月四日) ……………………………（29）

致黎元洪电(一九一七年五月十一日) ………………………………（29）

复段祺瑞函(一九一七年五月十二日) ………………………………（30）

致黎元洪电(一九一七年五月十四日) ………………………………（32）

致北京民友会等电(一九一七年五月十六日) ………………………（33）

致参议院众议院议员函(一九一七年五月十九日) …………………（33）

致参众两院议员电(一九一七年五月二十二日) ……………………（35）

致段祺瑞与参众两院议员电(一九一七年五月二十二日)…………（35）

批李宗黄函(一九一七年五月二十三日前) …………………………（36）

复李宗黄函(一九一七年五月二十三日) ……………………………（36）

致邓泽如函(一九一七年五月二十九日)……………………………（37）

批某某函(一九一七年三至五月间) …………………………………（37）

批陆望华函(一九一七年四、五月间) ………………………………（38）

批保定军校学生函(一九一七年四、五月间) ………………………（38）

中国存亡问题(一九一七年五月)……………………………………（39）

致黎元洪及参众两院议员电(一九一七年五月)……………………（99）

致唐继尧电(一九一七年五月)………………………………………（100）

致陆荣廷唐继尧等电(一九一七年六月六日)………………………（100）

致陈炳焜等电(一九一七年六月八日)………………………………（101）

致陆荣廷等电(一九一七年六月十日)………………………………（101）

致陈炯明电(一九一七年六月十日)…………………………………（102）

致黎元洪伍廷芳电(一九一七年六月十日)…………………………（103）

复陈蕙堂函(一九一七年六月十日)…………………………………（104）

致旧金山《少年中国报》股东函

　　（一九一七年六月十六日）……………………………（105）

通告中华革命党海外各支部同志函

　　（一九一七年六月十九日）……………………………（105）

致程璧光函（一九一七年六月二十三日）…………………（106）

复余荣函（一九一七年六月二十三日）……………………（106）

致日本首相寺内正毅函（一九一七年六月）………………（107）

致参众两院议员电（一九一七年七月四日）………………（109）

致西南六省各界电（一九一七年七月四日）………………（109）

致陆荣廷电（一九一七年七月十一日）……………………（110）

在汕头各界欢迎会上的演说（一九一七年七月十二日）……（111）

在广州黄埔欢迎会上的演说（一九一七年七月十七日）……（113）

致岑春煊等电（一九一七年七月十八日）…………………（114）

致陆荣廷电（一九一七年七月十八日）……………………（115）

致段祺瑞电（一九一七年七月十九日）……………………（115）

致津沪国会议员电（一九一七年七月十九日）……………（117）

在广东省议会欢迎会上的演说（一九一七年七月十九日）…（118）

在驻粤滇军欢迎会上的演说（一九一七年七月二十日）……（119）

在广东省学界欢迎会上的演说（一九一七年七月二十一日）…（120）

复陆荣廷电（一九一七年七月二十四日）…………………（123）

致护法各省将领电（一九一七年七月二十四日）…………（123）

答广州某报记者问（一九一七年七月二十五日）…………（124）

在广东全省军警欢迎会上的演说

　　（一九一七年七月二十七日）…………………………（125）

与广州各报记者的谈话（一九一七年七月三十一日）……（125）

　　附:同题异文 ……………………………………………（128）

致中华革命党南洋分部同志函(一九一七年八月十日) …………(130)

致邓泽如函(一九一七年八月十日) …………………………(130)

复唐继尧电(一九一七年八月十六日) …………………………(132)

国会非常会议开幕祝词(一九一七年八月二十五日) …………(132)

致日本寺内首相等电(一九一七年八月二十五日) ……………(133)

致曾允明等函二件(一九一七年八月三十一日) ………………(134)

陆海军大元帅就职答词(一九一七年九月一日) ………………(135)

大元帅就职宣言(一九一七年九月一日) ………………………(136)

致黎元洪电(一九一七年九月三日) ……………………………(136)

致唐继尧电(一九一七年九月三日) ……………………………(137)

致陆荣廷电(一九一七年九月三日) ……………………………(137)

复叶独醒函(一九一七年九月七日) ……………………………(138)

就任海陆军大元帅布告(一九一七年九月十日) ………………(139)

任命伍廷芳职务令(一九一七年九月十一日) …………………(140)

任命唐绍仪职务令(一九一七年九月十一日) …………………(140)

任命张开儒职务令(一九一七年九月十一日) …………………(141)

任命程璧光职务令(一九一七年九月十一日) …………………(141)

任命孙洪伊职务令(一九一七年九月十一日) …………………(141)

任命胡汉民职务令(一九一七年九月十一日) …………………(142)

任命王正廷职务令(一九一七年九月十一日) …………………(142)

任命居正职务令(一九一七年九月十一日) ……………………(142)

任命王正廷职务令(一九一七年九月十一日) …………………(143)

任命居正职务令(一九一七年九月十一日) ……………………(143)

任命林葆怿职务令(一九一七年九月十一日) …………………(143)

任命方声涛职务令(一九一七年九月十一日) …………………(144)

任命李烈钧职务令(一九一七年九月十一日) …………………(144)

任命章炳麟职务令(一九一七年九月十一日) ……………… (144)

任命许崇智职务令(一九一七年九月十一日) ……………… (145)

任命李福林职务令(一九一七年九月十一日) ……………… (145)

任命黄大伟职务令(一九一七年九月十一日) ……………… (145)

任命周应时职务令(一九一七年九月十一日) ……………… (146)

任命邓玉麟职务令(一九一七年九月十一日) ……………… (146)

任命高尚志职务令(一九一七年九月十一日) ……………… (146)

任命周之贞职务令(一九一七年九月十一日) ……………… (147)

任命罗家衡职务令(一九一七年九月十一日) ……………… (147)

任命刘奇瑶职务令(一九一七年九月十一日) ……………… (147)

任命秦广礼职务令(一九一七年九月十一日) ……………… (148)

任命叶夏声职务令(一九一七年九月十一日) ……………… (148)

任命张大义职务令(一九一七年九月十一日) ……………… (148)

任命马君武职务令(一九一七年九月十一日) ……………… (149)

任命贺赞元职务令(一九一七年九月十一日) ……………… (149)

任命刘盥训职务令(一九一七年九月十一日) ……………… (149)

任命张伯烈职务令(一九一七年九月十一日) ……………… (150)

任命平刚职务令(一九一七年九月十一日) ……………… (150)

任命吕复职务令(一九一七年九月十一日) ……………… (150)

任命吴宗慈职务令(一九一七年九月十一日) ……………… (151)

任命宋渊源职务令(一九一七年九月十一日) ……………… (151)

任命周震鳞职务令(一九一七年九月十一日) ……………… (151)

任命茅祖权职务令(一九一七年九月十一日) ……………… (152)

任命吕志伊职务令(一九一七年九月十一日) ……………… (152)

任命王湘职务令(一九一七年九月十一日) ……………… (152)

任命马骧职务令(一九一七年九月十一日) ……………… (153)

任命王法勤职务令(一九一七年九月十一日) ·················· (153)

任命凌钺职务令(一九一七年九月十一日) ·················· (153)

任命邹鲁职务令(一九一七年九月十一日) ·················· (154)

任命赵世钰职务令(一九一七年九月十一日) ·············· (154)

公布海陆军大元帅府组织条例令

　　(一九一七年九月十一日) ·························· (154)

　　　附:中华民国军政府海陆军大元帅府组织条例 ········ (155)

致邓泽如等函(一九一七年九月十二日) ··················· (157)

任命吴宗慈职务令(一九一七年九月十二日) ·············· (157)

任命王湘职务令(一九一七年九月十二日) ·················· (158)

任命陈炯明职务令(一九一七年九月十二日) ·············· (158)

任命万黄裳职务令(一九一七年九月十二日) ·············· (158)

任命陈群职务令(一九一七年九月十二日) ·················· (159)

任命陆兰清职务令(一九一七年九月十三日) ·············· (159)

任命崔文藻职务令(一九一七年九月十三日) ·············· (159)

任命刘成禺职务令(一九一七年九月十三日) ·············· (160)

任命刘英职务令(一九一七年九月十三日) ·················· (160)

任命彭介石职务令(一九一七年九月十三日) ·············· (160)

任命萧晋荣职务令(一九一七年九月十三日) ·············· (161)

任命谢持职务令(一九一七年九月十三日) ·················· (161)

任命张大昕职务令(一九一七年九月十三日) ·············· (161)

任命李执中职务令(一九一七年九月十三日) ·············· (162)

任命胡祖舜职务令(一九一七年九月十三日) ·············· (162)

致吴景濂函(一九一七年九月十三日) ··················· (162)

任命郭椿森职务令(一九一七年九月十四日) ·············· (163)

任命曾彦职务令(一九一七年九月十四日) ·················· (163)

任命覃超职务令(一九一七年九月十四日) ……………………… (164)

任命龚政职务令(一九一七年九月十四日) ……………………… (164)

任命徐之琛职务令(一九一七年九月十四日) …………………… (164)

任命徐瑞霖职务令(一九一七年九月十四日) …………………… (165)

任命曹亚伯职务令(一九一七年九月十四日) …………………… (165)

任命许继祥职务令(一九一七年九月十四日) …………………… (165)

任命毛仲芳职务令(一九一七年九月十四日) …………………… (166)

任命苏理平职务令(一九一七年九月十四日) …………………… (166)

任命谢英伯职务令(一九一七年九月十四日) …………………… (166)

任命黄展云职务令(一九一七年九月十四日) …………………… (167)

任命梅培职务令(一九一七年九月十四日) ……………………… (167)

任命古应芬职务令(一九一七年九月十四日) …………………… (167)

任命熊英职务令(一九一七年九月十四日) ……………………… (168)

任命梁树熊职务令(一九一七年九月十四日) …………………… (168)

任命冯自由职务令(一九一七年九月十四日) …………………… (168)

致邓泽如函(一九一七年九月十四日) …………………………… (169)

致中华革命党各支分部长及筹饷局长函

　　(一九一七年九月十四日) ……………………………………… (170)

任命谭民三职务令(一九一七年九月十六日) …………………… (170)

任命邵元冲职务令(一九一七年九月十六日) …………………… (171)

任命林焕庭职务令(一九一七年九月十六日) …………………… (171)

任命蒋文汉职务令(一九一七年九月十六日) …………………… (171)

任命李禄超职务令(一九一七年九月十六日) …………………… (172)

任命林直勉职务令(一九一七年九月十六日) …………………… (172)

任命陈民钟职务令(一九一七年九月十六日) …………………… (172)

任命时功玖职务令(一九一七年九月十六日) …………………… (173)

任命童昆瀛职务令(一九一七年九月十六日) ……………………（173）

公布大元帅府秘书处组织条例令(一九一七年九月十七日) ……（173）

　　　附:大元帅府秘书处组织条例 ……………………………（174）

公布特别军事会议条例令(一九一七年九月十七日) …………（176）

　　　附:大元帅府特别军事会议条例 ……………………………（176）

任命杨福田职务令(一九一七年九月十七日) …………………（177）

任命蒋国斌等职务令(一九一七年九月十七日) ………………（177）

致陆荣廷电(一九一七年九月十七日) …………………………（178）

任命黄伯耀李建中职务令(一九一七年九月十八日) …………（178）

任命吕复职务令(一九一七年九月十八日) ……………………（178）

任命林学衡职务令(一九一七年九月十八日) …………………（179）

任命蒙民伟职务令(一九一七年九月十八日) …………………（179）

任命段雄职务令(一九一七年九月十八日) ……………………（179）

任命张华澜职务令(一九一七年九月十八日) …………………（180）

任命梁培职务令(一九一七年九月十八日) ……………………（180）

任命李茂之等职务令(一九一七年九月十八日) ………………（180）

任命杨大实等职务令(一九一七年九月十八日) ………………（181）

任命丁象谦等职务令(一九一七年九月十八日) ………………（181）

任命李含芳职务令(一九一七年九月十八日) …………………（182）

坚持护法通电(一九一七年九月十八日) ………………………（182）

复刘建藩等电(一九一七年九月十八日) ………………………（183）

咨国会非常会议谘询外交方针文

　　(一九一七年九月十八日) ……………………………………（183）

任命覃振等职务令(一九一七年九月十九日) …………………（184）

公布大元帅府参军处组织条例令(一九一七年九月十九日) ……（184）

　　　附:大元帅府参军处组织条例 ………………………………（185）

任命张左丞林镜台职务令(一九一七年九月二十日) ……………………(186)

咨国会非常会议请改外交案词句文

　　(一九一七年九月二十日) ……………………………………………(187)

任命徐谦职务令(一九一七年九月二十二日) ……………………………(187)

任命廖仲恺职务令(一九一七年九月二十二日) …………………………(188)

任命邹鲁职务令(一九一七年九月二十二日) ……………………………(188)

致国会非常会议函(一九一七年九月二十二日) …………………………(188)

致菲律宾同志函(一九一七年九月二十三日) ……………………………(189)

复徐统雄函(一九一七年九月二十三日) …………………………………(190)

致叶香石函(一九一七年九月二十四日) …………………………………(190)

复唐继尧函(一九一七年九月二十四日) …………………………………(190)

致唐继尧电(一九一七年九月二十四日) …………………………………(191)

致唐继虞函(一九一七年九月二十四日) …………………………………(192)

任命马君武职务令(一九一七年九月二十五日) …………………………(192)

任命叶夏声职务令(一九一七年九月二十五日) …………………………(193)

任命邓慕韩职务令(一九一七年九月二十五日) …………………………(193)

公布军事内国公债条例令(一九一七年九月二十六日) …………………(193)

　　附:军事内国公债条例 …………………………………………………(194)

公布承购军事内国公债奖励条例令

　　(一九一七年九月二十六日) …………………………………………(195)

　　附:承购军事内国公债[人员]奖励条例 ………………………………(195)

公布军政府公报条例令(一九一七年九月二十六日) ……………………(196)

　　附:军政府公报条例 …………………………………………………(196)

任命吴铁城等职务令(一九一七年九月二十七日) ………………………(197)

任命黄承胄职务令(一九一七年九月二十七日) …………………………(198)

任命刘汉川职务令(一九一七年九月二十八日) …………………………(198)

任命刘成职务令（一九一七年九月二十八日）……………………（198）

致唐继尧电二件（一九一七年九月二十九日）…………………（199）

致陆荣廷电（一九一七年九月二十九日）………………………（199）

复叶独醒函（一九一七年九月三十日）…………………………（200）

复邓泽如函（一九一七年九月三十日）…………………………（200）

咨国会非常会议请核议军事内国公债奖励条例文

　　（一九一七年十月一日）………………………………………（201）

任命吴醒汉职务令（一九一七年十月二日）……………………（202）

复谭人凤函（一九一七年十月二日）……………………………（202）

致岑春煊函（一九一七年十月二日）……………………………（203）

明正段祺瑞乱国盗权罪通令（一九一七年十月三日）…………（204）

缉拿乱国盗权首逆段祺瑞等令（一九一七年十月三日）………（207）

反对北京政府另组新国会重开参议院通电

　　（一九一七年十月三日）………………………………………（208）

致唐继尧电（一九一七年十月五日）……………………………（209）

复林德轩电（一九一七年十月六日）……………………………（209）

复章炳麟电（一九一七年十月七日）……………………………（209）

致唐继尧电（一九一七年十月八日）……………………………（210）

致章炳麟电（一九一七年十月八日）……………………………（210）

批居正呈令（一九一七年十月八日）……………………………（211）

委派黄大伟致祭先烈令（一九一七年十月八日）………………（211）

批许崇智呈令（一九一七年十月九日）…………………………（212）

任命李玉昆职务令（一九一七年十月九日）……………………（212）

纪念双十节布告（一九一七年十月九日）………………………（213）

致邓泽如函（一九一七年十月十日）……………………………（214）

致南洋挂罗庇胜埠商会函（一九一七年十月十日）……………（214）

任命熊秉坤职务令(一九一七年十月十一日) ……………… (215)

任命曾尚武职务令(一九一七年十月十一日) ……………… (216)

任命席正钦职务令(一九一七年十月十一日) ……………… (216)

致李宗黄函(一九一七年十月十一日) ……………… (216)

致简琴石函(一九一七年十月十一日) ……………… (217)

任命许崇智职务令(一九一七年十月十四日) ……………… (217)

任命黄大伟代职令(一九一七年十月十四日) ……………… (218)

复唐继虞函(一九一七年十月十四日) ……………… (218)

任命李国定刘泽龙职务令(一九一七年十月十五日) ………… (219)

任命蒋群职务令(一九一七年十月十五日) ……………… (219)

致徐绍桢函(一九一七年十月十五日) ……………… (219)

复徐统雄函(一九一七年十月十五日) ……………… (220)

批徐璞函(一九一七年十月十七日) ……………… (220)

给崔鼎新委任状(一九一七年十月十七日) ……………… (221)

给刘谦祥委任状(一九一七年十月十七日) ……………… (221)

复张耀曾函(一九一七年十月十八日) ……………… (221)

任命林飞云职务令(一九一七年十月十九日) ……………… (222)

致程潜等电(一九一七年十月二十日) ……………… (222)

任命蒋国斌职务令(一九一七年十月二十二日) …………… (223)

复林镜台电(一九一七年十月二十二日) …………… (223)

任命刘存厚职务令(一九一七年十月二十四日) …………… (223)

复章炳麟电(一九一七年十月二十五日) …………… (224)

致张煦电(一九一七年十月二十七日) ……………… (224)

给管鹏委任状(一九一七年十月二十九日) ……………… (225)

任命吴山职务令(一九一七年十月二十九日) ……………… (225)

给朱晋经委任状(一九一七年十月三十日) ……………… (225)

复谭延闿程潜电(一九一七年十月三十日) ·····················（226）

号召川滇黔军事统一通电(一九一七年十月) ·····················（226）

致杨庶堪电(一九一七年十月) ·····························（227）

致黄复生等电(一九一七年十月) ··························（227）

任命张群蒋介石职务令(一九一七年十一月一日) ···········（228）

致李烈钧函(一九一七年十一月二日) ··················（228）

给高敦焯委任状(一九一七年十一月三日) ···············（229）

给阮日华委任状(一九一七年十一月三日) ···············（229）

任命洪慈等职务令(一九一七年十一月四日) ·············（229）

任命孙洪伊职务令(一九一七年十一月五日) ·············（230）

准任命阮复等职务令(一九一七年十一月五日) ···········（230）

致唐继尧电二件(一九一七年十一月十日) ···············（230）

致章炳麟等电(一九一七年十一月十一日) ···············（231）

复唐继尧电(一九一七年十一月十二日) ·················（232）

复张煦电(一九一七年十一月十三日) ···················（232）

致唐继尧陆荣廷电(一九一七年十一月十四日) ···········（233）

复章炳麟电(一九一七年十一月十五日) ·················（233）

对于时局通电(一九一七年十一月十八日) ···············（233）

申张讨逆护法令(一九一七年十一月十八日) ·············（235）

致孙洪伊电(一九一七年十一月十八日) ·················（236）

致日本寺内首相等电(一九一七年十一月二十日) ·········（237）

准任命郑振春等职务令(一九一七年十一月二十一日) ·····（238）

复唐继尧电(一九一七年十一月二十一日) ···············（238）

复袁祖铭电(一九一七年十一月二十一日) ···············（239）

复金国治等电(一九一七年十一月二十一日) ·············（239）

复张煦电(一九一七年十一月二十一日) ·················（240）

复王文华电(一九一七年十一月二十二日) ……………… (240)

致邓泽如等函(一九一七年十一月二十二日) ……………… (240)

致林镜台电(一九一七年十一月二十二日) ………………… (241)

停招民军令(一九一七年十一月二十三日) ………………… (242)

任命安健职务令(一九一七年十一月二十四日) …………… (242)

复李纯电(一九一七年十一月二十四日) …………………… (243)

复唐继尧电(一九一七年十一月二十五日) ………………… (243)

致黎天才等电(一九一七年十一月二十六日) ……………… (244)

复叶独醒等函(一九一七年十一月二十七日) ……………… (245)

任命连声海职务令(一九一七年十一月二十九日) ………… (245)

致唐继尧电(一九一七年十一月二十九日) ………………… (246)

复唐继尧电(一九一七年十一月二十九日) ………………… (246)

复李纯电(一九一七年十一月二十九日) …………………… (247)

复刘显世电(一九一七年十一月二十九日) ………………… (247)

复章炳麟电(一九一七年十一月二十九日) ………………… (248)

给管鹏委任状(一九一七年十一月三十日) ………………… (248)

致上海国民党本部电(一九一七年十一月) ………………… (248)

致刘显世电(一九一七年十一月) …………………………… (249)

致张煦电(一九一七年十一月) ……………………………… (249)

复黄复生卢师谛电(一九一七年十一月) …………………… (250)

复石青阳等电(一九一七年十一月) ………………………… (250)

致孙洪伊电(一九一七年十一月) …………………………… (251)

复刘建藩函(一九一七年十二月一日) ……………………… (251)

致谭延闿程潜电(一九一七年十二月三日) ………………… (252)

停止招抚事宜令(一九一七年十二月四日) ………………… (252)

转发孙洪伊通电致国会非常会议等电

　　（一九一七年十二月五日）…………………………………（253）

任命苏苍职务令（一九一七年十二月五日）……………………（254）

准任命周道万等职务令（一九一七年十二月七日）……………（254）

复刘显世电（一九一七年十二月七日）…………………………（255）

复章炳麟电（一九一七年十二月七日）…………………………（255）

复唐继尧王文华电（一九一七年十二月八日）…………………（256）

复唐继尧等电（一九一七年十二月十日）………………………（256）

复黎天才等电（一九一七年十二月十日）………………………（257）

致唐继尧章炳麟电（一九一七年十二月十一日）………………（257）

任命石青阳职务令（一九一七年十二月十二日）………………（258）

致李纯陈光远电（一九一七年十二月十四日）…………………（258）

致刘祖武唐继尧电（一九一七年十二月十五日）………………（258）

复顾品珍电（一九一七年十二月十五日）………………………（259）

与苏赣督军代表的谈话（一九一七年十二月十六日）…………（259）

致唐继尧电（一九一七年十二月十八日）………………………（260）

致王珩琯郑渭江函（一九一七年十二月十八日）………………（261）

复石青阳等电（一九一七年十二月十八日）……………………（261）

致刘祖武唐继尧电（一九一七年十二月十九日）………………（262）

致章炳麟电（一九一七年十二月二十一日）……………………（263）

复熊克武等电（一九一七年十二月二十一日）…………………（263）

致刘建藩电（一九一七年十二月二十二日）……………………（264）

致刘云峰等电（一九一七年十二月二十三日）…………………（264）

委派黄大伟代祭先烈令（一九一七年十二月二十四日）………（265）

纪念云南护国首义布告（一九一七年十二月二十四日）………（265）

复林修梅电（一九一七年十二月二十四日）……………………（266）

致黎天才等电(一九一七年十二月二十六日)………………(266)

致章炳麟电(一九一七年十二月二十七日)…………………(267)

批周之贞函(一九一七年十二月二十七日)…………………(268)

复章炳麟电(一九一七年十二月二十八日)…………………(268)

致黎天才等电(一九一七年十二月二十八日)………………(268)

致刘建藩林修梅电(一九一七年十二月二十八日)…………(269)

致唐继尧等电(一九一七年十二月二十八日)………………(269)

复唐继尧刘显世电(一九一七年十二月二十九日)…………(270)

任命郑启聪职务令(一九一七年十二月三十日)……………(270)

致唐继尧电(一九一七年十二月三十日)……………………(270)

致唐继虞等电(一九一七年十二月三十日)…………………(271)

致唐继尧章炳麟电(一九一七年十二月)……………………(272)

复石青阳等电(一九一七年十二月)…………………………(272)

批朱葭等函(一九一六至一九一七年间)……………………(273)

批阚钧函(一九一六至一九一七年间)………………………(273)

批□幼柏函(一九一六至一九一七年间)……………………(274)

批徐某函(一九一六至一九一七年间)………………………(274)

批吴某函(一九一六至一九一七年间)………………………(274)

批加拿大温哥华国民党支部陈某函

　　(一九一六至一九一七年间)………………………………(275)

批江南合群实业公司某某函(一九一六至一九一七年间)…………(275)

批美国《民气周报》函(一九一六至一九一七年间)…………(275)

批某某函四件(一九一六至一九一七年间)…………………(276)

致邓泽如函(一九一七年)……………………………………(277)

致聂伟臣函(一九一七年)……………………………………(277)

致□仲衡函(一九一七年)……………………………………(278)

批某某函二件(一九一七年) …………………………………（278）

元旦布告(一九一八年一月一日) …………………………（279）

在广州寓所与刘德泽的谈话(一九一八年一月一日) ………（280）

致李纯陈光远电(一九一八年一月一日) …………………（281）

复王奇等电(一九一八年一月二日) ………………………（281）

致唐继尧刘显世电(一九一八年一月二日) ………………（282）

致唐继尧电(一九一八年一月二日) ………………………（282）

致何成濬函(一九一八年一月二日) ………………………（282）

大元帅布告(一九一八年一月三日) ………………………（283）

给林祖密任命状(一九一八年一月六日) …………………（284）

致唐继尧电(一九一八年一月六日) ………………………（284）

在广州各界茶会上的讲话(一九一八年一月九日) ………（284）

复李汝舟电(一九一八年一月十二日) ……………………（286）

致唐继尧电(一九一八年一月十三日) ……………………（286）

复熊克武电(一九一八年一月十四日) ……………………（287）

在援闽粤军官佐欢宴会上的讲话

　　(一九一八年一月十五日) ………………………………（287）

致张溶川等电(一九一八年一月十五日) …………………（289）

复唐继尧电(一九一八年一月十五日) ……………………（289）

复章炳麟电(一九一八年一月十六日) ……………………（290）

在广东省议会的讲话(一九一八年一月十七日) …………（290）

在宴请滇军第四师官佐会上的讲话

　　(一九一八年一月十八日) ………………………………（291）

任命萧辉锦职务令(一九一八年一月十八日) ……………（295）

任命刘燧昌职务令(一九一八年一月十九日) ……………（295）

任命严培俊职务令(一九一八年一月十九日) ……………（296）

复黎天才电(一九一八年一月十九日) ……………………… (296)

复刘志陆吕一夔电(一九一八年一月十九日) …………………… (297)

复唐继尧电(一九一八年一月十九日) ……………………… (297)

在宴请海军滇军官佐会上的讲话

　　(一九一八年一月二十日) ……………………………… (297)

任命李安邦职务令(一九一八年一月二十日) ………………… (299)

致宫崎寅藏函(一九一八年一月二十一日) …………………… (299)

致犬冢木函(一九一八年一月二十一日) ……………………… (300)

致寺尾亨函(一九一八年一月二十一日) ……………………… (300)

致头山满函(一九一八年一月二十一日) ……………………… (301)

致今井嘉幸等函(一九一八年一月二十一日) ………………… (301)

致萱野长知函(一九一八年一月二十一日) …………………… (302)

复菊池宽函(一九一八年一月二十一日) ……………………… (303)

复熊克武吕超等电(一九一八年一月二十一日) ……………… (303)

复夏之时电(一九一八年一月二十一日) ……………………… (304)

复石青阳电(一九一八年一月二十一日) ……………………… (304)

复唐继尧电(一九一八年一月二十一日) ……………………… (304)

在广东议会第四次临时会上的讲话

　　(一九一八年一月二十二日) …………………………… (305)

任命杨华馨职务令(一九一八年一月二十二日) ……………… (305)

任命邓伯年职务令(一九一八年一月二十二日) ……………… (306)

致孙洪伊函(一九一八年一月二十二日) ……………………… (306)

复石星川等电(一九一八年一月二十二日) …………………… (307)

复吴崑等电(一九一八年一月二十二日) ……………………… (307)

宴粤报记者时的讲话(一九一八年一月二十三日) …………… (308)

任命田永正职务令(一九一八年一月二十四日) ……………… (309)

任命张鉴安职务令(一九一八年一月二十五日)……………(309)

免席正铭彭瑞麟职务令(一九一八年一月二十五日)………(310)

致唐继尧等电(一九一八年一月二十五日)………………(310)

致唐继尧电(一九一八年一月二十五日)…………………(311)

准许崇智辞去兼职令(一九一八年一月二十六日)…………(312)

任命徐忠立职务令(一九一八年一月二十七日)……………(312)

任命陈家鼎职务令(一九一八年一月二十七日)……………(313)

任命于均生职务令(一九一八年一月二十七日)……………(313)

委派朱执信等审判伪造任状案令

　　(一九一八年一月二十七日)………………………(313)

致孙洪伊函(一九一八年一月二十七日)…………………(314)

在广州警界宴会上与何某的谈话

　　(一九一八年一月二十八日)………………………(314)

任命方毅职务令(一九一八年一月二十八日)……………(314)

任命卢振柳职务令(一九一八年一月二十九日)……………(315)

致刘显世电(一九一八年一月二十九日)…………………(315)

任命梁醉生职务令(一九一八年一月三十日)………………(316)

任命侯湘涛职务令(一九一八年一月三十日)………………(316)

任命陈其权职务令(一九一八年二月一日)…………………(316)

任命易廷熹职务令(一九一八年二月一日)…………………(317)

任命马超群职务令(一九一八年二月一日)…………………(317)

复唐克明电(一九一八年二月一日)………………………(317)

复谭浩明电(一九一八年二月一日)………………………(318)

任命曾景星职务令(一九一八年二月二日)…………………(318)

任命林君复职务令(一九一八年二月二日)…………………(319)

致谭延闿函(一九一八年二月二日)………………………(319)

咨国会非常会议请讨论增加国会经费文

　(一九一八年二月四日)…………………………………………(320)

任命周道万职务令(一九一八年二月四日)……………………(320)

任命谢心准职务令(一九一八年二月四日)……………………(321)

任命潘训初职务令(一九一八年二月四日)……………………(321)

任命陆祖烈职务令(一九一八年二月四日)……………………(321)

任命郑德元职务令(一九一八年二月四日)……………………(322)

任命黄肇河职务令(一九一八年二月四日)……………………(322)

任命李自芳职务令(一九一八年二月四日)……………………(322)

复李书城等电(一九一八年二月四日)…………………………(323)

任命李述膺甄元熙职务令(一九一八年二月六日)……………(323)

任命沈靖职务令(一九一八年二月六日)………………………(323)

任命邹苦辛职务令(一九一八年二月六日)……………………(324)

宴请国会及省议会议员时的演说(一九一八年二月七日)………(324)

批刘柱石朱大同等请设保卫局令(一九一八年二月八日)………(327)

任命戴传贤职务令(一九一八年二月八日)……………………(327)

批李锡熙等呈文令(一九一八年二月八日)……………………(327)

致唐继尧电(一九一八年二月八日)……………………………(328)

致刘显世函(一九一八年二月八日)……………………………(328)

撤销夏芷芳职务令(一九一八年二月十日)……………………(329)

撤销朱廷燎职务令(一九一八年二月十日)……………………(329)

复李纯电(一九一八年二月十日)………………………………(330)

致孙洪伊函(一九一八年二月十日)……………………………(330)

致王文华电(一九一八年二月十一日)…………………………(331)

任命张我华张兆辰职务令(一九一八年二月十二日)…………(332)

任命彭素民职务令(一九一八年二月十二日)…………………(332)

复刘显世电(一九一八年二月十三日) ·············· （333）

致陈炯明电(一九一八年二月十三日) ·············· （333）

复陈炯明电(一九一八年二月十四日) ·············· （334）

致刘显世电(一九一八年二月十四日) ·············· （334）

致丁景良电(一九一八年二月十五日) ·············· （335）

咨国会非常会议请设大理院文(一九一八年二月十八日) ········· （335）

批胡汉卿等呈请给恤世隆储农有兴令

　　(一九一八年二月十八日) ················ （336）

致陈炯明电(一九一八年二月十九日) ·············· （336）

致章炳麟黄复生电(一九一八年二月二十日) ·········· （337）

致张敬尧函(一九一八年二月二十一日) ············ （337）

宴请广东商界人士时的演说(一九一八年二月二十二日) ······ （338）

通告全国各界主张和平尊重国会电

　　(一九一八年二月二十二日) ·············· （341）

通告护法各省军政首领支持军政府电

　　(一九一八年二月二十二日) ·············· （342）

致陈炯明电二件(一九一八年二月二十二日) ·········· （344）

致卢师谛电(一九一八年二月二十二日) ············ （345）

复徐孝刚锺体道等电(一九一八年二月二十二日) ········ （345）

批朱明芳等呈令(一九一八年二月二十三日) ·········· （346）

批内政部呈令(一九一八年二月二十三日) ············ （346）

致章炳麟电(一九一八年二月二十三日) ············ （347）

致陈炯明电(一九一八年二月二十三日) ············ （347）

致黄复生等电(一九一八年二月二十三日) ············ （347）

复许崇智吴忠信电(一九一八年二月二十三日) ········· （348）

致孙洪伊电(一九一八年二月二十三日) ············ （348）

致唐继尧等电(一九一八年二月二十五日)‥‥‥‥‥‥(349)

致石青阳电(一九一八年二月二十五日)‥‥‥‥‥‥‥(349)

致石青阳等电(一九一八年二月二十五日)‥‥‥‥‥(350)

致谭延闿函(一九一八年二月二十五日)‥‥‥‥‥‥(351)

致孙洪伊电二件(一九一八年二月二十五日)‥‥‥‥(352)

复王安富电(一九一八年二月二十五日)‥‥‥‥‥‥(352)

通告程璧光被刺逝世讣电(一九一八年二月二十六日)‥‥‥(353)

致徐朗西电(一九一八年二月二十六日)‥‥‥‥‥‥(353)

致孙洪伊函(一九一八年二月二十六日)‥‥‥‥‥‥(354)

致石青阳吕超电(一九一八年二月二十六日)‥‥‥‥(354)

致陈炯明电二件(一九一八年二月二十六日)‥‥‥‥(355)

咨国会非常会议请选举海军总长文

　　(一九一八年二月二十七日)‥‥‥‥‥‥‥‥(355)

命居正严缉杀害程璧光凶徒令(一九一八年二月二十七日)‥‥‥(356)

命财政部拨款为程璧光治丧令(一九一八年二月二十七日)‥‥‥(356)

致唐继尧等电(一九一八年二月二十七日)‥‥‥‥‥(357)

致吕超电(一九一八年二月二十七日)‥‥‥‥‥‥‥(358)

委派林葆怿为程璧光治丧令(一九一八年二月二十八日)‥‥‥(358)

命廖仲恺拨发程璧光治丧费令(一九一八年二月二十八日)‥‥‥(358)

致吕超电(一九一八年二月二十八日)‥‥‥‥‥‥‥(359)

致程潜等电(一九一八年二月二十八日)‥‥‥‥‥‥(359)

致许崇智电(一九一八年二月二十八日)‥‥‥‥‥‥(360)

批湖南陆军第一师来函(一九一八年二月)‥‥‥‥‥(360)

咨国会非常会议请为程璧光优议荣典文

　　(一九一八年三月一日)‥‥‥‥‥‥‥‥‥‥(361)

致唐继尧电(一九一八年三月一日)‥‥‥‥‥‥‥‥(361)

国葬程璧光令（一九一八年三月二日）……………………（362）

致石青阳等电（一九一八年三月二日）……………………（363）

致覃振电（一九一八年三月二日）…………………………（364）

致王文华电（一九一八年三月二日）………………………（364）

命内政部为程璧光举行国葬令（一九一八年三月四日）……（365）

致孙洪伊徐朗西电（一九一八年三月四日）………………（365）

致冯玉祥函（一九一八年三月四日）………………………（366）

咨国会非常会议请议大理院组织大纲文

　　（一九一八年三月五日）………………………………（367）

任命赵荣勋林翔职务令（一九一八年三月五日）…………（367）

复谭浩明电（一九一八年三月五日）………………………（368）

致唐继尧电（一九一八年三月五日）………………………（368）

致陈炯明电（一九一八年三月五日）………………………（368）

公布陆军部组织条例令（一九一八年三月六日）…………（369）

　　附：陆军部组织条例 ……………………………………（369）

致杨庶堪电（一九一八年三月七日）………………………（377）

两广盐税收归军政府布告（一九一八年三月八日）………（377）

任命熊克武务职令（一九一八年三月八日）………………（378）

任命杨庶堪职务令（一九一八年三月八日）………………（378）

复四川省议会电（一九一八年三月八日）…………………（378）

致熊克武电（一九一八年三月八日）………………………（379）

致黄复生电（一九一八年三月八日）………………………（379）

致唐继尧等电（一九一八年三月八日）……………………（380）

反对北京政府发行公债通电（一九一八年三月九日）……（381）

鼓励义军作战电（一九一八年三月九日）…………………（382）

复李书城电（一九一八年三月九日）………………………（383）

致黎天才电(一九一八年三月九日) ·················· (383)

批居正呈令(一九一八年三月十一日) ·················· (384)

任命王安富职务令(一九一八年三月十二日) ·········· (384)

任命李善波职务令(一九一八年三月十二日) ·········· (385)

任命石青阳职务令(一九一八年三月十二日) ·········· (385)

致石青阳电(一九一八年三月十二日) ·················· (385)

致王安富李善波电(一九一八年三月十二日) ·········· (386)

致唐继尧电(一九一八年三月十三日) ·················· (386)

复陈炯明电(一九一八年三月十三日) ·················· (387)

致陈炯明电(一九一八年三月十三日) ·················· (387)

致中华革命党上海本部电(一九一八年三月十三日) ·········· (387)

致黄复生电(一九一八年三月十三日) ·················· (388)

致唐继尧等电(一九一八年三月十三日) ················ (388)

致陈炯明电(一九一八年三月十四日) ·················· (389)

致李国定电(一九一八年三月十四日) ·················· (389)

复范锦堃电(一九一八年三月十四日) ·················· (389)

复唐继尧电(一九一八年三月十五日) ·················· (390)

致陈炯明电(一九一八年三月十五日) ·················· (390)

致邓泽如函(一九一八年三月十五日) ·················· (391)

复李国定电(一九一八年三月十五日) ·················· (392)

致唐继尧电(一九一八年三月十五日) ·················· (392)

在宴请美领事会上的讲话(一九一八年三月十六日) ·········· (393)

致陈炯明电(一九一八年三月十七日) ·················· (393)

公布取消北京政府擅定之公债条例等决议案令

　　(一九一八年三月十八日) ························ (394)

　　　附:取消北京非法政府擅定七年内国公债条例及

发行办法议决案 ……………………………………（394）

准任命冯汝枏职务令(一九一八年三月十八日) …………（396）

批廖仲恺呈令(一九一八年三月十八日) ……………………（396）

命廖仲恺等将盐税收入按预算分配提取令

（一九一八年三月十八日）………………………………（397）

复唐继尧电(一九一八年三月十八日) ……………………（398）

批居正令(一九一八年三月十九日) …………………………（398）

撤销赵端职务令(一九一八年三月十九日) ……………（399）

致黄复生电(一九一八年三月十九日) ……………………（399）

致唐继尧电二件(一九一八年三月十九日) …………………（400）

致陈炯明电(一九一八年三月十九日) ……………………（401）

给黄德彰任命状(一九一八年三月二十日) …………………（401）

批马君武呈令(一九一八年三月二十日) …………………（401）

致唐继尧电(一九一八年三月二十日) ……………………（402）

致中华革命党上海本部电(一九一八年三月二十日) ………（402）

复犬养毅头山满电(一九一八年三月二十日) ……………（403）

致黄复生电(一九一八年三月二十日) ……………………（403）

复王安富电(一九一八年三月二十日) ……………………（403）

复石青阳电(一九一八年三月二十一日) …………………（404）

致陈炯明电(一九一八年三月二十二日) …………………（404）

复陈炯明电(一九一八年三月二十二日) …………………（405）

批龙璋函(一九一八年三月二十三日) ………………………（405）

准方声涛辞职令(一九一八年三月二十三日) ……………（405）

任命徐绍桢职务令(一九一八年三月二十三日) …………（406）

致陈炯明电(一九一八年三月二十三日) …………………（406）

致李烈钧电(一九一八年三月二十三日) …………………（406）

致夏述唐电(一九一八年三月二十三日)……………………(407)

复旅沪各省公民调和会电(一九一八年三月二十三日)………(407)

任命曾子书等职务令(一九一八年三月二十五日)……………(408)

任命周应时职务令(一九一八年三月二十五日)………………(408)

致王文华电(一九一八年三月二十五日)………………………(409)

复黄复生卢师谛电(一九一八年三月二十五日)………………(409)

致黄复生电(一九一八年三月二十五日)………………………(409)

准免冯汝枞石泉本职务令(一九一八年三月二十六日)………(410)

复唐继尧电(一九一八年三月二十六日)………………………(410)

致唐继尧等电(一九一八年三月二十六日)……………………(411)

任命徐绍桢职务令(一九一八年三月二十七日)………………(411)

准任命陈养愚陈其植职务令(一九一八年三月二十七日)……(411)

致黄复生石青阳电(一九一八年三月二十七日)………………(412)

致陈炯明电(一九一八年三月二十七日)………………………(413)

致黄复生吴兆麟电(一九一八年三月二十七日)………………(413)

致徐朗西电(一九一八年三月二十七日)………………………(413)

致陈炯明电(一九一八年三月二十八日)………………………(414)

复头山满犬养毅函(一九一八年三月二十八日)………………(414)

致加藤等函(一九一八年三月二十八日)………………………(416)

准林翔辞职令(一九一八年三月二十九日)……………………(416)

任命林翔职务令(一九一八年三月二十九日)…………………(417)

任命曾子书职务令(一九一八年三月二十九日)………………(417)

准任命夏重民职务令(一九一八年三月二十九日)……………(417)

准任命陆际昇职务令(一九一八年三月二十九日)……………(418)

致唐继尧电(一九一八年三月二十九日)………………………(418)

准免谭炜楼职务令(一九一八年三月三十日)…………………(418)

焦心通先生暨崔太君行状书后(一九一八年三月)……………………(419)

复张开儒电(一九一八年四月一日)……………………………………(419)

任命林森职务令(一九一八年四月二日)………………………………(420)

任命戴传贤职务令(一九一八年四月二日)……………………………(420)

复方声涛电(一九一八年四月二日)……………………………………(420)

复唐继尧电(一九一八年四月二日)……………………………………(421)

致陈炯明电(一九一八年四月二日)……………………………………(422)

任命高尔登职务令(一九一八年四月三日)……………………………(423)

准任命章勤士职务令(一九一八年四月三日)…………………………(423)

准任命吴承斋职务令(一九一八年四月四日)…………………………(423)

复龙璋函(一九一八年四月四日)………………………………………(424)

致陈炯明函(一九一八年四月五日)……………………………………(424)

致陈炯明等电(一九一八年四月五日)…………………………………(425)

任命李锦纶职务令(一九一八年四月六日)……………………………(426)

准任命孙科陈天骥职务令(一九一八年四月六日)……………………(426)

致陈炯明等电(一九一八年四月八日)…………………………………(426)

公布陆军部练兵处条例令(一九一八年四月九日)……………………(427)

　　附:陆军部练兵处条例 ………………………………………………(427)

任命沈靖职务令(一九一八年四月九日)………………………………(429)

任命马崇昌职务令(一九一八年四月九日)……………………………(430)

任命郑权职务令(一九一八年四月九日)………………………………(430)

致唐继尧电(一九一八年四月九日)……………………………………(430)

致陈炯明电(一九一八年四月九日)……………………………………(431)

复易次乾函(一九一八年四月九日)……………………………………(431)

致胡宣明函(一九一八年四月九日)……………………………………(432)

复邓家彦函(一九一八年四月九日)……………………………………(432)

致李元白电(一九一八年四月九日) ……………………………(433)

准任命杨芳胡继贤职务令(一九一八年四月十日) ………………(433)

复唐继尧电(一九一八年四月十日) ………………………………(433)

复熊克武电(一九一八年四月十日) ………………………………(434)

致李国定电(一九一八年四月十日) ………………………………(435)

对全体国会议员的谈话(一九一八年四月十一日) ……………(435)

　　　附:同题异文 …………………………………………………(436)

致唐继尧电(一九一八年四月十二日) ……………………………(436)

接见国会议员代表的谈话(一九一八年四月十三日) …………(437)

命居正体察应否设终审机关令(一九一八年四月十三日) ………(437)

致陈炯明电(一九一八年四月十三日) ……………………………(438)

任命华世澂职务令(一九一八年四月十六日) …………………(438)

任命陈家鼐职务令(一九一八年四月十六日) …………………(439)

致陈炯明函(一九一八年四月十六日) ……………………………(439)

致邓泽如函(一九一八年四月十六日) ……………………………(439)

通告驻华各国公使书(一九一八年四月十七日) ………………(440)

复石青阳电(一九一八年四月十七日) ……………………………(443)

致陈炯明电(一九一八年四月十七日) ……………………………(443)

复郭昌明电(一九一八年四月十七日) ……………………………(443)

任命崔文藻职务令(一九一八年四月十八日) …………………(444)

任命林英杰职务令(一九一八年四月十八日) …………………(444)

任命邓耀职务令(一九一八年四月十八日) ……………………(444)

准颜炳元辞职令(一九一八年四月十八日) ……………………(445)

准连声海辞职令(一九一八年四月十八日) ……………………(445)

命财政部拨给阮复家属恤款令(一九一八年四月十八日) ………(445)

命内政部确查阮复殉难事实令(一九一八年四月十八日) ………(446)

致陈炯明电二件(一九一八年四月十八日) ……………………(447)

批张鲁藩来函(一九一八年四月十九日) ……………………(447)

任命凌霄职务令(一九一八年四月十九日) …………………(448)

致陈炯明电(一九一八年四月二十日) ………………………(448)

复陈炯明电(一九一八年四月二十日) ………………………(448)

复曾允时等函(一九一八年四月二十一日) …………………(449)

公布外交部组织条例令(一九一八年四月二十二日) ………(450)

　　附:外交部组织条例 ………………………………………(450)

公布大理院暂行章程令(一九一八年四月二十二日) ………(453)

　　附:大理院暂行章程 ………………………………………(453)

复李襄伯董直函(一九一八年四月二十四日) ………………(454)

任命吴承斋职务令(一九一八年四月二十五日) ……………(455)

准崔文藻请假令(一九一八年四月二十五日) ………………(455)

复邓泽如函(一九一八年四月二十六日) ……………………(455)

复叶荃电(一九一八年四月二十七日) ………………………(456)

复郭昌明电(一九一八年四月二十七日) ……………………(457)

致熊克武等电(一九一八年四月二十七日) …………………(457)

公布卫戍总司令部组织暂行条例令

　　(一九一八年四月二十九日) ……………………………(457)

　　附:卫戍总司令部组织暂行条例 …………………………(458)

任命冯百砺职务令(一九一八年四月二十九日) ……………(459)

任命姜汇清职务令(一九一八年四月二十九日) ……………(460)

致熊克武黄复生电(一九一八年四月二十九日) ……………(460)

复景昌运等电(一九一八年四月二十九日) …………………(461)

咨国会非常会议辞大元帅职文(一九一八年五月四日) ……(461)

咨国会非常会议派居正代表出席会议文

　　（一九一八年五月四日）••••••••••••••••••••••••••••••（462）

辞大元帅职通电（一九一八年五月四日）••••••••••••••••••（462）

致陈炯明电（一九一八年五月五日）••••••••••••••••••••••（464）

致孙洪伊等电（一九一八年五月五日）••••••••••••••••••••（465）

致黄复生电（一九一八年五月六日）••••••••••••••••••••••（465）

致张鲁藩函（一九一八年五月六日）••••••••••••••••••••••（465）

致蒋介石电（一九一八年五月八日）••••••••••••••••••••••（466）

致汪兆铭等电（一九一八年五月八日）••••••••••••••••••••（466）

致许崇智电（一九一八年五月八日）••••••••••••••••••••••（466）

在广州与某报记者的谈话（一九一八年五月十五日）••••••••（467）

咨国会非常会议请追认发行公债文

　　（一九一八年五月十七日）••••••••••••••••••••••••••••（467）

咨国会非常会议派居正为代表办理交代事宜文

　　（一九一八年五月十八日）••••••••••••••••••••••••••••（468）

对文中须加“去乡国之理由”的批语

　　（一九一八年五月中旬）••••••••••••••••••••••••••••••（469）

在广州与国会议员的谈话

　　（一九一八年五月二十至二十一日）••••••••••••••••••••（469）

留别粤中父老昆弟书（一九一八年五月二十一日）••••••••••（470）

辞大元帅职临行通电（一九一八年五月二十一日）••••••••••（472）

致国民党缅甸支部函（一九一八年五月二十一日）••••••••••（473）

虞美人　为《谢逸桥诗钞》题词（一九一八年五月二十六日）••••••（473）

颁赵国璋奖状（一九一八年六月一日）••••••••••••••••••••（474）

在日本门司对记者的谈话（一九一八年六月十日）••••••••••（474）

自门司赴箱根途中与泽村幸夫的谈话

　　（一九一八年六月十日）…………………………………（475）

批陈赓如函 ……………………………………………………（476）

致孙科函（一九一八年七月四日）……………………………（476）

致陈炯明函（一九一八年七月十三日）…………………………（478）

军政府对内宣言书（一九一八年七月二十四日）………………（479）

致孙科函（一九一八年七月二十六日）…………………………（481）

致陈家鼎函（一九一八年七月二十七日）………………………（482）

悼山田良政挽额（一九一八年七月二十八日）…………………（483）

在上海与李宗黄的谈话（一九一八年七月）……………………（483）

复国会非常会议函（一九一八年七月）…………………………（484）

复吴景濂函（一九一八年七月）…………………………………（485）

复伍廷芳林葆怿函（一九一八年七月）…………………………（485）

致赵其相函（一九一八年七月）…………………………………（486）

复刘定五函（一九一八年七月）…………………………………（487）

复唐继尧函（一九一八年七月）…………………………………（487）

复罗家衡函（一九一八年七月）…………………………………（488）

复孙科函（一九一八年八月十二日）……………………………（489）

复李襄伯董直函（一九一八年八月十九日）……………………（490）

批丁怀瑾来函（一九一八年八月二十八日）……………………（490）

通告海外革命党人书（一九一八年八月三十日）………………（491）

致列宁和苏维埃政府电（一九一八年夏）………………………（492）

致李宗黄函（一九一八年九月三日）……………………………（492）

复吴忠信函（一九一八年九月十二日）…………………………（493）

复李炳初函（一九一八年九月十四日）…………………………（494）

复于右任等电（一九一八年九月十五日）………………………（494）

致军政府政务会议函(一九一八年九月十八日) ·················(495)

批廖湘芸函(一九一八年九月十八日) ·······················(495)

致国会非常会议及军政府政务会议电

　　(一九一八年九月二十二日) ···························(495)

在上海答记者问(一九一八年八至九月间) ···················(496)

复阮伦函(一九一八年十月三日) ···························(497)

给陈东平委任状(一九一八年十月十一日) ···················(497)

给陈辉石委任状(一九一八年十月十一日) ···················(498)

给许寿民委任状(一九一八年十月十一日) ···················(498)

给黄壬戌委任状(一九一八年十月十一日) ···················(498)

举行黄兴逝世两周年祭典启事(一九一八年十月二十四日)·······(499)

为陈家鼎之母大殓讣告(一九一八年十月二十四日) ···········(499)

批凌钺来函(一九一八年十月二十五日) ·····················(500)

军政府通电(一九一八年十一月八日) ·······················(500)

致军政府暨国会书(一九一八年十一月上旬) ·················(501)

批凌钺萧辉锦函(一九一八年十一月十一日) ·················(503)

复曾允明等函(一九一八年十一月十七日) ···················(503)

致美国总统威尔逊电(一九一八年十一月十八日) ·············(504)

致美国驻华公使芮恩施函(一九一八年十一月十九日) ·········(506)

复凌钺萧实中函(一九一八年十一月二十三日) ···············(506)

致张学济等函(一九一八年十一月二十五日) ·················(507)

复王子中函(一九一八年十一月二十七日) ···················(508)

复童萱甫函(一九一八年十一月二十九日) ···················(508)

复凌钺函(一九一八年十一月二十九日) ·····················(509)

致徐世昌电(一九一八年十一月三十日)·····················(509)

复谢英伯函(一九一八年十二月二日) ·······················(510)

复王法勤函(一九一八年十二月四日) ………………………… (511)

复蔡元培函(一九一八年十二月四日) ………………………… (511)

复广州国会函(一九一八年十二月五日) ……………………… (512)

致徐世昌电(一九一八年十二月十日) ………………………… (513)

复徐谦函(一九一八年十二月十二日) ………………………… (514)

复熊希龄蔡元培函(一九一八年十二月十二日) ……………… (514)

复吴忠信函(一九一八年十二月十二日) ……………………… (515)

致罗翼群函(一九一八年十二月十三日) ……………………… (516)

致蒋克诚函(一九一八年十二月十三日) ……………………… (516)

致洪兆麟函(一九一八年十二月十三日) ……………………… (517)

致许崇智蒋介石函(一九一八年十二月十三日) ……………… (517)

致邓铿函(一九一八年十二月十三日) ………………………… (519)

批答关于欧洲和平会议代表问题

　　(一九一八年十二月十四日) ………………………… (519)

批焦易堂函(一九一八年十二月十四日) ……………………… (520)

复林祖涵函(一九一八年十二月二十三日) …………………… (520)

复陈炯明函(一九一八年十二月二十三日) …………………… (520)

批林修梅函(一九一八年十二月二十三日) …………………… (521)

复林修梅函(一九一八年十二月二十四日) …………………… (521)

复徐谦函(一九一八年十二月二十四日) ……………………… (522)

复焦易堂函(一九一八年十二月二十四日) …………………… (523)

致熊克武函(一九一八年十二月二十四日) …………………… (523)

复邹鲁函(一九一八年十二月二十四日) ……………………… (524)

复凌钺等函(一九一八年十二月二十四日) …………………… (524)

批丁惟汾等函(一九一八年十二月二十六日) ………………… (525)

致刘祖武等函(一九一八年十二月二十七日) ………………… (525)

致钮永建函(一九一八年十二月二十八日) ·············· (526)

致军政府及国会电(一九一八年十一至十二月间) ·········· (526)

复李遂生函(一九一八年十二月) ···················· (527)

复陈赓如函(一九一八年下半年) ···················· (527)

批秦广礼函(一九一八年冬) ······················ (529)

致邓慕韩函(一九一八年) ························ (529)

诗学偶谈(一九一八年) ·························· (529)

题赠宫崎寅藏联(一九一八年) ···················· (530)

批关于三民主义及五权宪法参考书目(一九一八年) ········ (530)

大元帅府特任人员职务姓名录(一九一七至一九一八年) ········ (531)

大元帅府简任人员职务姓名录(一九一七至一九一八年) ········ (534)

大元帅府荐任人员职务姓名录(一九一七至一九一八年) ········ (581)

本卷编后说明 ···························· (594)

陈母倪节孝君墓碑铭并叙

（一九一七年一月一日）

中华民国五年八月，余再入浙，观虎林山水，遂登会稽，探禹穴，修秋禊于兰亭，泛娥江而东迈。从我游者，二三子外，惟吴江陈子去病与焉。舟行多暇，每为余述其母夫人倪节孝君之贤，余既闻而志之。及归，因复以表墓之文请。去病能词章，才名满天下，泷冈阡表，庐陵自优为之。不敏如余，尚乌庸缀？徒以十年袍泽，患难同尝，知去病者宜莫余若，爰为之言曰："从古节母之后无弗昌，子既自树以振家声，则昌大之说，信有征矣。而余所尤望于去病者，当祗承先训，敦品立行，以达贤母之孝；坚持雅操，匆敂于邪，以彰贤母之节；毁家纾难，毋纵于欲，以葆贤母之义；亲亲博爱，物与民胞，以广贤母之仁。夫如是而去病为人益用竺实，节母贤孝益以光辉，宁非显荣其亲之至计乎！不然，蹈履颇侧，以危厥身，志虑苟且，以辱厥亲，吾知虽其盛德，亦弗荫兹，夫又何恃而不恐惧也哉！"既以勖去病，遂书之石，俾过斯地者知矜式焉。系以铭曰：

玄黄剖判，两仪攸分。媪壤滋植，冰蟾代明。命不常融，道无终否。蒙难艰贞，事乃有济。猗嗟陈母，千乘之英。孝侔齐女，节媲陶婴。寡鹄休歌，丸熊益励。翼卵完巢，绸缪庶几。遭时板荡，倬彼弘谋。用财自卫，倚柱沉忧。遗孤彬彬，徽音用嗣。我铭其幽，永诏来祀。

中华民国六年一月一日

前南京临时大总统香山孙文撰

南林周觉书

据《吴江陈氏褒扬录》(一九三一年四月版)辑

《陈母倪节孝君墓碑铭并叙》墨拓

批隆世储函[*]

（一九一七年一月一日）

答以当力任艰巨，以维民国，切勿萌退志也。

据史委会编《国父全集》(台北一九七三年版)

第四册(转录史委会藏原件)

致邓泽如函

（一九一七年一月七日）

泽如先生大鉴：

　　敬复者：得接十二月二日来书，备悉各人于举办报馆、会馆各节，均极赞成，至为欣慰。华侨会馆自不能专设一处，广州、汕头、厦门等处，当然应设分馆，以利进行。章程当于日间草定，分发各埠，请求同意。先此奉复，即请

公安

孙文　正月七日

据邓泽如编《孙中山先生廿年来手札》(广州述志公司

一九二七年影印版)影印原件

---

[*]　原函请求辞职事。此件所标时间系来函日期。

致□瑞石函[*]

（一九一七年一月七日）

瑞石先生大鉴：

十一月十三日来函敬悉。储金救国一节，已蒙同志赞成，极为欣慰。仍望尽力做去，将来无论变局如何，皆可应之设法。国家之发达，端赖此举矣。现在交涉偿还军债之件，已经阁议许可，而外间不察者，每有反对，尚未决定妥当，尽力与政府磋商。余容续函。即请

公安

诸同志均此。

孙文　一月七日

据《国父全集》第三册（转录史委会藏原件影印）

批崇德公报社函[**]

（一九一七年一月九日）

答以此间同志所办之《民意报》尚无力维持，对于贵报更爱莫能助矣。

据《国父全集》第四册（转录史委会藏原件）

---

[*]　原件未署年份，此据《国父全集》考订。

[**]　此件所标时间系来函日期。

批郑占南函[*]

（一九一七年一月十日）

复函奖励，并着他主持公道，竭力维持。并抄前复驳评议部之函，与之一观。

据《国父全集》第四册（转录史委会藏原件）

批卢永祥函[**]

（一九一七年一月十二日）

循例复云函悉等等。并抄录二分加以数言，寄往岑西林、李协和。

据《国父全集》第四册（转录史委会藏原件）

批广州岭南学校某君函[***]

（一九一七年一月十二日）

答以令郎尚未见着。所属之事，现尚无法应命，倘他有可设法，当必尽力也。

据《国父全集》第四册（转录史委会藏抄件）

---

[*]　来函为报告美洲葛仑分部党务事。此件所标时间系来函日期。
[**]　卢永祥时任松沪护军使。
[***]　此件所标时间系来函日期。

批某某函[*]

（一九一七年一月十二日）

执信代答以各函悉。先生云所言多有至理。后函所言周访团，更为事所当行。然在适欧洲大战乱，道途多有未通，而在战之十余国，生死俄倾，其朝野自无暇注意于我之周访也。而先〈生〉现正注意于实业，并不暇其他。在北京无可介见之机关及人物。

据《国父全集》第四册（转录史委会藏原件）

复叶独醒函[**]

（一九一七年一月十四日）

独醒先生大鉴：

接十二月二十日来函，条陈实业办法，至为赞同，望与诸同志协力进行，以发挥民生主义，实不容缓之举也。所请将贵支部筹存之款及党金汇回本部，再拨入尊处，作发起人股份之事，在文并无成见。惟款既属党金，已交本部，则不能再挪为做生意之需。请商之贵支部同人，从多数解决。如众意佥同，将款作党中做股，该款若干，报告本部，本部当照诸同志之请，承认该款，给回收条。如此则省却辗转再汇之手续也。专此函复，并颂

---

[*]　此件所标时间系来函日期，年份据《国父全集》考订。

[**]　叶独醒是菲律宾华侨，曾任中华革命党宿务埠正支部长。

台安

孙文　元月十四日

据《国父全集》第三册(转录史委会藏原件影印)

批 杨 某 函[*]

(一九一七年一月二十五日)

代答:存款寄回,定购飞机着查明原委复他。废约前,有一人来信,欲接受,可否与之,着寿彭酌夺。

据《国父全集》第四册(转录史委会藏原件)

批 某 某 函

(一九一七年一月二十六日)

代答并告以现与政府交涉还债,故未暇筹改组之事,俟债务交涉妥当再进行。

据《国父全集》第四册(转录史委会藏原件)

复宋元恺函[**]

(一九一七年一月二十七日)

元恺先生大鉴:

接示敬悉一切。关于改党之组织,弟并非不赞成此。共和国运用宪法,非有政党万不为功,代议政治,决不能以散漫之议员活用之

---

[*]　此件所标时间系来函日期。

[**]　宋元恺曾任中华革命党陕西支部长。原函无年份,此据《国父全集》考订。

也。然弟以自身不欲入政界，故虽甚赞成组织政党，而决不加入，所有办党之事，悉以委之唐少川君。唐少川君本拟将旧国民党重行收集，立一新大政党，现尚未至可以发表之地位。然旧日党员赞成者不少，谅可有成。尊处同志，将来宜加入该派，以收指臂之效。

捐册前经托人代募，尚无回信，容后再寄。此复，即请

公安

各位同志均候。

孙文启　一月二十七日

据《国父全集》第三册（转录史委会藏抄件）

致邓泽如函

（一九一七年一月二十八日）

泽如先生大鉴：

英士兄灵柩定于本年五月十八日安葬，因经营纪念碑、修墓及送葬运柩等件，需款颇多，豫计须在万元以外，而此处同志人人皆已穷窘至极，无从设法。以英士为国为党，鞠躬尽瘁，卒殉其职，而死无以葬，实为吾党之责。故决欲在党中募集七八千元，以充葬费，经有通函至各支分部，请其尽力筹措，汇交前筹饷局长汇沪，此为对于死友之责任，谅兄亦必不辞也。然各支分部对于此件，虽可决其必各尽力，仍有缓不济急之虞。英属同志，务希由兄函促开筹，一面请在前存债券尾数项下移拨四千元，先行汇沪，将来收得，再行填补，庶可不愆葬期。至盼照办，并乞复示。即请

台安

孙文启　一月二十八日

据《孙中山先生廿年来手札》影印原件

批 某 某 函[*]

（一九一七年一月三十日）

　　承办粤汉车路一事，如顺手得之，当甚乐为。如要多费手续，则不必也。

据《国父全集》第四册（转录史委会藏原件）

致泗水中华商会电

（一九一七年一月三十日）

　　泗水中华商会鉴：阅报载贵会电财政部云：前交文款二百二十万，系助政府之用，未望偿还，请拒文要求等语。查文此次为维持共和，推翻帝制，曾借日本商人日金一百万元，华侨日金、英洋共一百七十四万四千三百一十八元一角二仙，内只有泗水刘亚泗、古宗尧经手汇东京十九次，共日金一万六千二百四十元，由陈铁五汇回英洋二千七百元，统共日金、英洋一万八千九百四十元，均经由本党财政部发出收条，并无二百二十万之说。当帝制议盛之际，文遣人至贵会，陈说大义，劝共拥护共和，贵会首鼠两端，不肯为丝毫之赞助，何处有二百二十万交文以助政府？荷属自开战以来，限制带现银出口，凡有大笔银钱来往，必经银行汇兑，曾否汇款，一查即知。汇款几何，不能诬捏。贵会如果曾经汇款与文，则必应有中华革命党收据，试问贵会收据何存？如谓款已汇出，未得取〔收〕据，则由何人经

手？交某银行于某年某月某日汇至何处？交何人收？应有银行单据可凭，即应提示，以便追查银行。总之，文虽收过泗水一万八千余元，并非贵商会经手，贵会所称二百二十万，文未收过一钱。文所经手借债二百七十余万元，均经约定国体巩固即予偿还，故以实情声之政府。贵会未经借过一钱，于此事无须容喙。若贵会果有此二百二十万曾经拨汇，则文并未收到，显系贵会办事人从中侵蚀虚报，图损他人名誉，必应控追。如贵会未尝经手有此二百二十万元，即系贵会滥用商会名义，虚构事实，诬捏他人，尤不可容。法律具存，公等应知自惕。若谓电文非由贵会所发，则假冒商会名义发电，必有其人，若不从速电部更正，澈查冒名主谋，依法控告，则责任有在，亦难为公等曲恕。尚望审思电复。孙文。中华民国六年一月三十日[1]。

据上海《民国日报》一九一七年一月三十一日

复郭标函[*]

（一九一七年二月一日）

逎生先生台鉴：

前接汇来英金九百五十六镑十司〔先〕令，经即电复。现又续接一月十五日来函两封，并汇来五百二十六镑十八司〔先〕令正副票，当即照收妥，并令财政部迅将两纸收条寄呈，另将前次八十镑数目查清奉复矣。承示照前函办法，仍极力扩张改革，已成分部十处，殊为忻忭。自约束以来，办理党务，当以贵处为最高成绩，此皆阁下与办事各人热心之结果也，其佩，其佩。

---

[1] 《民国日报》原注："上电由财政部转。"

[*] 郭标是澳大利亚悉尼华侨，为永安系统资本集团成员之一。

　　新党员本不便发给革命党证,但为贵处办事清楚起见,可以通融办理,已饬党务部特定办法奉复矣。救国储蓄一节,蒙为提倡,甚慰。此为我党厚蓄势力,以待不虞之事变,实系最要之着,望着着进行。专此奉复,即请

台安

　　各同志均此。

孙文启　二月一日

据台北中央改选委员会党史史料编纂委员会编《总理
全书》(台北一九五〇至一九五二年版)之十《函札》

复徐统雄函*

(一九一七年二月三日)

统雄先生台鉴:

　　十二月六号来函已悉。拟办各事,蒙为赞同,心所感佩。俟还债案稍有端倪,当将章程印寄,彼时务希照办。国中近事,已具总务部通讯矣。黄、蔡①二处,均于十二日举殡回湘,所有挽联,当代致黄、蔡宅也。此复。即请

大安

　　子瑜②兄均此。

孙文启　二月三日

据《国父全集》第三册(转录史委会藏亲笔原件)

---

　　*　徐统雄是新加坡华侨,中华革命党人。
　　①　黄、蔡:指黄兴、蔡锷。
　　②　子瑜:即邓子瑜,新加坡华侨,中华革命党人。

致邓泽如函

（一九一七年二月四日）

泽如先生台鉴：

　　七日手书并征信录已收到，当饬财政部详细核对另复。此次筹饷，独任艰巨，为国为党，皆不能不致谢于我兄。又以十余年心腹之交，殆已忘形，欲以言达此忱，殆亦不可得达。惟兄知我深者，当不以此虚文为重耳。

　　张志昇、彭泽民二君来，带来手书，亦已阅悉。所有会馆一事，既以国外华侨为主，则其计划自不能不博采众意。但于此际偿债问题未经决定，则提出此问题恐亦非宜，一面亦欲待我兄来此一商办法，能来与否，希复一音。基金多少，容俟斟酌，乃能决定。至于存款留办会馆一层，自属可行，请暂为存贮。

　　朱执信经手用款，前经册报本部，所开南洋汇来公慎隆之数，与本部汇去各数，并无分别列帐，只有统收统支。俟饬财政部抄寄一份，以昭大信。周苏群之款，如已列有细数，亦希交来存查。

　　从军华侨合给纪念功章，已托人铸造。但此项铸造印刷均费手续，尚须两月始可完成，请先告各同志，并希函谭盛，将当日在澳门所开名单寄来，以便按名发给，免有偏枯。其债券功章，已托陈肆生君带去二等三十枚、三等五十枚，其余俟铸妥再行送上。此复，即请

台安

　　　　　　　　　　　　　　孙文启　二月四日

　　　　　　　　据《孙中山先生廿年来手札》影印原件

批中华革命党列必珠分部函[*]

（一九一七年二月五日）

答：写字祝词，可照办寄去。所谋营业，亦极赞成。

据《国父全集》第四册（转录史委会藏原件）

复李天如等函

（一九一七年二月十一日）

天如、来春、统雄、辉汉、子瑜、剑存、炽寰①先生均鉴：

敬复〈者〉：前月十七日公函敬悉。偿债之款，移办银行，伟划至佩。但现偿债交涉，为反对党所阻，一时未能决定。此议要须稍待，始可实行而已。华侨选举之事已办妥，甚慰。张君永福之公事，既已照寄冯君，则无论举出何人，皆无所碍也。此复，即请
公安

孙文启　二月十一日

据《国父全集》第三册（转录史委会藏亲笔原件）

批 某 某 函^{**}

（一九一七年二月十七日）

代答：先生现拟不问外事，前所列名，请为删去可也。

据《国父全集》第四册（转录史委会藏原件）

＊　列必珠为加拿大城市。此件所标时间系来函日期。

①　天如：即李天如；统雄：即徐统雄；剑存：即郭剑存；炽寰：即吴炽寰。均为新加坡华侨。

＊＊　此件所标时间系来函日期。

批刘季谋函[*]

（一九一七年二月十九日）

代答：先生向不荐人。此事则早知无效，已劝同志另作别图。

据史委会编《国父批牍墨迹》（台北一九五五年影印版）

批陈树人函[**]

（一九一七年二月二十日）

无政府主义之说，乃发生于最黑暗之专制国，在欧洲往日之俄国、以国、西班牙等。其人民多受政府之暴虐无道，故忿而为此过激之论。但今日各国陆续行宪政之制，而此等过激之论亦渐消灭矣。乃有少年之辈，矜奇立异，奉为神圣，不过一知半解，实无所谓也。对付之法，最好与他辩论，明白指明在今日世界，国家之界限既不可破，则政府为代国家执行律法，以限制恶人而保卫良善，为不可少，故无政府主义实不能行于今日。而使之化为平和，或可为吾党之助，较胜于用他种手段也。

据《国父全集》第四册（转录史委会藏原件）

---

[*] 刘季谋是日本横滨华侨，中华革命党人。刘曾呈书参谋本部，请求入南苑航空学校肄业，为此函请孙中山予以介绍。

[**] 陈树人是中华革命党加拿大总支部部长。此件所标时间系来函日期。

致南洋同志函

（一九一七年二月二十日）

同志诸公大鉴：

径启者：兹有同志谭君根[①]、伍君平一[②]由美洲回，道经此间。谭君为飞行大家，声誉著于世界。此次带有飞行机械多件，并有学习生二人，据称拟在日本暂应各界招聘，俟试演完毕，不日前往南洋各埠飞演，并拟就南洋演技筹款，开办飞行学校，招收学生，教育此项人才云云。按飞行机为近世军用之最大利器，谭君既有此志，于国家前途、吾党前途，均至有裨益。用特豫为介绍于诸同志，倘谭君到时，尚祈费神招待，并希代为设法开场试演，劝销入场票位，俾得酝集资财，成立学校，作育真才。诸公热心公益，谅能玉成其志也。手此布达，即颂

公祺

孙文　二月二十日

据《孙中山先生廿年来手札》影印原件

会　议　通　则[*]

（一九一七年二月二十一日）

---

① 谭根：飞行技师，原肄业于美国航空学校，一九一四年曾被孙中山委任为中华革命军飞机队队长。

② 伍平一：曾任中华革命党菲律宾联络委员。

* 《会议通则》写成于一九一七年二月二十一日，同年四月由上海中华书局出版单行本。后改名《民权初步》，并编为《建国方略》之三（社会建设）。此处存目，将该篇移入本集第五卷《建国方略》中。

批 某 某 函[*]

（一九一七年二月二十七日）

代答以先生决不能荐人，若自己谋得，先生断无反对。

据《国父全集》第四册（转录史委会藏原件）

批吉隆坡同志函

（一九一七年二月二十九日）

答以此间已不遗余力以争，更海外各琼州会馆更发公电至北京总统、总理并国会力争。先当查明其案现情形如何乃答。

据《国父全集》第四册（转录史委会藏原件）

募助李萁归葬费引

（一九一七年二月）

故友李君萁，字祺礽，号介龄，阳江人。素负大志，有奇气，奔走国事十余年，艰苦备尝不稍懈，卒以乙卯秋殉于新宁、阳江毗连之紫萝山。先是，君旅美洲、小吕宋、南洋各地，办理同盟会事，至废弃所业不顾。辛亥三月二十九粤垣之役，偕黄克强出生入死，同人皆以为勇。二次革命失败后，君愤袁氏专横，在新宁、阳江毗连之那琴首倡义师，组织完善，乃竟死于是役。是役也，殉者数人，而

---

[*]　此件所标时间系来函日期。

君之死事尤惨。虽然烈士不忘丧其元，在君之志亦已遂矣。第同志等睹其身后萧条，妻若子孑然无依，虽经同志略为佽助，藉免饥寒，而其子伯振等痛厥考殉难新宁，蓬蒿蒿葬，揆以附身附棺之义，首邱归本之文，良用坎然。此则为人子者之最深惨痛者也。今拟扶厥考梓归葬阳江，惟经费颇巨，全仗筹措。兹由孙中山、朱执信两先生提倡捐助，同人等知交有素，义重脱骖，是乌可恝然视之哉？曰：一死一生，乃见交情。今介龄先烈长已矣，将恶乎用吾情？是在有以翼厥子，妥先灵，彰先烈，以风示来兹而已。此岂非同志诸君所深许而乐为相助者乎？是为引。

民国六年二月穀旦

> 发起人：孙中山、朱执信、周之贞、陈融、谢己原、
> 古湘勤、李海云、林拯民、陈永惠、林森、胡汉民、
> 廖仲恺、李煜堂、胡毅生、杜贡石、林直勉、雷荫
> 棠、李思辕、霍胜刚、叶夏声。

据《国父全集》第四册（转录史委会藏《李介龄先烈事略》铅印本）

批洪兆麟等呈[*]

（一九一七年二月）

代答：此等事甚难追办，只得由吾党同志各人量力助之而已。文助二百元。

据《国父全集》第四册（转录史委会藏原件）

批黄甲元函[*]

（一九一七年三月一日）

答以上海有圣约翰书院，培育人才其多，□□令郎求学之地，但非一二年可以成功，至四五年方能卒业也。

据《国父全集》第四卷（转录史委会藏原件）

批林定一函^{**}

（一九一七年三月五日）

不知其人。代答：既在上海，则已无事，何必设法。而此间亦无法可设。

据《国父全集》第四册（转录史委会藏原件）

批丁怀瑾函

（一九一七年三月五日）

荐事难以办到。江之深浅，甚欲详知。

据《国父全集》第四册（转录史委会藏原件）

---

* 黄甲元曾任中华革命党南洋烈港支部长。此件所标时间系来函日期。

** 林定一于一九一七年二月十一日来函，自称系旅缅同盟会员，因募捐事为英国当局控为"欲取缅甸"，行文通缉，故请孙中山设法营救，并转请政府向英国当局解释"无取缅情事"。

致北京参议院众议院电[*]

（一九一七年三月九日）

　　北京参、众两院均鉴：外交问题，关系至大。文亦国民一分子，于此不能不贡一言。今日主张加入协商诸君，有以利害言者，谓加入之后，可以一跃进为头等国，外交从此顺利，言之似能成理。有以人道公理言者，谓德恃强硬，必须惩创，义不能坐视公理沦亡，虽以国殉，亦所不辞，其精神尤可钦。但文以为，一国之地位能否上进，须视自力。加入之结果，于国中有纷乱之虞，无改善之效，则头等国之想象，恐未有几。且为中国损者，同时又使协商诸国之弱点暴露，将致发生他种困难，则欲为人道助者，恐反为德人所利也。且欧战本为利害之争，我国事与彼殊，不必以人道为由，自驱笠入。文于中国加入一事，再三熟虑，审察南方情况，灼知加入以后，必起两种危险：其一为排外之盲动也，一为回教徒之离叛。华人排外性根久伏，遇隙必发。一旦开战，则必有国内敌人损伤及我之事，图报复者，将不辨国籍，恣行杀戮。第二之团匪，弹指可见。回教徒在中国势力不可侮，若与土战，彼必循其宗教之热狂，起而反抗。中国从此大乱，危亡指日而见，此岂徒中国之不利而已。协商诸国引入中国以图强助，殊不可得，而团匪之祸先被之。更恐以中国内讧，将有一二国以他一二国之行动为与己有妨，协商国之团结将形危险，此实于中国与协商国两无利益之事。但此两危机，协商国人未能察及，诚使了悟，必不劝诱中国蹈此危机。文处南方，察之最

审，昨已以此意电英国首相，劝其打消此议。英相贤明，于此必能晓悟。但恐彼国际行动已经发表，不能等于儿戏，遽尔收回，转圜之方，仍视我国。今者报称政府已决加入，此或有迫而然。诸公代表国民，责无旁贷，务望审察坚持，转圜枢纽，惟在诸公。勿以中国投之不测之渊，庶几不负国民重托。孙文。兹并将致英相电文，电请公鉴。

据上海《民国日报》一九一七年三月九日

致英国首相劳合·乔治电[*]
（一九一七年三月九日）

乔治首相阁下：兹有贵国在华官吏，运动中国加入欧洲战局，此举之结果于中国及英国均有损害，仆以中国爱国者之一人，又于贵国有生死肉骨之感，自觉责任所在，不得不陈述之于阁下之前也。近有重要英人与余接晤，商量中国加入联军国问题，仆经详慎审虑之后，断定中国若破弃中立，将于中英两国均有大害。中国共和肇造，尚在幼稚时代。正如一有病之人，甫入立宪主义之医院，无力自卫，有赖于他人之维持将护。故今之中国，不能视为一有组织之国家。彼之所以得保完全者，独赖中国人民爱和平之天性与习惯耳。然若一经发生不和，则扰乱必随之而起。前此华人对于英国之实力，及其终能得最后之胜利，具有无限之信心。自经此项意思良好而目光短浅之人之运动，甚至有数英报主张送华军数师团至美索波达米亚后，此种信心遂大为动摇。倘中国加入战局，势将危害中国之国家生活，损伤英国在远东之威望。在华人之意，协

商国所以愿望中国加入者，即系协商国无力对付德国之一种自认耳。兹者我国段总理报告总统，谓协商国正在强迫中国加入。自此问题发生后，吾国政治家间，本已争执甚烈，今若再生意见，或致引起大乱。且中国两种强固而危险之分子，或亦被激而蠢动。即排外愚民与回教徒是也。自吾国革命后，排外心理，为吾人所遏灭。然仇外之精神尚在，或乘扰攘之秋而再起拳乱，戕杀外人，难保其必无。盖我若对于任何外国一经宣战，无知愚民不能辨别孰为敌人、孰为友民。而英国在东方利益较大，其损失亦势必较重明矣。至于回教徒之态度，亦不能漠视之。对于彼之圣地开战，在彼直将以大逆不道视之也。抑仆尤恐中国乱事作后，其最恶之结果，为协商国间之自生龃龉，此其不利于协商国之主义又可断言。中国处此地位，值此时势，自不能望其于严守中立之范围外，别有所行动。仆之所以以此项有害之运动唤起阁下之注意者，不仅因区区之愿欲救中国于危乱，亦因对于贵国素具最恳切之同情。贵国之利益，深系余怀，而贵国之令闻嫓德，又仆所极欲维护之尊重之者也。孙逸仙。

据上海《民国日报》一九一七年三月九日

附：同题异文*

以仆为中国一爱国者，又为英国感念再生之德之一友人，于此贵国驻本地各官吏，以其劝诱，将挽中国使入欧战之中，其结果中、英两国因之所受之害，仆义不能不抉以相告。前此英国名流曾劝仆究心于中国加入协商之问题，仆经慎重研究之余，终得中国如破弃中立，必为两国之大不幸之结论。中国今犹一幼稚之民国耳，譬

---

　　*　此件中文文本为《中华革命党总务部第二号通讯》刊布。

之病人，今方入院，以立宪主义疗彼痼疾。当此之时，自顾不赡，常赖周到之看护、养育以生。然则不可以一有组织之国例中国也。中国之所以保持统一者，赖其民有好和平之习惯与感情而已。一旦有分裂，则无政府之态将随之矣。前乎此，中国人于英国之强，及其最后胜利，有无边之信仰与确信。顾彼虽心迹无他，眼光不远。自有此劝诱，益之以英字新闻，主张出兵数师于美梭拍打米①，其信念遂因之大为摇动矣。使中国而参此战，将见危及中国国运，亦复损及英国远东之声威。仅一求中国加入协商之一事，已令中国人想象，以为协商诸国自表其无能力克服德国矣。今闻段总理报告总统谓：协商强迫中国加入协商，此问题已惹我政治家之意见分歧矣。此种不和，乃将引〈起〉中国之力强而性险之两原质，以召无政府之状态，即排外之狂迷者及回教徒是也。我国自革命以来，排外之感情，久经吾人压之，使就低减。然而，排外精神固未尝除也。倘值危险之秋，机有可乘，将见第二义和团运动发起，而普行外国人之虐杀。故若向任一国宣战时，无知之人不能辨孰为此国人、孰为彼国人也。则在东方有最大之利益如英国者，其所被惨祸亦尤多已〔已〕。且回教徒非可轻视者也，彼必将以向其所谓圣地而宣战者，为侮圣渎教矣。吾恐中国无政府之最恶结果，更令协商国结因之分解，此真甚有碍于协商本旨者也。状况如斯，危险之关键系于此，则中国惟有保持严正中立，更无他事可谓〔为〕明矣。仆之所以请阁下注意于斯有害之劝诱者，非徒为保全中国，不任其驯至无政府与分裂，更以有他一国，其利益为吾心所深篆，其公正与隆名，无论自何言之，皆为吾所崇敬者，吾不能不以最温之同情为之谋也。

据《中央党务月刊》第四期（南京一九二八年十一月一日出版）

---

①　美梭拍打米：即美索不达米亚，在伊拉克境内。

批 某 某 函[*]

（一九一七年三月十五日）

答以长江流域南京附近之处，荒地甚多，若有二十万资本，则可得数万亩之地，且为平原沃壤，较之新宁山地必胜万倍也。如有资本，回来此间，可代设法。

据《国父全集》第四册（转录史委会藏原件）

批询北朱家桥发信人^{**}

（一九一七年三月十七日）

代询北朱家桥发信处内信由何人代寄，复信由何处可以达到，请即回音，即问北朱家者为何人。

据《国父全集》第四册（转录史委会藏原件）

批 朱 某 函^{***}

（一九一七年三月二十七日）

答以前函俄京电报已发去，但未见回音。想俄政局一时未能安静，来日狂澜正难料也。

　　＊　　此件所标时间系来函日期。

　　＊＊　　此件所标时间系来函日期。

　　＊＊＊　　未见来函，疑为朱和中所发。朱为湖北建始人，旅欧老同盟会员，曾任南京临时政府参谋部第二局局长。此函发自北京。

又：借款一节，尚难觅得相当之抵押品，未开之矿山可否作抵，请一询前途。再三月十九之函亦收，所言之人未有来见，想有阻碍也。以后来函可不必明说也。

据《国父批牍墨迹》

批包某函[*]
（一九一七年三月二十七日）

代答：来函收悉。政府既欲以国为□□之牺牲，此间亦无良法以挽救，徒唤奈何耳。京中有何消息，望时时见示为荷。

据《国父全集》第四册（转录史委会藏原件）

批冯炎寄呈文件[**]
（一九一七年四月二日）

总理批：着照办。

据黄季陆编《革命文献》第四十八辑《中华革命党时期
函牍》（台北一九六九年版，转录史委会藏原件）

复徐统雄函
（一九一七年四月二日）

统雄仁兄大鉴：

〈寄呈〉总统、总理、参众院呈文一件，均已收到。如此办法，于

---

[*]　包某时在北京。此件所标时间系来函日期。

[**]　冯炎为前驻澳门华侨交通处吉隆支部特派员，由吉隆坡寄呈公布的《驻澳门华侨交通处办事员名列》。此件所标时间系据邮件到达上海的邮戳日期。

还债前途,或少有裨益。廖君仲恺现仍在京守候,若稍有眉目,当即布闻。专此复达,并请

台安

孙文启 四月二日

据《国父全集》第三册(转录史委会藏亲笔原件)

祭 黄 兴 文[*]

(一九一七年四月十四日)

惟公之生,为众所瞻仰,远迩所震惊,群竖所疑忌,国家所尊崇。惟公之死,疑者信之,亲者哭之,无老无幼,无新无旧,皆知今日中国不可无此人。呜乎!是非得丧,本无足论。公殚一生之心血,历二十余载之艰辛,身涉万险,政经三变,国势犹如此,将来或更不止如是也。公虽赍志以殁,公之目岂瞑。文等今日遥望哭公,遵礼祭公,身虽衰老,志犹如昔。起四千余年之古国,挽四百兆涣散之人心,是犹赖公在天之灵。公志其可作耶,尚有以鉴之。呜呼,痛哉!尚飨。

据上海《民国日报》一九一七年四月二十二日

批李墨西函^{**}

(一九一七年四月十四日)

代答谢之,云是日适有他事。

据《国父全集》第四册(转录史委会藏原件)

---

* 此件所标时间系致祭日期。
** 来函请午餐演说事。

致蔡元培电

（一九一七年四月十四日）

大学蔡和卿先生鉴：湘友电催黄公碑文，如已脱稿，乞速寄沪书丹。孙文。

据高叔平编《蔡元培全集》第三卷（北京中华书局一九八四年版）转录原件

致邓泽如函

（一九一七年四月二十五日）

泽如先生大鉴：

三月十三日、二十九日两书及四月一日致执信书均阅悉。债券存根、誓约、委状存根各件，均经财政部收妥函复在案。王孚川君本浙省所派，现浙督虽易人①，地方人仍甚欲与华侨联络，开办实业。此行得兄招接，王君将来归国，必可联络感情也。

征信录已经收到，交财政部查对。名单亦已收到，俟奖章制造妥当后分寄。其上黎总统书，亦已交报馆刊印矣。陈肄生君系缅甸华侨，前在山东军义勇团内出力，解散后回埠，托其带至星架坡交兄收入。而来函云尚未收妥，恐彼在星有错交他处情事，请向星支部及缅支部一查陈君行踪即知。此复，即请

大安

---

① 浙江督军吕公望于一九一七年一月一日辞职，改任杨善德。

各同志均此。

孙文启　四月二十五日

或问缅甸《觉民日报》陈振便悉，陈振即肄生也。

据《孙中山先生廿年来手札》影印原件

致邓泽如函

（一九一七年四月二十八日）

泽如我兄鉴：

　　汇来二千六百四十两，伸沪洋叁仟陆佰伍拾壹元四角五分，经已收讫。此款系属英士葬费，此时不便用党名发收单，当由其家族具谢帖奉寄也。请将此函暂存，以代收单，余俟后信。此复，即请
台安

孙文启　四月二十八日

据《孙中山先生廿年来手札》影印原件

《同盟演义》序*

（一九一七年四月三十日）

　　自余始创同盟会，暨于满清之覆，中间不过七年耳。至诚所至，金石为开，况乎人乎！然同盟会之誓约曰："驱除鞑虏，恢复中华，创立民国，平均地权。"仅去满清，安能以为止境？此吾人所以于元、二之间，力谋团结民党，组织政党内阁，以固民国之基，而为平均地权政策之准备也。盖同盟会之四纲，有一不具，吾人不敢告

---

　　*　此稿为朱执信所拟。

劳。其后虽有所迁就,改用国民党之称,吾人目的,固未尝变也。同盟会之成,多赖海外华侨之力,军饷胥出焉。及满清既覆,人人皆自以为有不世之功,而华侨类不自伐,惟吾深知同盟会中非有华侨一部分者,清室无由而覆,民国无由而建也。华侨不自言功者,盖知救国真为天职,不事矜举,抑亦知夫四纲之未具,责有未尽而然者乎?五六年来,始于义而终于利者,亦数见矣。而华侨与之者独希,此亦殆由其经历熏习与诸政客有异欤!赵君公璧①作《同盟演义》,以俳体写当时信史,而于华侨之义概,尤致意焉。庶乎其可以劝于今而信于来兹矣,兹又使人惕然于四纲之未具,民国犹危也。于其刊行也序以遗之。

民国六年四月三十日

据《国父全集》第四册(转录史委会藏原稿)

通告中华革命党各支分部函

(一九一七年四月)

支分部各同志均鉴:

敬启者:陈君英士,功业彪炳,志行卓绝。去岁为凶人谋害,冤痛未伸。现拟由党中醵资妥为安葬,豫计所费尚须万元,务望同志尽力募集,汇交原日筹饷局长汇沪供用。葬期拟定五月十八日,时间已迫,信到切望从速筹集交汇,以资送死。凡属同志,俱有救恤之谊,矧在陈君为吾党惟一柱石,于此切希不吝赙助。至盼复示,此请

---

① 赵公璧:字士觐,早年参加孙中山领导的革命活动,后在一九二三年任中国国民党广州市第五区分部秘书。

大安

孙文启　六年四月

据《国父全集》第三册（转录史委会藏原件影印）

批　某　某　函[*]
（一九一七年春）

　　代答以本党既经一次解散，发款于所属之各领，分发以后，尚有源源而来以请賙恤，前后皆尽力应付，至今已力尽款缺。先生担负海外华侨借款二百〈万〉余尚未□，更难再行筹借，实在困难之中，无从为力。□既非贫士，家自有资，请由家中自行设法，此亦间接助党之一臂也。

据《国父全集》第四册（转录史委会藏原件）

为陈其美举殡讣告
（一九一七年五月一日）

　　前沪军都督陈公，讳其美，字英士，痛于中华民国五年五月十八日在上海遇害。兹定于中华民国六年五月十八日归葬湖州碧浪湖茔地，先于五月十二日在上海法租界打铁浜苏州集义公所厝所开吊，十三日辰刻举殡前赴湖州。谨此讣闻。

　　赐唁文件请交上海法租界白尔部路新民里十一号。

　　送殡诸君请至新民里索取纪念徽章。

孤子祖华、祖龢，兄其业，弟其采

---

　　[*]　此件所标时间据《国父全集》考订。

主丧友人：孙文、唐绍仪、章炳麟、谭人凤、孙洪伊、

　　李烈钧、胡汉民、朱佩珍、张人杰、王震。

据上海《民国日报》一九一七年五月一日

致民友会同人函*

（一九一七年五月四日）

民友会同人均鉴：

　　敬复者：秦君立庵到，备述近况，知沉勇远识、不畏压迫之士尚复多有，私为民国庆之。政治上之胜败，本不足介意，惟此外交问题[①]，为中国存亡所关，不能稍有所迁就。诸公于此能持坚确之态度，百折不回，信所钦佩。此次议场上虽未得胜利，于人心上实有最大之影响，观近日反对派人亦不能不顾吾辈之主张，可以知之。惟前途尚属辽远，我辈无武力、金钱之可恃，所恃者国民之同意与爱国之精神而已。愿以百折不回之至诚，处此千钧一发之危局，无任注盼。即请

公安

孙文启　五月四日

据上海《民国日报》一九一七年五月十二日

致黎元洪电

（一九一七年五月十一日）

　　北京大总统鉴：宣战之议，元首不敢专断，而征意见于国会。

＊　民友会：即民友社，为原国民党人于国会恢复后所组织的议会派别。

①　此外交问题：指对德宣战案。

乃京师不逞之徒，自称请愿公民，殴伤议员，欲行迫胁，使国会不得自由表决。法治之下，而有此象，我公不严加惩办，是推危难于议员，而付国论于群小，何以对全国人民？应请迅发严令，将伪公民犯法乱纪之人，捕获锄治，庶保国会尊严而杜宵人之指嗾。国民幸甚。孙文、岑春煊、唐绍仪、章炳麟、温宗尧叩。真。

据上海《民国日报》一九一七年五月十二日

复段祺瑞函[*]

（一九一七年五月十二日）

芝泉总理大鉴：

　　敬复者：王君亮畴到，得奉惠札，并由王君道达见邀赴京之意，款笃之情，感佩何极。

　　文自归国，遇共和底定，即专意开发实业，虽屡闻有引中国入战团之说，而以为总理富于识力，尤洞悉德国情形，必不轻与挑战。及绝交议起，深恐有外力相迫逼，故曾以私人名义电英首相，告以迫中国入战团之非利。尔时英人皆自辩谓无迫胁中国之举，而日本人亦见告谓日本虽欢迎中国加入，决不负引诱中国之责任。私心揣度，终谓加入有害中国，无益协商诸军，终信总理能以绝交为止境也。

　　此次王君来述尊意，谓加入事难中止，反复思维，未敢赞同。美国战德，首助协商国以军饷军需数十万万，然后以海陆两军继之。我国无美国之实力，而强欲随美行动，反须彼方借款助我，是则加入之后，适以累英美之军而已。中国积弱，无可讳言，既为弱

---

　　*　此件所标时间系上海《民国日报》发表日期。

国,自有弱国应守之分。比之乡邻有斗,岂可不自量力,强欲参加。今以中国参入战团,即加协商诸国以重累。彼方急于财政,我乃分其借债,拒其赔款,使彼财政上加一苦痛。彼方以贸易求金融之缓和,我乃高其关税,使受重苦。在彼实毫无所获,而在我则反藉人道正义之名,以求小利,此于国家体面有伤,于政治道德有背,其非所宜。我之加入,既以求利为归,将来何能博人好感?即有侵损及我之事,人亦将目为自取,不复持正义以相扶。且加入之后,我国不能尽如何之职责,将令人谓我之军队必须有特别训练之人,我之财政必当处于特别监督之下,大局何堪复问?中国百无一能,惟有自牺牲其领土、人民,则甚足以满欲望。既不能尽其军事、财政上之职责,恐将以此代之矣。

侧闻王君言及此次总理主张加入,殊非得已,欲以此拔出凡百困难之中,措国家于磐石之安。人谁不爱国家,闻此公忠体国之苦衷,宁不感动?但文以为福生有基,祸生有胎,天下困难之来,各有原因,避之不得其方,必且变本加厉。譬此中国向守中立,本未有困难可言,自从提出抗议,即觉困难。为避此困难,遂曰非绝交不可。既绝交矣,而困难又较绝交之前为甚,今日乃有非宣战不可之言。宣战之后,困难之剧,将又出于意想之外者,此时何以处之?万一竟有一种困难发生,致非外人代我管理财权、军权不可,则将如何?使抗议不至绝交,则今日之困难自可免;今日绝交而未宣战,则将来之困难亦尚可不生。欲免今之困难,只有悬崖勒马,徐求补救之途。否则,扬汤止沸,畏影却行,终无以善其后也。此时中国正类病夫,旁人方肆饕餮,彼独向隅,于是有耸动之者,曰非与宴不可。既与宴矣,遂以停食自觉困苦。又见旁人食后运动,因又言曰非运动不可。元气未充,运动之后,转发他病,则又曰非服剧药不可。至于药发,展转床席,求生不得,痛苦愈增,则惟有曰非死不可而已。今日中国尚未至非外人代管财权、军权不可之地位,若一不慎,则陷于彼非死不可之境,何痛如之? 及今改图,当前之困难决非无可解免者。文以公谊论,固有竭力以济国家之责任,即以个人道德论,既劝政府勿宣战,则必当尽其才智,使政府脱此抗议、绝交后所生之困难。抑且历考中外开明之主,立宪之国,苟有大政,必询刍荛,不以执政之威,而谓人言为不足恤。其在近代民主之国,尤尊重此精神。今者总理不弃遐远,而乐闻反对者之意见,信有古人之风,为当代政治家所尚。况当辛亥改革之际,文以南方人士倡立民国,而总理以北方军人赞成之,孕育保持,窃谓两俱有责。而今者为危急存亡之会,尤不敢不掬诚相告。若蒙采纳愚见,必当束装北迈,敬献其所怀。否则,望有以释其所疑,亦自当翕然。若两有未能,贸然命驾,恐反形未臻融洽而已。知惟善人能受尽言,故悉告无隐,尚希采择。即颂

台缓〔绥〕

　　诸维鉴照不宣。

据上海《民国日报》一九一七年五月十二日

致黎元洪电

（一九一七年五月十四日）

　　北京大总统钧鉴:接诵文电,知滋事之徒已付惩办。惟念蚩蚩暴民,受人指嗾,无足指数。张尧卿等六人,系陆军部谘议,差遣人员陈绍唐,亦充国务院参议,联名扰乱,谁实尸之? 但问现行犯事之凶徒,而为首造意者得以逍遥事外,将来奸宄纵臾,伊于何底? 应请我公奋断,勿令势要从旁掣肘,以为创谋乱法者戒。大局幸甚。孙文、岑春煊、唐绍仪、章炳麟、温宗尧叩。寒。

据上海《民国日报》一九一七年五月十五日

致北京民友会等电

（一九一七年五月十六日）

北京分送石驸马大街民友会、皮库胡同政学会、探投政余俱乐部、并转两院议员诸公均鉴：宣战一案，闻尚未入议程。此案关系国家存亡，现在外人不待我国之意见，已自行开议宣战后对付德人之方法，将来百事能否由我自主，可以推知。且自绝交之后，米价骤增，沿江贫民已有枵腹仰屋窃叹者。民以食为天，将来宣战之后，价更增长，其苦又将百倍，若以酿变，谁尸其咎？亡国之险，既在目前，否决即救亡之道，其他政争，可暂不论。外交决后，乃可以政见之异同，定赞助政府与否。倘内阁能从国会之主张，变其宣战之政策，即应力与维持。否则，政策分歧，内阁亦必应引责。若未议宣战可否，先以倒阁为言，则是本末倒置，轻重失伦，非所望也。孙文。铣。

据上海《民国日报》一九一七年五月十七日

致参议院众议院议员函[*]

（一九一七年五月十九日）

参议院、众议院议员诸公均鉴：

日前致电请先否决宣战案，不必注重倒阁问题，谅已达览。

此次乱人围院，殴辱议员，诚为民国政治之障碍。文亦以〔已〕

＊　此件所标时间系上海《民国日报》发表日期。

屡电总统，请严究主使之人，并经总统复电，已交法庭究办。将来或由法庭纠罪，或由议会问责，均属正当行为。但此时有一宣战问题在前，视此扰乱国会之件，尤为重要。宣战之结果，必以中国为牺牲，维持中立，可免危险，历经详告于诸君子之前。

近日德国已向俄国正式提出和议，欧战欲阑，所苦者即在丧失领土之国必求恢复，而占据他人领土之国未肯交还，受损害者要求赔偿，而施损害者又不肯赔偿。故今岁媾和之议日闻，而各国内顾国民反对，外忧与国责言，必须于未议和之前，解决此领土、赔偿二问题。俄、德两国主张，已近一致，英、法等亦正在讨论之中。使有法以满足两方之望，领土不待恢复，而别有增加之途，利益不待赔偿，而别有发展之道，彼亦何乐久战？然而中国一旦加入，此种困难可以悉解，则和议可以立成，所难堪者，使人满足而自为牺牲者耳。然而宣战之不可，加人之无利，无待蓍龟。犹豫狐疑，恐非至计也。

对于内阁之所主张，既予否决，则除由内阁自变易政策以从国会以外，惟有倒阁一途。倒阁者，以内阁与国会既异主张，无由再行信任。然则内阁若从国会所论列，即无须倒阁，亦不待言。须知倒阁为不得已之事。吾民反对宣战，并非单反对内阁。内阁既从民意，便可存留。若如外间所传，先组联立内阁，或推去现总理，始议宣战案，则是议会未自决其主张，而先问人之责，于理不顺。不问主张如何，而惟以分得政权为务，则尤义所不容。故先倒阁后议战者，轻重失宜。留总理改阁员以为交换者，尤为误国。宣战案之可否，当视国利民福如何，岂有内阁改组，即能变害为利，移否决为赞成。从此可知，当〈先〉决宣战问题，以决内阁存否；不当先决内阁存否，而后议宣战同意案矣。至若乱人围院迫胁，更为较轻之事，万不可以此延搁宣战案，自令国际态度不明也。

要之,宣战可否,研究未清晰,迁延投票者,慎重国事者所应有,即文亦极表赞同,且其愿能有以释其所疑。若今日,则宣战之不可,既已了然,而徒以对内阁故,迟延不议,则大不可。须知此时避亡国为第一义,整顿内政乃第二义,先后轻重,不容稍混。务望审之。此请

公安

据上海《民国日报》一九一七年五月二十日

致参众两院议员电

(一九一七年五月二十二日)

北京参众两院议员同鉴:旬日以来,有改组内阁之说,文等身在山林,唯知救国,权利竞争,非所敢知。务望诸公为良心上之主张,速予解决外交问题,在国家不陷于危亡,国会不失尊严资格。盼切祷切。孙文(汉民代)、岑春煊、章炳麟、唐绍仪。

据《国父全集》第三册(转录史委会藏原件影印)

致段祺瑞与参众两院议员电

(一九一七年五月二十二日)

北京段总理、参、众两院议员同鉴:旬日以来,有改组内阁之说,文等身在山林,唯知救国。政府果能遵守大法,销弭战事,国民岂与个人为难。若与政客交换条件,使少数人得被擢用,而以国家为牺牲,无论官僚、民党,悉为国人之所不容。敬布赤诚,惟望决之方寸。孙文、岑春煊、唐绍仪、章炳麟。祃。

据《国父全集》第三册(转录史委会藏亲笔原稿)

批李宗黄函[*]

（一九一七年五月二十三日前）

酌答谢之云：大局未定，暂不能远游，俟之他日。并寄《会议通则》百本，托送要人并各界，及《存亡问题》若干本，着他在滇翻印。

据《国父全集》第四册（转录史委会藏抄件）

复李宗黄函

（一九一七年五月二十三日）

伯英先生台鉴：

昨接惠书，欢若良觌。时稔鸿筹硕划，安奠西陲，至为矜佩。来书谓中德绝交，乃政府轻于一掷，尤征明察。近且显悖民意，其军事会议竟有脱出范围，谋解散国会、破坏约法，大局前途，仍未许乐观。忧国如足下，必将有以处此。文初拟周行各省，一察实业状况，现以时局未定，未克远行。贵省之游，应俟之异日。

寄呈敝著《会议通则》百册，请代为分致当道暨各同志，并朱君执信所著《中国存亡问题》一册。此书于中德事件之危险，言之颇详尽。因沪中存书无多，未及多寄，能于贵省翻印，代为致送，俾贵省人士咸知此次加入之真相尤佳。南方渐近溽暑，务望节劳不宣。

---

[*] 李宗黄：字伯英，云南省鹤庆县人，保定军官学校第一期毕业，护国运动时期为云南驻沪代表，时任云南都督府参谋处长，后为广州军政府总裁代表。此件未署年月及批复对象。按：孙中山一九一七年五月二十三日致李宗黄函，与此件内容相同。据此，此件当为批李宗黄来函，时间应在五月二十三日之前。

此请
台安

孙文启　五月二十三日
据《国父全集》第三册(转录史委会藏原件影印)

致邓泽如函

（一九一七年五月二十九日）

泽如吾兄台鉴：

　　兹有湘省同志欲组织一锡矿公司，于湖南全省中所有锡矿，择其最佳，请求开采，并希望华侨入股。且欲得南洋同志之在行者，亲往各矿察看，择定最适合者，始行开采。此事既为国家之利，亦为民间兴盛之基，南洋志愿采锡者至多，亦可以酬其宿愿。望兄商诸同志，推定妥人，迅速回国一行，以免为他党先得。兹将湖南同志寄来之节略抄寄，此中各矿，均可与现营业者商量，取而继续办之者也。此信到后，希即示复，以便先复湖南同志。此请
大安

孙文启　五月二十九日
据《孙中山先生廿年来手札》影印原件

批某某函*

（一九一七年三至五月间）

　　答函鼓励，并时事日非，恐大乱将作，盖政府以加入协约国为

---

　　* 此件未署年月。按北洋政府加入协约国问题，为一九一七年三月至五月间事，据此，该批件当作于一九一七年三至五月间。

回〔复〕辟之手段也。

据《国父全集》第四册（转录史委会藏抄件）

批陆望华函[*]

（一九一七年四、五月间）

　　答以已电省城同时追悼，政府若有抚恤到时，当力言之。至其妻母，俟不日回乡时，当另设法妥恤之。

据《国父全集》第四册（转录史委会藏原件）

批保定军校学生函^{**}

（一九一七年四、五月间）

　　代答以来函先生阅悉，甚慰。并属代答以努力学问，结交志士，抱持救国拯民为天职，至死不变，是先生久所望也。先生近专从事于提倡实业，以为国民谋生计，而暇时则从事于国民教育。近著有《会议通则》，兹寄□十本，请分送同志研习可也。保定校中之学生如何，同学之志气如何，先生甚欲详知，有暇请常常见告。《中国存亡问题》印起可多寄些。

据《国父全集》第四册（转录史委会藏原件）

---

　　*　来函请求抚恤陆皓东遗属事。此件未署年月，据《国父全集》注："按来函内云'共和再造……广东开黄花岗七十二先烈追悼大会'等语，似在民国六年四、五月间。"

　　**　此件未署年月。按：批文中有"近著有《会议通则》"及"《中国存亡问题》印起可多寄些"等语，据此，此件当作于一九一七年四、五月间。

中国存亡问题[*]

（一九一七年五月）

第一章　中国何为加入协商国

国家为战争而存在者乎？抑战争为国家而存在者乎？此一可研究之问题也。论国家之起原，大抵以侵略人之目的，或以避人侵略之目的而为结合。其侵略人固为战争，即欲避人侵略，亦决不能避去战争。战争不能以一人行之，故合群。合群不能无一定之组织，故有首宰；首宰非能一日治其群众也，故成为永久之组织而有国家。故论其本始，国家不过以为战争之一手段，无战争固无国家也。

使国家长此不变，则国家如何始可开战之问题，殆无研究之余地，以国家本已常在战争状态，无须开战故也。但在今日之国家，则与其元始时期绝异。国家自有国家之目的，不徒为战争而存立。

---

[*]　此件为非卖品印刷物，原署名朱执信著，未署出版机构和出版年月。据孙中山一九一七年五月二十三日复李宗黄函中有赠李"朱执信所著《中国存亡问题》一册"之语，此书当出版于一九一七年五月。又据戴季陶说，此书"当出版时，捕房搜检泰东书局"（吴拯寰编《中山全书》内《著作及演讲纪录要目》），据此，此件当为泰东书局承印。又，戴季陶在一九二五年四月十四日所撰的上述《著作及演讲纪录要目》一文中说："《中国存亡问题》，此文系朱执信先生笔述，以朱先生名义出版。……执信文集未收入。余意确应入中山全集，俾研究中山先生之外交政策者得最正确之观念。"民智书局于一九二八年一月第一次重版《中国存亡问题》，署名孙文，内载胡汉民按语说："此书为民国六年总理反对参加协约国对德宣战而作，全由总理命意，特使执信执笔属词而已。应援《民报发刊词》之例，与民国前五年授精卫起草外交问题一书，同列入总理全集。"今据此收入。

有时国家不能不战争者,为达其国家存立发展之目的,而后以战争为手段耳。以有国家故为战争,非以欲战争故为国家也。

昔人有言:"兵者凶器,战者危事。"又曰:"兵者国之大事,死生之道,存亡之理,不可不察也。"以一国而为战争,万不得已之事也。其战争而获如所期,则目的之达否未可知也。不如所期,则败战之余,动致危其国家之存在。夫以一国为孤注而求胜,则必其舍战争以外别无可以求其生存发展之途者也。必其利害为一国人公共之利害,而非一小部分之利害,故国人乐于从事战争,进战不旋踵,伤废无怨言也。今之国家与昔殊异。往者比邻之国,相攻无时,故其和不可恃,其战不可避也。今者不然,国家之间,立约遣使,誓以永好,即无约无使之国,亦以礼相处,不复相凌。此何以哉?彼之不敢轻与我战,犹我之不敢轻与彼战,战争为不易起之事,然后国家万不得已而用之。然而,强欲挑战于一国者,果何为也?

国家既不可以长从事于战争,而对外国之关系则有日增无日减,于此关系日密之际,不能用战争以求达其存在发展之目的,则必求其他之手段,所谓外交者由是而发生。凡国家之政策既定,必先用外交手段以求达其目的,外交手段既尽,始可及于战争。战争既毕,仍当复于外交之序,故国与国遇,用外交手段与用战争手段,均为行其政策所不可阙者。然用外交手段之时多,用战争手段之时少。用外交手段者通常之轨则,用战争手段者不得已而用之。不得已云者,外交手段既尽,无可如何之谓也。今如美之对德,自鲁士丹尼亚号击沉(德国潜艇击沉挂美国旗之英船,乘船美人有死者)[①]以来,对于德国所行战法屡为抗议,德人暂纳其言,旋生他

---

① 鲁士丹尼亚号:又译鲁西塔尼亚号,为英国客轮,于一九一五年五月七日为德国潜艇击沉。

故。至于今岁，为此无警告之击沉，然后决裂①。中间垂两年，盖其慎也若此。今我国可谓已尽外交之手段未乎？两年以来，协商国之损及我华人者，偻指不可胜数，而未闻一问。即德国在地中海、大西洋实行其潜艇攻击，亦未闻有何等研究。一旦闻美绝交，始起抗议，未得复答，即决绝交。是为己〔已〕尽外交之手段不能达其目的矣乎？德国回答，指明潜艇攻击并不损及中国船舶，仍允磋商保护华人生命财产之法，可谓周到。假如我国与德约定，华人来往尽乘来往荷兰之船，或德国所指定之船，对于此等船舶不加攻击，如此吾人往欧，未尝无安全之道。德国既乐与吾商酌，则何不可与之磋商。德国既显示我以可用外交手段解决此问题，而我偏不与商酌，务求开战，此可谓为与美国同一乎？人以外交手段行之二年，我仅行之一月；人以外交手段既尽始宣战，我则突然于外交手段未尽之际行此激烈手段，此可得谓之有不得己〔已〕之理由耶！

中国向来闭关自守，非以人为隶属，即与人为战争。中间对于匈奴、吐蕃、回纥、契丹、女直等，虽有和好，皆以贿求安，初无所谓外交手段。惟无外交经验，故海禁初开，动辄与人冲突，冲突之后，衅丧随之。于是，凡百唯随，只求留存体面。久之，则又不可忍，而为第二次冲突。平时虽有外交关系，实未尝有外交手段。故自鸦片之役以来，再战于甲寅，三战于甲申，四战于甲午，五战于庚子，每战必割地赔款，损失权利，而无功可见。中国之对外国，不知外交手段之为患，非不肯战之为患也。外交手段非必亲某国以排某国者也。如日本者，前此外交失败与我相同，及其渐习知外交之道，遂能补救昔日之过误，撤去领事裁判权，改正关税，彼何尝籍

---

① 德国宣布一九一七年二月一日起恢复无限制潜艇战，美国遂于四月六日对德宣战。

〔藉〕战争之力以致此，又何尝以加担某国为条件。如暹罗者，其与中国大小相去可谓远矣，然随日本之后，用外交手段，犹得完全复其法权、税权。两国之相遇，犹二人之相处，其间之行动，固有损己始能益人者，亦有不必损人始能益己者，择其不损人可以益己之道而行之，则外交之手段可以毕其事。若必损人以求益己，自然陷入战争。然而，战争胜时，所得尚恐不偿所失；战争而败，则尤不堪问矣。中国之失，乃在不恃可得恢复利权之外交，而恃胜败难知之战争。故初之失败，与日本同。而日本以渐回复其所损，我则不能。今日乃欲于庚子之后，更续一幕，此种举动，不谓之荒膠〔谬〕绝伦，不可得也。

　　试问中国何以不可不战，无论何方面皆不能答以确据。如谓此役为正义而不得不战乎？则德国方面，其违反人道之处，如〔果〕果〔如〕英、法、俄人之甚乎？谓德之潜航艇无警告击沉船舶为不仁，谓德国虐待比利时、塞尔维①人民，谓德国强行通过比利时、罗森堡为无公理，诚有之。然协商国又何以胜彼？英国之进兵希腊，与德之进兵比、罗有以异乎？英国于开战后未几即宣言将以饥饿屈服德国，禁绝粮食入德。英国报纸得德人妇孺饿将成殍之报，则喜而相庆；闻德国粮食丰足、民生不匮，则忧且斥为伪。其视德人之待比、塞人民何如？德国待比、塞纵不仁，不致于绝食以待其饿死之甚也。同是对付敌人，何以英、法用以饿死人之政策，便为其合于人道，而德国稍稍管束征服地之人，便不可恕。英国每年取印度巨额之粮以供己用，而印度十年之间以饥死者千九百万。印度绝非不产谷米也，其所产者夺于英人，己则槁饿，此于人道为何如？其视潜航艇之攻击又何如？印度人果有饿死以让英人饱暖之义务

---

　　①　塞尔维：即塞尔维亚，位于巴尔干半岛。

乎？英之待印人，名义上固不为掠夺，然其苛敛与虐政，使印人不得求活，实一大规模之掠夺也。最近英国强迫印人担认战费十万万镑，而美其名曰印人乐输，其出此十万万元〔镑〕之战费，不外苛领〔敛〕重征而已。故此议一出，印人不容反对，而英国人自反对之。兰加斯达①商人以此议实行，将于该地所产向销印度之棉货，加有重税，遂力言其不可。其实，兰加斯〈达〉商人纵稍受亏，决无大碍，而印人出此十万万镑，则必卖妻鬻子，转死沟壑，犹苦不供。此为合于何种人道？法人对付越南之人，年年加以重税，举足犯法，接耳有刑，一下圜扉，没身不出。北圻一带，安南之沃野也，自来开辟。自法人治越，则科以重税，岁岁递增，其极至于有地之家，收租不足以纳税，耕者亦不能复其本，乃尽弃其田，入居城市，求作小工以自活。从此，北圻赤地千里，而越人饥饿困乏，死者相踵，幸得延生命，无复乐趣。法人则大招本国之人往垦荒地，免税以优之。而所谓荒地者，即从前开垦之地，以重税逐去安南人使之就荒者也。此于人道为何如？德人所不施于征服之地者，英、法之人以施诸其属地，其顺民，则为不悖人道矣乎？谓德国代表有强权无公理之〈势〉力，德国一胜，公理将沦，则试问英国所以并杜兰斯哇②、并印度、并马拉③者，据何公理？所以夺我香港、夺我缅甸者，据何公理？逼我吸销鸦片，划我国土地为彼势力范围，据何公理？法之吞我安南，俄之〈吞我满洲〉④、间我外蒙，又据何公理？就此数十年来之历史，无甚高论，协商国亦岂非有强权无公理者乎？数十年

---

①　兰加斯达：即曼彻斯特，英国棉纺织业中心。

②　杜兰斯哇：即德兰士瓦，现属南非共和国。英国于一八九九至一九零二年发动英布战争予以吞并。

③　马拉：即马来半岛。

④　此据日本会文堂一九一七年版《中国存亡问题》增补。

前，英国能用其强权以行无公理之事，则不顾公理，今日英之强权
逊德，则目德为无公理，而自讳其从前之曾用强权，此种议论，奈何
可轻信之！如使今日有人果为护持公理而战者，必先与英、法、俄
战，不先与德、奥战也。然而，吾人对于英、法、俄尚不主张宣战，自
无对德、奥宣战之理由。

　　然而，吾知公理人道云云，不过极少数人所误信，至于大多数
主张战争者，皆不过借为门面语，并不实心信奉。所以三数语后，
仍旧露出利害之辞，而段祺瑞即首定〔言〕非以谋利，但求免害者
也。诚使为利害而战，则苟为国家之害者，孰不乐除去之。但今者
不能不先问，德之如何害我国与我国开战何以能免其害。

　　国家之生存要素为人民、土地、主权。故苟有害于此三者，可
以抗之也。抗之不足，至于宣战，亦有其由。然不能不审其损害之
重轻，而向其重者谋之。今自开战以来，德国曾以损害加于我人民
乎？无有也。有之，则自往法工人乘船沉没始。而此诸工人者，皆
被诱往法，为其兵工厂作工者也。英、法自知其船不免攻击，故迩
来一切妇孺例禁乘船，而独募华工往，及其船沉，华人则任其溺
死①，岂非英、法人设囮，引我国人入其术中而致之死地乎？且如
今者，日本报载，德国假装巡舰现在南洋，乘员三百余人，中有华人
苦力八十，他日又谓此舰已被击沉，可知此八十华人同归于尽。在
德船上作苦力，与往法国兵工厂作苦力，有何区别？何以我国不能
向协商国提出抗议？无他，德舰华人自甘冒险，其死也由于自误，
与协商国无尤。惟能向德国怨其引人入此危地，不能怨协商国之
不稍宽容。反此而言，则往法华工遇害，只可怨法，不可怨德，已甚
明矣。况且英、法属地，年中冤死华人，何可胜数。俄国年前招我

---

①　一九一七年三月一日，法舰亚多凯号被德国潜艇击沉，死华工五百余人。

国人往充工作，约定所给工值既不照给，华人集众要求，则以排枪御之，死者数百。吾友自西伯利①归，亲见其残伙欲生不得，欲死不能，挥泪述其惨状。此其视德国击沉敌船以损及我华人者，罪恶奚啻百倍。何以对彼则安于缄默，对此则攻击不留余地。如谓开战可免人民受害，则必吾国海军力能扫荡德潜艇，建英、法海军所不能建之奇功，然后可保华人之生命。否则，开战以后，国民不复许旅行欧土，亦曰可避其殃。今开战之结果，首须多送工人往欧工作，即无异使德国攻击商船，可以杀更多之华人，则何以言开战为防卫人民之损失耶？

以土地论，德国将来之野心，诚不可知，论其过去与现在，实可谓之侵犯中国最浅、野心最小者。以割地言，则中国已割黑龙江沿岸最丰饶之地于俄，割缅甸、香港于英，割安南于法，割台湾于日，而德无有也。以租借言，则英占九龙、威海卫，法占广州湾，俄占旅顺、大连，又转让之于日，论其前事，德之占胶州，罪无以加于他国。而今者，胶州已归日占，更无德人危我领土之虞。以势力范围言之，英国括西藏、四川及扬子江流域，约占中国全国幅员百分之二十八，俄国括外蒙、新疆、北满，约占百分之四十二，法国占云南、广西，日本占南满、东内蒙、山东、福建，均在〈中国全国幅员〉②百分之五以上。至于德国，前虽树势力于山东，不过中国全国幅员百分之一，以视英、俄曾不及其二三十分之一，即法与日亦数倍之。同是有侵及中国土地，而有多寡之分，又有现在继续与已经中断（将来如何尚未可知）之别，而于已中断者则追咎之，近日益加厉者不过问也。侵我较多者则助之，侵我较少者则攻之，是与其谓为防人

---

①　西伯利：即西伯利亚。

②　此据日本东京会文堂一九一七年版《中国存亡问题》增补。

侵我领土而战,不若谓为劝人侵我领土而战也。如使欲人侵我领土,则无宁昌言卖国之为愈也,又何必辛苦艰难以与德国战哉!

若论主权被侵,则德国诚亦随英、法之后,有碍我主权之举动,然比之俄国往者驻兵占地以起大战,与首设领事裁判权、首划势力范围之英国,当有所不如。今日开战以后,民国再建,法国尚越界捕我巡警,强扩租界,此于主权为有益乎?抑有损乎?今日西报尚言京、津运兵设炮台之制限,与使馆之驻兵所以惩创中国,使不忘拳乱。试问,中国国内不许设炮台,运兵不得自由,主权何在?各国驻兵我国京都,无异德国于战胜法人以后,所以待法人者也。德行之于法,期年而撤,法人恨之至今。北京驻兵迄今近二十年矣,岂其于我国主权有所裨益而不容置议?苟为完全自主之国,则宣战、媾和之事,岂容外国之人参与其间。今者美国对付德人,可谓宽大已极,彼欧洲诸国何尝敢措一辞,我国处理德人,稍不如协商诸国之意,便劳诘责。然则协商国果在何处曾尊重我国主权也?

由此以观,所谓免害之说,完全不成理由,结局只是求利。中国之与德绝交,非以公道绝之,非以防卫绝之,而以贿绝之者也。所谓贿者,以公言之,则关税增率,赔款停付,庚子条约改正是也。以私言之,则道路指目,自有其人,吾不暇为之证矣。

第二章　加入之利害

今日所谓加入条件者,关税增率,赔款延期,及庚子条约改订,更有益之者,则曰壹万万借款,如是止矣。为此四者,果须倾国以从事战争乎?否!不然,凡此所谓条件者,皆可以外交手段求之,不必以战争手段求之。抑且只能以外交手段得之,不能以战争手段得之者也。

　　所谓改正关税者，有依马凯条约①增至值百抽七半，俟战后实行裁厘增至值百抽十二半之说，与依旧约改至从实价值百抽五之说。而前说今已无人过问，所有〔谓〕商酌，皆就后一说而言。今姑就此说一查其沿革，知指此以为加入利益，可谓荒谬绝伦。查现行税则，系据一九〇二年与英国所订条约，以一八九七年以降三年之间平均价格若干作为定准，将紧要货物，按此价格算出，每件抽税若干，此项价格比现在时价为低，故现在税则名为值百抽五，实则值百仅抽三四而已。然此种价格变迁，订约之时早经料及，故于中英条约中，已经订明十年期满之后，六个月内两国均可要求改订税则。此后对于他国所订通商条约，均有此项规定。民国元年八月，我国已经向驻京各公使声明约期已满，货价有变，税则应改，此后又于民国二年再向各使声明。当时英、美、德、奥、比、西、葡诸国，均无条件承认我之提议，惟日、俄、法虽亦承认，而仍附有条件。附条件者，不过稍欲得他种利益以为交换（即如欲减轻一两种出口税之类），并非拒绝我之改正。盖改正之要求，订在条约，断无拒绝之理由也。故苟非遇欧洲大战，此事早经完满办妥。即以战事停议，不过属于我国之礼让，此时再提议，各国亦不能不应之，何待绝德、何待加入宣战始有此商量。今我国自认此为加入条件，而人亦以此为加入条件，非加入之后不容议及，岂非庸人自扰。如使我不发生此加入问题，早与外人磋商，则此种改正税则，久已为各国所认，无待今兹。诚〔试〕观马凯条约裁厘之协定，比之此次之要求，相去之远，何止数倍。在彼尚可以协商而得，在此岂曰必以战争求之乎？平平可以获得之件，必危一国以求之，然而因其求之，人更不

---

　　① 马凯条约：即续议通商行船条约，一九〇二年九月由吕海寰、盛宣怀与英使马凯签订。

与,果何苦为此耶?

赔款延期之说,在中国则求延期十年,在彼只允延至欧战终了,而一面又不允停付今年之数。夫欧战必在今年结局,在英、法方面固如此言,在德、奥方面亦未尝不如此言也。明知欧战结局不过年月间事,就令和在明年,所延不过数月,若以今年罢战,则直无停付可言。此种延期之议,明为一种欺骗,就令欧战更有二三年延长,则赔款可得一二年停付,此种利益,岂为外交手段所万不能求?且如美国,前此退还赔款,其额岂不甚大,何尝须中国与一国绝交、与一国宣战始肯退还。今日金价正跌,各国所受赔款,较之年前,实价大减。其乐为暂缓收受,亦出于计算利害之常。延期云者,不过暂停,并非以后不付。现在号称延期,将其财源挪供别用,异日又须筹填,不啻剜肉补创,于我何益,于彼何损,而必出于开战之手段以求之?

庚子条约,禁止天津设垒,限制运兵,并定驻兵中国以防拳乱,今之修改,即欲去此限制,并于驻兵限度有所改更。但欲各国尽撤驻兵,早料其为不可能之事。即曰运兵筑垒,可以稍得自由,亦不过敷衍体面之法,岂有国都屯驻外兵,以监督其政府,使不敢得罪外人,尚有体面可言、主权可尊者!若徒为体面计,则战前德人何尝不倡议减少驻兵,若使外交能应时顺变,此种改订即曰无大效果,决非甚难办到之事。自中国认此为加入条件,遂使《字林西报》等力言:"此庚子条约为惩戒华人,使不忘拳匪之祸,决不可宽。即欲稍慰中国人心,亦但当于加入以后,酌量宽其末节。"其语气明示中国为彼犯罪之囚徒,此次求其宽免,无异欲求弛刑立功。彼则必先立功,乃许酌量加恩核减。中国不自求可以友谊得去束缚,偏自甘同于囚房,听彼揶揄,此等利益谁能认之。

借款一节,政府之所最垂涎者也。然借款真为恩惠之借款,则当不取担保,不取折扣,不待中国之困乏而豫周之。如此,则数之以为利益可也。今者美国借款已将有成议，四国银团始延美入其团中，谋共同贷与我国。是其贷款已为定局，折扣、抵押，无异昔时。使无此绝交、加入问题，恐此借款已先成立。偶遇此事，彼反藉以延迟。其实，美国自开战以来，国富骤增，投资无所，不患财少而患其多，故有黄金泛溢之虞。其投资于我国，实为最稳固而有利者，岂因不加入战争便失借款之路。况此次抗德，虽由美劝，而对德宣战一节，美人殊不见乐助，加入岂能影响及于借款乎？

统而言之，所谓加入条件者，皆可以外交手段得之，并不须加入，而加入之后，反终不能达此改正关税等目的。所以然者，中国原与外国订约，利益均沾，现在纵与德国绝交，将来必有言和之日，言和之际，决不能以英、法诸国已许之故，强德、奥以从同。况于关税之改正，德、奥早经承诺，如不因绝交而中断，德、奥势难反汗。今乃断绝国交，使前诺无效，而后怨方增，再议和之日，如何可使德、奥更认前说。德、奥既翻前议，则英、法、日、俄自当援例均沾。夫中国不能强德、奥以英、法所许者许我，而英、日[①]能强我以所以优待德、奥者均沾于英、日，则今日纵以战争而改正，异日必亦由此推翻。乃至赔款之延期，庚子条约之修改，则德、奥本不与同，异时何能拘束德、奥？德、奥不允缓收赔款，不允撤改条约，独行其是，英、日各国岂得守信不渝？夫有利益均沾之原则在，无论何种政策，各国所赞同者，一国足以梗之，欲其事之得行，全赖销除各方之怨怒。今为数国以得罪数国，而谓将来不致因利益均沾一条，破坏已成之局，其谁信之？且今之所谓加入条件者，于协商国为有利乎？有损乎？如其有利于我，後〔复〕有利于协商国，则久矣其当订

①　日本东京会文堂一九一七年版《中国存亡问题》此处及以下二处"英、日"均改作"英、法"。

定,何须作为加入之条件。若其有损也,则此时暂为承认,非所甘
心,异日议和,即使德、奥无言,尚恐彼暗嗾两国不与承认,以图均
沾之利,尚安望仗义执言,为我尽力。且此种条件,果由要求以来,
信所谓乘人于危以徼小利,人纵负我,我亦何辞以责人。然则此项
条件纵能被承认,亦不旋踵而消灭,其所以消灭,即由加入战争。
然则,战争果何所得也?

　　然而,所谓加入而得此条件者,今已完全失望。关税之议,日
人极力反对,赔款亦不允停交。条约修正,亦以惩戒中国为理由,
不肯实践。当劝诱加入之初,英人以此条件开示陆某,以为中国之
非常利益。乃至报告国会,亦据此为言。至于绝交以后,确问各公
使之主张,则忽诿为个人之言,不负责任,识者知其实皆因日本之
反对而来。英国竭力牵入中国,设此以为饵,然其所牺牲之利益,
则日本之利益,非英国之利益也。日本不肯以己之利益,供英国之
牺牲,英国遂深恨日本。又畏日本在远东能持其短长,不敢公然道
之,乃设此遁词。而盲从者尚日言加入利益,试问利益果何在也?

　　反此而观,则因于加入所生之害,显然可指。宣战之后,国中
回教人民以归向教主之故,难免暴动。既为当世智者所力言,又已
有新疆、甘肃之事为之证实。其害之大,自无待言。而此外尚有甚
深而极溥之害二,则无制限招工与运粮是也。法国现在招工为政
府所禁,有往赴者,不过少数。一旦加入,招工为我义务,自不能禁
使勿前。今日往法国工人不过一万数千,而一船已殁数百,将来赴
欧工人之况,可以意想而知。即不死于中途,而俄国之已事,可以
明鉴。虽英、法真意,未必在招我工人,而往者已纷纷罹害。一面
运粮出口,内地米麦价值必见飞腾,贫民所入不加,食料骤贵,饥馑
之祸即在目前。〈夫饥馑者,非必全国米粮不足供全国人之食始然

也。一地缺乏,而他地以交通不便,不能运来,则饥馑立见矣。〉①
试计前所列举条件,借款一万万,赔款之〔三〕千万,加税五千万,不
及二万万之价值,而令我全国受此灾厄,此其为得为失,何待琐言。
况此不及二万万之款,结局皆须偿还,且须付息,不能以利益算。
所谓益者,止于关税之五千万耳。此五千万之收入,谁负担之?固
我中国人,非外国人也。外国人不过贩运稍觉困难,实际仍是我国
人出钱买货纳税。然则国家取之人民,亦复多术,岂必出于此途,
而使数十万人置身虎口,数千万人饥馑穷困,以易得之。反覆推
求,所谓利者真不成为利,而其所生之害,则触绪〔目〕皆见,屡举不
能也尽。

　　虽然,上所言之祸,犹其小焉者也。以贪此小利之故,甘为英、
法之牺牲,其结果必至于亡国,虽欲隐忍自拔,亦复不能(详后数
章)。国民于此尚不觉醒,异日衔索过河,悔将何及耶!

　　今日欧洲战争,事至惨酷,指此以为中国千载一时之会,固非
仁人之言。然必欲就此战争以求利益,则亦非无道。譬如日、美两
国,即以经济上之活动,乘兹战争各博巨利者也。欧洲各国以从事
战争之故,人力、资本并形缺乏,其向从工作之工人,皆移以为兵
士,其向供制造之机器,皆移以为制造军需之用,日常所须不给,则
求之外国,即战争所须亦一部分赖之外国。故日、美两国制造之
业,运输之业,无不获利。日本向来每年贸易皆以输入超过之故,
不能维持其金融常序,必赖借入外债,始可勉强支持。自前年以
来,输出骤增,现金流入。去年之杪,已储现金七万万元,迄今增加
未已。而美国现金流入,又数十倍于日本。日本始战争而中道归

---

①　此据日本东京会文堂一九一七年版《中国存亡问题》增补。

于和平者也，美国则至今始破其中立者也①。而以经济上言，则两国皆免于战争之害，因以遂其发达。诚如是，则虽求利益亦何害之有。今日欧洲中立诸国，如荷兰、瑞士、西班牙、丹麦等，皆以过近战场，所有贸易皆受妨害。其中斯堪达奈维②诸国及荷兰等，以英、法封销〔锁〕之故，贸易几于全灭。惟美洲、亚洲诸国，差可乘时自谋振奋。我国若欲求利益，保持此中立态度，以经济上发展，补从前之亏损，开日后盛大之机，固甚易也。何不知出此，而从〔徒〕以开战规求区区必不可得之利益，遂陷国家于危亡而不自惜。此所以不能不切望吾国人民，一致注意于此中国存亡问题也。

经济上之发达，自然力、人力、资本三者皆有巨效。而今日谋中国之发达者，不患自然力之不充，人力之不足，所缺者资本而已。以中国土地之大，人口之众，荒地在野，游民在邑，苟知利用之，转贫使富，期月间可办也。以此无穷之富源，无穷之人力，稍有资本，不必用新机器，其效果已可使中国成为世界最富之国，因之亦得成为世界最强之国。而此少许之资本，又甚易输入者也。自开战以来，欧洲诸国尽力以产出其所需各品，其向销中国之货，来源皆形短绌，而转运之费，数倍从前。此真中国振兴农工业之机会也。如中国之农业发达己〔已〕久，所缺者，农民之新知识，与政府之善良管理耳。故苟有适宜之经理，则壅滞之货物，不患其腐败销磨，而不足之地，亦不患因输出之故致生危险。盖如由彼外国采办粮食出口，绝无制限，则彼单就运输便利之地，以高价吸收谷物，以故谷价立腾，而饥馑无可挽救。若以一有统系之管理，加于谷物之上，

---

① 日本东京会文堂一九一七年版《中国存亡问题》此句作"美国则至今始为战争者也。"

② 斯堪达奈维：即欧洲北部的斯堪的纳维亚半岛。

则有余之地始输出,不足之地有补填,统中国之所产谷物,未尝不可敷其食料而有余。然则虽输出谷物,亦不为难。贵在出于有调节、有统系之行动,不容彼无制限之运粮耳。粮食以外,他种农产物亦复如是,苟能整理,使归秩序,输出之额必可骤增,即其利益已莫大矣。今之称劝业者,未尝著手于是,而反以苛税留难农产,使运转不得自如。于是,收获丰者坐见腐败,其歉者无所得,设关以害人者,正此谓也。又如矿业,自有矿章规定之后,请开矿者,必百计难〔留〕留〔难〕,始予给照,给照之后,有侵占者,又加以勒索。一矿之矿权,恒须费数万而后得,比之未有矿章以前,图办矿者更形退缩。他国设矿律,所以保护营矿者也,而我则更害之。华侨在南洋开矿,处欧洲人势力之下,不获平等之待遇,至不幸也。然其经营矿业,尚可有利。及其归祖国,欲开发天然富源,一阅矿章,即废然返矣。是外人虐待华侨之矿章,比之我国优待华侨之矿章,尚优数倍。矿业之不发达,又何足怪!他及工商诸业,无不有类于兹。人之设部,所以卫民,我之设部,乃以阻其发达。若是者,岂能谓中国不可富强,若以欧洲已行之事为师,革去留难阻害之弊,即使学得欧人百分之一二,已〔已〕足致无上之富强。试观德国开战之际,粮食百物,常苦缺乏,自施以秩序之管理,即觉裕如。彼以战争销耗其国力之大半,仅以其余力,犹能获此进步。我之天然力、人力,数倍于彼,又无战事,当此世界销场正广、渴待供给之会,其能获大利,何待更言。今日为中国实业之害者,部令之繁苛,与厘金、落地、销场种种恶税之窒限〔碍〕为最多,此皆可以咄嗟之间除去者也。更有当注意者,美国自开战以来,虽屡沉船舶,而其业船者无不获大利。日本最近暴富者,大抵皆以买船。即日本邮船会社一家,去年一年之间,亦获数千万之利益。此一公司之利益,虽似不足概乎一国之荣枯,而实际则此运输无滞一事,已足致国中百业繁昌,各收〔致〕巨万之富。今试反观中国,其运输状况,岂不可悲。
自开战以来,上海常积三万吨之货物,待船不得,此每月三万吨之
息,所损几何,三万吨之仓租,所损几何,非一年数百万之损失乎?
三万吨之货屯于上海,则内地各埠所停者当十倍上海,此非每年数
千万之损失乎? 内地各埠货尚停滞,则各原产地之货亦无从运出,
坐待腐败。此其损失,不止在息,乃在于本。此非每年数万万之损
失乎? 即此一端而言,苟能改革,已可敌所谓加入条件之全部,抑
或过之矣。合彼借债、延赔款、加关税不及二万万,此则一年之增
加,已不止二万万。彼为剜肉补创〔疮〕之计,所入旋即须付出;此
则为其〔真〕正之增富,无论如何不生损害。苟欲求利,则何不舍彼
而取此乎? 今日所谓船荒之时代也,以中国之人工造船,必较他国
为贱,即输入机器、铁材以制新船,亦决非难。若为应急之计,则以
较高之价,买既成之船,尚可以及时通运。今计屯积之货三十万
吨,其中多数不过输之近地,匀计每一月半可一往还,则欲于一年
之间〔间〕,清此三十万吨之货,不过四万吨之船舶,足以敷用。此
决非不能办到之事也。此四万吨之船,一面输出有余之农产,一面
输入必需之货物,且从而为建新船之基础,则此停滞内地各埠之
货,不及一年可以悉去,而原产地之货,亦可陆续输出,无朽腐之
虞。即此一端,已足使经济上遂非常之发达矣。夫使用游民,开荒
地,除厘金之限制,奖励航业,期年之间,不冒危险,所得必较加入
条件为多。而彼则冒危险尚不可得,此乃安坐而得发展农业,开掘
矿产,振兴工艺。彼日本以两年而获七万万之国富,比例计之,我
国即欲年获十万万,亦复何难之有!

　　今之政府,惟以财政为忧,不知财政根源,在于国民经济。不
此之图,而求目前之利,求而得之,尚足亡国,况其不得而坐受无穷
之害。此何为者也! 以此千载一遇之时机,而不肯于经济上奋发

有为,坐失发展之路,不亦谬乎! 不能有为,若能安贫,而徐补救,犹之可也。贪目前之利益,自命奋发有为,而所为者为害而非利,其危险可以亡国,而利于政府者不过借款成功而已。苟能以一国冒如此之险,则何不以此精神,改革内政,奖励农工,而利交通,险较少而利较多乎?吾人决不能信当局者为尽无此眼光,乃排一国之舆论,弃其宿昔所信,而冒此不韪。则吾不能不疑其决心之时,惟计自身之便利,不计国家之利益也。

吾固亦知此中有一部分之人,真出于救国之热诚,而欲以此改善中国之地位,即在旧官僚中,其为利而动者不必言,其非为利动而主张加入以图抵抗、排斥日本者亦不少。通计主张加入者,除极少数之人以外,无不怀有一种想象,以为日本欲专据在东方之权力,此举可以争回中国国际地位,联合美国以驱逐日本之势力。无论其以此为主张对德宣战之动机与否,而在旧官僚一派,其心中无时不有联美排日之念存,无疑也。而前年日本禁阻中国加入一事,更足惹起此辈之怀疑,以为日本既不欲中国加入战争,必为其有损于日本,而因之信有损于日本者即为有利于中国,益以坚其亲美之决心。然今者亲美而美不亲,欲拒日本反不得不从日本之指导,此辈之目的不能达,已章〔彰〕明矣。然而,其排日亲美之心,未尝息也。岂特不息而已,方以为美国扩张海军之案,不久完成,至时可资以排斥日本。不知中日关系密切,决非单以同文同种云云说明之而足,国际上之真结合,必在乎共通之利害。中国惟与日本同利同害,故日本不能不代计中国之利害,而进其忠言。即为〔如〕往岁英国劝我加入,而日本反对之,彼诚有其反对之理由,决非以中日利害冲突之故,而专自利损中国也。盖中国一旦加入以后,无论如何必成为英国之牺牲,以中国供英国之牺牲,则享其利益者,非德即俄。以德、俄占中国之利权,则日本更无发展之途,且无自保之术。此日本之损也，而其所以损者，中国先受其损故也。为日本计，为中国计，其出发点虽殊，而其结论必归于一。日本为我计其利益而进忠言，本非为我设想，而吾人决不能因之弃其忠言也。今之言联美者，何尝知东亚之势哉！

第三章　中国加入非美国宣战之比

　　今美国与德宣战矣，然而加入协商国否，未可知也。美国之宣战，伴于实力之宣战也。他姑不具论，美国之海军于世界居第三位，一旦开战，即可以负清扫大西洋之一部分责任。夫德之潜艇，果有所畏于美国之海军否，虽不可知，然美国要可谓之有武力以为〈战〉争者。其陆军则依现在所公布者，为豫备二百万之兵，此中送之战场者能有若干，虽〈亦〉不可知，而陆军力之存在，即为可以实行战争之证凭。况其计划乃将自此益加扩充也。美国频年增加海军，其费动数万万元，此次开战之后，首决支出陆军费美金二十九万万余元，海军费约美金五万万元。盖有此实力，然后可以言战争也。我国能望其百分之一否乎？能以一无畏舰、一潜艇向人乎？能有完全之军队一师乎？其不能无待言也。塞尔维、门得内哥罗[①]、罗马尼亚于协商国为无力，然其在战场之兵，多者数十万，少者十余万，败亡之余，尚能斩将搴旗。中国之对德国，能为彼所为之什一乎？中国绝交宣战之实力，不能学美国百之一，不能学比、塞、门、罗诸国什之一，不过凌辱少数在留之德人，而自称胜利。不惟可危，又甚可耻可笑者也。而妄人反相称曰宣战无须有实际之战争。然则所谓战者，将徒以供戏笑而已耶！

　　夫美国不能不与德宣战之第一原因，在其国之工业状况。英、

---

　　① 门得内哥罗：位于巴尔干半岛，即现在的黑山共和国。

法自开战以后,自国军需品已苦不给,一面尚须供给俄国及意大利之军需品,故不得不乞助于美国。美国应协商国之求,以扩张其工业,专注于此一方面,于是输出之额骤增,全国之人惟以金满为患。去年一年运往欧洲之出口货,价值美金三十七万万五千万元,即华银七十五万万元也。其中货物有加数倍者,有数十倍者,而铜、〈铁〉、粮食、炸药为尤多。依俄国《诺窝时的诗诗》所录美国公表数目,实如左表:

美国近年重要物品出口表(单位法郎)

品　　名	民 国 三 年	民国四年及五年
牛骡马	二三,五〇〇,〇〇〇	四九四,〇〇〇,〇〇〇
铜	二九五,〇〇〇,〇〇〇	一,二八五,〇〇〇,〇〇〇
粮食	八二五,〇〇〇,〇〇〇	二,一七五,〇〇〇,〇〇〇
飞机及附属品	一,一三〇,〇〇〇	三五,〇〇〇,〇〇〇
自动车	一六五,〇〇〇,〇〇〇	六〇〇,〇〇〇,〇〇〇
自动单车及货车	二五〇,〇〇〇,〇〇〇	八三五,〇〇〇,〇〇〇
化学材料	一三七,〇〇〇,〇〇〇	六二〇,〇〇〇,〇〇〇
炸药	三〇〇,〇〇〇,〇〇〇	二,三三五,〇〇〇,〇〇〇
铁钢亚铅	一,二五七,〇三〇,〇〇六	三,三三〇,〇〇〇,〇〇〇
手枪	一七,〇〇〇,〇〇〇	九〇,〇〇〇,〇〇〇
机器及车床	七〇,〇〇〇,〇〇〇	三五〇,〇〇〇,〇〇〇
金属线钉筹〔等〕等	五一,五〇〇,〇〇〇	二五〇,〇〇〇,〇〇〇
生熟皮革	一八二,〇〇〇,〇〇〇	四〇〇,〇〇〇,〇〇〇
靴鞋等	九〇,〇〇〇,〇〇〇	二三五,〇〇〇,〇〇〇
炼牛乳	六,五〇〇,〇〇〇	六〇,〇〇〇,〇〇〇
精制糖	九,〇〇〇,〇〇〇	三九五,〇〇〇,〇〇〇
羊毛	三四,〇〇〇,〇〇〇	二二五,〇〇〇,〇〇〇

　　夫美国之出口货骤增，一方面为丰富之金钱流入，一方面亦为资本之偏注于一部分。此表中多数新增之出口货，实由新增之工厂造成之。此工厂既投莫大之资本而设之，一旦出口有阻，则此诸工厂皆归无用，而恐慌立起矣。德国提出和议之时，美国市场为之震动，即以此故也。然则德国潜艇封锁之策，美国所受影响可以知矣。夫欧战以前，美国在德、奥暨丹麦、那威、瑞典等地商业至盛，自英国封锁德海口，美国遂失其销场之一部分。幸以英、法、意、俄之需要补之有余，故但见战争之乐，不知其苦。然而，德宣言封锁地带无警告击沉以后，美国及其他中立国船，皆有中止之惧。于是美之工业为之大摇。美国为保护此种利益，乃欲打破德之潜艇势力，而继续其通商。此其宣战之本意也。抑此美国之加入，能有剿绝德国潜艇之效否乎？在美国工业者亦未尝不疑之。但若使美国为宣战而备军实，则从前所欲供之外国者，今可移供本国扩张军备之用，即无资本误投生产过剩之患。即使德艇依旧跳梁，欧洲贸易杜绝，彼资本家固可高枕无忧。此所以美国全国主战不休也。今我中国果有若是之景况乎？欧战既开之后，我国除对美、日贸易不变外，对于欧洲诸国出入口货，有减无增。此盖以我国政府之不留心与人民之无智识使之然。然而中国所产之货，不合于彼所急需，实为最大原因。而在近今英、法之限制入口货，尤为大不利为〔于〕中国者。依此限制，则中国丝、茶诸货均遭停滞，而农商俱被其祸。然则美之受祸在德之封锁，而我之受害在英、法之禁入口，各异其景况，亦各异其加害之国。然则若真与美一致行动，岂非先须抗议英、法之限制入口，而以绝交、宣战继之乎？我国与美情形不同，中立不倚者，自谋利益之道，即自保之道也。

　　且美国此次之开战，固德国迫使之然而然，非美国所得己〔已〕也。今日以前，美国供给无限之军需品于欧洲诸国，不见其匮者，美国自不从事于扩张军备也。德国察知其然,故挑战于美国。美国之开战,决不如中国之毫无预备也,则必辍其供给英、法、俄、意之军需品,以充实己国之海陆军。试以今次通过之美金三十四万万元,比之去岁出口往欧洲之货值,可知其相差不远。故使美国此项经费于一年内支出完毕,则恐出口到欧洲之军需口,比之前岁不及什一,而英、俄诸国之供给,将以是大竭蹶矣。论者但见美国富力军威,若足以大为德国之害,其实以海上言,即以美海军加入英、法队中,仍决不能奏扫除潜艇之效果。以陆上言,则美国输送数十万兵于欧洲,决非易事,即曰能之,其所收效亦不过如英国之稍稍增募兵队,于战局决无影响。然运此数十万兵者,其供给补充交代,又须征用巨额之船舶,即同时使英国缺乏粮食之祸益增,故其所得不偿所失。德国惟深知其如此,故百计迫美加入战团,在美国真不欲其如此也。试观美总统提议媾和,力主不待胜负而致平和,其心岂欲战者哉!通牒调和,认为美国之权利,且认为义务,其意气何如。而三礼拜后,忽而抗议,忽而绝交,忽而宣战,恐威尔逊博士自身亦决不料其如此也。美国之开战为德之利,故德强迫以成之,中国无此不得已,而亦欲以美为师,岂非捧心颦里之亚乎?

中国与美国此次地位完全反对,言实力则彼有而我无,论损害则彼受诸德、奥,我受诸协商诸国,论加入之不得已,又为彼之所独,我不与同。则我何为自苦若是!试观日本,前此尽力建立其势力于山东及南洋,至其既得,遂谨守不进。前岁有请日本派兵至巴尔干之议,欧洲各国,翕然主张,即日本人中亦有少数为其所摇,而鉴于多数民意所不悦,不敢实行。彼日本于协商诸国关系非我之比,且其实力亦优足以办之,然尚不徇一时之外论,而置举国之反对于不顾,我国政府胡不深思而遽言随美进退耶!

第四章　中国加入与各国之关系

中国加入战团之后，以见好于欧、美诸国故，将来可望得其援助，此种思想全由中国历年远交近攻之遗传的愚策而来。中国自与外人接触，即有以夷制夷之画策，从之俱生。李鸿章之外交，以联俄制日为秘钥，而卒召欧洲列强之侵入，旋致瓜分之说、势力范围之说、不割让之约、租借之约相踵而至，此非其成效乎？然在旧官僚知有所谓外交者，无不敬奉李氏遗策，以为神奇。袁世凯之策外交也曰："引一国之势力，入他国之势力范围，使互相钳制。"此即以夷制夷之哲嗣，亦即远交近攻之文孙也。其姓字虽殊，其本悄无改。今之当局者，又承袁氏之遗策，乐于引入美国以排日本。故抗议，美国劝我者也，而至其加入，则美使声言任之中国自由裁度。加入，日本所尝反对者也，及中国既从美国之劝而抗议，日本又转劝我以更进加入协商国中。质言之，则此次对德之交涉，实有日、美之暗斗含于其中，而美国之主张遂不及日本之有力。然则，中国政府亲美不如亲日乎？非也。中国旧官僚抱亲美之主义，而未至亲美之时机，其隐忍以从日本，不得已而欲待之他日，使他人为我复仇耳。故今日所诚惶诚恐以敬献于东京政府者，意谓犹璧马之寄外府，一旦时至，辄可取而复之。其貌愈恭，其志弥苦。此种亲美思想，吾不敢谓其非发之至诚，然而其迷梦之政策，果足以益中国乎？我知其必不能也。特是以日本政治家之近眼〔视〕，与英国之牵率，遂相蹙迫而生出此绝交加入之议，考论其实，于加入有所主张者，协商一面虽云七国劝我，而意、比、葡三国，实可谓初不相关（如逆〔其〕其〔逆〕计将来议和时，可借中国以减已〔己〕国之负担，谓之有间接关系亦无不可，但决不视为重要）。法、俄两国所求助于我国者，亦复甚易得之，即不开战未尝不可以满足法、俄之欲望。故真望中国加入者，英国也;不得已而迫中国加入者,日本也;欲中国与已〔己〕采同一态度者美国也,此外皆与本问题无甚深关系者也。

彼协商诸国所认为中国加入后协商国之利益者,曰供给人工,曰供给粮食,曰扫荡德国人在中国之经济基础,如是而已。试一研察,则知此三者纯为自欺之口实,在协商国亦不能认为必要中国加入之原因也。今先就经济基础而言,德国之贸易,开战以后已全杜绝,德人在东方惟一之商埠青岛,已归日本占领,今所余者,绝无贸易、等于故墟之数十商店而已。彼数学校之解散,数卫卒之被拘,与此数十商店之闭锁,在官〈厅〉少数德人之解佣,便可谓之驱除德国之基础,而前此攻略青岛,杜绝贸易,反不足以比其功。日本费财亿万,劳师数月,死伤及千,不能扫除其基础,今乃不如三数警吏之能,此不能信者也。须知德国在中国贸易之所以盛大者,在其商品之信用与营业之精神,对于中国人之精密之研究,以此三者为他国商人商品所不能及,故后起无根据而能以短时期内侵入英国之地盘,与〈之〉争胜,此非可以人力遏者也。今试检德国占有青岛之后,其输入输出之状况如何,可知德国在东方之基础,并不在于青岛。

一九一一年青岛输出入价表(单位两)

国	输　　出	输　　入	共
德	四,六六五,〇〇〇	一,五九六,〇〇〇	六,二六一,〇〇〇
日	四,三〇九,〇〇〇	一,一七四,〇〇〇	五,四八三,〇〇〇
法	八,〇〇〇	四,三二九,〇〇〇	四,三三七,〇〇〇
英	一九九,〇〇〇	一,五五一,〇〇〇	一,七五〇,〇〇〇
美	一,二八二,〇〇〇	一二四,〇〇〇	一,四〇六,〇〇〇

若言除去德国根据,则虽占青岛亦不足尽其根源。将来欧战既毕,决不能禁德货之来,德货既来,则发挥吾所谓精密研究与商品信用营业精神,转瞬即可复其旧观,益加发达。是则所限制者不

过一时,而在此一时,德国本无商业可言,无须限制。故此一说,决不能成为理由也。

至于人工之帮助,则惟俄、法两国实需要之。英国本土人口虽不多,而在印度领土已有三万万以上之人员,决不忧劳动者之不足。况且,英属华工向来最夥,但使一令招集,即马拉半岛、婆罗、缅甸,旬月之间,数十万决不难致。一面中国往南洋觅食者,后先不绝,故南洋所招华工,亦无尽藏,非如俄、法之必求招之中国也。俄、法虽求人工之助,若特定条约,准华工之到法、俄,亦复甚易之事。且迄今虽无条约,招工之事俄、法早已实行,则无事因此必强中国使加入明也。又自粮食言之,俄之缺粮乃由转运之难,非以生产不足,在本国尚难转运,则自无由移粟就民。英国产谷固稀,而求之于美国、坎拿大,较求之中国遥易,且向来输入中国之面粉甚多。今但移此以供英人之用,或更输出中国之面麦,亦足供其所用,何必宣战始能行之!且闽、粤之米,向仰给于安南、缅甸,若其需粮,则转运于其主〔母〕国之英、法已足矣,又何待求之中国乎?要之,无论从何方面著想,决不因此人工、粮食两层,至要求中国之加入。此所以真与吾国加入有密切关系者,止于日、美与英三国也。

论此次之劝诱中国,美、日居其冲,而英国若退听焉。考其实际,则英国为其主动,而美、日之行动,适以为英政府所利用耳。何也?英国之运动加入,非自今始。往者袁氏称帝之日,英国曾欲以加入为条件,而承认袁之帝制。袁未及决,日本出而反对,遂中止以迄今兹,然而英国之运动未尝息也。但以英国曾对日本外交总长石井①约言,此后在中国无论何种举动,必先经日本同意。英国在东方之外交,本不能自由行动,故英国欲动中国,必先动日本,欲

---

① 石井:即石井菊次郎,于一九一五年出任外相。

动日本,惟有藉美国势力侵入中国以挟持之。此次美国之劝告中国,以何原动力而来,非吾所敢议。而英文《京报》辛博森一派之论说,则显然谓中国抗议之后,以美国之经济力与兵力为可恃,即可无虑日本之挟制中国。其论调如此,则一方面代表中国政府亲美排日之初心,一方面又表明英国在东洋对于日本之甚深之恶感者也。吾闻亲美论者,动谓日本年前阻止中国加入,志在使中国外交受日本支配,此次抗议,即图独立之外交。不知在东洋外交,受日支配者,乃在英国,而加入之后,英国可以回复其外交之独立耳。中国之外交何由得独立乎?

中国之旧官僚有其习性,只有与营私利之人,或被其认为好意,此外无论何事,彼必以不肖之心度人。日本之不愿中国加入,固曰大隈①内阁之政策不欲助袁成帝,然决不得谓为主要之原因,主要之原因,乃在中国加入自身之不利。从公平之观察,以批评日本当时之态度,可谓第一为中国谋其利害,而后计日本之利害(此时中日利害相同,自不待言)。以此友情,救中国之危,而措诸安定。中国之论者,不知感谢,反以是为失我外交独立,欲推刃而复仇,诚不能谓此辈官僚之思想为尚有理性存者也。日本诚见中国加入,绝不能为协商国摧败德国之助,而一且〔旦〕加入,无论孰胜孰败,中国必不免为牺牲。以中国为牺牲,中国之不利亦日本之不利也。为避此不利而不惜得罪于同盟国,亦可以谓之无负于中国矣。而论者则谓之挟制中国,谓之不使中国有外交,此所以动失东亚联合发展之机会,而为白人所利用。抑亦以彼辈洪宪遗臣,对于袁氏之加入称帝,实抱无穷之属望,一旦失之,惭忿交并,转致其深怨于日本也。论者动谓日本要求念一条款,即为独占中国利益之

征，侵略之实行。然当知廿一条款初非日本之意，而日后袁氏称帝事急之际，曾以有过于第五项之权利供于日本，而日本不受也。始袁氏既解散国会改约法，第二借款将成矣，而败于欧战之突发，乃改其日〔昔〕者排日之态度为亲日，因求日之承认帝制，而诺以利权为报酬。所谓廿一条项要求者，袁自使日本提出其所欲，以易其帝位，非日本自以逼袁也。袁之排日，夙昔已著，日人惟知事定以后必为反噬，故重索其权，以求免未来之患。顾此条件无端而泄漏，无端而有国民之反对，各国之责言，袁尚欲贯彻其主张，乃暗请日人派兵来华，致最后通牒，以镇压国中反对者，而便于承认日本所主张，然终不敢诺第五项。如是者又半年，帝制起而云南倡义，袁忽使周自齐东为特使，不顾举国反对，诺允日之第五项，且益以他种利权。尔时日本欲助袁平定民党博取利权易于反掌。然而举国反对，不为利动，袁策遂不得行。以此二者比较而观，可以知日本于中国不必以侵略为目的，其行动常为中国计利而非以为害。论者不察于是，徒以日本为有野心，非笃论也。日本之不赞成中国加入，与不受周自齐所赍之贿，同为纯粹之正义所驱，吾人于大隈之举动，固不尽赞同，而公论要不容没。即在此次日本虽翻然劝我加入，而吾尚深信彼中不无审察利害，不乐促我堕此旋〔漩〕涡者。故于所谓加入条件者，日本不遽与赞同，即其心中以为，日本对于英国既有同盟关系，势不能永拒英国之求；而亦不欲负诱我以入协商之责任，故但劝以言而不肯供其贿（关税改正、赔款延期以为加入条件则皆贿也）。彼岂不知利益均沾之约尚存，将来不难追补。今兹所失，朝四暮三，本于名实无损，而必坚持之者，其心诚亦不欲中国以此而自决堕入危途，将以自慰其良心而已〔已〕。况乎以终局利害论，中国之不保，同时即为日本之衰亡也。日本之劝我，非本意也。（以上所引外交秘密，皆有最确之来源，徒以责任所在，不能明指。要之,此中事实,当局自知其不虚,而吾之操笔,亦绝不以私意稍有所损益,以就吾论据。此则可以吾之良心与名誉誓之者也。)

中国之加入,于美国为有利乎? 否乎? 则将答之曰:美国欲中国随彼一致行动,无异欲他中立国〈随之〉,〈美国〉不以他中立国加入为己国之私利,即亦不以中国加入为已〔己〕之私利。须知美国劝我抗议之通牒,对于诸中立国一概发出,与前者〔此〕劝和之通牒同。论者但见美国劝我抗议,而谓中国加入协商亦为美国所乐闻,不知美国为向来最大之中立国,常欲〈使〉他中立国行动与彼一致,以保中立国之利权。故前此提出调停通牒,则亦劝我为调停,所劝者非止我国也。一旦提出抗议通牒,则又劝我为抗议,所劝者〈亦〉非止我国也。此为美国外交当然可采之手段。而论者先有成心,乃于美国之意思加以曲解,故前次调和之通牒,忽然集矢,今日抗议之劝诱,又忽焉以为抵排日本之机。吾信美国之通牒必不存此心。中国官僚日思排日,因美之来劝,遂自扇其感情,发为虚想。此种举动,适投合于英国人之需要,而其波益扬。此亦美人所不及料者也。中国苟但随美行动,则美国可以各中立国之一致为基础,而谋中立国之利益,此往日美国之所愿也。过此以往,本非所求,则虽有抗议劝诱之一事,美固不负引入中国之责矣。

统以上所言,则知劝我抗议之美国,劝我加入之日本,均未尝因我之加入能受何种利益,即在协商欧洲诸国中,亦决无非中国加入不可之理由。然则何以七国公使不惮再三干涉我国对德之所谓"独立外交"乎? 则以其主动者有英国,故不惜百方以求引入之机会。袁氏之称帝,一机会也,不幸而挫于日本之干涉,故又利用此美国之劝诱而扇起中国之排日感情,即以此耸日本之听,而促其决心。此年来英人所经营者,其迹历历可睹。此中摩理逊①、辛博森等于种种方面,皆尝自白其尽力于中国加入协商一事。可见由中国加入而得利益者,非意非葡,非俄非法,亦非美非日也,惟有一英国而已〔已〕。则有问者曰:"英国于招工运粮、破坏德人基础以外,更有何等甚深之理由乎?"曰:"有之。英国自数百年以前,迄于今兹,有一不变之政策焉,曰'求可以为牺牲者,以为友邦'。中国适入其选,则英国之欲我宣战也固宜。"

第五章　大英帝国之基础

　　除去印度,大英帝国不过世界之三等国,此英人所自认者也(《中央公论》引喀逊语)。英国之帝国以何者为基础乎?伦敦之市场,何所资而能为世界市场之中心乎?英国之外交,何以常能使人尊敬为第一有力者乎?以偏在欧洲西北三岛之地,而其所领土地周绕地球,自诩国旗不逢日没,其操纵之,操何术乎?非巴力门政治之力也,非二强国海军标准政策之力也,非条顿种绅士精神之力也,所恃者印度而已〔已〕。惟有印度,始能控御此周绕地球之植〔殖〕民地;惟有印度,伦敦市场始得为世界中心;亦惟有印度,英国始得至今执欧洲之牛耳,横行于世界。英国之君,称为大不列颠合众王国王兼印度皇帝,英之所以为帝国者,在印度不在英伦也。

　　往者英相张伯伦,以其所领之统一党,倡帝国主义,而以植〔殖〕民地互惠关税为入手办法,即说明此意义者也。英之植〔殖〕民地遍于五洲,自英本国而南,占有非洲之大部分,而握埃及以为交通之枢纽,且取直布罗陀、摩尔泰②、亚丁以联之,而以好望角副

---

①　摩理逊:即莫里循,曾任袁世凯政治顾问。
②　摩尔泰:即马耳他,位于地中海中部,为交通要冲。

之；出红海而东，萃于印度，展而及马拉半岛，则星架坡为之枢，锡兰、香港以副之；其东南则有澳洲，越海而为坎拿大。盖其领地统治之法，随地而殊，坎拿大、澳洲皆有自治政府，英国之主权仅于对外认之。而澳、坎对外所以姑认英之主权，非以为母国利也，以其若离英独立，则海陆军之费较现在必且大增，现在可以轻税薄敛支持，将更而为重税，故宁依附英国，以保对外之安宁。其用心如此，故英国欲求国家所须要之资源，不能仰之澳洲、坎拿大也。今日母国布征兵之制，强制劳役之令，不敢望之澳、坎也（去年十一月澳已〔已〕否决征兵案）①。非洲之地虽亦巨大，而人口较疏，地势分散，必不可用以为发展之基。只有印度、马拉，比较地位适当，而向来统治，惟英人意所欲为，初无扦格，故以为联合之基础最适。而马拉半岛消费生产之力，均远在印度之下，所以不能不舍马拉而取印度也。张伯伦之策，乃在改高英国之税率，对于外国输入之货加以重税，而于本国及属地来往之货物，则特免其税以励之，所谓特惠也。以此特惠之结果，澳洲之农产及印度、马拉所产各原料，可以专擅英伦之市场，不容他国货侵入，而英伦工业制品亦可专占坎拿大与澳、非等大市场，而拒绝外国货之流入。使此政策完全实行，则经济上英国全国农工商业皆能自给，以其余力操继〔纵〕世界市场，论其根本所需，不必求之国外而已〔已〕足。所谓农工商三位一体主义者，即此之谓。而英国之帝国主义，亦于此计划实行之后，始可望其进展也。从前欧洲之取植〔殖〕民地，无异蜂之取蜜，所志者在吸其精华，以益本国，绝不存一联为一体之念。故其所谓植〔殖〕民地者，单以能使本国得益若干为算计之基础，以经济之利

---

①　此句日本东京会文堂一九一七年版《中国存亡问题》作"去年十一月澳洲之国民投票，即反对强制征兵之案。"

害,决经营之方针。然在二十世纪,此种中古之政策不适于用,自不待言。张伯伦之帝国主义乃由是倡。彼以为植〔殖〕民地与母国,当视为一体,痛痒相关。母国之工业,即籍〔藉〕植〔殖〕民地以为销场,而农产则由植〔殖〕民地供给。然而此所谓销场者,专视人口之多寡。英国全国人口不过四万万内外,其中三万五千万为印度人,本国人及印度人外,所余人口仅数千万耳,足以证明英国若无印度,即不能成为帝国矣。

抑英国之获得植〔殖〕民地,非有一计划以整然之组织行之者也。始得领地于美洲,旋夺法之坎拿大,未几而合众国独立,值拿破仑战争之后,乃以种种手段,继受荷、葡两国所领,且占有澳洲。于此参差错落之植〔殖〕民地中,谋其联络,然后占有苏彝士河、好望角、星架坡等地以为根据。印度之经营,乃自一公司始,资本裁七万磅耳。中间有葡萄牙之先进,复遇法、荷之东印度公司与为竞争。适印度小国互相攻击,而皆借助于外人。克雷夫,印度公司中一书记也,凭其智力,扇构印度诸王,假以资粮器械,己则乘之收其实权。自十七世纪以来,迄于一八五七年之叛乱,印度统治皆委之于公司,英国政府初不过问也。暨乎叛乱戡定,一八五八年英国始声言并合印度,一八七七年英国始以维多利女王兼印度皇后。其时公司所以付与母国者,面积一百七十六万方英里,人口三万万余。自兹以降,英人复尽力谋其扩张,且保护维持其植〔殖〕民地。然而,作始非有计划,故当然为大英帝国之基础者,至于二十世纪之初,犹以偏隅待之,所有政治上之施设,往往背驰。此则凡属逐渐长成若〔者〕所同有之弊害,小之如一都市,当其始未有计划,任意以延长之,则其形必成为不规则之状,其交通配列必不如意,其天然应有之中心与实际现存之中心乖离,统治改良,种种阻碍,皆由斯起。论世者试以中国之南京、北京、广州、汉口,日本之东京,比之美国之华盛顿,可以知其差异矣。彼南京、广州、东京诸市,非故意为此不规则也,任其自然发达,以变田园为市街,由田园进而任意附益于都市,不由都市自立计划以取用田园,则其糅乱无纪,必不可免。英之植〔殖〕民地,亦正类此。本来既无秩序,则一旦求整其统系,自属非易。然无论如何,英国经济之基础,即其国家之命脉,在于印度,事至了然。若此基础失去,则大英帝国亦惟有瓦解而已。除去印度,虽以澳洲、坎拿大亦不足以为英伦工业品之销场,不足以完农工商之〔三〕位一体之实。既不免求销场于外国,则国内自给之策完全破坏,母国与植〔殖〕民地浸益疏远,终至各相离异,不复有为。故无印度者,澳洲、坎拿大皆成为无意味,而非洲与马拉半岛更不足数矣。故英国所以能保有国旗不遇日落之植〔殖〕民地,以印度也。

英国之所以得握世界商业上之实权,以世界市场置之己国之支配下者,以其国之出产力与消费力,俱优越于他国,而其生产、消费各在一地,即在国内营通商转运之业,己〔已〕臻极盛,挟此基础,以为商业,以为航业,他国不能与争也。夫世界之货物,有其生产地与消费地之距离,视其两地之距伦敦更近者,其价反待决于伦敦之市场,此非以经济社会关联较多,他物集于伦敦,一物不能独异之故乎?凡世界市场买卖,虽以货币计数,而买者之资源,必由于卖一种货物,卖者又常以其资金购取他种货物,故有一地为多数货物贸易之所者,其他货物当然趋而附之。英国以其对国内之贸易,集中于伦敦,随之对国外之贸易,亦集中于伦敦,此贸易之额,既已甚巨,故此二者以外之贸易,亦为其所吸引,而伦敦自然成为商业之中心。除去印度,则英国之商业己〔已〕去大半,其根本既伤,自无吸引之力,而雄制世界市场之资格,从此失矣。印度之存亡,即英之存亡也,无印度即无植〔殖〕民地,无商业,无航业,内不能自给，外不能取足于他人，虽欲苟存，安可得乎？

不观乎西班牙、葡萄牙之历史乎？彼二国当十六七世纪间，中分地球，各取其半，以为势力范围，其所领植〔殖〕民地，势驾于并时诸国〈上〉，徒以不能谋其统一协合，母国与植〔殖〕民地，两不相亲，稍有不利，即离而独立，或他属焉。今之非洲海岸诸地，暨南洋英、荷领土，往者非皆葡领乎？葡萄牙惟不能占有好望角与埃及诸植〔殖〕民地，遂无由联络。西班牙亦坐不能收联结中美、南美诸地之效，所以入十九世纪，纷纷变为独立之国。盖其对于母国，本皆无经济之关联，其离叛固事势之所使然，不足怪也。荷兰承葡萄牙之敝而起，一时雄视东方，亦以不得经济上之联结，一失星架坡①、麻六甲②于英，其地位遂大低落。使葡萄牙与荷兰得英之印度，则东方岂容英国为霸，使英不得印度，则不特马拉半岛无由经营，即坎拿大、澳洲亦久已师美国而独立矣。英国惟得印度以繁荣其商业，因以担任此巨费〔额〕军费，以保持其海权，使澳、坎托其庇而安焉，此所以不蹈西、葡、荷之覆辙而强盛百年也。

事固有始行之甚易而莫之行者，亦有偶然行之不知其关系之大如是，而幸收其良果者。英之设印度公司在他国之后，侵略全由公司画策，母国初不之知。即克雷夫当时，岂知其经营印度，关于英国之荣枯若是哉！事后推论，归功尸名，亦适有运会焉。嗟乎！使中国而遇有若印度公司者存，恐当英国并合印度之际，中国已相随俱尽，尔时英国欲吞中国，易与吞印度同耳。当一八六〇年之交，中国方南北争持，未有所定，清帝北走道死，举国无以抗拒外人

――――――

① 日本东京会文堂一九一七年版《中国存亡问题》"星架坡"改为"好望角"。
② 麻六甲：即马六甲。

为意者。使戈登①袭克雷夫之策,以中国之兵征服中国,决非难事也。况益以国家之助乎?当是时葡、荷已衰,法、德未起,在东方无与英争植〔殖〕民地者。自克列迷阿半岛②一役,英、法联合助土敌俄以来,英常以法、普之交恶为利,乘其间隙以图利于东方。当时虽以英、法联军攻陷北京,论东方之根据,法实无有。英国当时如不但以通商贸易为满足,而求并吞中国,实无一国可以牵制英国者。假令英国以十年之功,收中国于掌握之中,则法国正败于普,德意志帝国新成,而亚洲已全入英国统治之下矣。使其然也,则今日之大英帝国,非特保有印度莫能摇动,且可以并中国、印度为一团,取世界最大之市场,纳诸囊中,而莫敢窥伺之。非特无此次之战争,即在将来,苟非英国见内讧,恐亦无人能间〔问〕英鼎轻重。使吾人为英国人,必不能不痛惜当时英国无人,坐失此万劫不可复得之机会,而吾中国人则又不能不深幸英国之无人,使吾人今日犹有研究中国存亡问题之余地也。

吾不云乎,事有始行之甚易而莫之行者,亦有偶然行之不知其关系之大若是,而幸收其良果者。故吾人追论英之偶然而得印度,偶然不得中国,为英国计者,惜其未收全功,为中国计者,幸其不蚤复〔覆〕没,皆从其已事而征其效。然而,英国有帝国主义之实行,有互惠关税等等政策,所以保持其偶然所得者,使不以偶然失之也。而我中国则何如?幸不见并于英,且不知戒,而轻心以掉之乎?英〈虽〉失并吞中国之机会,心未尝忘中国也。值法国于战后专力经营植〔殖〕民地,与英角力,德国寻又起而乘之,英国犹欲以瓜分之结果,占有中国之大部分,以为印度之东藩,补往口之失

---

① 戈登:英国人,曾在中国组织洋枪队,反对太平天国。
② 克列迷阿半岛:即克里米亚半岛。

策。而计划未遂,忽有日本起于东方,日本一出,战胜中国,虽曰从此中国败征益无可隐,而实际瓜分之局,转以日本之突起与俄国之远略而中破。俄国既与土战胜,势可突出地中海矣,而英嗾德以挠之,使不得伸,易志而东图我新疆,与彼印度。英国为自保计,不能任俄国之发展,而于东方陆上之力不能制俄,值日本之新兴,遂利用之以为敌俄之具。东方既有此角逐,利益更难平均,因之瓜分说破而均势之说代之。日俄战后,日之地位更固,而英国亦无法使瓜分之际日本满意,日本亦知瓜分之后已〔己〕国地位无由巩固,力主保全中国。盖法、德之著手东方,为英国并吞中国之障碍,其政策遂变为瓜分;而日本之勃兴,又为欧洲瓜分中国之障碍,再转而为均势保全。于是英国不得不以保守印度为满足矣。虽然,英之帝国,保守印度,固曰足矣。为他国计,亦能容英国之保守印度以为满足乎? 人皆知其不可能也。以英国之帝国主义,恃印度以为基础,故英人必百计求保印度,不惜以万事为牺牲也。

第六章　英国百年来之外交政策

欲论英人之用何术以维持此帝国,不可不先溯之于英国向来对外之政策。

英国自战胜西班牙之无敌舰队①以来,其对外有一定之国是,即联合较弱之国以摧抑当时最强之国是也。当十八世纪之后半期,英国以法为标的,对于法之战争,以路易十四、十五之强盛为欧洲最故也,非修百年战争②以来之宿怨,亦非属望于欧洲之领土。惟英国欲维持自国之利益,则不许欧洲大陆有一强国发生,苟其有

①　此战发生于一五八八年七月二十一日至二十九日。
②　一三三八年开始,英法之间发生百年战争。

之,必合诸国倒之而后已。此对法之战争,结穴于滑铁庐一役,自此以后,至于今兹,百年之间,英国霸权未尝衰竭。虽然,其间保存维持之业,亦复非一。自法国摧败以后,英国不复忌法,而俄国逐渐发展,势将南吞土耳其,既并土耳其,必据埃及、制红海,而地中海之权失,印度之门户亦不固。故于十九世纪之中期,英国舍法而敌俄,举土耳其而御俄罗斯,动则曰扶弱锄强。当是时,土耳其之奉回教无异今兹,其苛待基督教徒或又甚焉。然而,不惜悬军远征以助之,今日则曰土耳其之文明已不适于欧洲,须逐之使复归亚洲之故土。狐埋狐猾,翻云覆雨,曾不知愧也。实则前之保土耳其,所以保印度,今恐德因土耳其以取印度,则不能不合俄以攻土耳其也。既一败俄于一八五三年之战,又于一八七七年俄战胜土结约之际,强结德以抑俄。盖自拿破仑败后,英常亲法而敌俄,则以法已失势,俄方日强也。

　　然一方法国自见败于普之后,思有所取偿,而俾斯麦亦欲斗英、法使自敝,因嗾法国致力于植〔殖〕民地之扩张。于是,法国占突尼斯,占阿遮利①,占安南,占马达加斯加,而伸张其势力于摩洛哥,于是乎得罪于意大利,又得罪于英。俾斯麦因是收意大利以入于三国同盟②,而激英使敌俄、法。英于斯时,实远俄、法而亲德,至其极,遂生东方之冲突。英人自度在东方力不能胜俄,乃乘日本怨俄之干涉辽东割让一事,旨日以拒俄。日本之与俄战,在日人言之,则为取朝鲜也,为保全东三省不使俄人驻兵占据也。自英人言之,则不过日人为英人守卫印度,驱除其东方之敌人而已。方俄之盛,日恬日人以攻俄,及俄蹶日强,则又百方窘日。此即英国百年

---

① 阿遮利:当为阿尔及利亚。

② 三国同盟:由德国、奥地利、意大利三国组成。

不易之国是，以为忘恩负义、以怨报德而讶之者，未知英国之历史者也。

一方得日本以制俄，一方德国之势又日隆，于是英国又弃法、俄不以为敌，而转搂诸国以敌德，然后造成此次之战争。盖俾斯麦之为德国画策也，曰让法取海外之植〔殖〕民地，而德国自以全力修治内政，内政整理既毕，始可外图。于时法果以扩张植〔殖〕民地与英大冲突，英国欲专埃及之权而法挠之，法国欲固其力于摩洛哥，而英国又以直布罗陀之关系，不欲法国占此非洲北岸之突出点，两不相下。既而威廉第二黜去俾思麦，而图扩张势力于国外，以是经营非洲东西海岸之地，在在与英冲突。英国不得已〔已〕，始与法国协商，法国承认英国在埃及之权利，英国亦承认法国在摩洛哥之优越权。于时，俄犹未败于东方也。及俄国既败，英、法益亲，法遂实行前约，以兵力干涉摩洛哥，德国乃出而抗议。是时，法之外务总长笛卡西与英为约，一旦法、德决裂，英当以二十万兵助法，经由丹麦进攻基尔运河（此种计划正与德之强行通过比利时同，英国不过偶未逢此实现之机会而已，何人道公理之可言）。后卒以调停终局，而英之义华第七与法外交总长笛卡西遂始终成就英、法之联结。统此以观，百年之间，英与法再为敌、再为友，于俄一为友、一为敌，于德一为友、一为敌。要之，当其最强之际，英必联他国以敌之，及其有他国更强，则又联之以共敌他国。二世纪间，英国之外交政策未尝变也。其以一国为友也，非有诚意之结合，不过利用之以攻击他国，以友国军队为已〔己〕之佣兵，敌其所忾而已。及乎强敌既挫，惟有友强，则又转而以友为敌，而英国始终居于使嗾之地位。战则他国任其劳，胜则英国取其利，此则数百年来未尝变者也。故论英国之外交，断不能谓某国必可为英国之友，亦不能谓某国必为英国之敌，抑且除印度及与印度有关之数地外，虽为英国向蓄有势力之地,亦不惮移以赠人。如摩洛哥,固英国宿昔所经营者,为搂法以伐德,不惜以让诸法,从可知英国向来为破灭欧洲最强之国,不惜以种种为牺牲。而其所以必破坏欧洲最强之国者,不外以保存其帝国,换言之,即不外以保全印度耳。自道德上言之,必损已〔己〕以害人,信为罪恶。然以利害而论,为英国谋者又何以加于兹。故英国之结日、结法、结俄,均以其强不逮德国,故纠合而为之首领,使屈从于已〔己〕支配之下也。其于土耳其,亦思用此策,以绝德国东出之途,同时又不使俄国得志。然而,英人有恒言曰"血浓于水"。故又常助土耳其支配下之白人,使离土独立而收以为已〔己〕党,自希腊之独立而已然。而于塞尔维、门得内哥罗,与罗马尼亚、勃牙利①,又以对俄国之关系,英亦阴祖之。故土卒不甘为英之牺牲而合于德,籍〔藉〕不然者,英国已以土为俄国之饵,而君士但丁久在俄国统治之下矣。不观夫土未与英、俄决裂之前,英国之所以诱土助已〔己〕者乎?英国上下无不以为土国厚受英之保护,以有今兹,而不计其对俄之宿愤,以为一旦揽致土国,即可乘势满足俄之欲望也。夫英国之利用他国也,方其得势,则牺牲他同盟国以满其欲望。及其势不足以为助,则又取以为他国之牺牲,此其历史已彰彰然明矣。论者以为土苟维持中立,尚可免英、俄之攻击。不知为英之与国者,方其有力,英必乐与以种种之利益,使与俱敌其敌;及其无力,英亦必重苦之以快他国之意。无他,英之求友邦,贵能为英尽力;今既无力,自然应以其国为英之牺牲。譬如饲蚕者,三眠以前,束槀伐桑,昕夕觇候,惟恐不逮,孝子之养父母,无以过也。虫抽丝尽,则命蠋鼎镬,骸饱鱼鳖。今日英之友邦,皆蚕也。其犹得英之承迎者,丝未尽耳。故如塞尔维受俄之命

---

① 勃牙利:即匈牙利。

以图奥,即间接受英之指挥以图德者也。首发巨难,亡其宗祐,亦可谓忠于其事矣。而英人之待之固何如? 方勃牙利之未附德也,英人不尝与勃牙利议,割塞之地以饱勃之欲,使参战乎? 当时议固未成,而英国亦以此藉口,谓巴耳干外交失败,非已〔己〕之罪。夫英国欲饱勃之欲,何不牺牲已〔己〕之利益以求之,何不牺牲俄之利益以求之,而必以塞为牺牲者,塞之力已尽,勃之力方可恃也。亚巴尼亚①非塞尔维日夕所想望者乎? 以人种言,以地理言,皆近于塞。塞以外无通海之途,迫而与土战,倾国以争此地。卒为奥所抑,不能逞志。今者塞既为奥所败,若以英、法之援而得亚巴尼亚,固曰义当尔也。然而英、法为联意计,不惜以亚巴尼亚为意之势力范围。观其所以待塞尔维者如此,则知假令土耳其附英、俄而敌德、奥,英国亦必不保护土耳其,以令俄国觊望。此无他,土之力先尽于俄,故其利益不免为俄之牺牲也。今试观察此全战役,英之得与国,有不以利益饵之者乎? 如其于意大利,于罗马尼〈亚〉,所谓参战条件者,非土地之预约乎? 其于日本,非以山东与南洋诸岛为饵乎? 其以利诱勃牙利,诱希腊而不成者,更不可悉举。而问其所以许与人之利益,有一为英国自所捐出者乎? 无有也。非约取之于敌,则使友邦忍苦痛以与之。英国之利益不伤,而有力之国皆用命焉。此真蚕人抽茧,豆人煮豆之术也。刍狗之未陈也,被而祭之,其既陈也,驱车以轹之。夫英国不仁,以万国为刍狗,塞尔维罹其网而丧其邦,土耳其幸不从英而已。其从之也,欲俄国之进兵,必以亚美尼亚、君士但丁与俄;欲勃牙利之从,必又割其西偏以与勃;欲希腊起,又将割其西南以与希。夫巴尔干诸邦,皆为可左可右之国,而无国不有领土之野心。故土耳其苟为英友者,巴尔干诸

----

① 亚巴尼亚:即阿尔巴尼亚。

邦必悉祖英。非土耳其之声号足以来之也,其膏沃形胜之领土,足使诸国奔走熙攘。而来者逾多,土境逾蹙促,英收其利,土蒙其害。故苟无其力,慎勿为英之友。苟无其力而为英之友,必不免为英之牺牲。若其无力而欲免于牺牲,中立上策也。不然者,与其为英之友,无宁为英之敌。此无论英之终局为胜为败,必无疑义者也。塞尔维与土耳其,其最良之标本也。南洋之矿山主,买人以开矿,其未至也,优之百方,虑其不至也,一旦入工所,计无所逃,则畜类遇之矣。英之所以待友邦者若是而已。为国者其将师塞尔维乎?抑将师土耳其也?

　　则有问者曰:英之不欲牺牲自国〈利〉益,固也,钧〔均〕是以他国利益为牺牲,何必友邦?虽中立,英国亦何所爱惜,而不害其利益。曰:是非不欲也,不能也。英之友邦,得友之名而已〔已〕。其举动皆惟英之命是听,故英国用其力,则为之保护其利益,不用其力,则求善价以沽。其利益有保护之权,故亦有赠与之权。譬如摩洛哥与埃及之交换,英苟无力于摩洛哥,法岂肯以埃及与为交换,法苟无力于埃及,英亦岂允以摩洛哥与之交换。故微生高乞醯其邻,以与乞者,邻既以醯与高,则醯因〔固〕高之醯也,不必问其所从来,乞者终戴微生之德。若微生使乞者自乞诸邻,则邻犹中立国也,虽所与不止于醯,人惟感邻之惠,而微生不与焉。此亦犹中立国之利益不足以为饵,而英国之急于求友邦,若不暇择者,非以其力足恃,乃以其利益可以为英国牺牲也。中立于此乃可见其真价矣。

　　英之此改〔政〕策行之二百年,以致今日之盛大,每于战胜一强国之后,英国若无所利于欧洲之土地者,于是以义侠自鸣。试以英国政治家之心理,置之检镜之下,知其言之必不由衷也。英国之领地遍于世界,无论何国,苟于欧洲有优越之权力,即于英国对于植

〔殖〕民地之利益生冲突,从而英国为保其植〔殖〕民地计,不得不与之战,使其强国所志,在于他所。如法与意,目的只在非洲北岸,犹易妥协也,然既在欧洲为最强之国,则必不以是为满足,其目的必在于印度。而无印度是无英帝国也,故英国尤不得不合他国而与之战,惟其谋之于未事,制之于未形,故人但见为仗义锄强,而不知其举措无一非为印度之保全计也。

　　虽然,自有此空前之战争,而英国地位已大变,平和而后,将仍持此策不变乎?抑且改弦更张乎?此现在所须研究者也。吾人以最上之智慧,绝对之忠诚,为英国谋将来保全印度维持帝国之策,则有其必变者,有其必不变者。以最强之国为敌,此必变者也,以较弱之友邦供牺牲,此必不变者也。英于此战争以前,每摧抑一强国,必得数十年之苟安,于此从容以备他国之兴。其所破者,创巨痛深,数十年间,未得复起也。其所防者,数十年未及长成,已逢英之摧败矣。故其政策可以无变。自德之兴,而英国之步骤乃乱。方欲遏法,法未衰也,又以防德之故,不得不助法。方欲遏俄,俄未全败也,又恐日之一盛不可复制。于万不得已之中,巧收俄、法以敌德,而劫日本使从之。辛苦十年而后得今日合纵攻德之结果。平心而论,从英国者为祸为福,姑不与计,英之外交,终不可不谓之大成功。然而,其成功同时,有为英所深不愿者。何则?假令战而胜德,德未成死灰,复然未可知也。法纵不加强,俄必坐大。自从战后,俄、日知互角之不利,故两国各相亲而疏英。德国覆没之日,即俄、日鼎盛之期,英欲与俄为敌,则无与制俄者。且前此使日敌俄,英之元气未尝伤也,今与德战,虽幸而胜,国富民力已殚矣。是不惟不能自与俄战,即欲他人与俄战,亦莫为用。何则?土、塞之教训,已深入欧洲诸国政治家之心,英欲再求忠诚之仆如塞耳维者,终不可得也。往者英为盟主以攻一国,丰功伟绩,英人尸其大部,故其敌固畏英,其友亦畏英。至于此战,则群知英之易与,无复尊崇之心,其于战后无复宰制欧洲之望明矣。更假令英国于此役不能战胜,则俄国已晓然于英之不亲己〔己〕,将来必不尽力。即日本亦必深悔从前之误,舍去不援。当时之国,仍以德为最强(现在德国胜利之势已可推,即成为美总统所谓无胜败之媾和,德已居最强之位)。英欲以德为敌,在今日尚不能有成,何况今后!此又事至明白,无可讳言者也。然则英国为将来百年之计,不得以最强之邦为敌,必以最强之邦为友,相与中分世界之利益而俱享之,自己国以外皆可以为牺牲,而其选择牺牲,由亲者始。此即英国所以报其倾国以保卫印度之友邦之厚惠者也。

第七章　协商国胜后之英国外交

主加入协商国者,辄言协商国必胜,反之者多言协商国必败。夫以为胜而附之,与以为败而去之,本为一国之道德上绝不能容许者。而主张之者必计较利害,若曰苟有利焉,无恤乎道德。此亦一说也。今姑无与争协商国之胜败,试与设想,协商国全胜之后,英国之地位如何? 今日英国所恃以敌德国者,非英国之力也。英国以几及二倍之海军,不能封锁德之海港,而肆德国潜艇之跳梁。拥五百万之大兵,而其战功略不可纪,于海于陆,皆失其威信。其犹得执协商国之牛耳者,能为经济之援助耳。暨乎战后,英国更无可以制人死命之武器,则代德而雄于欧洲大陆者,必有其国。法之为国旧矣,且于此一战,实已殚其精力,不能于战后骤望发展。意虽旧邦新命,而其海陆军两无可恃,在今日以最有利之状况进战,尚不能得志于奥国,至于战后,意已成孤立之况。在英、法尚视为疏远,在德、奥则积有深仇,其不能为英患亦明。其在东方,则英国可袭十余年以日制俄之策,引美国以敌日本,所不可如何者,俄国而已。俄国自十八世纪之初，彼得改革以来，无时不有并吞世界之计划，所谓彼得遗训者，久已为世人所公认。而俄国之地势，实又足以成之。盖俄之为国，在欧洲为受敌最少者，其北则此〔北〕极之下冰雪之区，其东与南，皆为荒野之国，力不足为俄害。而其土地则足以满俄国之欲，其向来有战争，皆从其西面或西南面而起，其胜则略地增长势力，不胜则退婴〔撄〕其天然之险，人莫能屈之。征之于历史，彼得与瑞典王加罗十二战，尝一败矣，而不为之屈。休兵八年，卒复其仇，获波罗的海沿海之地。此后又参与七年战争，遂乘波兰之弱而分割之。及拿破仑战争之兴，屡为法国所败，而拿破仑终无如俄何。一八一二年，法人悬军远征，以破竹之势，大胜于哥罗提诺，遂占莫斯科，然终不得不退兵，以自致来布芝之覆没。俄国虽败，不为法屈，而反以屈法者，其地利使然也。十九世纪之中叶，俄将伸志于土耳其，会英、法之抗拒，君死军败，地削垒陷，乃至黑海舰队之出入，亦不得自由。然而俄之国力，毫不以是摧败，又东而出于波斯湾。俄之经营中亚细亚也，自十九世纪之始而已然，至一八七三年，占有里海之要港加斯福斯克，遂进而吞高羌，又窥阿富汗斯坦，以与英人利益冲突，波斯遂为英、俄两国之争点。迄一九〇七年，英、俄始为协商，波斯北部为俄国势力范围，其中间为中立地带，其南则为英国势力范围，以是三十年间之势〔努〕力，终不能达占有波斯湾之希望。其在东方，又遭日本之打击，并其所已有之地盘而失之。若是者，在他国有一于此，必为败亡，而俄罗斯自如也。其胜则威瑞典，收芬兰，割波兰，取中亚细亚；其不幸亦不过莫斯科之退军，斯巴斯图堡之城陷，柏林条约之改订，旅顺、南满之退却，波斯湾之让步而已。故俄国挟此自然之地位，先为不可胜以待人之可胜，英国固无如俄何也。英国之外交微妙而敏迅，吾人不惮称为世界之最，且尤不能不佩敬其主持者有远识而不摇。

即如今兹之战争，英国本为间接之利害关系，直接有关者固俄、法也。德国之压迫法、俄，以其优越之陆军力也，使法、俄而退让者，德亦未即侵及英国之封。然英国知苟德国得志于法与俄，即为世界最强之国，至尔时英始与德为敌，则无所及。故豫料德国之必为己〔己〕害，而先联法、俄以攻之。夫法与俄诚有恶于德而结同盟，而于德外交固向无冲突，至摩洛哥问题，与波、哈二州①合并问题起，始成葛藤，渐演成以战争解决之局。而此二事皆有英国居于法、俄之背后，励其决心抗德，此英国外交之用心，固远非凡人所测也。此次战役，英国本尽有中立之余地，而英不愿也。不惟不愿中立，且于正为商议调停之际，忽以曾向德使警告德国须豫定甘与英国开战之言告法使，此其强硬固不得不谓之有计算、有斟酌之行动。抑且对于德国之提议保全法国本国及植〔殖〕民地以求英国中立，及问英国，如德能尊重比国中立，英国亦能中立否？英国概以行动自由不受束缚、不能豫约中立复之（故英国谓为比利时而战绝不可信）。此皆足证英国苦心孤诣，不欲法、俄独与德战，而勉加入焉，正以其深忌德国故也。其忌德国非有他恶感，亦畏其强耳。然去德国而得俄，其足为英患无异。且往日德之祸法、俄为直接，而祸英为间接，故俄、法为英用。异日俄起，则直接受祸者惟英国，此英国所甚无如何者也。俄人方为英攻德以获利，而英又联他国以攻俄，则人将尽以俄为戒，不敢为英尽力。此又英国政治家所逆见者也。且德既败，则必弃其东进之策，而与俄无利害冲突。意、法本与俄近，美国本不干涉东欧、中亚之事，日本又已先事亲俄，英国欲求俱与敌俄者，必不可得，无已，惟有改其故步，因利乘便以联俄。虽然，联俄非可以口舌毕其效也，英国欲收俄国不侵印度之

① 波、哈二州：即波斯尼亚和黑塞哥维那，为斯拉夫人聚居地。

利，必先有以利俄国，而所以利俄国者，又须为英国势力所及，不徒以口〈舌〉为惠。故如以非洲饵俄国乎？则非洲之领有，不过稍增其面积，毫不足以为发展之资。且如媵以埃及，则英国与印度之联络，不得不复于好望角之旧途，此为制英国之死命，英所不能容许。即俄国占有此非洲北岸，亦终无由满足其野心明也。将在亚洲方面为让步乎？则收波斯、阿富汗斯坦于俄国域内，益以危印度之边藩，而俄之野心亦断不能满足。故结局，欲与俄联，须捐印度，英不捐印度，则须求与印度相当者以赠俄。则在今日有为第二印度之资格，而为俄所满足，无逾中国者矣。故英、俄交好之日，中国必不免为同于印度之牺牲。

盖凡所需乎植〔殖〕民地者，以本国生齿日繁，富源已尽，籍〔藉〕之以免人口过剩之患也。然其所求以为植〔殖〕民地者，如为荒寒待辟之区，则必费多额之金钱，始可望其发达。而发达之后，又恐其羽毛丰足，背弃母国，故英之植〔殖〕民也，已失合众国，又将失澳洲、坎拿大。此无他，新领地之生产力，一由移住之人成之，其本有之人民稀少，无生产力，因之亦无消费力。及其培植成功，则其生产者又足自给其消费，而无以益其母国。夫人民乐故土，多亲族友朋之牵率，利不什不徙其居。得植〔殖〕民地之国，所最希望者，其植〔殖〕民地能供给已〔己〕国之原料，同时为工业制品之销场，因之使本国之人，可不出国门而得丰足之给养。惟然，故需其植〔殖〕民地本有多数之人口，且为勤于工作者，则其原料丰富，而其消费力亦大加。彼全由本国人开辟者，始则无此消费力，终则成为自给之组织，不可得而压抑也。惟对于异种之人民，可以不公平之待遇，使常安于低级农夫之位置，而永收贸易之利，以为已〔己〕国工业品之销场。故在今日之世界，求得新领土者，必以此为最上之标准，而中国与印度其首选也。

为俄国计,均可以资己国之发展,则亦不妨①舍印度而取中国。盖俄国于西伯利亚铁道复线之输送力之下,久有北满、外蒙、新疆之布置,成一包围之况。苟英国助俄以抑日,则其南下犹行所无事耳,是故英国于战后苟欲与俄更为协商,俄必乐为承认。于是,英国可收阿剌伯、波斯、阿富汗斯坦诸地,以及西藏,而北以外高加索、昆仑两山脉及里海为天然之境界。此局既成,则法、意及巴尔干诸邦,均立于英、俄之下位,而地中海两岸之地,悉成英之势力范围。英之指麾欧洲大陆,无异今日指麾西、葡,而英与俄一为海王,一为陆帝,两不相妨,百年之安,可坐而致也。此英国战胜以后之态度,不难豫想。如使英之政治家,于此战后千载一时之机会,尚不知出此为英国谋之上策,吾不信其为真爱英国者矣。

第八章　协商国战败或无胜败讲和后之英国外交

今更豫想战败后之景况,则英国为此次战役之首领,同时握有媾和之权,故常能于有利之时机为媾和。若欧战以无胜负终,媾和之时期,亦惟英国决之。所以然者,英国及协商诸国,始料以数倍之力加于德、奥,则战争可不期月而决,既而事与愿违,寖成持久之战,于是俄国屡有媾和之说。法国凯约一派,亦有平和运动,英国察而先制之,遂成所谓非单独媾和条约,日、意后亦加入焉。以此约故,各国非得英之同意,不能媾和,而英国欲媾和时自然能得各国之同意。盖于财政上英国对于法、俄,实有操纵之力。而对法之煤,对俄之武器,一旦断其供给,皆可以制其死命,虽欲不同意而不能。故非单独媾和条约者,不啻以媾和全权委之英国者也。挟此媾和之全权,以与德遇,无论胜负,英必能使德国对于英国之提议,

---

① 日本东京会文堂一九一七年版《中国存亡问题》"不妨"改作"未尝不乐"。

乐为承诺,以图日后之亲交地步。故虽在战争中,英国常握有可得
与德接近之地位,而其实行则视左之二条件:

一、英国有联德之必要否? 此本章所当论者也。

二、各协商国守约之能力如何? 今日俄国已屡有单独媾和之
传言,意国亦公表德、奥若加兵,而英、法不能为助,则势恐不支之
意。俄、意能甘居比、塞、门、罗四国之惨境与否? 不失为一问题。
若竟单独媾和,则英失其巨利。

英国既握此全权,则于协商国不得胜时(包以无胜负和之场合
在内),英国必思所以利用此者。而英国之地位如前第五章所述,
不能用百年来旧策,以最强之国为敌,即当以最强之国为友。协商
国如不得战胜之结果,德之军国主义决无打破之期,罢战之后,最
强之国仍是德意志,则豫言英国之亲德,决非妄测也。

德之形势与俄反对,故其立国基础,其历史,各不相同。俄为
负嵎之国,受攻击者只有西南方面,复有沼泽之阻,与严寒冰雪之
困难。德则不然,其地四战,接境之国旧不相能。故俄以退婴〔撄〕
持久立国,而德则不能不猛进。征之近世之史,俄虽屡败,不见其
损,而普鲁士自有国以来,非战功煊赫,即国势衰颓,决无能暂时保
守之理。而其军制,经三度之改革,即三树功名。始以非烈特力大
王之力,发挥其军国精神,遂一跃伍于强国。拿破仑战争时,一旦
败衄,即全国失所倚恃,王后路易沙以为法所侮,力倡复仇之议。
当时以法国之限制,常备军额极稀,商何斯德乃采用后备、续备兵
役之制,豫养成多数之军队,于是在拿破仑战争末期,普之兵威,在
大陆诸国上。暨乎威廉第一,再改革兵制,扩充军备,即破奥、破
法,建造德意志帝国。盖以其地形无自然扩张之余地,一出而图发
达,则有战争,一不利于战争,则阻其发达。其为国如是,故协商国
一不得胜,必且见德国之伸张其势力于世界。而无论何国,苟新伸

张其势力,必不免与英国利害冲突者。又英国挟有若许植〔殖〕民地之自然结果,前所已述者也。

英国对于此德国之发展,将何道以御之乎? 以力既一试而知其不可矣,则惟有与之均分利益,一如战胜时之亲俄。盖非然者,德国之发展,必先见于地中海,而埃及危,又见于波斯湾,而印度危。亡埃及则丧其喉咽,亡印度则失其本根,此英国所不能堪者也。英国非不欲长为欧洲之雄,不使一国与之比肩称霸,然以事实言,则战胜亦万不能达此目的。乃不得已而有与德提携之事,此则所谓必要生出可能者也。

英国为达此目的故,于德国不愿与英接近之际,常尽力打消和议,使德人知其然,而后以适当之条件,满足英之愿望,则由英国可以主宰媾和。盖当英国订此非单独媾和条约之时,固已决定能梗和议又能促成之者惟有英国,则德之于英,特与以便宜,持为不破坏和议之条件者,虽使协商国战败,亦不难想象其然也。

英国既有联德之必要,又非不能联之者,则亦不能不筹画所以满德之欲望者矣。德于非洲,虽亦有领地,然横贯非洲之策,今已不能实行。而实际但以非洲沿岸为植〔殖〕民地,于德人更为触望,即在波斯方面,德人之经营不过以为进取印度之准备,亦决不以但取中亚细亚为满足也。于是,英国为图满德国之欲望,必当以中国为饵,与其联俄同。夫两国之联盟,匪以其条约而有效者也,真之〔正〕原因,乃在其利害之共同。英国本无急切与德冲突之必要,业如前章所已言,此次交战,既不能达摧抑最强国之目的,英国为保其存在,不得不弃其所欲得之利益,以保其所已得之利益。而德国苟以英国之助,得其所欲得之利益,即为利害共同,而联盟之事自生。譬诸意大利,本与法为近属,且得法之助以立国,而一旦争非洲北岸之地,与德、奥有共同利害,则加入三国同盟以敌法。及其战土以后,利害与奥冲突,而对法缓和,则又复活其同种之感情,与建国之旧恩。故知国际恩怨、要约,两不可恃,同种云者,亦不过使利害较易共同之一条件。其他感情上之事实,随时而变更,非可规律久远之政策也。欲两国之真正利害共同,必有能割舍之决心,所谓协调者,各著眼于永久之计画,于将来两国发展所必须者以交让行之。若是,则德人可抛其窥取印度之心,并抛弃其经营非洲之计画,而专意经营远东。于是乎英可以仍为帝国,而德亦可快其东向之心。故战后之英德同盟,为最自然之事实。

又自历史言之,自非烈特力大王以来,英国非与普为攻守同盟,即守严正中立,除此数年间短期之冲突外,英、德之间本未有葛藤。言其种族,则盎格鲁撒逊,固亦条顿之一分枝,而其交通往来无间。德人之血与英人之血,递为灌输,其亲密乃在法、比之上。英、美、德、奥相去真不远耳,一旦释兵解仇,则条顿同盟成立,比之德、奥之同盟,尤为易易。故闻英、德同盟而惊者,殆未知历史者耳。世人有疑此者,请视日、俄。日、俄以倾国之力相搏,事才十载,日、德之宣战,距朴资贸斯条约,不过八年有余。当日、俄媾和之际,吾在东京,亲见市民热狂,攻小村和议特使为卖国,以桂总理为无能,焚警舍,击吏人,卒倒内阁,舆论未闻有赞成和议者。曾几何时,而人人以狂热欢迎俄人之捷报。夫感情随事而逝,亦随事而生,一国当时之外交,必决诸恒久之利害,决不能以暂时之感情判之。以日、俄之前事,可以判英、德之将来矣。不宁惟是,英之于德,自俾斯麦退,始肇失和之端。自英王义华第七访法,始定拒德之计,然在三数年间,奥国并吞其委任统治之波、哈二州之后,德国即向英国提出亲交之议。及一九一一年摩洛哥事件结束后,英国又特派其陆军总〈长〉哈尔田秘密赴德,共议协合之法,其条件之详,虽不可知,而其主要之点,为两国减少其海军扩张竞争,及有事时两国互守中立,已显然共喻。后其交涉卒归不调,要知〔之〕两国皆非无意。此事在英人言之,以为无伤于法、俄之好,然其实际果如是乎?一九一一年英国外交总长葛雷在议院演说之言曰:"新友虽佳,若云得此须失旧友,则所甚厌。吾等尽所有之手段以求新友,然决不为是而绝旧友。"其言则善矣,然当哈尔田赴德之翌日,法、俄驻英大使急趋英国外交部,人皆知为质问哈氏赴德之〈事〉件,则葛雷之演说,果能不爽乎?此交涉不过终于不调而已。设其成立,则英、德之联合早已实现,或者并今日之大战亦不发生,未可知也。而谓英国战后不能与德同盟乎?英国以通植〔殖〕民地事有名之约翰斯顿,于大战开始前一年,著《常识外交政略》一书,谓:"英国上下正注意于意、土战争一问题,以中欧之军国主义、征服主义、武力主义为忧。其实,英、德妥协至易,而英、俄调和至难。英欲与德接近,则容德国之出亚特力海,及君士坦丁,则在大西洋英国可以避与德冲突。"此即代表战前英人不愿与德开战之一部分人之心理者也。此种思想,于战后最易传播,又无疑也。故战后英、德之接近,在英国有其必要,有其可能,而以非单独媾和条约故,又能收德国之好感,则战后之以中国为文〔交〕换目的,又必不可逃之数也。

是故英国无论为败为胜,英国国运皆有中坠之虞,惟有改从前之政策,结合强者,与同其利,始可自计百年之安。与人同利而不自损,则必于向属已〔己〕所支配有可藉口视为已〔己〕从属之国,掬其利益,以饱贪狼。此无间于为德、为俄,中国必先受其痛苦,而以其人之性质,及其智识之差等而言,俄人之待遇中国人,又较德人为酷。征之前史,无可讳言。彼主张协商国之必胜,而欲加入者,以为协商国胜后可得若许之利益,增若许之光荣,不知俄人之在其后,其惨状乃恐较协商国之不胜为尤甚也。无论协商国胜否,中国加入,必为英之牺牲。故无论胜否,日本必受中国加入之恶影响。假令英国以中国属俄,必复其前日南趋之故步,南满、朝鲜,先不容日人之鼾睡,此可无疑者也。日、俄近日虽结协约,不外利益之调和,俄以此一心对德,至于强敌既挫,俄国与英亲善,自然可择取东方膏腴之地,以快其心。英既欲俄不取印度,则将于中国助俄以抑日本,此皆理之所宜有者也。然则日本将何以自处乎？南进则与英冲突,北进则与俄冲突,自守则不足,求助则莫应。故英、俄之结合,即日本国运之衰亡,亦即黄人势力之全灭,亚洲之永久隶属欧人,事至显明,无劳思议。反之,英国不胜而联德,则德亦将继俄之位,抑日本以自张。故中国加入之前途,不特中国存亡所系,亦为日本兴衰所关,此亚洲同人所当注意者也。

第九章　中国之存亡——其一

综以上四章所述,可见英国難〔離〕去印度必成为三等国,而向来保印度之法,惟有压抑欧洲最强之国,使居已〔己〕下。至此战后,势不能不改其策,非联俄则联德,而必以中国为牺牲,始可以保全印度。英国人之外交眼光至远,其计划必不出于吾人以下,则于战争未结了以前,豫储其战后之资料,以便与俄或德开妥协之途,此其事实,殆为公然之秘密,无事掩饰。特是为此种材料者,自甘投入英国之支配下,而待刀俎之施,为可伤耳。英人所以百计劝中国加入协商者,为此故也。

论者必曰:我今不加入,祸在目前;加入协商,祸在日后。我国既无防卫之力,即使仍旧维持中立,何能保英国不以我为牺牲,不如及此时机亲美国,以图公道之援助。此说非无一理,然不可不知者,在今日我国决不能以无端之胁吓而畏缩,故目前之害可不必言。在他曰〔日〕美国决不能为我利害无干之国,与世界至强之国为敌,故不可恃。欧美之人言公道、言正义者,皆以白种为范围,未尝及我黄人也。美为平等自由之国,亦即为最先倡言排斥黄种之国。今日美国与我和好,或有同情之语调,若在将来,英、俄,英、德合力图我,美国又岂能与彼抗争,倾一国以为异种人正义、公道出力乎? 不观之高丽乎? 高丽固中国之属邦,数千年来未之或改,而首劝高丽独立,首派遣公使与高丽订条约者,美国也。及英、日既合,高丽合并将成,首撤公使不应高丽之求援者,亦美国也。高丽识者衔日本之并吞,尤恨美国之始为耸动,中间坐观,昔人所谓上人著百尺楼掇将梯子去,美之于高丽,势有若是。虽然,此岂可以咎美国哉? 高丽存,则日本有不能发展之患,高丽亡,美国无〔不〕过商业上间接受极微之损失,以彼美国暂时之同情,敌此日本人存亡得失所关之决心,其不能胜固无惑。然则,高丽之亡,恃其所不可恃之为殃,而非美国之咎也。今者中国又将为高丽,而使美国再冒此坐视不救之恶迹,及其事过境迁,始追论今兹所昼〔画〕,悔其谋始之不臧,抑何及矣! 且美国苟能助我,本无间于我国加入协商与否,今终即无加入之事,美国之好感初无所伤也。

论者或谓中国之破中立,不自今始。自龙口许与日人上岸以后,已不得德人之好感,至于绝交以后,即不宣战,中立亦决不可恃。为此言者,可谓大愚! 中国之中立与否,论其人之所以自处者何如,不可徒以形迹判。且过失非不可挽回者,无取文过遂非。龙口登岸一事,日本以势相驱,实即间接为英国所迫,非我政府之本意,人所共知。《易》曰:"不远复,无祇悔,不可〔亦〕可乎?"受人迫胁而破中立,不可也。然其破中立仅以受人迫胁之故,则一旦能守其正义,不受迫胁,即可以湔洗前过,自保其尊严。故使有龙口之上陆,而无过激抗议之提出,中立可维持也。有此抗议不至绝交,可维持也,绝交后之今日,假令能不加入,犹为最后之补救时机,绝交之后,仍不受迫胁以加入协商国中,则虽已绝交,未尝不可补过。过贵不惮改,罪莫大于遂非。使中国于此时机,示其决然不可压迫之态度,则人将益服其勇决,不敢以协商国之从属、英国所指挥者相视,即欲牺牲我,亦有所不能。善乎始以善乎终,固所愿也,不善乎此〔始〕而善乎终,亦所难也,以能人所难示天下,即自免牺牲之一手段。彼以为前此已破中立,故今日无审慎之余地,吾以为惟往日已被迫协〔胁〕而破中立,乃至绝交,今日尤不可不立一矫然不屈之态度,以补往昔之过,而来日可恃以自存。彼龙口之进兵,以至绝交之通牒,视以为今后之警鉴可也,以为遂非之理由,大不可也。

至于仍守中立,不保无以我为牺牲之事,此固智者之所当虑也。但不可不知者,加入协商国,则牺牲中国为二国之利,而仍守中立,则牺牲中国仅为一国之利。加入协商,则此后必以中国之利益,补强而未有充足领土者之缺憾,仍守中立,则尚可希冀他国不争我而争印度,徐谋补救。是故加入协商国,则中国终不免于亡,而仍守中立,尚有可以存之理由,故加入问题,即中国存亡问题也。

今且离战争而论,所谓欧洲〈强〉国者,有不具侵吞中国之能力者乎?侵吞中国之力既具而不侵吞之者,一以均势之结果,一以经营之便利也。均势之说,人所共知,不烦多说。至言其经营,在各国亦常觉中国于未被侵略之际,所以益列强者已属不资,无事急于侵吞,于是常思尽解决其他问题之后,始箸〔著〕手以并吞一完全之中国,不欲于时机未熟之际,强起纷争。已〔己〕既不能专享其利,又使人疾其为天下先,故分割之议一变而为保全之说。夫中国苟守中立,始终不变,则其状态亦复与前无异。即使德国全胜,英不能以中国为饵,而得德之欢心,又使俄国独强,英以中国市恩于俄,俄人亦不感谢英国。何则?在东方英国商业虽盛,不能自诩有独力指挥中国之权能,此事实自开战后而益显。英国如不能以中国置之协商国中,则他人侵略中国,英认许之,不过一寻常之友谊,非可以市恩也。英国认许既非恩惠,则将来之最强者,亦不因是提议而有与英联络之必要。抑如上所历言,协商国胜,英不得不联俄,协商国不胜,英不得不联德,从英国一方面言之耳。而既胜之后,俄若德者,果有联英之必要乎?此当视英国所以与彼之利益如何耳。英国未能以中国作为自已〔己〕所领有之一种利益,赠诸德、俄,则德、俄本无所德于英,何必舍其近而远是谋。如使平和以后,德、俄不以联英为务,则其所争之地,将先印度而后中国。何则?彼若先得印度,而破埃〔坏〕大英帝国,则其余力以领中国,尚犹可及。抑且但得印度,已可达其目的,又不必汲汲图取中国也。而察俄、德数年之经营,与此次战争之发起,苟非中国自投旋涡,惹起乱调,则战乱结后,俄、德之所求,必为柬〔东〕欧、中亚之势力,即以埃及、印度为目标。俄国自败于东方,即与日本为协约,抛弃远东之经营,而致力于东欧。英国既许以君士坦丁之占领,又与划分势力范围于波斯,乃有此战。俄人于此战而胜,必且合罗、勃、塞、门隶其麾下,而据有君府,降土耳其以为附庸,埃及即在掌握之中。又必从高加索伸其权力于波斯,此两方面之交通设备,均已于此次战役,陆续准备完全,俄国将因而用之进窥印度。夫英国有联俄之不得已,而俄国无联英之不得已,等是以强力取之耳。图中国则英为之助,而日本国为之敌;图印度则日为之助,而英为之敌。其势相亚,而俄国既得中国之后,欲还取印度,则英国生聚教训之能事已〔已〕毕,得否未可知也。先取印度,则日本尚未能取中国,中国之利益依然存在,为俄国计者,未尝不以取印度为较有利也。即在德国亦然。德国所谓柏林伯达铁路政策者,本将取波斯以通印度,战胜而后,必裒合勃牙利、土耳其,吞塞、门、罗三国入于联邦之中。故其东境已接波斯,取波斯所以取印度也,其准备既久,骤更而东取中国，必更为甚大之经营，此亦非德之所利也。故苟非以中国置之协商国中，从于英国之支配，则人将各择其简易者，必先印度。

抑犹有不可不知者，中国今为世界所同享利乐之市场，未尝于一国有所偏袒，故从经济上言，即不占领中国，未尝不可以享中国之大利。故开放门户而领土可以保全者，以其开放之结果，所以利各国者不亚于占领也。惟然，故各国能于商业上有优越之势力，当然享中国较多之利益。从此一点而论，中国即依然独立，占有印度者已可握有中国利益之大部分。虽然，若反之而占有中国，毫不能因是于印度占何种之便益，此即中国向来所以幸得自存者也。中国惟不祖于一国以害他国之利益，任之各国自由竞争，故〔各〕国皆有享其利益之机会，而不必致力于占有。如能中立不变，各国皆觉瓜分中国不如存置之利为多。必至中国自示其偏趋一方之意，然后他人有亡我之心。由此而论，假令英保印度，而俄若德占中国，则占有中国者永无占有印度之机会，且并不得分其利益。若德、俄夺英之印度以为己有，中国之利益犹在，日本决不能独占之。是得印度同时能享中国之利益，而得中国不能同时享印度之利益，此所以为德与俄计，联英非计之至上者也，取中国非利之至大者也。惟中国自进而乱此局，使英国籍〔藉〕以市恩，英之计画始能如意。故曰：中国加入惟英国有利，中国既加入，则英国可以中国为牺牲。故加入者召亡之道，中立者求存之术也。

加入之后，英国可认中国以为已〔己〕所引率之国，故当然有杜绝他国并吞之地位，而其容许并吞即为一种之惠与，得其惠与以占中国者，有利益矣，而以中国与人者，亦得自保其利。故曰：加入之后，牺牲中国为两国利。夫为两国之利，而以一国为牺牲，其视以一国之利而使为牺牲者，尤易成事实，不待言也。

凡论一国之事，当各就其利害之端不可移易者，以为基础，而各为之想象其所取之策就〔孰〕为最宜,因之可以决己国之趋避,决不能徒诉诸感情。今人动谓协商国战胜有朕,故欲加入,以博同情,而收列席讲和之利益。不知战胜者分配利益,以各国利害为衡,非以一时感情所能动。试观拿破仑败后维也纳之处分,可以知之矣。当时荷兰王以背大陆条例①忤拿破仑废,各国即举此以罪拿破仑(奥帝于莫斯科败后出为调停,尚以复荷兰为请)。顾拿破仑败后,所取以酬英国之功者,非法之属土,亦非罚助拿破仑者而夺其封也,乃择荷兰之属地,取其最要枢机之好望角与锡兰以为之报。世以为但得依附胜者未〔末〕光,亦能收遗乘〔秉〕滞穗之利,岂知其同盟虽战胜,而已〔己〕不免削地,有若此乎?维也纳之会议,奥、法、英、普、俄议定处分之案,而使列席诸邦承认之,是知强者虽败,犹有宰割之能,弱国而图依附强国以佳兵,即令得胜列席议和,犹是听人宰割,胜败皆蒙其祸。惟有中立,可免无因之灾,勿谓协商国胜算既明,遂以国供一掷。须知此际中国欲免亡国,惟恃中立,无他道也。

夫治国有必亡之道,而无必存之术。凡所谓亡国之原因者,有一发生,即足亡国。而单防止一亡国原因者,未得谓国基已固,不忧亡也。故不中立必亡,此可证明者也。中立必存,则所不敢言也。然而在此时代,外交之主旨,亦略有可言者,顾非若今人之必倚某国而拒某国。今之论者,或主亲美以排日,或主亲日而排美,皆非也。日与美皆有可亲之道,而亲一排一之策,则万非中国所宜行。今以日本论,其关系可谓亲矣,而中国之亲日,必使日本不与美冲突,然后可完全遂行其扶助中国之任务。中国官僚好引美国

---

① 大陆条例:一八〇六年十一月十一日拿破仑发布"柏林命令",禁止大陆任何国家与英国通商。

之势力以拒日，此大误也。若但以兵力论，日本固不如美国。美国十年前海陆军之力，几于无有，虽欲远鹜，势所不及。十年以来，翻然改变，岁造超无畏舰二艘，海军力逐渐凌驾日本。去岁更提新案，于向来制舰之外另加十万万元，以之制成超无畏级战舰十，巡洋战舰六，期以五年成之。今岁改促其期为三年，及與〔与〕德绝交，更通过十万万元之制舰费。宣战之日，又决定战费六十八万万元，其中亦有十万万元属于海军。不特此也，依最近所发表制舰计画，更有空前无敌之设计，即其战舰排水量加至八万吨，速率二十五海里，而备炮则为十八寸十五门。此类之舰，一艘费一万万，而其炮力比之现代之超无畏舰不止三倍。其舰数以五艘以上为率，其长及深可以通过巴拿马河而无阻。反观日本之海军，则数年之后，裁得完成八战舰四巡洋战舰之一队而已。两者相比，其不敌较然。故曰：引美以排日误者，非美不胜日之谓也。使美国战而胜日，于中国无所补，而于美国、日本皆有所损。日本而败，大者国破，小者地削，其损无俟言矣。为美国者，果有利乎？倾国家之财以张军备，即能胜日本，元气已伤，所冀者不过获中国之利权而已。美国固向来于中国之利权最少野心，此世界所共知，抑其地势宜然也。今使摧抑日本，亦不能有最上之权力于中国。今日欧洲战局，虽难豫料，而和议定后，为最强者非德即俄，业于前数章详为论述。此二国者，若以中国加入之故，各〔吞〕并无余，则美人无希冀之余地，固不待言矣。即令中国以中立故，犹得俨然成国者，彼俄与德，果能任美国于中国取特别之利益乎？必不能也。既胜日本之后，利害即与德、俄冲突，因之更须与一最强国战。而以美国今日状况推之，美国尚未有此制胜之能力。然则美国之倒日本，适自召强敌之接触，终于两败俱伤，非日本之利，亦非美国之利，尤非中国之利明矣。中国今日欲求友邦，不可求之于日、美以外，日本与中国之关系,实为存亡安危两相关联者。无日本即无中国,无中国亦无日本。为两国谋百年之安,必不可于其间稍设芥蒂。次之则为美国,美国之地虽与我隔,而以其地势,当然不侵我而友我。况两〈国〉皆民国,义尤可以相扶。中国而无发展之望则已〔已〕,苟有其机会,必当借资于美国与日本。无论人才、资本、材料,皆当求之于此两友邦,而日本以同种同文之故,其能助我开发之力尤多。必使两国能相调和,中国始蒙其福,两国亦赖其安,即世界之文化亦将因以大昌。中国于日本,以种族论为弟兄之国,于美国,以政治论又为师弟之邦。故中国实有调和日、美之地位,且有其义务者也。妄人乖忤之计,讵可信耶?夫中国与日本,以亚洲主义,开发太平洋以西之富源,而美国亦以其门罗主义,统合太平洋以东之势力,各遂其生长,百岁无冲突之虞。而于将来,更可以此三国之协力,销兵解仇,谋世界永久之和平。不特中国蒙其福也,中国若循此道以为外交,庶乎外交上召亡之因可悉绝去也。

第十章　中国之存亡——其二

存者,不亡之谓也,从无有而使之有,则为兴;不使从有而之无有,则存,故不可亡而后能存。一国所以兴、所以亡者,或以一种手段,为其直接原因,可以指数。至于存在之根源,无不在于国家及其国民不挠独立之精神,其国不可以利诱,不可以势劫,而后可以自存于世界。即令摧败,旋可复立,不然者,虽号独立,其亡可指日而待也。此非徒肆理论也,凡其国民具独立不挠之精神者,人以尊重其独立为有利,即从国际利害打算,亦必〈不〉敢轻犯其独立。此可以历史证明之,亦可从现代事实归纳得之。

比利时之敌德国,可谓不支矣。今之比利时政府,乃在哈佛,比之国土,仅余弹丸黑子之域。然而,非特协商诸国尊重比国之存在,无人敢谓比国可亡,即中立国亦无不对于比国有特殊之尊敬。所以然者,比国独立不挠之精神,先已证明比为不可亡之国。即使今日比境全失,比军悉数成擒,吾等亦可决中立诸国不以此致疑于比国之存在。何则?比国之人民、领土主权,立于此独立不挠之精神之下,其断绝者形式,不断绝者在精神,比境虽亡犹不亡,其民虽虏犹不虏也。盖比利则〔时〕尝一被人强迫,并入荷兰矣,而其国民能具坚确不挠之志,故卒得恢复其自由而成一独立之国。夫其民性如此,故人终不能服之,虽一时屈于兵力,不足以使其国亡也。即使有国欲永占之,其利少,其害多,不如不占之之为愈也。

　　同于比利时者则有希腊,希腊于国覆数千年之后,崛起成为新邦,谓其所恃以存者,但在诸国国民之同情,与正义之念,不可也。希腊之兴,亦以其民族精神历久不稍消磨,且益振发,终非土耳其所能屈。故人从而助之,希腊既以此精神与〔兴〕,即亦可恃此以存。今之希腊,其受协商〈国〉之迫胁,可谓至极矣,然卒不能摇之。夫希腊之对协商国,与比国之对德无殊。德人能以兵力灭比之国,而人之视比如未尝灭者,英、法能以联军上陆于撒伦尼加,侵希腊之中立,而人至今视希腊不以为英、法之党也。英、法奖希腊之革命,欲以变希腊之政策,而希腊王则曰:“吾不忍为罗马尼亚。”遂不屈。此希腊所以能复活于国灭二千余年之后,而以至弱抗至强也。今者英、法联军未与希腊宣战,未至尽占希腊之土地也,然即使英、法人之覆灭希腊无异比利时,吾知中立国人不敢视希腊为亡国,与今之不敢视比利时为亡国同耳。比利时以其不屈不变之精神而存在,希腊亦以其不屈不挠之精神而存在,国于天地,必有与立,彼不能保其自主之精神,何取乎有此国家乎?

　　须知国家之受损害,有时而可以回复,若国家之行动为人所迫胁,不谋抵抗,则其立国之精神已失矣,虽得大利,亦何以为。昔人有言,匹夫不可夺志,士有志也,国亦有之。以国家之志而见夺于人,则其视宋姬待姆、齐女泛舟,不尤有愧乎?夫战不可必其胜,守不可必其完,然于不胜不完之余,使彼胜于兵而工略地者,不能夺其志,则人将亦逆知其志之不可夺,而不以无理凌之。故不胜于战而兵不折,不坚于守而地不夺。不然者,英、法非不能以较多之兵力侵希腊之土地也,而不为之者,知其志之不可夺也。故以中国比之比利时、希腊,其宜守中立为同,其守中立之难,则彼百倍于我,希腊,英、法进攻巴尔干之途也,英、法之欲得之以展其力于巴尔干也久矣,而德亦欲得之以拒英、法,此非可以口舌争也。中国非希腊比也,中国之租借于德国之地域,已为日本所占,中国之撒伦尼加,已供日军之用,中国之于协商国,固已受其迫而为偏袒之事矣。虽然,龙口登陆,非由我之所愿,德人知之,中立国亦知之也。龙口登陆以后,我国依旧维持中立,德人信之,中立国人亦信之也。于此时,英、法、日、俄之迫我,决不如其迫希腊之甚也,且以英、日人之所主张,则彼固未尝强迫中国也,则何故不以希腊为师乎?同盟国迫比利时,比利时以兵抗之,协商国迫希腊,希腊亦不听也。我国之受迫,不如人之甚也,则何为自弃其当采之态度乎?国家之精神果何在乎?

夫中国之力不能抗协商国,此无如何者也,而中国之力不能为协商国用,则不可隐者也。中国财力不若人,海陆军力不若人,人材智计不若人。平素对于德国,惟多〔事〕联络,以得其欢心,论吾国军队教育、学术,随在皆依德国之助,一旦失势,则为落井下石之谋,非特不知是非,乃至不知利害,不知恩怨。夫背友而希利者,就令得其所欲,其所益于物质者,决不足以偿其精神上之丧失。为一国之政府,而以趋利忘恩号召国中,人既知我为惟利是视之国矣,可以利动者必可以不利劫之,不知报恩者人将莫施之以恩。今后有外侮来，吾知其必烈于昔日，而莫为中国助矣，抑又何以令夫民！中国民德，纵曰偷坏，负恩趋利之辈，尚为乡曲之所羞称。以齐民之所不屑为者，政府靦然为之，是则民之视政府为无足重轻、不关痛痒者，正义之当然耳。政府尚有何颜发号施令，以奖人赴国家之急，报国家之恩。爱山水者不爱粪坏〔壤〕浊流，嗜酒者不嗜败醪，好饰者不衣污染之服，故乐从政治之事为国家尽力者，望见此背恩趋利之行为，皆避而去之，其能同此背恩趋利之汙者，将又以此背恩趋利之术，危其国家。

中国将欲于此危疑之交，免灭亡之患，亦惟有自存其独立不屈之精神而已。弱国使皆可亡，则二十世纪当无弱国，弱国既有自存于今世之理由，而独我中国有亡国之忧，则可知亡国之责任，不能一以积弱卸之。夫国民有独立不挠之精神，则亡者可以复兴，断者可以复续，不惟希腊足为其证，又可征之波兰。波兰之分割，至今百余年，德已吞俄领，忽复建立波兰王国，而俄人亦许波兰战后自治，是此战结束以后，波兰之复国可期也。夫德之复波兰国与俄之许自治，皆不外欲得波兰人之欢心，初无关于义侠之念。然波兰于亡国之余，尚能使人欲得其欢心，则岂非其民独立不挠有以致之耶！夫彼百年亡国之胤裔，能使人畏而思媚之，我国犹是国也，而畏人之相迫胁乎？以俨然一国而使不如比利时，亦〔不〕如希腊，乃至不如波兰，此谁之罪欤？

中国国民皆知加入之不可，宣战之无理，为商者言之，为士者言之，乃至为军人、为官吏者亦言之，而三数政客倡之于前，政府、国会从之于后，亡国之责任，谁则负之？中国者，中国人之中国也，最终之决定，当在国民。今不闻稍顾虑民意之向背，而独断行之，中国之前途，谁则能任其危险者乎？政府勿以为国人〔民〕无能问政府、国会之责也，使民人蒙昧莫省其祸之所从来，则虽国家已

〔已〕亡，亦无人能纠其责。今人民已晓然于无端加入、背德招尤之故，则社稷未墟，将先有问责而起者。内失群众之心，外无正义之助，恐其败裂，不待国亡。夫国强而民弱者，力不周于物，将有偾事之忧；民强而国弱者，必以颠覆泄其愤懑之气，夫民之不可狎易也如是矣。

以四万万人而成一国，同其利害，故托治于千数百人，此千数百人者，负至重之责任。而为当前之决断，固曰不能无误，亦当自视其良心何如。若曰前既赞成，今不能以人民反对之故，改其前论，则是以中国四万万生死存亡之大事，为自己三数语之颜面而牺牲之，尚曰有人心者！吾望其不出此也。

中国今日如乘奔骥以赴峻坂，其安全之途，惟一无二。而由此惟一无二之途，不特可以避现时之厄，且可以为永久不败之基，吾不惮千百反覆言之曰：以独立不挠之精神，维持严正之中立。

据上海孙中山故居藏非卖品《中国存亡问题》

致黎元洪及参众两院议员电[*]

（一九一七年五月）

北京大总统及参、众两院议员公鉴：乱党独立，要求元首退位、国会解散，此但威吓行为，断不可长其骄气。中国素习，首重名器，若褫其官位，彼自无所藉手，部曲离散，焉能久长？愿大总统秉至公以待有功，严诛遣以惩有罪，信赏必罚，勿事调停，人心助顺，自无不克。两院诸公宜与宪法共死生，勿惶遽奔散，稍存让步，以保民国代表之尊严。若方针不定，进退失据，则贼焰愈张，而正人丧

＊　此文曾载一九一七年六月八日上海《民国日报》，文字出入较多。

气矣。危疑之间，亟待决断。孙文、章炳麟。

据《国父全集》第三册（转录史委会藏原件）

致唐继尧电

（一九一七年五月）

黄陂①已属张勋、李经羲调和，是即降于叛党。陆公②持重如陶侃，怠于勤王。公护国首功，有殊余子，若不投袂急起，与川和好，联合出师，非独民国沦亡，将来蚕食所及，西南亦无以自保。及今早图，庶无后悔。一不应中央乱命，二不必与陆公先商。孙文、章炳麟。

据《国父全集》第三册（转录史委会藏原件）

致陆荣廷唐继尧等电

（一九一七年六月六日）

南宁陆巡阅使并转云南唐督军及西南各省督军、师长公鉴：倪逆叛乱③，附者八省，亦有意图规避宣告中立者。督军、省长受任命于元首，当服从教令，不得自言中立，进退失据。按中立者，即脱离中央关系之谓，其与独立，唯举兵不举兵之异，然为窃地拒命一也。昔袁氏称帝，各省或力不能抗，于是宣告中立，以中立为脱离

---

① 黄陂：即黎元洪。

② 陆公：即陆荣廷，时任两广巡阅使。

③ 倪：即倪嗣冲，时为安徽省长，于一九一七年五月二十九日宣告安徽独立，举行叛变。之后，奉督张作霖、鲁督张怀芝、闽督李厚基、豫督赵倜、浙督杨善德、陕督陈树藩、直督曹锟等相继随之。

帝制可也。今之所谓中立者,果脱离何国何人何政府耶? 若脱离民〈国〉,固当为四万万人所摈弃;若脱离总统、政府,亦与叛逆不殊。巧避作贼之名,以为叛人壅遏义师,是即谋叛各省之屏蔽,不应听其巧诈,回避不攻,使叛人有所荫庇。孙文、章炳麟。鱼。

据上海《民国日报》一九一七年六月八日

致陈炳焜等电

(一九一七年六月八日)

广州陈督军鉴:并转陆巡阅使、滇、黔、川、桂、湘各督军、省长、议会公鉴:倪逆等举兵,谋另组政府,为复辟先声,继以西南各省宣言拥护中央,外交团亦皆反对,于是藉口调和,希图解散国会,推翻宪法。国会为民国中心,宪法为立国大本,公等既忠诚爱国,拥护中央,即应以拥护国会与宪法为惟一之任务。今日法律已失制裁之力,非以武力声罪致讨,歼灭群逆,不足以清乱源、定大局。倪逆等所谓调和者,于进退失据之时,犹作以退为进之计。民国与叛逆不能两存,拥护民国与调和不可兼得。望公等主持大义,克日誓师,救此危局,作民保障。孙文。庚。

据上海《民国日报》一九一七年六月九日

致陆荣廷等电[*]

(一九一七年六月十日)

两广陆巡阅使、广东陈督军、朱省长、李将军、陈将军,广西谭

督军、刘省长，云南唐督军，贵州刘督军，湖南谭督军，四川罗将军、刘将军公鉴[①]：近知天津伪政府不得列国承认，形见势绌，不得已复求荫庇于黎公。张勋、熊希龄身任调和，倪嗣冲、汤化龙复称翊戴，调停战事之人，即主张复辟之人，护拥元首之人，即主张废立之人，诪张为幻，至于此极。盖自去岁帝制罪魁未及惩治，虽有通缉之令，而往来腹地如故，是以奸人反复，绰有余裕。若复任其调和，以保全总统饵黄陂，以解散国会威民党，主座守府，叛人秉政，则共和遗民必无噍类。诸公倡义坤维，有进无退，万不可以府中乱命遽回仗义之师。总之，伪政府首领徐世昌及各省倡乱督军、省长、护军使辈，以及去岁帝制罪犯，指嗾叛乱之段祺瑞、冯国璋、张勋，身为谋主之梁启超、汤化龙、熊希龄等，有一不诛，兵必不罢。若总统宣布赦令，亦以矫诏视之，种种维持统一之迁言，列强干涉之危语，并宜绝止勿听。操纵在我，不在降贼之中央；是非在法，不在伪造之舆论。计划既定，奉以周旋，民国一线之光明，将启于此。唯诸公图之。孙文、章炳麟。

据上海《民国日报》一九一七年六月十日

致陈炯明电 *

（一九一七年六月十日）

广州陈竞存先生鉴：闻公发起国民大会，岭表一振，则全国希〔望〕风，叛党当自崩沮。目前伪政府鼠伏天津，哀求外国承认，悉

---

①　陆巡阅使：陆荣廷；陈督军：陈炳焜；朱省长：朱庆澜；李将军：李烈钧；陈将军：陈炯明；广西谭督军：谭浩明；刘省长：刘承恩；唐督军：唐继尧；刘督军：刘显世；湖南谭督军：谭延闿；罗将军：罗佩金；刘将军：刘存厚。

＊　此件所标时间系上海《民国日报》发表日期。

被却回。而复辟、推冯两说，自相竞斗，团体涣散，至于攘臂。不得已又有拥护总统、解散国会之议，彼势既穷，则取乱侮亡，正其时也。乃黄陂不察实情，求与调和，以损元首之尊严，国会亦或自议解散，冀为黄陂解围，免于废立。不知国会一散，去中坚而存守府，叛党得挟元首以令全国，反客为主，其祸更甚于反侧跳梁。君在今日，宜宣言拥护国会，不应宣言拥护总统。拥护总统之说一出，适使叛贼占据上游，而我堕其术中。去岁军务院所以取消者，正为太阿授人，自致屈伏，此乃已成之殷鉴也。况今者群盗鸱张，叛形已著，黄陂与之讲解，实同降伏。元首降贼，而人民复靡以从之，譬彼徽钦从官，追随俘虏，妇寺小忠，适为孤负全国矣。要之，国会为民国之命脉，调和乃藉寇之资粮，今所与人民誓约者，以保障国会、歼灭叛徒为限。一事未成，必不罢兵旋旆，使叛徒倔强如故，固当出义师而申讨。即叛徒取消独立，亦当以甲兵为大刑。斯言一出，全国乃有方针，纵使迫成篡窃，我直彼曲，亦何所畏。慎毋瞻徇顾忌，姑息爱人，致堕入陷阱也。清胡林翼有言："自降于贼，而美其名曰贼降。"斯语可为千秋金鉴。孙文、章炳麟。

据上海《民国日报》一九一七年六月十日

致黎元洪伍廷芳电

（一九一七年六月十日）

北京黎大总统、伍总理鉴：近知天津伪政府不得列国承认，形见势绌，不得已复求庇荫于我公。张勋、熊希龄身任调停，倪嗣冲、汤化龙复称翊戴，调停战事之人，即主张复辟之人，拥护元首之人，即主张废立之人，诪张为幻，至于此极。盖自去岁帝制罪魁未及惩治，虽有通缉之令，而往来腹地如故，是以奸人反覆，绰有余裕。若复任其调和,以口头之拥护欺总统,以违法之解散威国会,国会去,则民国有名无实,总统徒守府,仰成亡民国之责,恐无人能与总统分任之矣。今者西南诸省扶义而起,为救民国,非但为扶总统一人。伪政府首领徐世昌及倡乱督军、省长、护军使辈,以及去岁帝制罪犯,指嗾叛乱之段祺瑞、□□□、张勋,身为主谋梁启超、汤化龙、熊希龄等,有一不诛,西南诸省之兵义不能罢。总统若徇彼叛徒强请,赦其既往,或至危及国会,各省恐亦不能信为中央之治命,违法曲从。种种维持统一之迁言,列强干涉之危语,皆不足以感西南真正之舆论。愿总统勿为所蔽,奉大法以治国,依民意以御暴,文等庶几得长为民国一国民。事迫势危,不暇饰言,惟愿谅察。孙文、章炳麟。蒸。

据上海《民国日报》一九一七年六月十一日

复陈蕙堂函

（一九一七年六月十日）

蕙堂先生鉴:

　　连接来书,并致陈公赙仪四拾元(原单港银折实沪洋叁拾六元一角一分),已照收到。承各同志热心相助,特代陈公家属道谢。俟陈公家属照领后,当另具谢帖,续行寄上。民生主义本在筹办中,现值时局已非,共和国家被倪逆等推倒,刻以挽救为重,须俟共和恢复,当继办民生。素稔公等爱国至深,挽救之方,尚希协助为幸。先此函复,并颂

义安

孙文启　六月十日

据《国父全集》第三册(转录史委会藏原件影印)

致旧金山《少年中国报》股东函

（一九一七年六月十六日）

列位股东先生均鉴：

选接各同志来函，言报事与党事时有风潮发生，深以为念。推原其故，皆缘报务与党务权限不分，是以纷乱日甚。兹特函达贵报股东先生，如关于少年报事，用人行政应由股东主持，不得牵入党中事务。如有党员无理取闹，将股东资本收归党办，务请拒绝，或诉之法律可也。专此布达，并候

均安

　　　　　　　　　　　　　　　　　孙文启　　六月十六日

　　　　　　　　　　　　　　　　据《总理全书》之十《函札》

通告中华革命党海外各支部同志函

（一九一七年六月十九日）

○○○部同志公鉴：

近日群逆倡乱，救国须赖义师，已饬总务部通信汇述情形。各同志爱国爱党，希迅速筹备款项，以便协助本部维持共和之用。所有各地筹饷局长及委员，应即照旧执行职务。其他章程，均照革命党筹款章程。该款齐集后，由弟电知汇交何处。至各处同志现欲回国者，可暂从缓，俟有必要，再行分别通知，以省往返之费。此请

公安

　　　　　　　　　　　　　　　　　　　　孙文启

民国六年六月十九日

据《中央党务月刊》第四期（南京一九二八年
十一月一日出版）

致程璧光函[*]

（一九一七年六月二十三日）

玉堂总长执事：

　　敬启者：此次海军拥护共和，义声久著于全国，微闻将士有以
为弟等办事未能统一，转觉迟回。实则弟等同以救国为志，断无自
相暌牾之理。如执事果以弟等不统一为疑者，请释塵怀，并于二十
三日下午六时在静安寺路哈同花园略备晚餐，敦恳驾临，俾得面商
一切，弟等当联同拱候也。专此敬达，即请
台安

　　惟照不宣。

孙文、岑春煊、唐绍仪同启
六月二十三日

据莫汝非《程璧光殉国记》（一九一九年程慎修堂刊赠）

复余荣函

（一九一七年六月二十三日）

余荣先生大鉴：

　　接五月二十二来函，并壹百零七镑零八元汇单一纸，党约二

---

　　*　程璧光时为海军总长，因北京政局变化，南下上海。

张，均已收到。该汇单未有副票，不能往银行取款，请将副票寄来。俟收款后，当即发收条付上。贵支部同志及鸟加市分部同志致陈公赙仪共十五镑，承各同志热心相助，敬代陈公家属鸣〔呜〕谢。俟收款后，照交陈公家属妥收，当由陈宅另具谢帖，续行附上。

兹并将党证二张付上，请为照交。此复，并颂

台安

孙文　六月二十三日

据《总理全书》之十《函札》

致日本首相寺内正毅函[*]

（一九一七年六月）

寺内总理大臣阁下：

自阁下当局以来，私心窃喜，以为日月之光，所照必远。文同处亚洲，不禁额手称庆。文窃以为，东亚之平和与中日将来之发展，必待两国人真正之提携，故吾人信近年来贵国朝野之士主张扫去两国误解，图真正之亲善，实为不易之良策，而欲以此意喻之于中国国民。顾不幸以吾国民智未进，于东亚大势能了解者较稀，而贵国政治家之诚意又为其所采手段所累，不能见信于中国之民，每有国际问题兴起，中国人每疑贵国之亲善为有野心，而吾人平素主张亲善者，因之亦无由代白贵国之诚意，此吾人所最为遗憾者也。

今中国已以时势要求，成为民国，而旧派武人犹思以武力倾覆

* 此件未署时间，就文中内容有"今者北洋军人虽以武力破约法，毁国会，囚总统"句，应指一九一七年六月十二日黎元洪被解散国会事，据此酌定为一九一七年六月。

之,故变乱反复无已。在此时期,贵国能彻底援助主持正义之一方,使其革新遂行无阻,自足以收永远平和之效,而人民亦感激了解贵国之诚意,亲善之实自举。若不然者,则于新旧冲突之际,于表面标榜中立,而实际则不问正义之所在,惟与武力优者为友,人民因之信贵国之言亲善为以图利为旨,非出义侠之情矣。抑此武力一时优势,非可久长。当清之季,人以为其力足以防制汉人,而不知汉人一奋,不复能制。袁世凯之盛也,人以为其力足以压服民党,统一全国,而不知其一旦称帝,抗者四起。今者北洋军人虽以武力破约法,毁国会,囚总统,有似优势矣,而其非能统一长久,亦已炳然。纵使贵国加以援助,终难使民心悦服,此贵国政治家所最宜注意之时机也。彼以武力胜于一时,已招人民之愤,若贵国更援其武力,则怨毒将随之向于贵国之人。彼既以武力占优势,始得贵国之援,则其心以为我纵无援,亦必得胜,不感贵国之援助,而反苦其要求,益扇其人民,使之排斥,征之前事,历历可知。彼旧派武人固宜如是,即使民党易地处此,亦岂能推诚相信乎?为贵国计,惟以正义定所当助者,即助之于无力之时,使其成功,必感激于真正之援助,信其非出私图,亲善之感情可结,东亚之平和可期也。

　　夫正义始终不变,武力则递有盛衰。试观辛亥革命之前,癸丑丧败以后,民党有何势力,而卒能倾覆清室与袁氏,则知武力可由正义以发生。今日所视为无力者,未必不有奋发之期,以武力胜正义者,终不能长久。若随武力以为亲交,则反于正义之人,常不惮徼幸以武力倾正义,主正义者纵使屈败,亦惟有竭其力以与争。一胜一败,中国永无宁日,而贵国益召怨尤,东亚何由而平和?两国何缘而亲善?若能表示援助正义之态度,则彼反于正义惟恃武力者,将必自省而不恣其武力,正义完全胜利之后,亦更无反动之可生。得贵国之正义的援助而胜者,自能了解东亚和平发达之真意义,举亲善之实,虽有离间猜疑,不得入于其间,此吾人所深望于贵国者。而以贵国古来相传义侠之精神,来深信其必能受纳此竭诚之披沥,有以副吾人之望也。专此,敬请

勋安

据《国父全集》第三册(转录史委会藏亲笔原稿)

致参众两院议员电[*]

(一九一七年七月四日)

北京民党议员通讯处转两院议员鉴:艰苦备尝,始终不渝,民党精神,惟寄国会。此次时局陡变,暴力之下,已无国会行使职权之余地,亟应全体南下,自由集会,以存正气,以振国纪。兹特派汪君精卫驻沪招待,刘君成禺、符君梦松北上欢迎,请毅然就道,联袂出京,无任盼切。

据孙曜编《中华民国史料》(上海文明书局一九二九年版)

致西南六省各界电

(一九一七年七月四日)

南宁陆巡阅使、桂林谭督军、广州陈督军、长沙谭兼督、云南唐

＊　此件系由王用宾等《致参众两院议员函》中摘录。原文为:两院议员公鉴:顷接本党总理中山先生自广州来电,文曰:"……"等语。合行转告同仁,希即察照。顺颂议祺。王用宾、彭养光、王垣、焦易堂等谨启。

督军、贵阳刘督军、成都戴兼督、泸州罗前督军①及省议会、将吏、军民公鉴：三日午后十二时叠得津电称："黎大总统已被江朝宗幽禁，徐世昌在天津组织临时政府，自称大元帅"等语。依法大总统不能行使职权，副总统应行代理。惟副总统冯国璋当倪逆反侧之时，力能申讨而佯守中立，阴与周旋，兼为从中游说，迫胁元首，申请解散国会，实属通同谋叛，觊觎非望，叛迹既彰，即为内乱罪犯，代理之法已属无效。国人不能容羿浞券操之徒窃据大位。时势迫亟，民国不可一日无主。唯西南六省，为民国干净土，应请火速协商，建设临时政府，公推临时总统，以图恢复。一面先行通电拒绝冯氏代理，以免人心淆惑。非常之事，不容拘牵法律，静待国会选举，数省公认，即为有效。迫切请求，不胜惶惧待命之至。

据《国父全集》第三册（转录史委会藏孙中山亲笔原稿）

致陆荣廷电

（一九一七年七月十一日）

　　急。南宁陆巡阅使鉴：大局垂危，亟须拯救，南方责任更不容辞。某等庸劣无才，不忍旁观坐视，虽无寸柄，愿效著筹，务灭横行，以期奠定。昨已由沪抵汕，将速赴粤。闻公足疾已愈，堪以首途，幸即鼓轮珠江，俾得聆诲，至深盼祷。文、炳麟同叩。尤。印。

据上海《民国日报》一九一七年七月十八日

---

① 成都戴兼督：戴戡；泸州罗前督军：罗佩金。

在汕头各界欢迎会上的演说[*]

（一九一七年七月十二日）

兄弟今日道经汕头，得与诸君相见一堂，是很难得的机会，甚愿乘此机缘，与诸君说几句话。

自中华民国开国，于今已六年，名为共和，其实共和是□，共和之政治果如何？我们还未曾见及。在当日创造共和，诸同志以为推翻专制政体，创造共和国家，我们即可以享共和幸福，国家即可以永远太平。但此六年以来，不惟此种理想全未达到，且屡经变乱，无一日之安宁。在大家看来，都以为共和是不祥之物，还不如满清专制的好。革命党当日所说的幸福太平的话，全是欺骗人的。不知建设共和与建造房屋原是一样。当我们推倒专制，好比将旧屋推倒，以后六年工夫，原要将新屋造成。现今不惟屋没造成，且遇着狂风暴雨，我们连避雨的地方都没有。仔细看来，何以六年来造不成功？实因推倒旧屋之时，不曾将瓦砾搬尽，诸多阻碍，所以总造不成。

革命党提倡革命是初一步的工夫，建设真正共和则全靠国民。国民须具有远大之眼光，辨别是非之常识，缓缓做去才能造成。又譬如学生求学，非下二三十年苦功，不能成为学者；如做生意，非费尽几许心力，不能发财，何况国家！不观历史，周朝开基，有大王王季，文王之圣，亦百余年才成帝业。可知共和国家断非一蹴可致

---

　　* 孙中山为进行护法活动，偕廖仲恺、朱执信、何香凝、章炳麟等，于七月六日乘"海琛号"军舰由沪赴粤，十日抵汕头，受到绅商学报各界欢迎。此为在欢迎会上的演说。

的。且世界上人物，有新旧两种，新人物有新思想、新希望，所以凡事都步步往前；旧人物反是，则步步退后。此新旧二潮流，当不相容。

中国六年来变乱之原因，正新旧潮流冲突之现象，因冲突所以无进步，所以有一次、二次、三次、四次之革命。一次革命，起于武昌，为推倒满清之专制。二次革命，则在南京，为袁世凯暗杀宋教仁而起。暗杀宋教仁，何以就要革命？以宋氏之死，实政府主使，证据显然。夫个人杀人，有国家法律可以裁判；政府杀人，已无法守，人民自危，亦只得革命。三次革命在云南，因袁世凯推翻共和，僭称洪宪皇帝，南方各省拥护共和，所以有护国军之役。四次革命则今日，因倪嗣冲造反，而有张勋之复辟。现在民国算已亡了，今日不是民国六年，乃是宣统九年。然民国形式上虽亡，民国国民精神上还有民国。何以见之？中国南北各省，国民都明共和是好的，不观现在张勋复辟至今日已十一天，我国民不论南北，都发起公愤，誓杀张勋。现在南方虽不出师，北方早已出师，这样看来，张勋定不久的。从前大家都以为南北相争，而今乃知不是南北相争，是新旧相争。北方有拥护共和之人，南方亦有主张复辟之人，即世人所称为大学问家之康有为先生。

今日国民最要者，是看定新潮流可以救国，抑旧潮流可以救国？国民要有是非心，有是非心又要有坚决心，着实做去国民才有进步。再有一件，复辟发生是旧潮流造成的，共和政体，向为旧派人物所反对，若倪嗣冲、段芝贵等为反对共和之人，亦为反对复辟之人；今天北方起兵讨贼之人，又都是昔日赞成复辟之人，是非混乱，目耳淆惑，是为目今最困难最危险时代。官僚知国民爱共和，又不能不口说共和。今日反对复辟是假的，争后来之势力是真的，势力在手，又主张帝制，主张复辟的。

现在要解决此困难,要认定真共和与假共和,若不分真假,以后万无进步。如何分出真假? 要从人物上看去,从前反对共和之人,便是以后反对共和之人,我们万不能相信的。今日国民责任是在拥护共和,有一分子责任,即尽一分子力,要除尽假共和,才有真共和出现,才有幸福可享,国家才得永远太平。

据上海《民国日报》一九一七年七月二十日《孙先生演说词》

在广州黄埔欢迎会上的演说

(一九一七年七月十七日)

兄弟前十余年,以共和政体相号召,同胞多所未喻。历时既久,为世界新思潮所鼓荡,国人皆晓然于共和之真谛,于是东方之大共和国竟以告成,其中得力于现今之督军、省长者甚巨。共和成立六年,其成绩似殊无足观;然其影响于世界为力之伟大,则真令人不可思议! 世界有最强大之国家,最腐败之国家,最不易受外潮激动之国家,其执政诸人威力之猛,积数百年如一日。试思以如是之国家,即小小改革,已较他国为难,而况议及政体! 然今竟一旦将牢不可破之专制国,一举而倾覆之,成立一新共和国,与中国作佳邻焉。此俄罗斯之政变,为世界之一大事件,人人所知也。俄罗斯之变专制而为共和,全由中国之影响也。俄罗斯之顽固腐败,欧洲文化不能改易之;国人志士,掷无数头颅而不能改易。因中国确立共和之故,举数十朝之帝政,仅以三数日之变动而推翻之,且毫无阻力焉,中国为之也。

中国共和垂六年,国民未有享过共和幸福,非共和之罪也;执共和国政之人,以假共和之面孔,行真专制之手段也。故今日变

乱,非帝政与民政之争,非新旧潮流之争,非南北意见之争,实真共
和与假共和之争。欲争回真共和以求福利者,必须有二大伟力,其
一为陆军,其二为海军。鄙人密察大势,确知非得强大之海、陆军
为国民争回真共和,则无以贯彻吾人救国救民之宗旨。故迭次与
程总长磋商,幸得海军全数将士效忠共和。惟是海军必须有根据
地,现今上海已为一般称兵谋叛者所割据,浙江、福建亦然;只有以
广东为海军根据〈地〉,然后一切大计划可以发展。

　　鄙人今日所望于诸公者,即日联电,请海军全体舰队来粤,然
后即在粤召集国会,请黎大总统来粤执行职务。鄙人前已与程总
长商定,派出兵舰二艘,往北方迎护黎大总统来南就职。但日本公
使以京、津一带叛军布满,恐黎大总统一出使馆门,外来暴力,难免
危险,欲徐筹万全之方,乃奉黎大总统出京。故两舰现仍在秦皇岛
等候。大约吾人在广东组织妥善后,黎大总统即能南来矣。

　　此为国家兴废关头,共和存亡机轴,望诸公同心合力做出,即
日发电招齐舰队及议员等来粤,组织政府。共和国家之总枢,全在
国会,国会所在之地,即为国家政府所在之地也。

据中国国民党中央执行委员会宣传部编《总理演讲新编》
(南京一九三〇年版)《争回真共和以贯彻救国救民之宗
旨——民国六年七月十七日在黄埔公园欢迎会演说》

致岑春煊等电

(一九一七年七月十八日)

　　上海岑西林、伍秩庸、唐少川钧鉴:篠日抵粤,邦人士合词请愿
出师讨贼,军民长官亦均浃洽。省会已电请议员来粤开会,人心时
势,两属难得,左提右挈,端盼不弃。何日命驾,仍乞先示。孙文

叩。巧。

据上海《中华新报》一九一七年七月二十九日

致陆荣廷电

（一九一七年七月十八日）

武鸣探送陆巡阅使钧鉴：前饬胡汉民君奉诣，荷推爱招迎，至感。篠日文由沪至粤，晤陈督军，始知尊恙未全愈，殊深系念。此次政变，纷谲万端，推其本根，要皆西南诸省联结未周，而北方窃权怙兵之徒，乘机抑压护国各省，推倒民国，遂彼私图。今者复辟虽败，叛者尚存，将来变端，可以预决。文等以为吾侪当此艰危之局，必当共同负责。近闻台端疾已稍痊，务乞扶舆东下，公商要政。孙文叩。巧。

据上海《中华新报》一九一七年七月廿九日

《孙中山电催各要人来粤》

致段祺瑞电

（一九一七年七月十九日）

北京段芝泉上将鉴：民国不幸，伪清僭据。足下以为马厂偏师，恢复共和，重奠京邑，此盖强虏自亡之会，而亦足下迷复之机。伏念共和、帝制迭相乘除，已历三次。所以起灭无常者，实由是非不定，刑赏无章耳。夫洪宪佐命之徒，宣统复辟之辅，其为帝制罪犯一也。去年洪宪祸首，隐忍未诛，佐命者既得从宽，则复辟者当然无忌。徐州、彰德二次会议，正在足下初任首揆之时，拱手处中，不能锄治，而复奖以勋权，启其骄悍，是以伏戎遍国以有今日。而民国清议，亦谓复辟之祸，叛督实为先驱。要求宣战之不已，以至殴击议员；殴击议员之不已，以至解散国会；解散国会之不已，以至复建伪清。本为一人保固权位，以召滔天之灾。足下奖成此患，岂得不为追咎？文于数月前曾献忠言，不蒙采纳，至黄陂不得已而下免职命令，犹不悛改，悻悻以引起祸乱、不负责任为词。今日因败为胜，功过相偿，天日鉴临，人心共谅。乃总理一职，既无同意，亦无副署，实为非法任命，果出黄陂手谕与否，亦未可知。足下当以义师首领自居，岂得以国务总理为号，以免职兴戎，而以复职自贵？狐埋狐搰，皆在一人，岂所谓为国忘身者乎？张团〔勋〕①以愎戾之资，悍然复辟，所统辫兵，素无训练，其势本易与耳。张绍曾等倡谋讨逆，近畿将领，不少靖献之人，器械完利，士马精强，扑灭殷顽，易如反掌，徐州余寇，复何足云？而足下必任段芝贵为东路总司令，倪嗣冲为三省总司令。段本洪宪元凶，倪则叛督首领，一蒙驱使，得冒天功以为己力，沮忠正倡义之气，开叛人狡诈之端，岂自比明之熊文灿耶？乃又抑止诸军，不容兴师致讨，欲以易成之绩，专与倡乱之人，偏私狭隘，毋乃过甚？丙辰近鉴，贻祸相同，此又足下所宜自省者也。文愿足下，上畏民喦，下思补过，任良将以伸正气，讨群叛以塞乱源，诛洪宪佐命以示至公，戮伪主溥仪以惩负约。保国赎愆，孰善于此！若以小腆易败，据为大勋，因势乘便，援引帝党，擅据鼎钟，分布爪牙，则西晋八王之相驱除，唐末朱、李之相征讨，载在史册，曲直无分，正恐功业易堕，祸败踵至。凡我国民，亦不能为辅助矣！以足下天性强毅，本非狐媚之人，故愿尽〈此〉②忠

---

① 参照《中华新报》同电校改。

② 据《中华新报》增补。

告，是非利［人］害，在足下自审之耳。孙文。皓。

据上海《民国日报》一九一七年七月二十九日《孙中山忠告段祺瑞电》

致津沪国会议员电

（一九一七年七月十九日）

　　上海、天津各报馆转各省国会议员均鉴：自叛督称兵，国会解散，大法荡然。逆贼张勋，乘间复辟。伪主溥仪，因势窃位。而民心归向，终在共和。伪清败征，智愚共见，于是前之倡乱坏法者，又假借反对复辟、拥护共和之名，以图自固。帝制余孽，亦乘此以要功。文以为今日之患，非患真复辟者之众，正患伪共和者之多。心复辟而伪共和者，不唯不能认为有诚意之友，且不能认为有诚意之敌，以叛讨叛，以贼灭贼，但当视为械斗，不能与以拥护共和之名。且清主溥仪，冒窃大位，岂曰迫胁，实其本情。而此次自称讨逆者，只罪张勋，于清主不加申讨，或且为之保障优待条件，是乃与张勋争权攘利，而非拥护共和之明征。朝秦暮楚，谁能保信？国会诸君，已被叛督称兵解散，即与伪共和势不两立。今清主既已失败，正国会自奋之时。文尝默观时势，江河流域，已为荆棘之区，唯西南诸省，拥护共和，欢迎国会。诸君宜自行集会于粤、滇、湘各省，择其适当之地以开议会，而行民国统治之权。如人数不足，开紧急会议亦可，责任所存，万勿放弃。文以不材，忝为民国先驱之役，引领渴望，何日忘之。其有神奸狐媚，则同意于解散后，又委曲而请求者，进退失据，不可与谋，当为诸君所共晓。尤望慎所自处，勿再受人愚弄。孙文叩。皓。

据上海《民国日报》一九一七年七月廿五日《孙中山先生致津沪议员电》

在广东省议会欢迎会上的演说*

（一九一七年七月十九日）

今日承诸君欢迎，实不克当。兹将此次返粤之原因为诸君言之。现中国为混乱时代，旬日之间，变幻已多。故兄弟在沪时，原定之计划亦因而微有更改也。犹忆昔日宋教仁被害时，兄弟由日本返国，即主张兴兵讨袁，而各省则以为不同〔可〕①因一人而动天下之兵，不知政府犯法，国民有护法之义务，当然起而惩责政府。不幸兄弟之主张，不为各省所同意，遂无形打消。迨违法擅借外债事成，江西起义，时机已过，终归失败，可为鉴戒。

第三次革命尚未扫除旧污，而袁世凯已自毙，又留今日之祸。夫复辟之谋不自今始，一年之前早有所闻。兄弟亦久已密筹对付之策，惟多数人士，皆不疑有复辟之事出现，以至不能防止于未然，亦可惜矣！

查复辟党中原分二派：（一）急激派；（二）缓进派。此〔后〕②派徐世昌主之，盖欲疏通全国有势位之人，然后举事。即民党在彼视之亦以为可以疏通，彼辈自信，必得全国之赞成。其内部预备颇密，惟恐外国不肯承认，故迭次〈遣〉使运动，继更欲以加入协商，结欢列强（中略）。汪精卫、蔡元培初不察其诡谋，亦主张与德绝交，国会议员之旗帜亦乱。众论庞杂之时，段祺瑞突然开军事会议，以

＊　孙中山于七月十七日由汕头抵广州。
①　据《总理演讲新编》校改。
②　此件均据《总理演讲新编》校订。

威吓国会。一面以为对德宣战，可使中国转弱为强。欺人之言，终不能掩天下之耳目。而假冒公民围扰议院之怪象又出。更于暗中运动，欲借外债六万万，以为复辟之费。事尚未成，段氏免职，受一打击。倪贼等倡乱，要求解散国会，并在天津设立临时政府，通告各国，乞求承认。手续不备，遭公使团之反对，斥为与义和团无异。复辟党又受一击。所谓缓进派乃退却不前，认为时议未熟，宜再缓期。急激派之张勋乘机上场，徐、段皆反对之，乃生内讧。兄弟在上海时，开海陆军大会于我住宅，卢永祥亦派代表到会，而海军则一致拥护共和。冯国璋欲设政府于南京，海军全体反对，因知冯国璋原非忠于共和。今之宣言讨逆，不过复辟党中急缓两派内讧之结果，故海军不受欺也。

据上海《中华新报》一九一七年七月二十五日
《孙中山在省议会演说词》

在驻粤滇军欢迎会上的演说[*]

（一九一七年七月二十日）

今日系滇军开欢迎会，鄙人以此欢迎会来欢迎滇军。我国自改造共和，六年之时间，而经两度帝制。法国革命后，经八十年亦两度帝制。我国与法国相仿，不过时间较速些。现在吾侪最可恨者系官僚派，此派戴上假面具，人谓拥护共和，彼亦曰拥护共和。此辈假共和，与吾侪之真共和相混，至人民不能判别。此次复辟派，内容分为两派：一曰激烈复辟派，一曰稳健复辟派。甲派以张勋为首，康有为副之。乙派以徐世昌为首，段祺瑞、冯国璋、李经羲

---

* 此件系记录摘要。

副之。此次复辟,北洋督军团均已知之。此次复辟之计划,第一系在天津设立临时政府,第二请外交团承认,第三系对德宣战,第四系大借款六万万,第五然后复辟。不过拟立临时政府时,派梁敦彦往外交团,求其承认,为外人所拒。故临时政府改设总参谋处,原举〔拟〕拟〔举〕徐世昌为大元帅,徐世昌见此情形,遂不复出。张勋至京,为康有为所耸动,急不能待,遂宣言复辟。北洋军队下级官闻此恶耗,非常忿激。段祺瑞等辈见此情形,恐民党乘此潮流,将段祺瑞之北洋派推倒,遂率所部将张勋逐去,以巩固北洋势力。此次之战争,直可谓稳健复辟派与激烈复辟派战争。

现在我南方各省,对于北方尚未有何等表示可叹。复辟传到上海时,在上海如何会议,卢永祥如何布告,冯国璋如何滑头。冯氏之致电要求继承大总统,请国会议员全体到南京,要求民党帮助。当时海军即反对。当段祺瑞请冯国璋到天津时,冯己〔已〕答应,后查悉所部,于冯离宁时即宣布独立,所以冯决不敢离南京一步。现在之争,可谓真共和与假共和之争。物质之建设,中国工商之不振,关税之腐败。

据上海《民国日报》一九一七年七月二十九日《驻粤滇军欢迎孙先生记》

在广东省学界欢迎会上的演说

(一九一七年七月二十一日)

今日开会欢迎,非欢迎兄弟个人,出洋回乡者不知凡几,安得人人欢迎。吾之以为今日欢迎者,非欢迎兄弟,系欢迎共和。共和政治至今六年,有共和之名,无共和之实,发现帝制两次:一袁氏洪宪,二宣统复辟。然至今共和仍在者,以人心之趋向。兄弟谓我国人心,崇尚帝制人少,崇尚共和人多。何以征之?帝制时期发现期短,共和时期经过期多,可见帝制实不能与共和竞争。即如俄罗斯,昔日专制国也变为共和。可见潮流进化,顺时则兴,而帝制永不能存在。

今日回忆宣统即位,宣统大哭,载沣慰之曰:"龙位坐一下便了。"卒成为谶语,不数年革命成功。今日虽既经复辟,又不数日而取消。试观段、倪各人,本来赞成复辟,而今忽反对复辟者,以军队鼓噪要反对复辟,拥护共和。段、倪等不得不假共和之名,以压服军心,则人人心理趋重共和。可知共和成立,帝制永无发生之望,所虑者日后尚有假共和与真共和之争耳。段、倪等假共和也,张、康等真复辟也,假共和之祸犹甚于真复辟。诸君系欢迎共和之人,当先拥护真共和,打除了假共和而后能得真共和之建设,此责任则在诸君。

鄙人谓:自今以后,帝制与共和永无竞争之期,所患者真共和与假共和之竞争耳。欲拥护共和,当先图强富,为今日中国第一要义。然此能实行否?则各人有两种见解,有一等人持悲观主义,以为今日中国当亡于瓜分,无可挽回;有一等人具一种乐观主义,以为日本从前比中国贫弱,其地比中国不过两省,而今日能成为世界上第一等强国者何也?是在教育。诸君立一点志,能提倡兴国学说而已。有此学说,其国则富强,无则贫弱。富强之策何在?一年之内一切不必研究,只研究此种学说足矣。夫日本何以强,中国何以弱?中国为数千年来声明文物之邦,今日何以扫地殆尽。日本乃中国属国也[①],而能强逾中国,以中国堂堂上国反不之及,乃一

---

①　据上海《中华新报》七月三十日所载朱执信《启事》申明:"中山先生粤演说,报馆登载多失本旨或附以他语者,全乖事实⋯⋯各报所载学界欢迎会演说,有'日本乃中国属国'等语,此其一端。以后凡关于中山先生演说词等,除将原稿送刊外,如由各报记载舛误,先生不能负责,特此声明。"

难字害之也。夫日本办事则不然,不知有一难字,冥行直逐而得今日之成功也。

中国人知识在日本上,日本崇尚王阳明学说者,阳明言知行合一,中国古书又言,知之非艰,行之为艰。兄弟思之,此似是而非者也。兄弟谓之:行之非艰,知之为艰。虽将旧习学说推倒,此学说上古有人觉悟,而未有能证明之者。然兄弟能得一学说,打破古人之旧学说,即一味去行之谓也。今即以古人之说证明之,中国大成至圣有云:民可使由之,不可使知之。孟子言:行之而不著焉,习矣而不察焉,终身由之,而不知其道者众也。商鞅又云:民可与乐成,难与图始,从可知行之非艰,知之惟艰。实中国上古圣贤遗传之学说。又有一说,可以证明兄弟之说者,即如文法,中国用之而不知之其所以然,是也。豆腐为有机体的物也,外国今日乃发明其大用,惊为神奇,而我中国人箪食壶浆,其制豆腐之术,发明于数千年前,则可见中国人非不能行之,但不能知之耳。试思今日兄弟推倒满清,创造共和用何等方法,兄弟亦不能自知。譬如建屋,中国非必工程师画,则乃能起建也。举凡造泥水之人,救之度之,即能起大屋,亦莫名其妙,不知其所以然。盖凡有先行之,而不必知之者。先行后知,进化之初级也。先知后行,进化之盛轨也。鄙人革命,平昔持破坏而未能建设。近日欲著一书,言中国建设新方略。其大意:一精神上之建设;一实际上之建设。精神上之建设,不外政治修明;实际上之建设,不外实业发达,如斯而已。吾人今日但实力肩任,勉为其难,实力造去可矣!

据上海《中华新报》一九一七年七月二十九日

复陆荣廷电

（一九一七年七月二十四日）

马电奉悉。清室逊位，本因时势。张勋强求复逆〔辟〕，亦属愚忠，叛国之罪当诛，恋主之情自可悯。文对于真复辟者，虽以为敌，未尝不敬之也。今张勋虽败，而段祺瑞等以伪共和易真复辟，其名则美，其实尤痿。民国之号虽复，而祸乱之机方始，与公倡义护国之旨，相戾已甚。国会者民国命脉所存，托名民国，独去国会，则凡百措施皆为背法。彼叛人既不利有国会，我护法者必当拥护之。是以文到粤后，即电请国会议员来粤，自由集会，将来再由国会以决凡百措施。布置既周，乃以海陆军护送国会至国都，然后可使基础不摇，成一劳永逸之计。不然，则今日外人已认民国为未有合法之政府，将来危险更不堪言。我公再造民国，勋在宇宙，救国之画，必有早定。既承勉以共济，尚乞协力主持。孙文。敬。

据胡汉民编《总理全集》第三集（上海民智书局一九三〇年版）

致护法各省将领电

（一九一七年七月二十四日）

皖奉肇叛，逼散国会，酿成复辟。张勋本与叛徒同旨，复辟决非个人之意。迨复辟事不得中外承认，叛徒乃以讨叛自居。今虽号复共和，祸乱之源未塞，将来必且以伪共和亡中国。西南各省自主,不奉伪政府,先有两广粤军发起,近有罗将军①赞同。各省人心均归一致,此则中华民国之一线生机,必以反对复辟者反对伪共和,始可救国。今者北方将帅,各拥兵自雄,中央无合法之政府,外人均不敢轻为承认。以此一端,已可复邦。国法之所以荡然,由国会之不存在。不复国会,无由合法之行为。故文于日前请国会议员来粤,自行集会,将来一切措施皆当本此而出,基础既立,是非自明,庶几真共和可以跂致。诸公靖国护法,素有同心,尚希协力主张,俾早决定。名义既正,北方向义将卒亦正不稀。将来径以海陆军护送国会赴都,大局即可戡定。诸公之功,与民国俱永矣。孙文。敬。印。

据上海《民国日报》一九一七年八月四日《孙中山致各省电》

答广州某报记者问*

（一九一七年七月二十五日）

【某报记者询问时局,孙中山答曰】此次变乱,可分两种问题,倪杨之变,关于政体问题;张康之变,关于国体问题。复辟取消,国体问题虽已解决,国会仍未恢复,政体问题尚须争执。若共和政体任其蹂躏,则共和国体已丧灵魂,民国何以生活。我国人不欲谋巩固共和,则已欲谋巩固共和即不能。以张康之败亡,即谓晏然无事也。

【记者又问事在不为,势固不能罢手,然事关大局,究属谁之仔肩?孙中山答曰】中国四千万方里,长江实划南北之界,君主专制

---

① 罗将军:指罗翰轩。
* 此件所标时间系上海《民国日报》发表日期。

之气在北,共和立宪之风在南,此因形势气候之不同,故文明进化有迟速之异,乃自然之区分,非吾人一朝一夕之意见,所强为畛域也。故南人有慕君主专制之风者,必趋附于北方;北方人有慕共和立宪之风者,必趋附于南方,自然之势也。今日欲图巩固共和,而为扫污荡垢,拔本塞源之事,则不能不倚重于南方。我南方人遂因地理关系,而负莫大之责任。南方重要之区,厥为粤省。我粤省人更因地理关系,而负莫大之责任。所以兄弟主张在粤省聚集国会议员,组织统一机关,请陆干卿①速出主持大计,电邀全国要人贲临,以共筹大局,务使真正共和实见,以固民国之基础。

据上海《民国日报》一九一七年七月二十五日《孙中山
先生之伟论——主张在粤聚集国会组织统一机关》

在广东全省军警欢迎会上的演说 *
（一九一七年七月二十七日）

救国不论成败,只论是非。譬如列强有以雄大之兵力来侵我国,若论成败,彼必得手。是否吾人亦甘心被其征服!吾人立志,当国存与存,国亡与亡。如宋代之文天祥,仍可留天地一点之正气。故欲恢复民国,非先恢复辛亥革命时代之民气不可。

据上海《民国日报》一九一七年八月四日《军警欢迎大会演说》

与广州各报记者的谈话
（一九一七年七月三十一日）

今日蒙诸君不弃,惠然肯来,至为忻感。兄弟由沪启程来粤之

---

①　陆干卿:即陆荣廷。
*　二十七日广东全省警卫军、海军、警察全体假座东园开会欢迎孙中山,盛况空前,会间请孙中山演说。据报道演说数万言,未见全文。此为摘要。

初,原欲由广东出兵,以征讨复辟逆贼,而以海军为辅。迨抵粤时,复辟已遭打消。然打消复辟者,并非真拥护共和。如段祺瑞者,实为复辟党一重要人物,彼之反对张勋,纯系个人利害之冲突。或谓彼既打退张勋,何不自称皇帝,或拥废帝以自私,奚为假冒共和之名目? 不知彼之不敢蹈张勋之覆辙者。因北方军人亦多赞同共和,故不得已以共和为假面具,而后可以笼络其部下。兄弟以为今日救国之第一步,即当恢复国会,尤宜在粤开会。中华民国之约法,明定之权在人民全体。国会为人民代表,议员之任期未免,当然可以恢复国会,〈有国会〉①然后有统治机关,一切问题皆可由此解决。所惜者广东报界之言论尚未一致,在外省或外国之人,不察内容,将疑我广东尚多纷扰,故言论不一致,其害实深。兄弟非谓持反论者,须弃己见,以盲从我。但不妨互相以诚意讨论之,苟反对者之见解,比兄弟之计划为高,兄弟必肯降心以相从;如兄弟之计划为善,则务宜一致赞成。故今日邀请诸君相会,甚愿发挥所见,指教一切;尤愿持反对论者,畅所欲言,或有怀疑,亦请说出,兄弟当尽所知以答复。

中国本不患贫,惟理财乏术,遂觉困穷。若假以一二年之暇日,整顿本无难事。然为救急之计,则此一年内,商借外债或亦不免。然此项俟国会开会后,成立政府,而后可得外人之信用。今段祺瑞亦欲借外债,惟彼不得外人之信用,未必成功。吾人若依法组织政府,外人可无间〔闲〕言,款项筹措,不必过虑;况各原有缴解中央之额,政府成立,当然照常解交应用,而外洋华侨亦皆乐于赞助。故兄弟以为财政问题,甚易于解决也。

倘以南方〈之〉力统一北方,自然无分裂之忧,否则南方人民,

---

① 　此件均据胡编《总理全集》校订。

亦未〈见〉肯为北方武力所征服。譬之亚洲以日本为较强，然中国人断不肯自甘归并于日本。况北方伪共和派，所行自杀之政策，吾人岂可与之同归于尽，虽分立亦何不可以自强，然此不过退一步想。其实北方本多拥护共和之人，南方若有依法组织之政府，则四海归心，伪共和派断无反抗之能力。兄弟主张恢复国会，即为谋统一起见。盖来粤之议员各省皆有，黑龙江亦有先到者，此皆足以代表各省维系统一者也。至于人民厌乱，殊非实情。反对复辟与伪共和者，声浪最高，且以理论之，厌乱必须求治。如任伪共和专制全国，是奖乱也。譬如火烛，岂能因厌烦扰而不救；又如乘舟触礁，断不能厌烦扰而安卧以待毙。若论南北之实力，南方必占优胜。北方军心不一，而又畏难。历次战争，南方之师皆能以少数胜多数也。况海军握全国势之一半，此次第一舰队宣布拥护共和，即为得胜之先兆也。第二舰队，虽未表示态度，〈然皆〉在长江一带之兵轮，其力不足与第一舰队比。第一舰队现有大〔十〕舰将来粤，以兄弟所得之消息计之，今日可到汕头，如非因避风或落煤，则明后日可以到虎门。惜昔英以海军陷京，烧圆明园一役，其军舰尚不及今日我国之第一舰队。今之沿岸空虚，无异昔时，吾人得海军之助力，若出兵北上，十日可到武昌，握中原要点，北方伪共和派非降即逃而已。外交尤无问题，国会开会，政府依法成立，不待他国之承认〈也〉。非如段氏之伪政府，成立已过旬日，而外人绝无承认表示之意也。惟若南方久不组织正式政府，则北京政府，虽非法所许可，而外人将以为国民已默认之，此则可虑矣！故吾人非急速进行不可也。

　　国会中之民党议员已占多数，故到粤者必多，若以在沪者而言，已有二百余人，必能到粤。如不足法定人数，则可以开非常国会也。

据上海《民国日报》一九一七年八月六日《孙中山与报界一席话》

附:同题异文[*]

　　记者问:如照民党计划,国会、总统及海军聚集于广州,其经费若何筹措?

　　中山答谓:国会暂时用途,已由海外华侨担任,惟将来终须借内债或外债。以中国之天产及国债额与各国较,中国仍为一极富之国。倘将富源及税则正当整理,则此时虽不免借债,将来偿还,诚易易耳。盖只须有一良好之政府,国内外之人民皆将信任官吏,则归还国债,人民自乐于解囊也。借款不难借到。

　　记者问:临时政府一成立,南北势必分裂;现人民厌倦战乱,且南方实力上未必能与北抗;再则外交上不免棘手。

　　中山答谓:国会系代表全国人民,今召集于此,即系为免分裂起见。但分裂果佳事者,如病者之解腕,亦当为之。南北各得其所欲之政治,国家反因而强盛,未可知也。然分裂终是不得已之举,人民固甚厌乱,然恶政府之造乱无穷。今共和派人为自由及良政治之故,举兵与帝制派人争,骚乱不过一时。譬如人家失火,其家之人乃不愿受救火之扰,则必病狂矣。今中华民国乃在失火之际,此国民所不可不知也。帝制派人与共和派人之兵力,海军在实际上已全部赞助南方,海军对外虽不足,对内则有余。以一万陆军,助以海军,即足使北京、南京、汉口长虑而却顾。现广州既已在共和派势力之下,而北方军界及人民亦不乏共和派人,故共和派之势力,只须妥为组织,则武力上占有优势,可断言也。外交关系,未必

---

　　*　　此篇与前篇为同一谈话的不同记录,二者内容文字互有异同,并录于此。

有重大问题。查民国成立,国会一经开会,美国即首先承认。今召集于广州之国会,犹见第一次在北京召集之国会。在共和国,国会具最高权。而今召集之国会,又即各国数年前所公认之旧国会,则外交方面如何能发生困难乎? 至于加入协约,对德宣战问题,列强惟于中国能全国一致对外时,始欢迎其加入战团。否则美及他国,宁愿见中国之和平与统一,而不愿其率尔参战也。

记者问:陆荣廷、陈炳焜、朱庆澜及其他两广官员之态度。

中山答谓:彼等赞助共和派人计划,毫无疑义。督军、省长等均曾拍电请议员来此,一面准备招待,种种筹划非常周到。吾人对于当局,岂能更有所奢望乎! 在共和国家,民意为重,官意如何,固可以不问。然使现在之当局而如一年前之龙济光,则彼必不能在广州与官场杂处,而发表此等言论,此可为当局诚意赞助之明证也。议员集会,可满法定人数,若万一不足,可行非常集会。盖在非常事变之时,本可行非常集会,平时法定人数,可以不拘。试思督军团称兵非法,毁坏国会,危害民国,甚至暴行复辟,此等非常变故,自应予以非常之处置也。关其冯副总统之将来,冯于国会未解散之前,业经辞副总统职,印信证书,均经交还,后来又辞职一次。冯之为帝制派人,毫无疑义。盖复辟若成,即彼可以不居副总统之位,而不负责任也。据民党之意,冯虽未公然赞以帝制,然若表示反对旧国会之意思,即不能逃惩罚及褫职。即以江苏督军而论,上海、浦口、徐州之军官纷纷造反,岂能不举兵讨伐? 彼之不讨,即应受军事裁判。至于关涉复辟之叛逆罪,无论矣。民党对于张勋反无大恶感,张忠于其满清故主,到底不变,亦属可敬。至段祺瑞若公然赞成复辟,使两方争点更为明白,当为民党所喜。照目下情形,思最美最易之法,厥惟召集旧国会也。

据上海《中华新报》一九一七年八月八日《孙中山最近之演说》

致中华革命党南洋分部同志函

（一九一七年八月十日）

分部同志诸先生均鉴：

　　启者：七月二十五日已由财政部将弟归粤近情通告，想经钧览。月之五日，海军程总长、林司令已率舰队抵粤，各界备极欢迎。粤人趋向共和，群清〔情〕一致，堪为告慰。国会议员亦已陆续前来，日间齐集，当即开会，组设最高军事统一机关，出师讨逆，以达真正共和之目的。

　　迩来联络海陆军士，已费不少，此后饷项之需，尤为浩大，希即从速筹汇，以助进行。前以香港收款不便，由仲恺兄函告照常汇沪，用廖伸恺名收。兹因紧急之秋，由沪再转颇费时日，请直电汇粤沙面台湾银行或广东银行，交 Sutafu 收。若无此两银行，则汇上海 Siaochung hai 收，再由廖君转汇此处可也。此请
公安

孙文启　八月十日

据《孙中山廿年来手札》影印原函

致邓泽如函

（一九一七年八月十日）

泽如我兄大鉴：

敬启者：倪逆①造反，迫散国会，驯至复辟，既而奸人内讧，复辟事败，而民国固未复也。奸人乘位，尽弃约法，别谋固位擅权之术，此而不讨，中国尚何由自立？何以免人吞并？民国者吾人所手造，今又何忍坐视其沦胥不复？我公与文十余年之奔走，非待言说，始足为重。前倪逆造叛时，已专函申意，想此际必能见义勇为也。向来革命之成败，视海军之向背。此次文实率海军主力舰队南来，其余未来之舰亦皆不为彼效命，我已操制海之权矣。

国会为民国根本，虽被非法解散，仍可自行召集，现已陆续来粤，不日可足法定人数，组织合法政府，外人定相承认。此时出兵讨叛，事在必成。以西南六省发难，而西北、东北复有响应之约，扬子江流域本多民党军队，此真千载一时之会也。

惟粤省财政向绌，此际海军、国会两项费用固繁，将来连政府出师，所需尤夥，全赖我同志悉力相助，庶几有成。至政府成立后，南方局面略定，自可筹借大笔外债，先将前二次军债及此次助款照章偿还。尚希我兄致力，至筹集有成数，即照旧日办法，汇齐汇到广东省城沙面台湾银行，交 Sutafu 收即妥。若有函件，则寄广东省城长堤实业团转交为宜。兹乘陈卓平、简寅初二君南行之便，并托其周历各埠，鼓吹义举，尚冀协力进行，俾巨款速集，而海军、国会等费用有所资，不胜至盼。即请
近安

各同志均此致候。

孙文启　八月十日
据《孙中山廿年来手札》影印原函

---

①　倪逆：指倪嗣冲，时为安徽督军。

复唐继尧电

（一九一七年八月十六日）

　　滇督军署转行营唐督军鉴：义密。蒸电敬悉。权奸祸国，自□文□港舰队南来，期与西南各公勠力同心，骈诛反逆。顷以议员在粤开会，于执事及文皆有推举。推原其意，以为名义既定，而后对内对外责有所归；并非以权利许人，以为讨逆之报酬。今日国运颠危，吾人以身许国，久无权利之志，义务实不容辞。惟望我公体国步之艰难，鉴于议员之诚意，早日就职，毋为世俗流言所误。余由秘书长章太炎君面陈。孙文。谏。印。

据云南省档案馆藏《唐继尧档案》卷原件

国会非常会议开幕祝词[*]

（一九一七年八月二十五日）

　　中华民国国会，厄于暴政，横遭摧残，今二度矣。国会诸君以责职所在，不避雷霆万钧之威，再仆再起，以肇我共和之丕基。今北部为叛党所据，遏绝民意，乃相率而会于粤东，举行非常会议，由此而扬谠论，纾嘉谟，建设真正民意政府，起既绝之国运，以发扬我华夏之光荣于世界，大辂始于椎轮，皆以诸君今日为之始矣。爰进芜词，以摅欢庆。於戏诸君，民昊尔瞻。纲维共和，匪躬蹇蹇。万

---

　　[*]　一九一七年八月二十五日国会议员一百二十余人，在广州广东省议会召开非常会议，孙中山莅会祝贺。

魔张目,百折弥奋。大声锽锽,来会羊城。昭苏民治,再造宗邦。壮猷闳谟,烂兹光光。孙文谨祝。

据上海《民国日报》一九一七年九月三日《孙文祝词》

致日本寺内首相等电[*]

（一九一七年八月二十五日）

　　寺内首相、本野外相、犬养毅、涩泽男爵、头山满诸氏：日本国力与文明,有今日以盛大者,实肇自于维新。中国素尚守旧,国力衰弱,然得以苟安旦夕者,未始非日本之荫庇也。故此后东亚文明之兴废,亚洲民族之存亡,全视中国之政治能否适合于国家的生存而决。当满人之治中国也,贵族官吏布满全国,道德废颓古难寻例,凡可以助长人民进步、国家发展者均被压抑殆尽。二十年来,吾人为中国国民图永久之安宁幸福,为亚洲民族谋文明之进步发展,决计将妨害此目的之中国旧势力,歼除清净,而创造以国民多数幸福,亚洲和平为目的之新国家。差幸此爱国爱洲之精神,暂次弥蔓焕发,不仅国民相扶相助,即友邦人士,亦深寄同情。故武昌首义,天下响应,不数月而中华民国于焉肇造,旧官僚之势力遂为此爱国爱洲之精神所压服耳。吾辈为图平和之速复,不愿竞争实权,犹令彼辈掌握民国政权之中心,方翼〔冀〕其思想行动,痛改旧察。乃数年以来,怙恶不悛,专横暴戾,较昔尤烈。若长此不图消灭,则将来贻误东亚大局,致祸中国国民,最〔曷〕堪设想。夫吾人之目的原在平和,但姑息以求平和,致东亚全体招不测之乱亡,吾

---

　　* 此件所标时间系上海《中华新报》发表日期。该电由孙中山、程璧光、林保怿、李烈钧、吴景濂、王正廷等联名签署,经张继、戴季陶携带赴日本交寺内首相。

人亟亟以为不可也。此吾辈所以联合全国爱国爱洲之陆海军人，力兴讨逆之义军，以期扫除叛逆，还我民治也。日本为中华民国之友邦，日本国民为中华民国之至友，吾人深望日本朝野上下，对于中国国民爱国爱洲之精神，与讨逆护法之行动，与以道德的同情，使中华民国定坚固之基础，则两国家及国民的永久之提携，必因此道义精神更致巩固，而两国国民所共同希望之亚洲共和与文明发展亦得实现。否则恐混乱国规，沮丧元气，遗误我东亚发展之时机耳。假令中国失此容易改革之时机，以招将来之危亡，恐影响所及，日本亦因之受莫夭之危险耳。唇齿辅车之义，今日尤为切要。故今所希望友邦者，至深且厚。谨沥陈中华民国国民之精神的要求，以告友爱乡邦之政府及人民，幸垂鉴察！

据上海《中华新报》一九一七年八月二十五日

《孙程等对于日本朝野之陈情》

致曾允明等函二件

（一九一七年八月三十一日）

一

允明、德源、潜川①三兄台鉴：

五月三日由贵处汇来六千元，经将收单寄还，未审已得达否？自袁氏叛国，民国几绝，端赖诸同志牺牲生命财产与之坚持，至有今日。弟拟将癸丑以还各埠募集各军费开列清单，要求中央政府偿还，日内由廖仲恺君赴京，径与财政部面商，惟中央现在款项奇绌，能达目的与否，尚难决定耳。特此奉闻。并请

---

① 德源、潜川：即黄德源、饶潜川。

各同志均候。

孙文　八月卅一日

二

允明、德源、昭雅、金坛、潜川列兄台鉴：

五月三日由贵处汇来六千元，经将收单寄还，未审已得达否？昨又接潜川、壬戌①二君来书，力言《觉民日报》主持非人，拟由敝处派员主任。惟是主笔政者，非有世界知识、能忍耐、绝嗜好者，不克胜任。弟现已代为物色，请将条件若何、薪金多寡见复，俾得其人易与商榷至要。

自袁氏叛国，民国几绝，端赖诸同志牺牲生命财产与之坚持，至有今日。弟拟将癸丑以还各埠募集各军费开列清单，要求中央政府偿还，日内由廖仲恺君赴京，径与财政部面商。惟中央现在款项奇绌，能达目的与否，尚难决定耳。特此奉闻，并请

均安

各同志均候。

孙文　八月卅一日

据《国父全集》第三册（转录史委会藏亲笔原件）

陆海军大元帅就职答词 *

（一九一七年九月一日）

文以不德，忝为共和先导。民国成立，六年于兹，而枭雄蜂换，

---

① 壬戌：即黄壬戌，时任中华革命党仰光筹饷局董事。

* 国会非常会议于八月三十一日通过《中华民国军政府组织大纲》，九月一日选举孙中山为中华民国海陆军大元帅，当日举行大元帅受印礼。孙中山即发表了就职答词和就职宣言。

频频不已。文不能救，自念无以对我邦人兄弟。今者叛督倡乱，权奸窃柄，国会解散，元首迁废，此诚勇夫志士发奋倡义之时也。而迁延数月，大兵未举，政府未立，内无以攘寇乱，外不足示友邦。文以国会诸君不释之故，不得不统摄军政。任职以后，唯当竭股肱之力，攘除奸凶，恢复约法，以竟元年未尽之责，雪数岁无功之耻。责任在躬，不敢有贰，诸所举措，亦唯国会诸君实匡逮之。

孙文白

据《军政府公报》第一号(广州一九一七年九月十七日版)《大元帅答词》

大元帅就职宣言[*]

（一九一七年九月一日）

文谨受职，誓竭真诚执行国会非常会议所授与之任务，勉副国会代表国民之期望，并告我邦人。谨言。

据《军政府公报》第一号《大元帅就职宣言》

致黎元洪电

（一九一七年九月三日）

天津黎大总统钧鉴：顷奉来电，知已出虎口，悲喜交集。文前往上海，曾与海军总长商遣军舰至秦皇岛奉迎，未获如愿，私心耿耿。既而与海军舰队相继来粤，会合西南义师，一致讨贼，誓与民国共其存亡。东日国会非常会议投票，以兴师讨贼之任，付之文与

---

[*]　国会非常会议致大元帅就职词中云："约法未复，国权无主，则授大元帅临时统治之职。自视职始，其竭诚尽智，相我法纪，以返邦人于真正共和之域。国会非常会议愿与大元帅共勉之。"此就职宣言系相应之答词。

陆唐二公。深观外交大势,及内局人心兵力,逆贼歼除,实可操券。西南士民望公如岁,乞早日莅临,以振方新之气,而慰来苏之望。存亡绝续,间不容发,不胜瞻企之至。孙文。江。

据上海《民国日报》一九一七年九月九日《孙中山请黎总统来粤电》

致唐继尧电

（一九一七年九月三日）

云南唐元帅鉴:文以驽钝,辱国会非常会议以讨贼护法之责相箠诿。际此艰难,岂敢谢责,已谨于蒸日就职。伏念滇中僻处南陲,交通阻滞,未能与执事共规天计,殊碍进行。刻特派本府秘书长章炳麟君为文全权代表,于本日由港来滇。尚希执事与之商榷方略,以利戎机,国事幸甚。孙文。江。

据《军政府公报》第一号《九月[十]三日大元帅致唐元帅电》

致陆荣廷电

（一九一七年九月三日）

南宁陆干卿元帅鉴:国会以兴师讨贼之任付之吾辈,此时国家存亡绝续,间不容发。受命于颠沛流离之际,以效死为勇,不以谦退为高。公为国长城,西南半壁,视公马首,望奋然而起,当此大任,庶民国有中兴之望。军政府草创,用人行政一切机宜,得公主持,始无贻误。遥度固得南针,亲临尤慰霓望。仅掬至诚,尚祈鉴察。昨由上海转来黎大总统平安抵津之电，已即去电奉迎①。公如有电，此间可设法照转。孙文。江。

据上海《民国日报》一九一七年九月九日《电请陆荣廷来粤》

复叶独醒函

（一九一七年九月七日）

独醒先生大鉴：

前由展云②兄转来尊函，言曾汇款至沪，请照菲银数给发收条等情，已函着仲恺兄妥为答覆。顷接来廿二日尊函，欣悉公等热心筹集，已有万金，恳即随收随汇，以济急需。月之一日，非常国会开选举大会，弟被举为大元帅，并承正副议长亲送证书印章前来。弟以讨贼之秋，义不容辞，已敬谨领收，一俟各部组织完备，即行出师讨贼，以建造真正共和之国家。

展堂③兄昨承粤议会推举为省长，惟值统一军政机关成立之际，需人助理，未便以省长一职致屈其才，故展堂兄已向粤议会辞却，暂由李耀汉署理。

至本党主义，弟当竭力发展，请不必以区区一省长致烦尊虑也，并希转致列君为盼。先此奉复，敬颂

伟安

孙文启　九月七日

据《国父全集》第三册（转录史委会藏影印原件）

---

①　国会非常会议于九月一日选举孙中山为大元帅，唐、陆为元帅，组织军政府。陆对组织军政府、推举元帅均持异议，并以"尚有大总统在，军政府不便组织"为理由力辞元帅职。此电中所云："黎大总统平安抵津，已即去电奉迎"之语，即驳陆之意见。

②　展云：即黄展云。

③　展堂：即胡汉民。

就任海陆军大元帅布告

（一九一七年九月十日）

昔胡清失道，人心思汉，文与海内志士，合谋征讨。武昌倡义，黄陂实为主帅。江南既定，共和初造，则南都武昌为中区焉。以虏运告终，授之袁氏。文虽自甘退让，而推荐非人，终于反噬。南方涂炭，元勋杀戮，国会解散，恣睢五稔。僭号称帝，实赖西南豪杰出师致讨。兵未渡江，元凶殂殒。黄陂以副贰之位，依法继任。然后知神器不可以力竞，民意不可以横诬也。徒以除恶未尽，权奸当道，帝孽纵而不治，元勋抑而不用。怏怏之威，上陵元首，诈取之谋，南暨吴蜀。侵约法宣战媾和之权，辱国会神圣立法之地。既被罢黜，嗾贼兴戎，以肇解散国会之祸。小腆乘之，应机复辟，民国根本，扫地无余。犹幸共和大义，浃于人心，举国同声，誓歼元恶。张绍曾、丁槐等实受黄陂密命，倡义讨逆。师期漏泄，为凶人所掩，乘间攘窃，饰功取威。既复屠胡，亦以是黜黄陂之命。数遣狙击，逼迫卧寝，纠合无赖，劫夺印玺，以自成伪政府。譬尔朱荣、高欢辈，互为首尾，盗取国柄，其罪均也。

文于是时，身在海隅，兵符不属，乃与海军总长程璧光、第一舰队司令林葆怿共商大计。既遣兵轮赴秦皇岛，奉迎黄陂，亦不能致。犹谓人心思顺，必有投袂而起者。迁延旬月，寂然无闻。用是崎岖奔走，躬赴广州。所赖海军守正，南纪扶义，知民权之不可泯没，元首之不可弃遗，奸回篡窃之不可无对抗，国际交涉之不可无代表也。于是申请国会，集于斯地，间关开议，以文为海陆军大元帅,责以戡定内乱,恢复约法,奉迎元首之事。文忝为首建之人,谬膺澄清之责,敢谓神州之广,无有豪杰先我而起哉! 徒以身与共和死生相系,黄陂为同建民国之人,于义犹一体也。生命伤而手足折,何痛如之! 艰难之际,不敢以谦让自洁,即于六年九月十日就职。冀二三君子同德协力,共赴大义。文虽驽钝,犹当荷戈援枹,为士卒先,与天下共击破坏共和者。

据《军政府公报》第一号《大元帅就职之布告》

任命伍廷芳职务令

(一九一七年九月十一日)

大元帅令

　　特任伍廷芳为中华民国军政府外交总长。此令。

大元帅(印)

中华民国六年九月十一日

据《军政府公报》第一号《大元帅令》

任命唐绍仪职务令

(一九一七年九月十一日)

大元帅令

　　特任唐绍仪为中华民国军政府财政总长。此令。

大元帅(印)

中华民国六年九月十一日

据《军政府公报》第一号《大元帅令》

任命张开儒职务令

（一九一七年九月十一日）

大元帅令

特任张开儒为中华民国军政府陆军总长。此令。

大元帅（印）

中华民国六年九月十一日

据《军政府公报》第一号《大元帅令》

任命程璧光职务令

（一九一七年九月十一日）

大元帅令

特任程璧光为中华民国军政府海军总长。此令。

大元帅（印）

中华民国六年九月十一日

据《军政府公报》第一号《大元帅令》

任命孙洪伊职务令

（一九一七年九月十一日）

大元帅令

特任孙洪伊为中华民国军政府内政总长。此令。

大元帅（印）

中华民国六年九月十一日

据《军政府公报》第一号《大元帅令》

任命胡汉民职务令

（一九一七年九月十一日）

大元帅令

特任胡汉民为中华民国军政府交通总长。此令。

大元帅（印）

中华民国六年九月十一日

据《军政府公报》第一号《大元帅令》

任命王正廷职务令

（一九一七年九月十一日）

大元帅令

任命王正廷为中华民国军政府外交次长。此令。

大元帅（印）

中华民国六年九月十一日

据《军政府公报》第一号《大元帅令》

任命居正职务令

（一九一七年九月十一日）

大元帅令

任命居正为中华民国军政府内政次长。此令。

大元帅（印）

中华民国六年九月十一日

据《军政府公报》第一号《大元帅令》

任命王正廷职务令

（一九一七年九月十一日）

大元帅令

　　外交总长伍廷芳未到任以前，著王正廷暂行代理。此令。

大元帅（印）

中华民国六年九月十一日

据《军政府公报》第一号《大元帅令》

任命居正职务令

（一九一七年九月十一日）

大元帅令

　　内政总长孙洪伊未到任以前，著居正暂行代理。此令。

大元帅（印）

中华民国六年九月十一日

据《军政府公报》第一号《大元帅令》

任命林葆怿职务令

（一九一七年九月十一日）

大元帅令

　　特任林葆怿为中华民国军政府海军总司令。此令。

大元帅（印）

中华民国六年九月十一日

据《军政府公报》第一号《大元帅令》

任命方声涛职务令

（一九一七年九月十一日）

大元帅令

　　特任方声涛为中华民国军政府卫戍总司令。此令。

大元帅（印）

中华民国六年九月十一日

据《军政府公报》第一号《大元帅令》

任命李烈钧职务令

（一九一七年九月十一日）

大元帅令

　　特任李烈钧为中华民国军政府参谋总长。此令。

大元帅（印）

中华民国六年九月十一日

据《军政府公报》第一号《大元帅令》

任命章炳麟职务令

（一九一七年九月十一日）

大元帅令

　　特任章炳麟为大元帅府秘书长。此令。

大元帅（印）

中华民国六年九月十一日

据《军政府公报》第一号《大元帅令》

任命许崇智职务令

（一九一七年九月十一日）

大元帅令

特任许崇智为大元帅府参军长。此令。

大元帅（印）

中华民国六年九月十一日

据《军政府公报》第一号《大元帅令》

任命李福林职务令

（一九一七年九月十一日）

大元帅令

任命李福林为大元帅府亲军总司令。此令。

大元帅（印）

中华民国六年九月十一日

据《军政府公报》第一号《大元帅令》

任命黄大伟职务令

（一九一七年九月十一日）

大元帅令

任命黄大伟为大元帅府参军。此令。

大元帅（印）

中华民国六年九月十一日

据《军政府公报》第一号《大元帅令》

任命周应时职务令

（一九一七年九月十一日）

大元帅令

　　任命周应时为大元帅府参军。此令。

大元帅（印）

中华民国六年九月十一日

据《军政府公报》第一号《大元帅令》

任命邓玉麟职务令

（一九一七年九月十一日）

大元帅令

　　任命邓玉麟为大元帅府参军。此令。

大元帅（印）

中华民国六年九月十一日

据《军政府公报》第一号《大元帅令》

任命高尚志职务令

（一九一七年九月十一日）

大元帅令

　　任命高尚志为大元帅府参军。此令。

大元帅（印）

中华民国六年九月十一日

据《军政府公报》第一号《大元帅令》

任命周之贞职务令

（一九一七年九月十一日）

大元帅令

　　任命周之贞为大元帅府参军。此令。

大元帅（印）

中华民国六年九月十一日

据《军政府公报》第一号《大元帅令》

任命罗家衡职务令

（一九一七年九月十一日）

大元帅令

　　任命罗家衡为大元帅府秘书。此令。

大元帅（印）

中华民国六年九月十一日

据《军政府公报》第一号《大元帅令》

任命刘奇瑶职务令

（一九一七年九月十一日）

大元帅令

　　任命刘奇瑶为大元帅府秘书。此令。

大元帅（印）

中华民国六年九月十一日

据《军政府公报》第一号《大元帅令》

任命秦广礼职务令

（一九一七年九月十一日）

大元帅令

　　任命秦广礼为大元帅府秘书。此令。

大元帅（印）

中华民国六年九月十一日

据《军政府公报》第一号《大元帅令》

任命叶夏声职务令

（一九一七年九月十一日）

大元帅令

　　任命叶夏声为大元帅府秘书。此令。

大元帅（印）

中华民国六年九月十一日

据《军政府公报》第一号《大元帅令》

任命张大义职务令

（一九一七年九月十一日）

大元帅令

　　任命张大义为大元帅府秘书。此令。

大元帅（印）

中华民国六年九月十一日

据《军政府公报》第一号《大元帅令》

任命马君武职务令

（一九一七年九月十一日）

大元帅令

　　任命马君武为大元帅府秘书。此令。

大元帅（印）

中华民国六年九月十一日

据《军政府公报》第一号《大元帅令》

任命贺赞元职务令

（一九一七年九月十一日）

大元帅令

　　任命贺赞元为大元帅府秘书。此令。

大元帅（印）

中华民国六年九月十一日

据《军政府公报》第一号《大元帅令》

任命刘盥训职务令

（一九一七年九月十一日）

大元帅令

　　任命刘盥训为大元帅府秘书。此令。

大元帅（印）

中华民国六年九月十一日

据《军政府公报》第一号《大元帅令》

任命张伯烈职务令

（一九一七年九月十一日）

大元帅令

　　任命张伯烈为大元帅府秘书。此令。

大元帅（印）

中华民国六年九月十一日

据《军政府公报》第一号《大元帅令》

任命平刚职务令

（一九一七年九月十一日）

大元帅令

　　任命平刚为大元帅府秘书。此令。

大元帅（印）

中华民国六年九月十一日

据《军政府公报》第一号《大元帅令》

任命吕复职务令

（一九一七年九月十一日）

大元帅令

　　任命吕复为大元帅府参议。此令。

大元帅（印）

中华民国六年九月十一日

据《军政府公报》第一号《大元帅令》

任命吴宗慈职务令

（一九一七年九月十一日）

大元帅令

　　任命吴宗慈为大元帅府参议。此令。

大元帅（印）

中华民国六年九月十一日

据《军政府公报》第一号《大元帅令》

任命宋渊源职务令

（一九一七年九月十一日）

大元帅令

　　任命宋渊源为大元帅府参议。此令。

大元帅（印）

中华民国六年九月十一日

据《军政府公报》第一号《大元帅令》

任命周震鳞职务令

（一九一七年九月十一日）

大元帅令

　　任命周震麟〔鳞〕为大元帅府参议。此令。

大元帅（印）

中华民国六年九月十一日

据《军政府公报》第一号《大元帅令》

任命茅祖权职务令

（一九一七年九月十一日）

大元帅令

　　任命茅祖权为大元帅府参议。此令。

大元帅（印）

中华民国六年九月十一日

据《军政府公报》第一号《大元帅令》

任命吕志伊职务令

（一九一七年九月十一日）

大元帅令

　　任命吕志伊为大元帅府参议。此令。

大元帅（印）

中华民国六年九月十一日

据《军政府公报》第一号《大元帅令》

任命王湘职务令

（一九一七年九月十一日）

大元帅令

　　任命王湘为大元帅府参议。此令。

大元帅（印）

中华民国六年九月十一日

据《军政府公报》第一号《大元帅令》

任命马骧职务令

（一九一七年九月十一日）

大元帅令

　　任命马骧为大元帅府参议。此令。

大元帅（印）

中华民国六年九月十一日

据《军政府公报》第一号《大元帅令》

任命王法勤职务令

（一九一七年九月十一日）

大元帅令

　　任命王法勤为大元帅府参议。此令。

大元帅（印）

中华民国六年九月十一日

据《军政府公报》第一号《大元帅令》

任命凌钺职务令

（一九一七年九月十一日）

大元帅令

　　任命凌钺为大元帅府参议。此令。

大元帅（印）

中华民国六年九月十一日

据《军政府公报》第一号《大元帅令》

任命邹鲁职务令

（一九一七年九月十一日）

大元帅令

　　任命邹鲁为大元帅府参议。此令。

大元帅（印）

中华民国六年九月十一日

据《军政府公报》第一号《大元帅令》

任命赵世钰职务令

（一九一七年九月十一日）

大元帅令

　　任命赵世钰为大元帅府参议。此令。

大元帅（印）

中华民国六年九月十一日

据《军政府公报》第一号《大元帅令》

公布海陆军大元帅府组织条例令

（一九一七年九月十一日）

大元帅令

　　兹制定海陆军大元帅府组织条例公布之。此令。

大元帅（印）

中华民国六年九月十一日

据《军政府公报》第一号《大元帅令》

附:中华民国军政府海陆军大元帅府组织条例

第一章 总 纲

第一条 海陆军大元帅依据《军政府组织大纲》第十条所定,设立大元帅府。

第二条 大元帅府设各处如左:

一、参谋处;

二、秘书处;

三、参军处。

第三条 大元帅府设卫戍总司令,承大元帅之命,掌理卫戍一切事宜。

第四条 大元帅府得设顾问及参议若干人,以备大元帅之谘询。

第五条 各处因事务之必要得酌设各科,置科长、科员、差遣员、电报生、技师、书记、录事、供事若干人。

第二章 参谋处

第六条 参谋总长辅佐大元帅参赞机要,统一作战计划,并指挥监督海陆军参谋执行职务。

第七条 参谋处设参谋次长二人,海陆军参谋若干人,承总长之命执行职务。

第八条　参谋处因军事之必要,得酌设调查、编辑、测绘、作战、谍报各科。

第三章　秘书处

第九条　秘书长承大元帅之命,指挥监督各秘书掌管机要文书,管守印信,及重要文书之起草、记录、保存事项。

第十条　秘书处得酌设总务、外交、内政、财政、军事、交通、法制各科。

第四章　参军处

第十一条　参军处承大元帅之命,率同参军掌理内部勤务,传达军令,接见宾客,并办理会计、庶务、警卫、扈从典礼及一切不属他处之事务。

第十二条　参军处设电报总管一人,承参军长之命,指挥电报生办理特别电报事务。

第五章　附　则

第十三条　大元帅府各处之组织及办事细则,由各该处长拟定后,呈请大元帅核准施行。

第十四条　本条例有须修改之时,得由各该处长呈请大元帅核夺办理。

第十五条　本条例自公布日施行。

据《军政府公报》第一号《中华民国军政府
海陆军大元帅府组织条例》

致邓泽如等函

（一九一七年九月十二日）

泽如、仁甫、赤霓、源水、螺生、森棠诸兄鉴：

　　顷得惠书，知诸兄热心国事，罄力筹措，以资接济，所陈各策，亦复大义凛然，感佩之至。文被国会举为大元帅，经于本九月十日就职，此后种种进行，誓为统率海陆各军，复回真正之共和。惟目下军用浩繁，待款孔亟，务恳将筹到之款，迅行汇转，俾应急需，是所切盼。专此，即请

筹安

　　惟照不一

　　　　　　　　　　　　　　孙文启　九月十二日

　　　　　　　　　据《国父全集》第三册（转录史委会藏影印原件）

任命吴宗慈职务令

（一九一七年九月十二日）

大元帅令

　　任命吴宗慈为川滇劳军使。此令。

　　　　　　　　　　　　　　　大元帅（印）

中华民国六年九月十二日

　　　　　　　　　　　据《军政府公报》第一号《大元帅令》

任命王湘职务令

（一九一七年九月十二日）

大元帅令

　　任命王湘为川滇劳军使。此令。

大元帅（印）

中华民国六年九月十二日

据《军政府公报》第一号《大元帅令》

任命陈炯明职务令

（一九一七年九月十二日）

大元帅令

　　特任陈炯明为中华民国军政府第一军总司令。此令。

大元帅（印）

中华民国六年九月十二日

据《军政府公报》第一号《大元帅令》

任命万黄裳职务令

（一九一七年九月十二日）

大元帅令

　　任命万黄裳为大元帅府秘书。此令。

大元帅（印）

中华民国六年九月十二日

据《军政府公报》第一号《大元帅令》

任命陈群职务令

（一九一七年九月十二日）

大元帅令

　　任命陈群为大元帅府秘书。此令。

大元帅（印）

中华民国六年九月十二日

据《军政府公报》第一号《大元帅令》

任命陆兰清职务令

（一九一七年九月十三日）

大元帅令

　　任命陆兰清为大元帅府参军。此令。

大元帅（印）

中华民国六年九月十三日

据《军政府公报》第一号《大元帅令》

任命崔文藻职务令

（一九一七年九月十三日）

大元帅令

　　任命崔文藻为大元帅府参议。此令。

大元帅（印）

中华民国六年九月十三日

据《军政府公报》第一号《大元帅令》

任命刘成禺职务令

（一九一七年九月十三日）

大元帅令

　　任命刘成禺为大元帅府参议。此令。

大元帅（印）

中华民国六年九月十三日

据《军政府公报》第一号《大元帅令》

任命刘英职务令

（一九一七年九月十三日）

大元帅令

　　任命刘英为大元帅府参议。此令。

大元帅（印）

中华民国六年九月十三日

据《军政府公报》第一号《大元帅令》

任命彭介石职务令

（一九一七年九月十三日）

大元帅令

　　任命彭介石为大元帅府参议。此令。

大元帅（印）

中华民国六年九月十三日

据《军政府公报》第一号《大元帅令》

任命萧晋荣职务令

（一九一七年九月十三日）

大元帅令

　　任命萧晋荣为大元帅府参议。此令。

大元帅（印）

中华民国六年九月十三日

据《军政府公报》第一号《大元帅令》

任命谢持职务令

（一九一七年九月十三日）

大元帅令

　　任命谢持为大元帅府参议。此令。

大元帅（印）

中华民国六年九月十三日

据《军政府公报》第一号《大元帅令》

任命张大昕职务令

（一九一七年九月十三日）

大元帅令

　　任命张大昕为大元帅府参议。此令。

大元帅（印）

中华民国六年九月十三日

据《军政府公报》第一号《大元帅令》

任命李执中职务令

（一九一七年九月十三日）

大元帅令

　　任命李执中为大元帅府参议。此令。

大元帅（印）

中华民国六年九月十三日

据《军政府公报》第一号《大元帅令》

任命胡祖舜职务令

（一九一七年九月十三日）

大元帅令

　　任命胡祖舜为大元帅府参议。此令。

大元帅（印）

中华民国六年九月十三日

据《军政府公报》第一号《大元帅令》

致吴景濂函

（一九一七年九月十三日）

莲伯先生执事：

　　军政府初置，万务纷纭。文以浅薄，谬膺艰巨，任重力微，时虞陨越。所赖老成示我周行。执事迈德重望，海内瞻依，时艰方殷，尤待劻勷，特聘任为大元帅府高等顾问，俾得时亲教益，庶几发纾嘉谟，闳济艰难，仗此南针，借为型范。此启，并颂

道祉

孙文启　九月十三日

据《军政府公报》第一号《大元帅聘任众议院议长吴景濂为高等顾问函》

任命郭椿森职务令

（一九一七年九月十四日）

大元帅令

　　任命郭椿森为大元帅府参议。此令。

大元帅（印）

中华民国六年九月十四日

据《军政府公报》第二号（一九一七年九月二十日版）《大元帅令》

任命曾彦职务令

（一九一七年九月十四日）

大元帅令

　　任命曾彦为大元帅府参议。此令。

大元帅（印）

中华民国六年九月十四日

据《军政府公报》第二号《大元帅令》

任命覃超职务令

（一九一七年九月十四日）

大元帅令

　　任命覃超为大元帅府参议。此令。

大元帅（印）

中华民国六年九月十四日

据《军政府公报》第二号《大元帅令》

任命龚政职务令

（一九一七年九月十四日）

大元帅令

　　任命龚政为大元帅府参议。此令。

大元帅（印）

中华民国六年九月十四日

据《军政府公报》第二号《大元帅令》

任命徐之琛职务令

（一九一七年九月十四日）

大元帅令

　　任命徐之琛为大元帅府参议。此令。

大元帅（印）

中华民国六年九月十四日

据《军政府公报》第二号《大元帅令》

任命徐瑞霖职务令

（一九一七年九月十四日）

大元帅令

　　任命徐瑞霖为大元帅府参议。此令。

大元帅（印）

中华民国六年九月十四日

据《军政府公报》第二号《大元帅令》

任命曹亚伯职务令

（一九一七年九月十四日）

大元帅令

　　任命曹亚伯为大元帅府参议。此令。

大元帅（印）

中华民国六年九月十四日

据《军政府公报》第二号《大元帅令》

任命许继祥职务令

（一九一七年九月十四日）

大元帅令

　　任命许继祥为大元帅府参议。此令。

大元帅（印）

中华民国六年九月十四日

据《军政府公报》第二号《大元帅令》

任命毛仲芳职务令

（一九一七年九月十四日）

大元帅令

　　任命毛仲芳为大元帅府参议。此令。

大元帅（印）

中华民国六年九月十四日

据《军政府公报》第二号《大元帅令》

任命苏理平职务令

（一九一七年九月十四日）

大元帅令

　　任命苏理平为大元帅府秘书。此令。

大元帅（印）

中华民国六年九月十四日

据《军政府公报》第二号《大元帅令》

任命谢英伯职务令

（一九一七年九月十四日）

大元帅令

　　任命谢英伯为大元帅府秘书。此令。

大元帅（印）

中华民国六年九月十四日

据《军政府公报》第二号《大元帅令》

任命黄展云职务令

（一九一七年九月十四日）

大元帅令

　　任命黄展云为大元帅府秘书。此令。

大元帅（印）

中华民国六年九月十四日

据《军政府公报》第二号《大元帅令》

任命梅培职务令

（一九一七年九月十四日）

大元帅令

　　任命梅培为大元帅府秘书。此令。

大元帅（印）

中华民国六年九月十四日

据《军政府公报》第二号《大元帅令》

任命古应芬职务令

（一九一七年九月十四日）

大元帅令

　　任命古应芬为大元帅府秘书。此令。

大元帅（印）

中华民国六年九月十四日

据《军政府公报》第二号《大元帅令》

任命熊英职务令

（一九一七年九月十四日）

大元帅令

　　任命熊英为大元帅府秘书。此令。

大元帅（印）

中华民国六年九月十四日

据《军政府公报》第二号《大元帅令》

任命梁树熊职务令

（一九一七年九月十四日）

大元帅令

　　任命梁树熊为大元帅府秘书。此令。

大元帅（印）

中华民国六年九月十四日

据《军政府公报》第二号《大元帅令》

任命冯自由职务令

（一九一七年九月十四日）

大元帅令

　　任命冯自由为大元帅府参议。此令。

大元帅（印）

中华民国六年九月十四日

据《军政府公报》第二号《大元帅令》

致邓泽如函

（一九一七年九月十四日）

泽畬兄大鉴：

阅致仲恺书，知已通信各埠将所有债券停止发出，收回清数，敏腕至佩。惟荷属各埠债券，吾兄以未及经手故，欲请本部另派员收回，并荐林师肇相助一节。查林君由港再到上海后，旋再赴北京，现尚未归沪地，吾兄本为各埠筹款委员长，荷属虽间有直接向本部请领债券者，其请领人名号数，尚皆可稽，此事再四筹维，仍以由吾兄勉任收束为最妥适。收回之券当汇存一处，候设法寄回，其数目亦须早行结清，始免为偿还时之障碍。二者皆非吾兄不能办妥，故仍修函致各支分部筹饷局长，委任吾兄经理此件，万望勿辞。其许、邓二君经手发出之券，及由本部直接寄去者，俟抄齐汇寄尊处，以便稽核。此事办竣后，希速来沪一行。关于实业前途，有多数问题，欲待吾兄面商解决，希望至大，万勿吝一行也。此请

公安不尽

孙文　九月十四

据《孙中山廿年来手札》影印原件

致中华革命党各支
分部长及筹饷局长函

（一九一七年九月十四日）

各支分部长筹饷局长公鉴：

　　敬启者：兹委任邓泽如君清理债券收据数目，各处之债券收据，已售者请开列汇交某处若干，及经支售券经费若干，并存根交与邓君。其已售未交之款，亦请随同交与邓君，以清数目。其未售出之券，亦请迅即交邓君点收，以便寄回本部汇列，准备交涉偿还，希即照办。每埠办妥，希赐〈复。此请〉

公安

孙文　九月十四

据《孙中山廿年来手札》影印原件

任命谭民三职务令

（一九一七年九月十六日）

大元帅令

　　任命谭民三为大元帅府参议。此令。

大元帅（印）

中华民国六年九月十六日

据《军政府公报》第二号《大元帅令》

任命邵元冲职务令

（一九一七年九月十六日）

大元帅令

　　任命邵元冲为大元帅府秘书。此令。

大元帅（印）

中华民国六年九月十六日

据《军政府公报》第二号《大元帅令》

任命林焕庭职务令

（一九一七年九月十六日）

大元帅令

　　任命林焕庭为大元帅府秘书。此令。

大元帅（印）

中华民国六年九月十六日

据《军政府公报》第二号《大元帅令》

任命蒋文汉职务令

（一九一七年九月十六日）

大元帅令

　　任命蒋文汉为大元帅府秘书。此令。

大元帅（印）

中华民国六年九月十六日

任命李禄超职务令

（一九一七年九月十六日）

大元帅令

　　任命李禄超为大元帅府秘书。此令。

大元帅（印）

中华民国六年九月十六日

任命林直勉职务令

（一九一七年九月十六日）

大元帅令

　　任命林直勉为大元帅府秘书。此令。

大元帅（印）

中华民国六年九月十六日

任命陈民钟职务令

（一九一七年九月十六日）

大元帅令

　　任命陈民钟为大元帅府参议。此令。

大元帅（印）

中华民国六年九月十六日

任命时功玖职务令

（一九一七年九月十六日）

大元帅令

　　任命时功玖为大元帅府参议。此令。

大元帅（印）

中华民国六年九月十六日

任命童昆瀛职务令

（一九一七年九月十六日）

大元帅令

　　任命童昆瀛为大元帅府参议。此令。

大元帅（印）

中华民国六年九月十六日

公布大元帅府秘书处组织条例令

（一九一七年九月十七日）

大元帅令

　　兹制定大元帅府秘书处组织条例公布之。此令。

大元帅（印）

中华民国六年九月十七日

据《军政府公报》第二号《大元帅令》

附：大元帅府秘书处组织条例

第一条　秘书处据大元帅府组织条例第二条组织之。

第二条　秘书处设秘书长一人，秘书若干人，书记若干人，差遣若干人。

第三条　秘书长承大元帅之命管理全处事务，并指挥监督所属各职员及雇员。

第四条　本处设各股如左：

　　　　总务股；

　　　　军事股；

　　　　财政股；

　　　　外交股；

　　　　内政股；

　　　　交通股；

　　　　法制股。

第五条　总务股掌理事务如左：

　　　　一、典守印信；

　　　　二、文书函电之起草；

　　　　三、保管案卷；

　　　　四、委任事项；

　　　　五、收发事项；

　　　　六、华侨函电事项；

　　七、国会事项；

　　八、军政府公报事项；

　　九、新闻事项；

　　十、制造印信事项；

　　十一、本处会计事项；

　　十二、本处庶务事项。

　　第六条　军事股掌理批答寻常军事文书及函电之起草。

　　第七条　财政股掌理关于筹措军饷会计出纳一切文件之起草、编制及批答。

　　第八条　外交股掌理关于外务行政、国际交涉之一切文电。

　　第九条　内政股掌理关于内务行政一切文书函电之起草及批答。

　　第十条　交通股掌理关于交通事项之一切文件。

　　第十一条　法制股掌理事务如左：

　　　　一、关于法令条例之起草、审查、立案事项；

　　　　二、关于大元帅交议一切法规条例之审查修正事项；

　　　　三、关于军政府所属各机关法律疑义之解答。

　　第十二条　各股设主任一人，以秘书充之。

　　第十三条　各股秘书由秘书长按事之繁简酌量分配。

　　第十四条　各股秘书所拟就之文件，应先交由该股主任审定后，再呈请秘书长核定办理。

　　第十五条　各股主任对于各该股范围内事务，有整理统一之责。

　　第十六条　书记承秘书长秘书之命，誊写文件、记录簿籍、表册。

　　第十七条　差遣承秘书长秘书之命，从事办理庶务。

第十八条　本处办事细则另定之。

第十九条　本条例自公布日施行。

据《军政府公报》第二号《大元帅府秘书处组织条例》

公布特别军事会议条例令

（一九一七年九月十七日）

大元帅令

　　兹制定特别军事会议条例公布之。此令。

大元帅（印）

中华民国六年九月十七日

据《军政府公报》第二号《大元帅令》

附：大元帅府特别军事会议条例

（一）为决定军事上行动纲要，由大元帅召集特别军事会议。

（二）特别军事会议议员以左列之人员充之：

　　　参谋总长；

　　　海军总长；

　　　陆军总长；

　　　广东督军；

　　　海军总司令；

　　　第一军总司令；

　　　卫戍总司令；

　　　由大元帅特指定之军事参议五人。

（三）以上人员如有事不能列席者，不得派人代表。

（四）会议时大元帅为主席，以多数决定。

（五）凡会议时，必有过半数以上之列席，始得开议。

（六）会议之内容及其议决，与议者均须绝对守秘密。

据《军政府公报》第二号《大元帅府特别军事会议条例》

任命杨福田职务令

（一九一七年九月十七日）

大元帅令

　　任命杨福田为大元帅府参军。此令。

大元帅（印）

中华民国六年九月十七日

据《军政府公报》第三号（一九一七年九月十七日版）《大元帅令》

任命蒋国斌等职务令

（一九一七年九月十七日）

大元帅令

　　参军长许崇智呈请任命蒋国斌为参军处总务科科长，梅培为参军处会计科科长，陈永惠为参军处庶务科科长。应照准。此令。

大元帅（印）

中华民国六年九月十七日

据《军政府公报》第三号《大元帅令》

致陆荣廷电

（一九一七年九月十七日）

南宁陆巡阅使鉴：两粤以我公主倡，将士一致决定出师援湘。西南局面转固，民国前途有赖矣。文正董率义师，声讨国贼，期使国会更生，黎公复职，从此袍泽可共，骖靳验随，西瞻邕桂，喜慰无已。孙文。霰。

据上海《民国日报》一九一七年九月二十六日《大元帅致陆使电》

任命黄伯耀李建中职务令

（一九一七年九月十八日）

大元帅令

任命黄伯耀、李建中为大元帅府秘书。此令。

大元帅（印）

中华民国六年九月十八日

据《军政府公报》第三号《大元帅令》

任命吕复职务令

（一九一七年九月十八日）

大元帅令

任命吕复兼大元帅府秘书。此令。

大元帅（印）

中华民国六年九月十八日

据《军政府公报》第三号《大元帅令》

任命林学衡职务令

（一九一七年九月十八日）

大元帅令

  任命林学衡为大元帅府秘书。此令。

大元帅（印）

中华民国六年九月十八日

据《军政府公报》第三号《大元帅令》

任命蒙民伟职务令

（一九一七年九月十八日）

大元帅令

  任命蒙民伟为大元帅府参议。此令。

大元帅（印）

中华民国六年九月十八日

据《军政府公报》第三号《大元帅令》

任命段雄职务令

（一九一七年九月十八日）

大元帅令

  任命段雄为大元帅府参议。此令。

大元帅（印）

中华民国六年九月十八日

据《军政府公报》第三号《大元帅令》

任命张华澜职务令

（一九一七年九月十八日）

大元帅令

　　任命张华澜为大元帅府参议。此令。

大元帅（印）

中华民国六年九月十八日

据《军政府公报》第三号《大元帅令》

任命梁培职务令

（一九一七年九月十八日）

大元帅令

　　任命梁培为大元帅府参议。此令。

大元帅（印）

中华民国六年九月十八日

据《军政府公报》第三号《大元帅令》

任命李茂之等职务令

（一九一七年九月十八日）

大元帅令

　　任命李茂之、卢信、李华林、朱念祖、王有兰、张于浔、陈时铨、黄元白、黄攻素、卢仲琳为大元帅府参议。此令。

大元帅（印）

中华民国六年九月十八日

据《军政府公报》第三号《大元帅令》

任命杨大实等职务令

（一九一七年九月十八日）

大元帅令

任命杨大实、于洪起、邓天一、李秉恕、方潜、张瑞萱、曹振懋、王观铭、寇遐、杨铭源、王乃昌为大元帅府参议。此令。

大元帅（印）

中华民国六年九月十八日

据《军政府公报》第三号《大元帅令》

任命丁象谦等职务令

（一九一七年九月十八日）

大元帅令

任命丁象谦、刘泽龙、李国定为大元帅府参议。此令。

大元帅（印）

中华民国六年九月十八日

据《军政府公报》第三号《大元帅令》

任命李含芳职务令

（一九一七年九月十八日）

大元帅令

　　任命李含芳为大元帅府参议。此令。

大元帅（印）

中华民国六年九月十八日

据《军政府公报》第三号《大元帅令》

坚持护法通电

（一九一七年九月十八日）

　　前者段祺瑞主使叛党，蹂躏约法，解散国会。文与西南诸将帅，痛共和之中绝，惧民国之沦胥，率先主张护法讨逆。旋与海军舰队南下号召，并申请国会议员，在粤开非常会议。佥谓戡定内乱，恢复约法，必须组织军政府，以资统一而利进行。文与陆、唐①两公同被举为大元帅，责以兴师讨贼之任。由是滇军奋起，西蜀联翩，湘南举兵，两粤扶义，不辞劳瘁，躬效驰驱，联合西南师旅，僇〔勠〕力同心，共谋约法国会之恢复，区区为国之诚，当为天下所共见。近以西南将士用命，克奏肤功。傅逆潜逃，段贼解职，于是有主张调和以解决大局者。惟此次西南举义，既由于蹂躏约法，解散国会，则舍恢复约法及旧国会外，断无磋商之余地。文虽不敏，于

---

　　① 陆、唐：指陆荣廷、唐继尧。

拥护约法,维持国会,实具牺牲之精神,则除依照《军政府组织大纲》,非至约法完全恢复、国会职权完全行使时,断不废止。其有袭段祺瑞故智,敢与约法、国会为仇者,一息尚存,岂容坐视。诸公匡时爱国,具有同情,尚祈一致主张,坚持到底,民国前途,实利赖之。临电迫切,无任神驰。孙文。巧。

据胡编《总理全集》第三集《主张护法之通电》

复刘建藩等电

(一九一七年九月十八日)

零陵刘镇守使并转林旅长、谢、罗、张、王〔黄〕①各司令钧鉴:巧电悉。诸君子扶义湖南,摧沮逆焰,风声所树,视听顿易。尚冀踔励进行,克竟肤功,荡涤瑕秽,重奠共和,大局实利赖之。孙文。叩。

据上海《民国日报》一九一七年九月三十日《大元帅去电》

咨国会非常会议谘询外交方针文

(一九一七年九月十八日)

为谘询外交方针事:自对德宣战问题发生以来,国民鲜表示赞同之意,而揆诸事理,亦未见有无故宣战之由。然自国会被迫解散,张勋敢行复辟以后,民国已无合法政府,段祺瑞假窃名号,乘军政府之未建立,擅向德、奥宣战,今日民国与德、奥两国间,交战状

---

① 林旅长、谢、罗、张、王〔黄〕各司令:即湖南第一师第二旅旅长林修梅、湖南守备队永属区司令谢国光、郴桂区司令罗光闾、江道区司令张建良、江道区副司令黄岱。

态已经成立。以理言,此违法之宣战行为,军政府不能容认;以势言,则交战状态已经成立,非从头再宣布中立,无解决此问题之办法。凡一国外交,首当审已〔己〕国利害所存,以决政策。国会代表民意,必能审度理势,宏谋国利,确定方针,用特依《国会非常会议组织大纲》第九条,谘询以后对于德、奥两国,应恢复中立关系,抑应暂行容认现在之交战状态? 希贵会从速开会公决。此咨

国会非常会议

海陆军大元帅孙文

据上海《中华新报》一九一七年九月二十九日《咨询外交之方针》

任命覃振等职务令

(一九一七年九月十九日)

大元帅令

　　任命覃振、田桐、陈策、王釜、陈寿如、刘芷芳、陈鸿钧、汪哕鸾为大元帅府参议。此令。

大元帅(印)

中华民国六年九月十九日

据《军政府公报》第三号《大元帅令》

公布大元帅府参军处组织条例令

(一九一七年九月十九日)

大元帅令

　　兹制定大元帅府参军处组织条例公布之。此令。

大元帅(印)

中华民国六年九月十九日

据《军政府公报》第三号《大元帅令》

附:大元帅府参军处组织条例

第一条　参军处按照《大元帅府组织条例》第二条组织之。

第二条　参军处设左列各科:

一、总务科;

二、会计科;

三、庶务科。

第三条　总务科设科长一员,一、二、三等科员若干人,掌理左列事务:

一、关于机密事项;

二、关于文书收发事项;

三、关于统计报告事项;

四、关于典礼仪式、设备扈从并军乐及其他杂务;

五、关于府内卫生事项;

六、关于不属他科主管事项。

第四条　会计科设科长一员,一、二、三等科员若干人,掌理左列事务:

一、关于预算、决算事项;

二、关于收入、支出、簿记及金库事项;

三、关于会计之监查事项。

第五条　庶务科设科长一员,一、二、三等科员若干人,掌理左例事务:

一、关于物品采办、保管事项;

　　二、关于本府整理、装修及其他杂务。

　　第六条　参军处设副官若干人，掌理左列事务：

　　一、关于府内勤务、传达命令及接待宾客事项；

　　二、关于府内警卫风纪稽查事项；

　　三、关于管理弁兵、杂役人等事项。

　　第七条　参军处设电报总管一员，电报员若干人，掌理关于电务事宜。

　　第八条　参军处因事务之繁简得酌设备等通译、差遣、技师、录事、供事若干员。

附　则

　　第九条　本条例如有未尽及应行修改之处，由处长随时呈请大元帅核夺。

　　第十条　本条例自公布日施行。

据《军政府公报》第三号《大元帅府参军处组织条例》

任命张左丞林镜台职务令

（一九一七年九月二十日）

大元帅令

　　任命张左丞、林镜台为大元帅府参议。此令。

大元帅（印）

中华民国六年九月二十日

据《军政府公报》第三号《大元帅令》

咨国会非常会议请改外交案词句文[*]

（一九一七年九月二十日）

为申明外交方针事：前谘询对德、奥外交方针，应行恢复中立关系抑应暂行容认现在之交战状态，经由贵会开会公决，"应暂行容认现在交战状态"过府。既经贵会议决方针，自应遵据进行；惟查去咨原文中"暂行容认"四字，本即指承认此交战状态而言，并非另有意义，而措词尚属含糊，似仍须改用"承认"现在交战状态字样，始免疑义。相应咨请贵会再行开会议定见复。此咨
国会非常会议

海陆军大元帅孙文

据孙曜编《中华民国史料》

任命徐谦职务令

（一九一七年九月二十二日）

大元帅令

特任徐谦代理大元帅府秘书长。此令。

大元帅（印）

中华民国六年九月二十二日

据《军政府公报》第五号（一九一七年九月二十三日版）《大元帅令》

---

[*]　此件当经国会非常会议二十二日咨复："经本会议于本日午后二时开会议决，计出席议员二十二省凡六十人，赞成将原咨询案'暂行容认'字改为'承认'现在交战之者四十九人，多数可决。"（见上海《中华新报》一九一七年九月三十日）

任命廖仲恺职务令

（一九一七年九月二十二日）

大元帅令

　　特任廖仲恺代理中华民国军政府财政总长。此令。

大元帅（印）

中华民国六年九月二十二日

据《军政府公报》第五号《大元帅令》

任命邹鲁职务令

（一九一七年九月二十二日）

大元帅令

　　任命邹鲁为中华民国军政府财政次长。此令。

大元帅（印）

中华民国六年九月二十二日

据《军政府公报》第五号《大元帅令》

致国会非常会议函

（一九一七年九月二十二日）

　　径启者：本日特派戴传贤为军政府委员至贵会出席报告军政府外交经过情形。请烦查照为荷。此致

国会非常会议

孙文　九月廿二日

据《军政府公报》第五号《大元帅致国会非常会议函》

致菲律宾同志函

（一九一七年九月二十三日）

诸同志均鉴：

自段贼嗾使逆督称兵构祸，破坏约法，迫散国会，张勋乘之，酿成满酋复辟之变。段氏仍不厌乱，乘机而起，迫逐元首，自称总理，借恢复共和之名，行攘窃政权之计，全国人民无不痛愤。文忝为共和先导，责无旁贷，乃偕海军响义诸将士来粤，冀与西南诸省共议讨逆。适国会议员，亦相率戾止，佥以出师讨逆，必有统一机关，以为命令之府，乃依共和先进国之成规，开非常国会于广州，议决《军政府大纲》，并举文任大元帅之职。文既已献身为国，敢惮烦劳，爰于九月十日在非常国会就职，粤中各将领及驻粤滇海各军皆表示欢迎，西南各省将领亦皆驰电推赞，人心一致，成功可以预测。

惟义师待发，需饷孔殷，兹特派美国加拿亚大学商科硕士孙科、本府参议陈民钟、本府秘书黄展云前赴大埠，筹募军饷。诸同志频年奔走，助益良多，尚乞念一篑未竟之功，作将伯之助，则民国再造，皆诸同志之力也。专此，敬颂

任安不备

孙文　民国六年九月二十三日

据《国父全集》第三册（转录史委会藏影印原件）

复徐统雄函

（一九一七年九月二十三日）

统雄先生大鉴：

　　兹由邓君子瑜带到星埠来银共壹百壹拾伍元贰角（星币）已妥收，交财政部照章办理。先此奉复，即请

乂安

孙文启　六年九月二十三日

据《国父全集》第三册（转录史委会藏原件）

致叶香石函

（一九一七年九月二十四日）

香石先生执事：

　　杨君返港，曾嘱代致一函，想承察及。刻特派本府参议崔文藻、参军黄大伟来港，与执事详商一切，并专邀执事来省，俾得面罄鄙忱，尚盼即时命驾，以慰想望。匆颂

日祉

孙文启　六年九月二十四日

据《国父全集》第三册（转录史委会藏原稿）

复唐继尧函

（一九一七年九月二十四日）

蓂庚元帅执事：

　　叠奉惠电，备悉救国忠忱，谦冲雅抱，肫挚之意，溢于辞表，钦

叹何穷。

　　文自率海军将士南来,知非护约法无以维持国本,非讨国贼无以荡涤瑕秽,而国会诸君子亦复心同此理,以为不亟从事组织军政府,非但不能与非法政府相对抗,亦且无从与各友邦相周旋,因是国会非常会议开会以后,即进而议决《军政府组织法》,且以文之不才,亦得从执事及干老之后,勉尽讨贼之责,艰难之际,不敢以谦退鸣高,已于九月十日就职任事。现方敦劝各部总长分别就职,组织各部,不久当可完全成立。

　　外交方面,日、美两国皆示亲善之意,如军政府力能发展,则彼两国必可为我援助。

　　此间一俟基础稍固,即当向沿海各省徐图发展。闻川事已可和平解决,倘执事布置就绪,能早日统军东下,将来会师中原,在指顾间耳。

　　刻因需商之事,头绪纷繁,特派本府参议张左丞为军政府驻滇代表,晋谒左右,详察一切,望时赐指示为幸。余不备悉,藉颂戎祉

　　　　　　　　　　孙文启　民国六年九月廿四日

据《国父全集》第三册(转录史委会藏原件)

致唐继尧电

(一九一七年九月二十四日)

　　滇督军公署转行营唐元帅鉴:申密。东〔本〕日特派本府参议张左丞为驻滇代表,由港来滇,面陈一切,请赐接洽。孙文。敬。印。

据云南省档案馆藏《唐继尧档案卷》原件

致唐继虞函

（一九一七年九月二十四日）

萍赓仁兄执事：

　　滇中人来，每道执事才器优裕，至诚爱国，英迈卓荦，名将之资，闻之辄为嘉叹；张君左丞归，亦言执事治兵御众，有古国士风。昆仲二难，古所稀觏，岂特一时媲美已耶？文以为当此国事艰屯之际，国人固皆宜力荷其责。矧执事以英髦盛年，躬握兵符，尤冀投袂奋起，以慷慨杀贼为己任，此固丈夫报国之时，亦英雄建树之日也，企望何穷。刻派张君左丞来滇，特致数行，藉纾鄙怀。顺颂

戎祉不悉

孙文启　六年九月二十四日

据《国父全集》第三册（转录史委会藏原稿）

任命马君武职务令

（一九一七年九月二十五日）

大元帅令

　　特任马君武代理中华民国军政府交通总长。此令。

大元帅（印）

中华民国六年九月二十五日

据《军政府公报》第六号（一九一七年九月二十五日版）《大元帅令》

任命叶夏声职务令

（一九一七年九月二十五日）

大元帅令

  任命叶夏声代理内政次长。此令。

大元帅（印）

中华民国六年九月二十五日

据《军政府公报》第六号《大元帅令》

任命邓慕韩职务令

（一九一七年九月二十五日）

大元帅令

  任命邓慕韩为大元帅府参议。此令。

大元帅（印）

中华民国六年九月二十五日

据《军政府公报》第六号《大元帅令》

公布军事内国公债条例令

（一九一七年九月二十六日）

大元帅令

  国会非常会议议决军事内国公债条例，兹公布之。此令。

大元帅（印）

中华民国六年九月二十六日

据《军政府公报》第七号（一九一七年九月二十六日版）《大元帅令》

附：军事内国公债条例

第一条　军政府为供给军需，募集公债五千万元。

第二条　此项公债利率定为按年八厘。

第三条　此项公债以每年四月十日为给付利息之期。

第四条　此项公债自发行之日起，二年以内只付利息，第三年起依附表所列每年应付本银数目用抽签法偿还，至第六年全数偿清。

第五条　此项公债财政部实收九成。

第六条　此项公债其最先交纳之二百万元，财政部特别减收为八成八。

第七条　经手募债人员不另给募债费用，即以折扣充支；但募集多额者，另章奖励。

第八条　此项公债付息偿本，由财政部委托本国外国银行中国殷实商号支付。

第九条　此项公债票面概不记名，其有请求记名者亦准照办。

第十条　公债票面数额定为四种如左：

　　（一）壹千元；

　　（二）壹百元；

　　（三）拾元；

　　（四）五元。

第十一条　此项公债之债票及息票，得自付息及偿本之日起，除海关税外得用以完纳一切租税及代其他各种现款之用。

第十二条　经理此项债票之官吏、人民,对于此项债票如有非法行为,依照法令分别惩罚。

第十三条　本条例自公布之日施行。

中华民国六年九月二十五日

据《军政府公报》第七号《军事内国公债条例》

公布承购军事内国公债奖励条例令

(一九一七年九月二十六日)

大元帅令

国会非常会议议决承购军事内国公债奖励条例,兹公布之。此令。

大元帅(印)

中华民国六年九月二十六日

据《军政府公报》第七号《大元帅令》

附:承购军事内国公债[人员]①奖励条例

第一条　凡承购军事内国公债人员,应得奖励分级如左:

一、承购公债满十万元者,由财政部呈请给予三等勋章;

一、承购公债满五万元者,由财政部呈请给予四等勋章;

一、承购公债满一万元者,由财政部呈请给予五等勋章;

一、承购公债满五千元者,由财政部呈请给予六等勋章;

一、承购公债满五百元以上不及五千元者,由财政部酌给

① 据《军政府公报》第九号"更正"栏之说明订正。

奖章。

第二条 前条奖励以独立承购人员为限。

第三条 应得奖励人员,由经募机关报明公债局转咨财政部呈请核奖。

第四条 公共团体承购公债应得奖励,由财政部比照本条例另案呈请核奖。

第五条 独立承购公债十万元以上者,由财政部另案呈请给予特别奖励。

第六条 本条例自公布日施行。

中华民国六年九月二十五日

据《军政府公报》第七号《承购军事内国公债[人员]奖励条例》

公布军政府公报条例令

(一九一七年九月二十六日)

大元帅令

兹制定军政府公报条例公布之。此令。

大元帅(印)

中华民国六年九月二十六日

据《军政府公报》第七号《大元帅令》

附:军政府公报条例

第一条 军政府公报为公布法律命令之机关,凡法令及应行公布之文电统由军政府分〔公〕^①报发行。

　　第二条　军政府所属各官署通行文书,已由军政府公报公布者,可毋庸再以文书传达。但未便公布之件及并非通行之件,仍由各官署自用文书传达。

　　第三条　凡军政府一切文电,均以军政府公报公布之文为准;至其他报纸或印刷品抄录或传闻者,不得援据。

　　第四条　凡法令除有专条别定施行期限者外,军政府所在之地以刊行军政府公报之日起,各地以军政府公报递到该官署之日起,即生一体遵守之效力。其各地先期接有官发印电或文书者,不在此限。

　　第五条　各官署送刊之件,如抄录字迹难于辨认,以致错误或原抄稿有错误者,概由各官署自负其责。

　　第六条　本条例自公布日施行。

据《军政府公报》第七号《军政府公报条例》

任命吴铁城等职务令

(一九一七年九月二十七日)

大元帅令

　　任命吴铁城、金雅丞、孙继烈、冯镇东、彭泽为大元帅府参议。此令。

大元帅(印)

中华民国六年九月二十七日

据《军政府公报》第八号(一九一七年九月二十七日版)《大元帅令》

---

　　①　据《军政府公报》第八号"更正"栏之说明订正。

任命黄承胄职务令

（一九一七年九月二十七日）

大元帅令

　　任命黄承胄为大元帅府参议。此令。

大元帅（印）

中华民国六年九月二十七日

据《军政府公报》第八号《大元帅令》

任命刘汉川职务令

（一九一七年九月二十八日）

大元帅令

　　任命刘汉川为大元帅府参议。此令。

大元帅（印）

中华民国六年九月二十八日

据《军政府公报》第九号（一九一七年九月二十八日版）《大元帅令》

任命刘成职务令

（一九一七年九月二十八日）

大元帅令

　　任命刘成为大元帅府参军。此令。

大元帅（印）

中华民国六年九月二十八日

据《军政府公报》第九号《大元帅令》

致唐继尧电二件

（一九一七年九月二十九日）

一

云南唐蓂赓先生鉴：义密。宥电敬悉。军政府新□，对外关系至多，若我公再事执谦，则外交上之承认与借款必致阻碍。一发千钧，当仁不让。即乞即日宣布就职，以救危亡。文。艳。

据云南省档案馆《唐继尧档案卷》原件

二

云南唐元帅鉴：《军事内国公债条例》业经国会非常会议议决有日，公布此项公债，可分给各省出师讨逆饷糈。执事统军出发，需饷良殷，此间如募有的款，即当竭力挹助。倘贵省力能筹募，亦可将债票寄由贵省自行募集。特此预闻。孙文。艳。

据《军政府公报》第九号《大元帅致唐元帅电》

致陆荣廷电

（一九一七年九月二十九日）

南宁陆元帅鉴：《军事内国公债条例》业经国会非常会议议决有日，公布此项公债，可分给各省出师讨逆饷糈。执事派兵援湘，需饷良殷，此间如募有的款，即当竭力挹助。倘贵省力能筹募，亦可将债票寄由贵省自行募集。特此预闻。孙文。艳。

据《军政府公报》第九号《大元帅致陆元帅电》

复叶独醒函

（一九一七年九月三十日）

独醒仁兄同志惠鉴：

九月八日书，诵悉一是。当兹军糈浩繁之际，尊处提倡捐款，不遗余力，殊堪嘉尚。仍希认真鼓舞侨胞，输将助饷，以资接济。至尊处汇沪壹千柒百陆拾叁两，据廖君仲恺云："业经收到，并由上海机关发给收条寄去，当时以不知菲银数目，故收条上仍书在沪实收两数，专候宿雾信到，然后改发菲银收条"云云。

廖君已归粤东，于廿五日就任财政次长，署理总长职。嗣后关于捐款及财务上事宜，请径函廖君接洽，函件由省城长堤实业团转当妥。学生会捐款（如系汇沪款项），请致函沪上机关丁君景良查询。此复，并请

大安

坤寿兄并诸同志均候。

孙文启　民国六年九月卅日

据《国父全集》第三册（转录史委会藏影印原件）

复邓泽如函

（一九一七年九月三十日）

泽如仁兄同志惠鉴：

九月七日致书，诵悉一切。前汇上海廖仲恺收肆千捌百肆拾

捌两,据廖君云:"似曾收到,请查上海有无答复函电,此间亦一面函询上海机关矣。"廖君已归粤东,廿五日就任财政次长,署理总长职。嗣后关于筹款事宜,请径与接洽,以归简捷。

现以军糈浩繁,财源无着,已由军政府提交国会通过《军事内国公债条例》,及其他附随条例两件,现已饬财政部速印债券着手劝募矣。行文各埠商会股商,已饬秘书厅照行。此复,并颂

筹祺

并致候螺生、慎刚、源水诸兄。

孙文启　六年九月三十日

附寄公报一份。

据《孙中山先生廿年来手札》影印原函

咨国会非常会议请核议
军事内国公债奖励条例文[*]

(一九一七年十月一日)

为咨行事:国会非常会议组织大纲第九条:国会非常会议于军政府有交议事件,得随时开会议决。兹因整备军旅,筹划出师,需款孔殷,特拟募集内国公债五千万元,以济军用。相应将军事内国公债[人员]奖励条例,咨请贵会开会公〈决〉。此咨

国会非常会议

据上海《中华新报》一九一七年十月一日《大元帅咨非常国会文》

---

　　* 此件所标时间系上海《中华新报》发表日期。《军事内国公债奖励条例》经国会非常会议议决后于九月二十六日已公布,此咨文发出时间应在国会非常会议开会议决之前。

任命吴醒汉职务令

（一九一七年十月二日）

大元帅令

　　任命吴醒汉为大元帅府参军。此令。

大元帅（印）

中华民国六年十月二日

据《军政府公报》第十五号（一九一七年十月十七日版）《大元帅令》

复谭人凤函

（一九一七年十月二日）

石屏先生有道：

　　抵粤以来，忽忽数月，睠怀神州，怒焉如捣。自顾衰钝，谬承国会诸君以戎事相謑诿，责任所在，不敢告劳。惟草创之始，饷械两乏，筚路蓝缕，艰难可知。前奉教言，深幸二三故人声应气求，不我遐弃，尊示所云需款进行一节，苟可相助，敢不唯力是视。特是军府初置，国内犹多观望，而西南各省，于进行主张，亦稍有出入，故抵粤以来，除借贷小款外，殊无挹注之法。现国会虽通过内国公债案，然无确实地盘，承销尚不易易。何况遽集巨款，此中困难，惟相知如左右者，乃能谅之耳。

　　顾文意以为讨贼之师，万不容缓，现正多方筹措，准备进行，苟款项稍能周转，自当量力补助。其大江义旅，仍望竭力主持，砥柱中流，定危扶倾，端惟老成是赖。淞云北望，岂胜惓惓。此颂

道祖

孙文启　六年十月二日

据《国父全集》第三册(转录史委会藏原件)

致岑春煊函

(一九一七年十月二日)

云阶先生伟鉴:

前在沪上,得领教言,救国精诚,实所深佩。

自段逆窃位总理,倒行逆施,鸱张日甚,袭湘入川,逞厥暴力,国本既复,大乱随之,此诚可叹息痛恨者也。国会迫于救亡,爰踵他国成规,开非常会议于广州,谬举文为大元帅。当兹毒焰方张之际,志士相与腹非,莫肯首先发难。而伪政府亦既成为实事,利用外交问题,压服全国。苟无军事机关与之对抗,则共和之名实俱亡,而中外之观瞻莫属。用是不避艰巨,慨然以国民先驱自效,已于前月十日宣布就职,漂摇风雨,矢志不移。一月以来,浙臻安谧,唐帅早表赞同,陆使亦能提挈。近则两粤将士,盟誓昭然,援湘之师已发,讨段之文即布,军府分路进讨,计划已有成议,此则差堪告慰者也。

乃者伪政府不惮冒大不韪,迭布毁法之伪令,参议院为约法上已消灭之机关,而使之复活;国会在约法上无解散之根据,而忽焉更选,自授无上之权,自定万能之法,叱咤群伦,鞭笞一世,暴绝表〔袁〕贼,恶甚逆勋。凡我国民谁无护法之职责,而忍为段贼等之奴隶乎!文既宣布伪政府之罪状,复通电征求海内贤豪之正论,计已可尘青睐矣!

惟吾国相忍成风,义战未交,而调停之声已四起,顾今兹民穷财尽,苟非必不得已,孰不愿国内之和平。调停之说,文亦非极端反对;所必须坚持者,厥为根本大法耳。若毁法造法,一任二三强有力之私意,则国本已倾,尚何共和之足云。执事固尝有恢复约法、国会之宣言,已为全国所共闻,即为海内所深信。特近有少数政客,意存簧鼓,抛荒法律,牵就强权,遂有苟且调停之说,莠言乱政,岂足当明公之一盼。尚望主持正论,发布通电,其影响于全国人心者,必非浅鲜。伫候明教,幸勿遐遗。顺颂

台绥

　　　　　　　　　　　　　　　孙文　　十月二日

据《军政府公报》第十四号(一九一七年十月十五日版)《大元帅致岑云阶函》

明正段祺瑞乱国盗权罪通令

（一九一七年十月三日）

大元帅令

　　洪惟我中华民国之成立,实成立于南京临时政府成立之日。而临时约法,则为临时政府成立之根据。循是以进,由临时政府而成为正式政府,其重要关键则在由参议院而进于正式国会。故我友邦之承认,实自正式国会成立之日始。诚以正式国会成立之后,民国之主权已确定属于人民全体,而革命乃告厥成功,即国体始能卓立,于国际之地位而莫可摇动。更由是而求政治上之美善,则必由约法而进于宪法,且可由初次制定之宪法,而进于逐渐修正之宪法。苟循法治国进化之一定轨道,则民国六年以来,宪法早经公布,全国之安宁幸福,已可人人共享之矣!

　　孰意往者,袁世凯包藏祸心,既经本大元帅辞临时大总统之职,而被选为继任之人,乃敢蔑视立法机关,嗾使北京兵变,强参议

院迁地以就之意,谓政权受之于亡清之授与,而非受之于我全国人民之委托。故虽号称共和,而心实不承认人民为主权者,无非自恃兵力,以为主权不难盗窃而得,卒敢叛国称帝,而身竟不旋踵而灭,主权之不可幸干,进化之不可抑遏。宜若全国晓然,而人心亦可悔祸矣!

乃段祺瑞阴贼险狠又过于袁世凯,以为除称帝外,无一不可师袁世凯之故智,而使主权潜移于一己者。故虽阳托反对帝制,而阴行反对约法。自袁世凯死,黎大总统依法继任后,约法、国会为段祺瑞所弃绝而不得恢复者。行且一月,犹复嗾使法妖之徒,持约法不应恢复之说,其私心无非觊觎新任大总统之位,而欲以兵力劫持国民之选举。幸赖我海军将士之宣言,而其心始为之慑,谋始为之破,然其不承认人民主权自若也。故计段祺瑞自为国务总理,以迄于免职之日,无往而非倒行逆施,终欲借外交问题,以压倒国民,而行其武力专制之计划。呜呼!我中华民国一厄于袁世凯,再厄于段祺瑞,遂致完全成为武人专横之时代。而唐末潘〔藩〕镇连兵之祸,再见于今日,民不聊生,国无宁岁,思之实堪痛心。谁实为之?皆彼武人不承认人民主权之一念为之也。须知国是既定,不容反抗。昔在帝制专重君权,今改共和专尊民意。民意之不可抗,犹过于君权之莫敢违。皇皇国会,为全国人民之代表。国会曰可,即主权者之所可;国会曰否,即主权者之所否。行政机关及一般军人,惟有绝对服从,断无非法干涉之余地。乃自袁世凯始作俑,而段祺瑞继其后,终致多数叛逆军人,动辄以约法国会不良为借口,其邪说由少数奸人,若梁启超、汤化龙辈为之谋,而其野心,则由不认人民主权阶之祸。

须知宪法非不可修正,必依制宪手续修正之;国会非不可解散,必依宪法规定解散之;新国会非不可召集,必于旧国会终了后召集之。夫如是，乃为遵循法治轨道之行为，国本安致动摇，政治得由退化耶！

不谓段祺瑞既以嗾使督军团，非法要求解散国会而被免职，志不获逞，通电煽乱。于是倪嗣冲首先倡逆称兵，以致群逆暴起，迫散国会。张勋因缘偕谋复辟，段祺瑞利用时机，逐张勋而自为总理，以恢复共和欺全国人。犹是武力专制之故态，而非法之伪政府，遂公然盘踞北京。两刺黎大总统以劫持之，使不得复位。呜呼！民国不亡，赖有我始终拥护约法，拥护国会，即拥护真共和之各省人民及海陆军耳。

我国民迫于救亡，因国会议员之被妨阻，不得已踵他国之成规，开国会非常会议于广州，组织军政府，文不佞被举为大元帅。自顾首建共和，忝从厥后，不忍视民国之夭亡，曾于就职之日宣布誓词，此志谅已大白于全国。惟有以讨灭奸凶自矢，无事多言。

乃者伪政府忽有组织新国会及重开参议院之举，其悖谬殆无待深辩。试问此六年间，全国之讨灭帝制者凡三见，国是之定于共和，主权之属于人民，已不难家喻而户晓矣！乃伪政府犹复曰立法未善，又复一再以依约法为言，颠倒是非，狐埋狐揄，莫此为甚。藉曰立法未善，不既有前者宪法会议，制定宪法以改善之乎！藉曰国会分子未善，不既有将来第二次国会以改善之乎！凡此皆有宪法之成规，而为国会之所有事，乃伪政府对于未终了之国会，则遏抑之；对于已废止之参议院，则重开之。姑无论其是非如何，试问孰授之权，而敢于如是之僭妄！利于一己者，则曰约法应遵，不利于一己者，则曰立法未善。等法律于弁髦，视国事如儿戏，未有甚于此者也。推原其故，无非不认人民主权之结果。共和其名，专制其实。彼伪政府之言，直一帝制自为之口吻耳。张勋复辟之祸，是非不难立辨。而此辈阳托共和，阴行专制，且复口称约法者，真有莠言乱政之患,实为共和之蟊贼,人民之大憝,此而不讨,国何以存?此而不辩,义何由正? 除自国会解散后,伪政府之一切命令概认为无效,已经国会非常会议宣言外,本大元帅特明正伪政府之罪,通令全国,并将数年来祸患之原,为我国人反覆垂涕而言。彼伪政府苟知大义难容,束身待罪,则委诸国法之审判,全国庶无糜烂,而厥罪或免加重。倘犹一意孤行,执迷反抗,则义师所指,誓当歼厥渠魁,不留余孽。我全国人民亦当共起,而拥护已完全享有之主权,人人以讨逆救国之义务自任。孰谓民国将亡,而约法、国会竟不复耶!

　　至于文者,除以讨灭伪政府,还我约法,还我国会,即还我人民主权为职志外,一俟奸凶殄灭,即当辞大元帅之职。惟上帝式临,此志不渝,谨以哀痛之言,告我全国邦人兄弟,实式图之。此令。

大元帅(印)

中华民国六年十月三日

据《军政府公报》第十号(一九一七年十一月一日版)《大元帅令》

缉拿乱国盗权首逆段祺瑞等令

(一九一七年十月三日)

大元帅令

　　北京伪政府乱国盗权之罪,业经本日通令宣布全国。查段祺瑞实为首逆,倪嗣冲为叛军之魁,梁启超、汤化龙为主谋,朱深假借检察职权,公然附逆。着各路司令一体进剿,有能擒斩以献者,本大元帅当视厥等差,予以厚赏。此令。

大元帅(印)

中华民国六年十月三日

《据军政府公报》第十号《大元帅令》

反对北京政府另组新国会
重开参议院通电

（一九一七年十月三日）

　　天津黎大总统，云南唐元帅暨靖国军各军、师、旅长，并转章太炎先生，贵州刘督军，成都刘军长，川边殷镇守使，重庆熊镇守使，叙府罗师长，南宁陆元帅、谭督军、陈督军、程总长，零陵刘镇守使，衡州林旅长，并转赵师长及各师旅长，上海岑云阶先生、伍秩庸、孙伯兰两总长，钮惕生、柏烈武、谭石屏、谭组庵诸先生，香山唐总长公鉴：民国存亡，系于约法，约法无效，民国即亡。查约法政府既无解散国会之权，更无国会成立后再发生参议院之理。乃北京伪政府于九月二十九日，忽有另组新国会，重开参议院之伪令，背叛约法，逆迹昭然，退化却步，为天下笑。前者叛军迫散国会，系以暴力摧残。及暴力既消，约法犹在，国会当然恢复。伪政府果有尊崇约法，拥护共和之诚意，自应以恢复中断之国会为先务。其功罪如何？当可待诸国民公决。今竟继续叛军之暴力，遏抑国会之再开，俨然以一己之大权，自造立法机关，修改国会组织法及两院议员选举法，与袁世凯之以另召国会，欺蒙全国，而自造袁氏之参政院，修改约法，如出一辙。试问孰授之权，而敢于恣睢妄行如此！约法之根本，已遭破坏无余，而犹复曰依约法某条，其将谁欺！国会本尚存在，何事另行召集。参议院已经消灭，何得重行发生！此等悖逆之行为，谅为有目所共见。本军政府以讨灭伪政府，恢复约法、国会为职志，除已以通令明正厥罪外，惟恐莠言乱政，淆惑听闻，尚希诸公一致通电反对,伸正义而诎邪说,民国前途,庶几有豸。孙文。
〈江〉[①]。

据《军政府公报》第十号《大元帅辟伪政府筹备新国会召集参议院之通电》

致唐继尧电

（一九一七年十月五日）

云南唐元帅鉴:申密。伍秩庸先生决心来粤维西南大局,闻陆
帅已有函交伍朝枢往沪欢迎。盼公速致电促行。川情如何? 并望
示知。孙文。歌。

据云南省档案馆藏《唐继尧档案卷》原件

复林德轩电 *

（一九一七年十月六日）

衡州刘镇守使探转林德轩先生鉴:豪电悉。知拟率所部北伐,
热忱毅力,至堪嘉慰。望即与覃理鸣君妥为策划,与在湘各军接
洽,勉事进行,以树大勋。谭兼督处已另行电告矣。此复。孙文。
六日。

据胡编《总理全集》第三集

复章炳麟电

（一九一七年十月七日）

云南唐元帅转章太炎先生鉴:义密。冬电悉。唐帅决心北伐,

---

①　据上海《中华新报》一九一七年十月十日所载同电增补。
*　林德轩为湘军将领。

赞同军政府,先生此行,益资固结,良用嘉慰。文猥承大任,义必坚持,国会诸君时相接洽,均能和衷共济,可副雅怀。陆帅、陈督近因利害共同,联络已趋一致,分路出师,计可实行。尚望时慰箴言,以匡不逮。孙文。阳。印。

据胡编《总理全集》第三集

致唐继尧电

(一九一七年十月八日)

　　云南唐元帅鉴:义密。程玉堂①总长由南宁返粤,陆帅决心讨逆,已有誓约,两广可归一致,军府声威系于诸帅。公负海内重望,早经誓帅〔师〕北伐,务请首先来电,宣布就职,陆帅自未便独异。军府一臻固结,不待战事开始,外交即可认为交战团体,此中关键,谅已洞瞩,不胜盼切。孙文。庚。印。

据胡编《总理全集》第三集

致章炳麟电

(一九一七年十月八日)

　　云南唐元帅转章太炎先生鉴:义密。程玉堂总长由南宁返粤,陆帅决心讨逆,已有誓约,两广可归一致。外交承认,关键在视诸帅是否就职。先生望重海内,唐帅必能见听,除另电请即宣布就职外,务望速为劝驾,唐就陆必不辞。势难再缓,幸力图之。孙文。

---

① 程玉堂:即程璧光。

庚。印。

据胡编《总理全集》第三集

批居正呈令[*]

（一九一七年十月八日）

大元帅训令

令代理内政总长居正

呈为筹设通俗讲演所及附讲演规程规则各一件由。

呈及所拟讲演规程、讲演规则均悉。共和国家,重在民治。民之自治,基于自觉,欲民之自觉,不可无启导诱掖之方。今据呈称:"筹设讲演所,遴选热心爱国之士,分任讲演使,宣示军政府成立之必要,发挥民治之真理"等语。洵足为导民自觉之一助,良堪嘉许。所拟办法,尚属周密,应即照准。着该部即行如拟切实办理。此令。

据《军政府公报》第十一号(一九一七年十月八日版)《大元帅训令》

委派黄大伟致祭先烈令

（一九一七年十月八日）

大元帅令

本届国庆日致祭历次殉国诸先烈士,派参军黄大伟代往行礼。此令。

大元帅（印）

---

* 此件所标时间系《军政府公报》第十一号出版日期。

中华民国六年十月八日

批许崇智呈令

（一九一七年十月九日）

大元帅训令

　　令参军长许崇智

　　呈办事细则请批示由

　　呈悉。所拟该处办事细则，大致尚属妥善，间有未尽合宜之处，业经改正，仰即遵照办理可也。改正细则抄发。此令。

　　　　　　　　　　　　　　　　　　　　大元帅（印）

中华民国六年十月八日

任命李玉昆职务令

（一九一七年十月九日）

大元帅令

　　任命李玉昆为大元帅府参军。此令。

　　　　　　　　　　　　　　　　　　　　大元帅（印）

中华民国六年十月九日

纪念双十节布告*

（一九一七年十月九日）

　　昔炎德中微，建虏猾夏，肆其枭桀，鞭笞宇内。于是仁人志士，目击心伤，誓雪巨耻，奋戈挺兵，前仆继起。虽久暂匪一，其欲发愤而致死于虏，一也。阅时既久，大谊益章，共和民治之旨，既深沦浃于齐民之心，而虏主昏骏，亦专倾侧媚外，割地丧权，以是海内汹汹，知非事驱除，则芸芸禹甸，易世以后，靡有孑遗。乃陵严威、冒万难，奋起各城通都之间，饮丸履刃者，后先相望，虽有淫刑大罚，气不稍挠。是以辛亥八月，鄂渚首义，而海内群起应之。时不数旬，遂覆清祚，成功之速，振古未有。斯不惟天夺虏运，亦以诸先烈百折不挠之概，深有感于国人。正义既昌，势不反顾也。

　　民国既建，凛国步之艰难，念缔造之不易，以鄂渚首义为阳历十月十日，因定以为国庆日。著之令典，以识不忘。然自六年以来，袁、段诸逆，迭为僭乱，民痍莫苏，国本未安，即此国庆纪念，亦复岌岌飘摇，暗然无色，此亦国人所深痛也。

　　本岁国庆纪念之日，又为段逆僭据首都之时。文受讨逆之任，越在南疆，昕夕黾勉缅怀先烈，亦欲与我国民饮水思源，知民国缔造之由来，暨夫诸先烈之耿光伟业，为吾人所宜拳拳服膺，致其诚敬。于兹纪念大典，交相勖励，共纾卫国之忧，力荷建设之责，以保持此国庆日至于无穷。耀其辉光，树我中华民国丕〔之〕丕基。前型不远，国难方遒，挟〔扶〕持光大，我邦人其念之哉！

据《军政府公报》第十二号（一九一七年十月九日版）《大元帅布告》

　　* 此件所标时间系《军政府公报》第十二号出版日期。

致邓泽如函

（一九一七年十月十日）

泽如老同志先生钧鉴：

敬启者：弟自偕海军舰队来粤后，曾将各情于八月十日通告，想经均览。去月国会议员相率戾止，依先进国之成规，开非常议会于广州，议决军政府组织大纲，依法举弟为大元帅。弟献身为国，不敢以谦壤鸣高，爰于九月十日就职。粤中各将士皆表示欢迎，西南各省将帅亦皆遥电赞助，人心一致，成功可以预期。

惟是义师待发，需饷孔殷，粤省财赋匮乏，难以应付。素仰同志诸先生慷慨为怀，热情爱国，当兹祖国根本动摇之时，正志士毁家纾难之日，务恳筹助巨款，以济军用。至军政府财政总长，暂由廖次长仲恺署理总长之职，已于廿五日归粤就任。嗣后关于财政事宜，请径与接洽可也。专此函达，并颂

公安

孙文启　十月十日

附致贵埠商会壹函，希为代转。

据《孙中山先生廿年来手札》影印原函

致南洋挂罗庇朥埠商会函[*]

（一九一七年十月十日）

○○商会诸先生公鉴：

---

[*]　此件孙中山寄邓泽如收转所在地商会，原件未书地名。挂罗庇朥系邓经营商业所在地。

敬启者：自共和恢复，国会再开，方期南北融和，国家长治。不料段祺瑞包藏祸心，阴谋扰乱，嗾使逆督称兵构难，破坏约法，迫散国会，张勋乘之，酿成复辟之变。段氏仍不厌乱，乘机而起，迫逐元首，自称总理，借恢复共和之名，行攘夺政权之计，全国人民无不痛愤。

文自去年以来，避地沪滨，不愿与闻时政，猥蒙海内外同人以救国大义共相督责，自以忝为共和先导，际兹国家倾危，义无旁贷。爰偕海军响义诸将帅来粤，冀与西南各省共勤义举。适国会议员亦相率戾止，佥以举兵讨贼，必先有统一机关，乃依共和先进国之成规，本国人之公意，开非常国会于广州，议决《军政府组织大纲》，依法选文任大元帅之职。文既已献身为国，敢惮烦劳，爰于九月十日在非常国会就职，粤中各将领暨驻粤滇海各军皆表示欢迎，西南各省将领亦多驰电推赞，人心一致，成功可以预期。

惟是义师待发，需饷孔殷，粤省财赋匮乏，难以应付。素仰贵会请先生热心爱国，当兹国家俶扰之时，正义士毁家纾难之日，务恳慨捐巨资，以裕军实，则再造民国之功，当永铭于不朽矣。临风伫望，无任神驰。专此，敬颂

任安，唯希察照不宣。

孙文谨启

中华民国六年十月十日

据《孙中山先生廿年来手札》影印原函

任命熊秉坤职务令

（一九一七年十月十一日）

大元帅令

任命熊秉坤为大元帅府参军。此令。

　　　　　　　　　　　　　　　　　　大元帅（印）

中华民国六年十月十一日

　　　　据《军政府公报》第十五号（一九一七年十月十七日版）《大元帅令》

任命曾尚武职务令

（一九一七年十月十一日）

大元帅令

　　任命曾尚武为大元帅府参军。此令。

　　　　　　　　　　　　　　　　　　大元帅（印）

中华民国六年十月十一日

　　　　　　　　据《军政府公报》第十五号《大元帅令》

任命席正钦职务令

（一九一七年十月十一日）

大元帅令

　　任命席正钦为大元帅府参军。此令。

　　　　　　　　　　　　　　　　　　大元帅（印）

中华民国六年十月十一日

　　　　　　　　据《军政府公报》第十五号《大元帅令》

致李宗黄函

（一九一七年十月十一日）

伯英少将惠鉴：

　　两读手书，词旨殷渥，热忱如见，甚感。文此次受国会委托，命以讨贼之任，顾惭薄德，未克负荷。然以大敌当前，国贼横恣，势非覆国不止，用是黾勉受事，冀合西南诸军及海军之力，长驱北上，扫除凶顽。滇省前岁首义，为全国观瞻所系，执事以卓荦之才，参帷幄之重，其望协力同心，共任艰巨，异日会师中原，当图握手也。此复，并颂

戎祉

孙文启　六年十月十一日

据《国父全集》第三册（转录史委会藏原件）

致简琴石函

（一九一七年十月十一日）

径启者：前朱省长庆澜所交贵处华暹轮船公司股票，请即检交朱君卓文带来为盼。专此，并颂

台绥

孙文启　六年十月十一日

据《国父全集》第三册（转录史委会藏原件）

任命许崇智职务令

（一九一七年十月十四日）

大元帅令

特任许崇智署理中华民国军政府陆军总长。此令。

大元帅（印）

中华民国六年十月十四日

据《军政府公报》第十四号（一九一七年十月十五日版）《大元帅令》

任命黄大伟代职令

（一九一七年十月十四日）

大元帅令

　　许崇智现署理陆军总长，其参军长事务着黄大伟代理。此令。

大元帅（印）

中华民国六年十月十四日

据《军政府公报》第十四号《大元帅令》

复唐继虞函

（一九一七年十月十四日）

萍赓仁兄惠鉴：

　　顷奉手教，辞义殷渥，并念贤昆玉讨逆卫国之忱，百折弥奋，誓请氛祲，此固民国之厚幸也。前自张君左丞归粤，每及执事之英略，已甚深想念。嗣张君来滇时，曾致一书申意，想亦察及耶。文自惟衰钝之年，属当国家多难，重以国会诸君之諈诿，义不敢自暇逸，勉竭驽骀，冀与海内忧国贤豪，互相提挈，还我共和，以尽微责。贤昆玉伟略冠时，功在民国，甚望于川事布置稍稍就绪，即统雄师东下，共规中原，歼厥凶顽，拨乱反正。文俟此间计划略定，亦当亲率三军之士，进取闽、浙、湘、楚，庶几正义既昌，众力毕举，则邪正顺逆之势，即胜败所由判也。奉复布臆，并颂

毅祉

孙文启　六年十月十四日

据《国父全集》第三册（转录史委会藏原件）

任命李国定刘泽龙职务令

（一九一七年十月十五日）

大元帅令

　　委任李国定、刘泽龙为四川劳军使。此令。

大元帅（印）

中华民国六年十月十五日

据《军政府公报》第十五号《大元帅令》

任命蒋群职务令

（一九一七年十月十五日）

大元帅令

　　任命蒋群为大元帅府参军。此令。

大元帅（印）

中华民国六年十月十五日

据《军政府公报》第十五号《大元帅令》

致徐绍桢函

（一九一七年十月十五日）

固卿先生执事：

　　前奉手教，备荷殷勤之谊，岂胜感荷。顷闻台驾莅港，承教有日，私衷至为欣慰。兹特派本府周参军应时来港欢迎，尚希即日命

驾来省,俾得时亲雅范,指导一切。临颖拳拳,无任翘企。匆颂
旅祉〈不悉〉

〈孙文启　六年十月十五日〉[1]

据《军政府公报》第十五号(一九一七年十月十七日版)《大元帅致徐国卿函》

复徐统雄函

（一九一七年十月十五日）

统雄先生大鉴:

九月十四日来函并清单一纸,均悉一切。

前由台湾银行汇大符兄手收贰仟元,及交邓子瑜兄带来壹佰壹拾伍元贰毫,均经收妥,已嘱财政部照来单分发收据矣。

段氏以武力力逼西南,风声正急,刻与唐、陆二公分道出师,以靖国难。第需款之急,非言可喻,请与同志诸公源源接济,俾竟大功。至致商会函,昨已付至尊处收转。如何情形,仍希随时函告。此复,并颂
均安

孙文启　十月十五日

据《国父全集》第三册(转录史委会藏亲笔原件)

批　徐　璞　函[*]

（一九一七年十月十七日）

由秘厅答复徐璞本人,谓刻下各机关尚未成立,无相当位置,

---

① 据《国父全集》第三册(转录史委会藏原件)增补。
* 原函请求委任职务事。

将来定当借重。

据《国父全集》第四册(转录史委会藏原件)

给崔鼎新委任状

（一九一七年十月十七日）

任命状:任命崔鼎新为西提筹饷委员。此状。

中华民国海陆军大元帅孙文

中华民国六年十月十七日

据《国父全集》第四册(转录史委会藏影印原件)

给刘谦祥委任状

（一九一七年十月十七日）

任命状:任命刘谦祥为小吕宋筹饷委员。此状。

中华民国海陆军大元帅孙文

中华民国六年十月十七日

据《国父全集》第四册(转录史委会藏原件)

复张耀曾函

（一九一七年十月十八日）

径启者:辱惠书奖饰逾恒,良用愧感。文以驽下,谬膺艰巨,正赖群贤共资匡济。承荐徐君,兹委为本府参议,庶借良筹,匡所不及。专此布复,并颂

公绥

孙文　十月十八日

据《国父全集》第三册（转录史委会藏原稿）

任命林飞云职务令

（一九一七年十月十九日）

大元帅令

任命林飞云为大元帅府秘书。此令。

大元帅（印）

中华民国六年十月十九日

据《军政府公报》第十六号（一九一七年十月二十日版）《大元帅令》

致程潜等电

（一九一七年十月二十日）

衡州程总司令、赵师长、林旅长、林民政处长、永州刘镇守使①均鉴：段逆窃柄，国法攸敓，衡永首义，万方警省，既开天下之先，已褫奸人之魄，会师武汉，直在指顾，疆场贤劳，曷胜系念。兹林祖涵驰往存问，藉致拳拳。恋〔惩〕奸回之奰逆，我武维扬，系国本于苞桑，共拜嘉贶。孙文。哿。印。

据胡编《总理全集》第三集

———————

① 衡州程总司令、赵师长、林旅长、林民政处长、永州刘镇守使：即程潜、赵恒惕、林修梅、林支宇、刘建藩。

任命蒋国斌职务令

（一九一七年十月二十二日）

大元帅令

　　任命蒋国斌为大元帅府参军。此令。

大元帅（印）

中华民国六年十月二十二日

据《军政府公报》第十八号（一九一七年十月二十七日版）《大元帅令》

复林镜台电

（一九一七年十月二十二日）

　　云南督军署转行营黔军游击军司令石青阳转林参议镜台鉴：元电悉。川中赞同义军，大局之福。刻冀帅[①]已亲赴前敌指挥，倘重庆早下，宜急趋大江，则形势成矣。袁君[②]勇略可佩，应加委何职？请电告，以凭核办。诸将士战争劳苦，望随时宣布军府轸念之意。孙文。祃。

据胡编《总理全集》第三集

任命刘存厚职务令

（一九一七年十月二十四日）

大元帅令

　　特任刘存厚为中华民国军政府四川督军。此令。

---

①　冀帅：即唐继尧。
②　袁君：指袁祖铭，时任职黔军一路二纵队司令。

大元帅（印）

中华民国六年十月二十四日

据《军政府公报》第廿四号（一九一七年十一月十七日版）《大元帅令》

复章炳麟电[*]

（一九一七年十月二十五日）

云南唐元帅鉴：申密。译转章太炎先生鉴：效电敬悉。竞存前因陈督[①]收其亲军，故在惠招集旧部。嗣闻梁士诒亦适嗾莫擎宇、张天骥等在惠独立谋粤，竞存乃急止所部举动，梁、段谋遂败，故惠事骤发即定。联梁说实讹传，此间仍与陈督协议，拨回前亲军，陆、陈[②]意亦渐接近。本日派溥泉[③]谒陆商方略，候稍妥协，即分别出师。先此奉复。以后倘来电，有关粤事，请改用申密。孙文。有。

据胡编《总理全集》第三集

致 张 煦 电

（一九一七年十月二十七日）

唐元帅行营转宁远屯殖使张午岚君鉴：冯、段违法叛国，逼退总统，解散议会，民国真谛，不绝一缕。文膺非常国会之选，忝列元戎，为国讨逆，绠短汲深，殊惧陨越。足下侠心毅力，共和干城。时闻谢慧生君称道足下志行，辄为倾倒，袍仇之同，谅早心契。唐公

---

[*]　章炳麟时任大元帅府秘书长，派驻云南。
[①]　陈督：指陈炳焜，时为粤省督军。
[②]　陆、陈：指陆荣廷、陈炳焜。
[③]　溥泉：即张继。

蒉庚,仁勇公诚,海内同钦,护法爱国,声澈金石,尚希足下声应气求,联为一致,以星罗棋布之谋,收众志成城之效,惟足下实图利之。西瞻宁远,无任神驰,秋风不吝,还乞教我。孙文叩。感。印。

据《军政府公报》第十九号(一九一七年十月三十日版)
《大元帅致张屯殖使午岚电》

给管鹏委任状

(一九一七年十月二十九日)

任命状:任命管鹏为大元帅府参议。此状。

中华民国海陆军大元帅孙文

中华民国六年十月二十九日

据《国父全集》第四册(史委会藏影印原件)

任命吴山职务令

(一九一七年十月二十九日)

大元帅令

任命吴山为大元帅府秘书。此令。

大元帅(印)

中华民国六年九月廿九日

据《军政府公报》第二十号(广州一九一七年
十一月六日版)《大元帅令》

给朱晋经委任状

(一九一七年十月三十日)

任命状:任命朱晋经为筹饷委员。此令。

中华民国海陆军大元帅孙文

中华民国六年十月三十日

据《国父全集》第四册（转录史委会藏影印原件）

复谭延闿程潜电[*]

（一九一七年十月三十日）

　　长沙谭督军、程总司令鉴：敬电悉。忠勇至诚，溢于言表。苟且言和，非所夙许。所示各节，岂不赞同。顷得沪电，知北军陆续南下，宁已下动员令，战事当不远。望即率劲旅，迅攻岳州，分其势力。文以护法始，以护法终，必殚竭棉力，以相援助。望诸公共勉之。孙文。陷。

据胡编《总理全集》第三集

号召川滇黔军事统一通电

（一九一七年十月）

　　自督军坏法，国会解散，民国沦亡，建树义声，拥护约法，实惟西南是赖。川黔之斗，本由误会。北兵入蜀，祸等燃眉。唐督军扶义北征，心无固我，而熊镇守使、周师长亦赞成西南义举，力拒吴军。川滇黔之和解，既有端绪，此后当以一致抵御北军为主旨。三省形势相依，军事行动宜求统一。鄙意谓宜设川、滇、黔三省靖国军总司令，由唐公^①担任，统率既归于一，庶指臂之效可

　　＊　胡编《总理全集》第三集题为《复谭浩明等电》，误。据电文应为《复谭延闿程潜电》。

　　①　唐公：指唐继尧。

期。除将此义函告三省国会议员,请其在非常会议赶请公决外,特此电如〔陈〕,陈〔如〕荷赞同,请合词推举,俾早收统一之效。孙文。印。

据胡编《总理全集》第三集《团结川滇—致抵御北军之通电》

致杨庶堪电

(一九一七年十月)

上海杨沧伯先生鉴:阳日寄上任命卢师谛川西招讨使、石青阳川东招讨使各状,兹得沪电复生函称:"已在泸组国民军,可得有械八支队,请任总司令,卢为副司令,此后委者均归复生节制"等语。即照委,状仍寄兄转。前寄卢招讨使状即取消,但石仍照旧,是否合宜? 应否宣布? 盼速电复。致方师长电已送。孙文。

据胡编《总理全集》第三集

致黄复生等电

(一九一七年十月)

泸州赵军长转黄复生、卢师谛、石青阳三君鉴:兹悉已组成四川国民军,即任命复生为总司令,师谛为副司令,该军称中华民国军政府四川国民军。青阳在綦江另任命为中华民国军政府川东招讨使。除分电唐帅、刘督量予援助并转各军、师、旅、团长知照外,望即妥速接洽,共策进行。状另寄。孙文。

据胡编《总理全集》第三集

任命张群蒋介石职务令

（一九一七年十一月一日）

大元帅令

　　任命张群、蒋介石为大元帅府参军。此令。

大元帅（印）

中华民国六年十一月一日

据《军政府公报》第二十号（一九一七年十一月六日版）《大元帅令》

致李烈钧函

（一九一七年十一月二日）

协和我兄礼次：

　　久不接教言，想念之深，与时俱积。

　　岳军[①]来，惊谂尊公仙逝沪寓，闻之骇愕。窃念兄频年身勤国事，久未尽趋庭之愿；不谓时变方艰，顿遭大故，以兄之天性纯笃，哀毁可知。然国步颠踬，正赖贤者力荷艰巨。吾兄秉义方之训，尚望善继先志，稍释哀感，务以国事为重，以慰尊公九泉之灵，而副国人之想望。

　　兹特派邵元冲君代表奉唁，尚希节哀顺变，为国珍重。专函申意，诸惟亮照不宣。

孙文启　十一月二日

据《国父全集》第三册（转录史委会藏原稿）

----

　① 岳军：即张群。

给高敦焯委任状

（一九一七年十一月三日）

　　任命状：任命高敦焯为筹饷委员。此状。

中华民国海陆军大元帅孙文

中华民国六年十一月三日

据《国父全集》第四册（转录史委会藏影印原件）

给阮日华委任状

（一九一七年十一月三日）

　　任命状：任命阮日华为筹饷委员。此状。

中华民国海陆军大元帅孙文

中华民国六年十一月三日

据《国父全集》第四册（转录史委会藏影印原件）

任命洪慈等职务令

（一九一七年十一月四日）

大元帅令

　　任命洪慈、瞿钧祈、耿寰为大元帅府参军。此令。

大元帅（印）

中华民国六年十一月四日

据《军政府公报》第二十号《大元帅令》

任命孙洪伊职务令

（一九一七年十一月五日）

大元帅令

　　任命内政总长孙洪伊为中华民国军政府驻沪全权代表。此令。

大元帅（印）

中华民国六年十一月五日

据《军政府公报》第二十一号（一九一七年十一月八日版）《大元帅令》

准任命阮复等职务令

（一九一七年十一月五日）

大元帅令

　　代理内政总长居正呈请任命阮复、丁震、王度、张龙云、方毅为内政部秘书，方策、詹德烜、丁象离为内政部佥事。应照准。此令。

大元帅（印）

中华民国六年十一月五日

据《军政府公报》第二十一号《大元帅令》

致唐继尧电二件

（一九一七年十一月十日）

一

　　滇唐元帅鉴：义密。江电悉。公督师入蜀，定可早定川局，长驱武汉，直捣燕京，曷胜忭颂。承示请协和为执事全权代表，此后关于应行筹商事宜，即遵与李协和接洽。孙文。灰。印。

二

云南唐元帅鉴：申密。川事非得民军相助，不足以资提挈。黄复生、卢师谛在沪组织四川民军，兹已任命黄为该军总司令，卢为副司令。石青阳在綦江亦组民军，已任为川东招讨使。关于牵制逆军及调和川军，此次〔三〕①人均可为用，请量予援助，并电前敌各军长转饬各师［长］、旅、团长知照，互相接洽，以资连络是幸。孙文。灰。印。

据云南档案馆藏《唐继尧档案卷》原件

致章炳麟等电

（一九一七年十一月十一日）

云南唐元帅转行营章太炎、郭、王、刘、段、平诸先生鉴：申密。电悉。伪政府利用此间弱点，捣乱粤局。粤、桂如起内讧，于援湘即生障碍，西南全局或致动摇，即军府亦难立足，此理至明，人所共见。惟陆、陈始终不晤，近派溥泉使陆，请其承认军府，文必降心相从，即退让亦无不可。兹又派汉民往梧，迄未得其答复。粤对陈感情太恶，其中情形复杂，双方皆有通北之嫌，甚至玉堂之态度，亦颇难测。日间决裂之势，益形岌岌，军府既无实力，无从发言，所幸海军尚能自保。唐帅既已亲自督师，理应即日宣布就元帅职，以壮军威；并电促陆，使其自觉孤立，非与军府固结，则将为粤人所逐，自

---

① 据胡编《总理全集》订正。

可审度利害,就我范围,举足重轻,系于唐帅,惟诸君图之。孙文。真。印。

据胡编《总理全集》第三集

复唐继尧电

（一九一七年十一月十二日）

云南唐元帅鉴:申密。阳电悉。段逆诡谋军械借款,借外兵以杀国民,卖祖国而利一巳〔己〕,实为世界之公敌,亦即日本所鄙弃。日本朝野一致主张中日亲善,岂有助段逞逆,尚能与我国民亲善之理? 试观其舆论之反对,即知段逆狡谋〈之难成。公拟〉①联合〔名〕致电日本,词〔洞〕中肯要,文极端赞成。请〈即列〉鄙名径由尊处拍发,以免迟缓及电码重译致误。孙文。文。印。

据云南省档案馆藏《唐继尧档案卷》

复 张 煦 电

（一九一七年十一月十三日）

云南唐元帅转靖国联军第七军张司令煦鉴:冬电悉。遥闻独立,深明大义,良用嘉慰。唐帅已督师入蜀,自可静候指挥,提携川军,共下武汉,期在君等。饷械宜就近请唐帅接济。孙文。元。

据云南档案馆藏《唐继尧档案卷》原件

---

① 此件均据上海《民国日报》一九一七年十一月二十二日《孙大元帅电》校订。

致唐继尧陆荣廷电

（一九一七年十一月十四日）

云南唐蓂赓先生、梧州陆干卿先生均鉴：蓂赓先生佳电敬悉。北逆势骄，且挟外力，西南局势涣散，若无具体之联合，恐不足以资抵抗。原电似有联合西南之意，但苦无具体办法，宜即时发起西南联合会议，务期联合西南各省为一大团体，兵家所谓先爱不可胜者是也。如蒙赞同，即希公决集会地点及时期，以便联名招集，伫候答复。孙文。寒。印。

据云南省档案馆藏《唐继尧档案卷》原件

复章炳麟电

（一九一七年十一月十五日）

转章太炎先生鉴：真电奉悉。此间并无派赵端为招抚使，倘有假名招摇逾越轨范举动，请商由蓂帅酌予处置。滇、川事得左右及蓂帅主持，川事又委黄、卢①办理，文亦何乐纷歧事权，以生掣肘，想亮及之。孙文。删。

据胡编《总理全集》第三集

对于时局通电

（一九一七年十一月十八日）

天津黎大总统，四川行营唐元帅、章太炎先生，四川刘督军，

---

① 黄、卢：指黄复生、卢师谛。

贵州刘督军、王师长,梧州陆元帅,永州谭联合军总司令、刘镇守使,衡州程总司令、林旅长、林民政处长、马总司令、长沙王、范总副司令,南京李督军,南昌陈督军,武昌王督军,上海伍秩庸、岑西林、孙伯兰、柏烈武、蒋伯器、谭组庵先生,广州香山唐少川先生、程海军总长、林海军总司令、李协和先生、陈督军、莫镇守使、李省长、林总司令、张、方、陈三师长公鉴:前者段祺瑞主使叛党,蹂躏约法,解散国会。文与西南诸将帅,痛共和之中绝,惧民国之沦胥,率先主张护法讨逆。旋与海军舰队南下号召,并申请国会议员在粤开非常会议,佥谓戡定内乱,恢复约法,必须组织军政府,以资统一而利进行。文与陆、唐两公,同被举为大元帅、元帅,责以兴师讨贼之任。由是滇军奋起,西蜀联翩,湘南举兵,两粤扶义,不辞劳瘁,躬效驰驱,联合西南师旅,僇〔勠〕力同心,共谋约法国会之恢复。区区为国之诚,当为天下所共见。近以西南将士用命,克奏肤功,傅逆[①]潜逃,段贼解职。于是有主张调和,以解决大局者。惟此次西南举义,既由于蹂躏约法,解散国会,则舍恢复约法及旧国会外,断无磋商之余地。文虽不敏,至于拥护约法、维持国会,实具牺牲之精神,则除依照军政府组织大纲,非至约法完全恢复,国会职权完全行使时,断不废止。其有袭段祺瑞之故智,敢与约法、国会为仇者,一息尚存,岂容坐视! 诸公匡时爱国,具有同情,尚祈一致主张,坚持到底,民国前途实利赖之。临电迫切,无任神驰。孙文。巧。

据《军政府公报》第二十五号(一九一七年十一月十九日版)《大元帅对于时局之通电》

①　傅逆:指傅良佐。

申张讨逆护法令

（一九一七年十一月十八日）

大元帅令

　　共和政治，以法律为纲。维民国军人，以护法为天职。故民国成立以后，至约法公布，国会成立，而国基始确定。即全国将士，亦知非拥护约法、国会，则国本动摇，险象立见。是以袁世凯蹂躏约法，毁弃国会，则国内将士群起讨之。诸叛督迫威总统，解散国会；伪政府背反约法，组织非法参议院，则国内将士又群起讨之。举凡癸丑、乙卯以逮今兹之役，转战千里，伏尸相望，前仆后继，百死不悔者，何一非为护约法护国会而战。盖以国本苟摇，则危亡可竢。军人职在卫国护法，虽蒙大难赴锋镝，而义有所不忍避也。

　　此次叛督肇变，迫胁解散国会，继之以总统迁废，民国国统于此斩焉中绝。是以西南将士扶义而起，海军舰队援袍而兴，以为非恢复约法、国会，则有死无贰，誓不解兵。议员诸君，见义帜之飞翻，知民气之可用，乃相率南来，集合国会非常会议，组织军政府。于约法效力未完全恢复以前，由大元帅执行民国之行政权。

　　文以衰迈，膺兹艰巨，甚惧力弗能胜。然一念及我义军将士，拥卫约法、国会之热忱，不得不暂统治国权，以完未尽之责。受任之始，即以攘除奸凶，恢复约法自矢。苟约法国会一日不恢复，奸宄一日不扫清，则文之任务一日未尽。

　　我义军将士，苟知军政府受国会之委托，于民国绝续之交，负维持国统之巨任，则尤不可不与军政府僇〔勠〕力同心，共靖国难。矧治军之道，力合则强，势涣则衰。苟当此艰难绝续之交，无同力一致之效,则号令不齐,部曲散殊,何恃以驱叛众清逆焰,而收折冲御侮之效耶!

今伪政府自知罪不容于民国,方百出其诡谋,冀死力抗义师,为万一之徼倖。若彼以其整,我以其散,或分树异军,矫别名号,欲自外于军政府,此则所谓欲强其支,而不惜弱其干,其极非至于自弱自杀而不已。是乃伪政府所闻之而快心,然其非我义军将士,护约法国会之初志也。须知当此逆党方张,协以谋我之际,我义军责职未尽,艰危方殷。诸将士与军政府为同舟共济之时,非党同伐异之日,所望猛悟自觉互相告诫。军政府方与诸将士以诚信相见,共负靖国之责。

自今伊始,其各一德一心,合力讨逆,以克竟军政府与诸将士拥卫约法国会之大责。其犹有忘遑私图负固不率者,则是显逆义军讨逆护法之公意。军政府职权所在,亦惟有不得已垂涕征诛,与众弃之,国法所在,愿相诫以毋犯。谆谆之意,其共勉焉。此令。

大元帅(印)

中华民国六年十一月十八日

据《军政府公报》第二十五号(一九一七年十一月十九日版)《大元帅令》

致孙洪伊电

(一九一七年十一月十八日)

上海孙伯兰先生鉴:密。段逆既倒,议和在即。惟吾人护法讨逆,原以恢复约法效力及旧国会目的,舍此不提,则吾人此次举义,即成无意识之举动。是以北方将士,苟其以大局平和为重,当以取消非法机关恢复旧国会,为惟一无二之条件。倘仍段逆故智,则吾人一息尚存,决不与违法叛国者共戴。区区之意,谅执事定有同情。尚祈努力鼓吹,坚持到底,无任盼祷。孙文。巧。

据上海《民国日报》一九一七年十一月二十五日《电商议和》

致日本寺内首相等电

(一九一七年十一月二十日)

东京寺内首相、本野外务大臣、外交调查会、贵族院、枢密院、众议院、各政党领袖公鉴:中日邦交,年来益敦睦谊。此其故固由贵国本维持东亚和平之力,同情于我国国民革新事业之诚意有以致之;而我国民循世界潮流,竭心力以摧灭暴戾不法之旧势力,实为之动机也。循斯轨道,相携以进,两国前途互有幸福。

昔者袁世凯违背我国民公意,坏法称兵,我国民起而击之,贵国亦仗义而言之。在我国民以袁氏为逆,背世界潮流之罪魁;在贵国以袁氏为扰乱东亚和平之乱种故也。

段祺瑞昔虽反对袁氏,而政治腐败,实不失为袁氏嫡派。故自任总理以来,凌辱元首,压迫国会,招集军人谋叛,酿成宣统复辟,种种举动,世界之立宪国民久闻而冷齿。我国民为达革新政治之目的计,不能不起兵致讨。即在贵国,为巩固东亚和平计,当亦于我国民表无限之同情。

乃者报纸宣传,段氏近以出兵兴师之名,向贵国借款数千万,购军械药弹无算,拟在北方新编军队十师。此等风说,迭据传说,似非无因。且段氏自受我国民出兵征讨以来,势穷力蹙,事实昭然。出兵欧洲,非其所能,或者假托名义,向贵国诈取军械巨款,用以压迫护法之国民。若贵国助不法之旧派政治家,以摧残护法之革新政治家,以人道主义言之,亦属背道而驰。某等固深望此种谣传为非确也。倘段氏不量,果向贵国有此要求,甚望诸公勿为所动,严词拒绝,斯可减少逆军之战斗力,使义军速奏勘定之功。他日我革新之国民,起而掌握政权,与贵国永远维持东亚和平之心,握手同行,以增中日两国人民之幸福也。临电神驰,无任企祷。孙文、陆荣廷、唐继尧、谭浩明、陈炳焜。哿。

据《军政府公报》第二十七号(一九一七年十一月二十三日版)
《大元帅唐陆两元帅谭陈两督军联名致日本当局电》

准任命郑振春等职务令

（一九一七年十一月二十一日）

代理内政总长居正呈请任命郑振春、袁麟阁、黎庆恩、林者仁、曹羡、吴适为佥事,李维新为技正。应照准。此令。

大元帅(印)

中华民国六年十一月二十一日

据《军政府公报》第三十号(一九一七年十一月三十日版)《大元帅令》

复唐继尧电

（一九一七年十一月二十一日）

滇督军署转行营唐元帅鉴:申密。迭奉文、巧、皓各电敬悉。闻赵、黄、顾①各军在川屡获大捷,义帜所临,足寒逆胆,至可欣贺。望借屡胜之威,即就元帅之职,以慰国人之向望,则西南基础益形巩固,前途发展当可预贺。粤局始以陈督不理于众,日内情形极纷纭。现陈督既退职,此次继任者倘能公忠卫国,共济艰难,则各方

――――――――――――

① 赵、黄、顾:指赵世铭、黄毓成、顾品珍。

不合，捐蠲嫌怨，设谋抗敌。文志在为国，固毫无芥蒂之私也。协和①兄主张组织军事联合会及政务委员会各节，足收同力共举之效，鄙意亦甚赞同。望由尊处分促进行。近闻日内京中段逆确已辞职，军械借款或能中止，否则即由敝处体察情形，联名②电日。特此奉复。孙文。个。印。

据云南省档案馆藏《唐继尧档案卷》原件

复袁祖铭电

（一九一七年十一月二十一日）

云南督军署转行营黔军袁纵队长祖铭鉴：元电悉。知躬率劲旅，屡奏克捷，具见将士用命，指挥有方，至为欣慰。尚望努力前进，克竟大勋，临电驰念。孙文。个。

据《军政府公报》第二十七号《大元帅复
黔军袁纵队长祖铭电》

复金国治等电*

（一九一七年十一月二十一日）

老隆兴记转金司令国治，黄参谋，张、王两团长，刘、□两队长览：哿电悉。知我军乘胜进取，克复五华，具见调度有方，士气奋勉，至为欣慰。望仍努力前进，伫盼大捷。大元帅孙文。马。

据《军政府公报》第二十六号（广州一九一七年十一月
二十一日版）《大元帅复金司令电》

---

① 原为"更望"，据胡编《总理全集》校改。
② 原为"否则即由敝处体察情形复电"，据胡编《总理全集》校改。
* 金治国时任军政府潮梅第一支队前敌司令

复张煦电[*]

（一九一七年十一月二十一日）

　　云南督军署转行营第七军张午岚司令鉴：铣电悉。仗义执言，声讨逆贼，爱国热忱，昭然若揭，殊堪敬佩。望激励师旅，努力进行，贯彻始终，克遂初志，力锄逆党之根株，勿惑调停之邪说，庶坚持不懈，以集大勋。孙文。个。

据云南省档案馆藏《唐继尧档案卷》原件

复王文华电

（一九一七年十一月二十二日）

　　云南督军署转行营王电轮师长鉴：殿密。效电敬悉。知督率劲旅，进赴前敌，至为欣慰。石青阳部并承补助，尤感。此次滇黔联军攻川，屡奏大捷，倘江津得手，望即会攻重庆，然后顺流东下，直趋武汉，则长江之形势定矣。军旅多劳，临电神驰。孙文。祃。

据胡编《总理全集》第三集

致邓泽如等函

（一九一七年十一月二十二日）

泽如先生暨各同志先生均鉴：

----

　　[*]　张煦时任行营靖国联军第七军司令。

敬启者：自军政府成立以来，非常发展。四川方面，刘存厚已受此间委任为四川督军，川、滇嫌隙业已泯除。唐元帅亲自督师，克日进取重庆，以扼长江上游。湖南方面，傅贼已逃，长沙省城尽为南军所有。

最近段贼军械借款，不惜全国兵权全归外人之手，是以苏督李纯、赣督陈光远等极力反对，伪内阁阁员全体辞职。昨又以王占元为援湘总司令，段芝贵为代理鄂督，而王占元遂宣布自主，因之西南大局，更为进步。第军饷之需，待济良巨，当此功在垂成之际，尤望速筹巨款，陆续汇来，以应军用。民国前途，庶几重有光矣。特此通告，并颂

均安

孙文　　中华民国六年十一月二十二日

据《孙中山先生廿年来手札》影印原件

致林镜台电

（一九一七年十一月二十二日）

云南督军署转行营黔军游击军习令石青阳转林参议坏〔镜〕台鉴：元电悉。川中赞同义军，大局之福。刻熊帅已亲赴前敌指挥，倘重庆早下，宜急趋大江，则形势成矣。袁君[1]勇略可佩，应加委何职？请即电告，以凭核办。诸将士战争劳苦，望随时宣布军府轸念之意。孙文。祃。

据云南省档案馆藏《唐继尧档案卷》原件

---

① 袁君：指袁祖铭。

停招民军令

（一九一七年十一月二十三日）

大元帅通令

　　迩闻各属民军屡起以讨逆名义，转相号召，其慷慨请缨，真爱国心者固有足多，而假借名义扰害闾阎者，亦复不少。方今西南各路，凯报迭至，而陈督亦已去任，〈莫督接事，开诚相与〉[①]，本省地方长官，锐意维持地方治安，一致护法讨逆。所有各属民军，除潮、海〔梅〕外，应即一律停止，以待后命。此令。

〈大元帅（印）〉

中华民国六年十一月二十三日

据上海《民国日报》一九一七年十二月二日《军政府停招民军》

任命安健职务令

（一九一七年十一月二十四日）

大元帅令

　　任命安健为川边宣慰使。此令。

大元帅（印）

中华民国六年十一月二十四日

据《军政府公报》第三十号（一九一七年十一月三十日版）《大元帅令》

---

①　据《军政府公报》第二十七号《大元帅令》增补订正。

复 李 纯 电

（一九一七年十一月二十四日）

　　南京李督军鉴：元、哿两电均悉。执事本息事宁人之忱，负排难解纷之任，人同此心，讵能持异。西南各将帅皆素以维持大局为心，相见以兵，势非得已。今日重庆虽下，师未加于宜昌；潮汕虽平，卒不逼于闽境；荆襄虽独立，甲胄未接于武汉，不可谓为无意于平和。商榷调停，本自不难就绪；然北〈方〉政府［方］令〔今〕①任段芝贵长陆军，命龙济光扰两粤，近且闻任曹琨〔锟〕、张怀芝为征南总副司令，汲汲备战，不遗余力，举措如斯，何以推诚？西南诸省纵不言进取，势不能不谋自卫，执事又将何以教之？文以为解决国内之争，只在"法律"二字，办法本极简易。执事负调停之责，全国属望所归，西南将帅尤所钦重，尚望示以良规，力求持平，庶文亦足以将此中委曲告之诸将士，以期纠纷立解，有以副执事忧国公忠之意也。孙文。敬。

据《军政府公报》第三十八号（一九一八年元月四日版）
《大元帅致南京李督军电》

复唐继尧电

（一九一七年十一月二十五日）

　　云南督军署转行营唐元帅鉴：皓电敬悉。知顾军已克合江，进

---

　　①　此处据胡编《总理全集》同一电文校订。

取江津，兵气郁奋，名城屡捷，此非惟劲旅效命，亦以雄麾所至，足落逆胆也，岂胜欣贺。此时重庆之势已摇，长驱荡涤，当在指顾。伫盼大捷，无任神驰。孙文。有。

据《军政府公报》第二十八号（一九一七年十一月
二十六日版）《大元帅复唐元帅电》

致黎天才等电

（一九一七年十一月二十六日）

襄阳黎联军总司令、丁总参谋、杜总参议①，并转第二军张总司令、李副司令、陆参谋长、各路梯团司令、参谋②暨全体将领均鉴：前荆州石总司令③电，知执事以众望所归，由各将领公推，已就湖北靖国联军之职，当即复电致贺。兹接来电，护法卫国，辞旨凛然。执事自辛亥革命以来，屡著勋绩，有功民国。此次宣布自主，抗〔扶〕义讨贼于江汉流域，树之风声，壮我军威，益寒敌胆。逆军之在川湘者，已师徒奔命，将吏逃遁，而奸人犹狡焉思逞，厚集兵援，思欲再战。执事据荆襄重地，地扼江汉之形胜，南与滇、黔、川、湘、桂军互为声援，合力并进，以成腹背夹攻之势，则必胜之算操自我手。若复东取武汉，断敌归路，而西南大兵奋击于前，更可使逆军正〔匹〕马只输不返。前此失在姑息，除恶未尽，以致奸人迭出，变乱频仍。今兹务定澄本清源之策，为一劳永逸之计。尚希积极进行，贯彻始终，尽歼丑类，永奠民国。军事勤劳，诸维自珍。孙

---

① 丁总参谋、杜总参议：即丁荫和、杜邦俊。

② 张总司令、李副司令、陆参谋长、各梯团司令、参谋：即张联陞、李寅宾、陆始图、东路司令田犹龙、西路司令顾从务、参谋杜德晖。

③ 石总司令：即石青阳。

文。宥。

据胡编《总理全集》第三集

复叶独醒等函

（一九一七年十一月二十七日）

独醒、仲寿先生均鉴：

　　来函均悉。承汇各次款项，已由财政部照发收据。孙君扶摇委任状，亦经着陈君等带呈，请照查收。兹付上致吕、孙两君之函，希为照转。

　　此间情形，已详诸吕、孙两君函中，以后情形如何，当随时奉告，以慰热忱。至陈君等到尊处时，祈协同筹助，以利师行，不胜切祷之至。此颂
均安

孙文　民国六年十一月廿七日

据《国父全集》第三册（转录史委会藏影印原件）

任命连声海职务令

（一九一七年十一月二十九日）

大元帅令

　　任命连声海为印铸局长。此令。

大元帅（印）

中华民国六年十一月二十九日

据《军政府公报》第三十号《大元帅令》

致唐继尧电

（一九一七年十一月二十九日）

万急。云南行营唐元帅鉴：申密。日议员菊池昨电云："俄国内乱，由俄之德俘煽成，恐有入中国煽动，扰东亚平和者，对支政策一变。昨阁议决定，与协商国商议，使南北妥协，中国早归平和，南方须多让步，勉求东亚大局一致，此际认为必要。赶急派遣西南各省之人于〔赴〕日，代表南方各派以在日有信用之张继、汪兆铭为宜"等语。查此次石井使美，梁士诒与段充赴欧助战监督，皆与日本此举有关。国脉将以此终，不得不急图救济。文以为南北和议，本不容外国干涉，但恐为强有力者所制，是为可虑。并闻协商国有利用中国人众物力以攻俄之说。对德宣战已铸成大错，今欲并御俄、德，亡国必矣！今拟照派张、汪二君赴日，陈述意见，借图挽救，倘荷赞同，希将尊旨见示，俾早启行，并转告儒〔如〕舟、青阳、复生、锦帆诸公为盼。文。艳。

据云南省档案馆藏《唐继尧档案卷》原件

复唐继尧电

（一九一七年十一月二十九日）

云南督军署转行营唐元帅鉴：申密。有电奉悉。黄复生、卢师谛既以委任，名誉有所歧异，此间又未尽悉，其军队情况，亦似宜确当之名。不如尊处酌量委任后，即行电知，再军府加委，方为适合也。特此奉闻。孙文叩。艳。印。

据云南省档案馆藏《唐继尧档案卷》原件

复 李 纯 电

（一九一七年十一月二十九日）

　　南京李督军鉴：俭电奉悉。远辱使人，尤增愧感。半载以来，大奸披昌〔猖〕①，海内鼎沸。西南将帅，以拥护共和为心，仗义兴师，势非得已。执事慨念疮痍，期销除兵气〔氛〕，一匡危难，仁心毅力，岂〔曷〕胜钦迟。惟是军政府与西南诸省，既以护法讨逆为职志，倘能约法、国会完全恢复，创乱诸逆依法惩办，并由正式国会解决总统、内阁诸问题，则半国之兵，不难一朝而罢。否则法治难复，共和徒有虚名，劳师旷日，士气忿郁，口舌既穷，战祸益烈，亦非执事息事宁人之意也。执事负匡济之略，坐镇江宁，举动足为全国轻重，想能赞同斯意，互相提携，发纾正论，共靖国难，使民国断而复续，则国人之拜赐于执事者，为无穷矣。专复布悃，不尽区区。孙文。艳。

据《军政府公报》第三十号（一九一七年十一月三十日版）《大元帅复南京李督军电》

复刘显世电

（一九一七年十一月二十九日）

　　贵阳刘督军鉴：个电奉悉。知贵军力摧强虏，克复江津，捷报

------

①　此件均据上海《民国日报》一九一七年十二月九日同一电文校改。

遥传，无任欣贺。津城绾毂渝关，今既为我所有，足令周吴气泪。日内想长驱直进，又克名城矣。军书之暇，幸时惠教。专电奉复。孙文。艳。

据《军政府公报》第三十号《大元帅复贵州刘督军电》

复章炳麟电

（一九一七年十一月二十九日）

云南督军署转行营章太炎先生鉴：有电奉悉。致日政府电，昨日已会衔拍发矣。号电未到，请再以大意电示为荷。孙文。艳。

据《军政府公报》第三十号《大元帅致章秘书长电》

给管鹏委任状

（一九一七年十一月三十日）

任命状：任命管鹏为安徽招抚使。此状。

中华民国海陆军大元帅孙文

中华民国六年十一月三十日

据《国父全集》第四册《转录史委会藏原件）

致上海国民党本部电

（一九一七年十一月）

上海国民党本部诸同志鉴：日议员菊池昨云："俄国〈内〉①乱

---

① 此件均据《唐继尧档案卷》电稿增补订正。

由俄之德俘煽成，恐有人中国煽动，扰东亚平和者，故日对支政策一变。昨阁议决定，与协商国商量，使南北妥协，中国早归平和，南方须多让步，勉与东亚大局一致"云云。石井使美，梁士诒〈与〉段充准备赴欧助战监督，皆与日本此举有关。国脉将以终，请告宁、赣两督，协力救亡。电末云："此际须急派代表西南各省之人于〔赴〕日，代表南方各派以〈在〉日有信〈用〉之张继、汪兆铭为宜"等语。此间经电亹亹征求同意，一候复电，即请精、溥二兄赴日，陈述南方意见。文。

据胡编《总理全集》第三集

致刘显世电

（一九一七年十一月）

贵阳刘督军鉴：报载公通电援湘，义正词严，足寒逆赡〔胆〕，敬佩之至。段贼肆厥暴力，近更谋军器借款，乞灵外人，冀逞残杀，狼子野心，罪不容死。西南共起义师，非实力联合，不足以抗凶锋而纾国难。黔界川、湘，双方均宜顾及，援湘即所以保黔，而和川尤可以规鄂。尚希与唐、陆两帅互相提挈，以奏讨逆之功。军府居中策应，必当竭力援助。后有规划，幸时惠教。孙文。

据胡编《总理全集》第三集

致 张 煦 电

（一九一七年十一月）

东川专送宁远靖国第七军张午岚总司令鉴：傅君畅和来粤，备稔近状，知黾勉不懈，佩慰何穷。宁远控扼南服，旁通川边，形势之区,正可力筹发展。兹加任兄为川南镇守使,望竭诚规划,以树勋业。傅君明于政理,才识优裕,兹亦任为建昌道尹,想能相得益彰也。闻尊处军需稍形支绌,特于日内派员解送内国公债收条五十万,计五十册,装成一箱至云南刘护督,于该债券到时,即由尊处派员备文赴滇领解应用,并盼电复。孙文。

据胡编《总理全集》第三集

复黄复生卢师谛电

（一九一七年十一月）

云南督署转唐行营转永宁黄、卢总副司令鉴:申密。元电悉。改任两兄为四川靖国联军总副司令一节,前据唐帅电,并经加委电令知照在案。近闻赴毕商承唐帅策划进行,极为嘉慰。刘钟如不向南,叙泸必当恢复,根本既固,始克东下。望即积极准备,提挈川中各军,渝、泸、宁远分道并出,与滇、黔共图进取川中。前观望各将领苟可转圜,幸勿深拒,想两兄必能酌划得宜也。沧白尚居沪,已据兄处及渝电促来粤,商定办法后,再行赴川。青阳已改委川北招讨使,张煦任川南镇守使,傅畅〈和〉任建昌道尹,并闻。孙文。

据胡编《总理全集》第三集

复石青阳等电

（一九一七年十一月）

荆州石总司令、朱副司令①暨全体军官均鉴:咸电悉。黎君天

---

① 朱副司令:指朱兆熊。

才有功民国，素所钦佩。此次与诸君互相提挈，宣布自主，益见护法卫国之诚。今由诸君公推为湖北靖国联军总司令，极所赞同，尚祈积极准备，克日会师，直捣武汉，扼长江之形胜，联西南之义军，歼灭丑类，用竟全功，所至望焉。孙文。

据胡编《总理全集》第三集

致孙洪伊电
（一九一七年十一月）

上海国民党本部转伯兰：请告李督①，如南京宣布独立，军舰当可一致相助，文或乘之来沪，以取淞浙，为李督后援，请李放胆做去，断不致孤立也。寺内决定方针，使中国南北调和，利用我人众物力以攻俄国，此事若成，中国其高丽矣。一国之亡，当亡得轰轰烈烈，万不可因冯、段之私，遂暧昧断送之也。此时救亡妙策，在南北分离，庶不致为寺内利用，劫持中央，以临各省。我能分立，寺内无所施技〔伎〕，中国不与寺内一致，寺内当不敢建攻俄之策。盖除中国之人众物力，世无足以御德俄者。文决日美之败，更速于英、法也。望将此意设法传布国人。孙文。

据胡编《总理全集》第三集

复刘建藩函
（一九一七年十二月一日）

昆涛镇守使惠鉴：

张君鲁藩归，奉读手书，知猛进不懈，至为欣慰。购械事，其思

---

① 李督：指李纯。

力为相助,无如粤省所有,供给本省各军犹异常短缺;若向国外购取,则现时西南各省犹未正式经诸国承认,事实上难可援助,故购械一层,必稍需时日,始能设法,此中艰困想能谅之也。

近闻湘局稍定,滇、黔军在川亦大有发展;浙、皖义军分途并起,民气如此,大局当不难戡定矣。军旅贤劳,岂胜想念。专复,藉颂

戎祉

　　　　　　　大元帅　中华民国六年十二月一日

据《国父全集》第三册(转录史委会藏原稿)

致谭延闿程潜电[*]

（一九一七年十二月三日）

长沙谭联军总司令、程总司令均鉴:顷据毕同祁阳来电称:"奉谭石屏命返湘,组织义军,现被拘留,请为挽救"等语。毕同事文固未详,第其创事之始,既以鼓励民气,协同讨逆,情实尚有可原。倘所犯轻微,望即饬令宥释,以厉国人勇义之风,并盼电复。孙文。十二月三日。

据胡编《总理全集》第三集

停止招抚事宜令

（一九一七年十二月四日）

大元帅训令

　　令邓耀停止招抚事宜由。

---

　　*　胡编《总理全集》题作《致谭浩明程潜电》,误。

　　照得广东何苦多盗,历任官吏,非不竭力谋臻肃清,卒鲜良效。军府初建,设局招抚,本意招其桀骜归于轨范,使就工商之业,或从干城之选,意重弭盗,法取安辑。前以该局长素著勤慎,尤热心桑梓福利,特任命为广东招抚局长,俾利进行。正筹划安插之时,略有端绪,而地方官吏士绅,于招抚主旨尚多未喻,以致遇事扞格,奸人乘机假冒,以遂其私,乃丛谤于招抚,甚非设局本旨。军府深知治盗决非可以操切从事,而承流布政,尤赖吏士用命,人民了解既多,未喻招抚之良法美意,未便强行。招抚局事宜,着即行停止。所有已经派出人员,均即由该局长分令撤回。以后治盗事宜,即由地方长官完全负责。仍望各地方官熟察致盗之由,审喻招抚之计,因时利行。有厚望焉。此令。

大元帅(印)

中华民国六年十二月四日

据《军政府公报》第三十一号(一九一七年十二月五日版)《大元帅令》

转发孙洪伊通电致国会非常会议等电

(一九一七年十二月五日)

　　广州国会非常会议、莫督军、李省长、海军林总司令、李总参谋长、伍外交总长、张陆军总长、汕头陈总司令、武鸣陆元帅、长沙谭联军总司令、刘镇守使、林旅长,常德张、周、胡总司令,公安黎、石、唐总司令,云南刘代督、唐卫戍总司令,贵阳刘督军、王总司令、毕节唐元帅,重庆章太炎先生,永宁黄总司令、卢副司令,顺庆石招讨使,成都熊总司令、吕卫戍总司令鉴:接上海孙伯兰总长电,嘱传诸公,其文曰:"冯段近以俄德兵入境之说,恫吓西南,近闻有人以外患紧迫,急谋调和,且似有牺牲旧国会之意。夫外患之来,实恶劣政府所召，此而不革，不亡何待？故外患愈迫，而根本改革愈不容缓。现在北方前敌诸将确已有继冯旅而起之势，即主战之曹、张亦已倾向和议，果南方坚持旧国会之主张，不轻使之承认，大局速定，已不在远，此后必无极大战争，南中复何所畏？国会亡则中国亡矣，盼诸公努力主张，尤望滇、湘坚持，恐数日内或有向南方提出和议条件之事，祈勿为摇惑。孙洪伊。冬。"特以奉闻。孙文。歌。

据《国父全集》第三册（转录史委会藏原件）

任命苏苍职务令

（一九一七年十二月五日）

大元帅令

　　任命苏苍为大元帅府秘书。此令。

大元帅（印）

中华民国六年十二月五日

据《军政府公报》第三十三号（广州一九一七年
十二月十二日版）《大元帅令》

准任命周道万等职务令

（一九一七年十二月七日）

　　代理内政总长居正呈请任命周道万、周知礼、汪鲲南为内政部金事。应照准。此令。

大元帅（印）

中华民国六年十二月七日

据《军政府公报》第三十三号（一九一七年十二月十二日版）《大元帅令》

复刘显世电

（一九一七年十二月七日）

贵阳刘督军鉴：顷奉歌电，知我军已克重庆，捷报遥传，无任忻庆！渝关控扼大江，夙称天险，今既为我有，则顺江东下，孰能御之。望促蒉帅及电轮司令，倘部署粗定，宜即会率精锐，径趋宜万，应荆、襄创义之师，则豫、洛、淮、泗之郊，必有起而景附者，挽回气运，〈端〉①在今日，惟左右图之。孙文。〈虞〉。

据胡编《总理全集》第三集

复章炳麟电

（一九一七年十二月七日）

云南督军署转行营章太炎先生鉴：申密。江电奉悉。陆此次出兵，本在攫取湘权，长沙既得，其欲已偿，故一再电冯停战，而未及旧国会之应恢复；对于岳州北军，亦无驱除之意，于军府始终无诚意之表示，致冯意益肆，局势至此，危险实甚！现幸黎、石两师，举义荆、襄，闻联军亦下重庆，大江脉络可望贯通，此实一大转机。望促蒉帅渝事稍定，即分兵东下，武汉三镇桂所必争，倘能为我所有，即形势略定。文于皖、洛之郊，亦稍有布置，届时当可并起相应。此间征闽军已定，协和统滇军，竞存统粤军，悦卿统海军，玉堂任联军总指挥，一星期内，可有一部出发。此后局势，不无挽回之

---

① 此件均据上海《民国日报》一九一七年十二月十八日同电增补。

望,惟在吾人奋勉而已。孙文。七日。

据胡编《总理全集》第三集

复唐继尧王文华电

（一九一七年十二月八日）

　　云南督军署转行营唐元帅、黔军王总司令均鉴:顷蓂帅鱼电,知联军已克重庆,吴、周①潜遁,捷电遥传,欣喜何极。渝关控扼大江,实为天险。今既为我所有,则义军旌旗,可以直指东趋。望克日督师出峡,联合荆襄,传檄大江,以慰国人之望。军旅贤劳,临电驰念。孙文。齐。

据上海《民国日报》一九一七年十二月十八日《孙中山先生复电》

复唐继尧等电

（一九一七年十二月十日）

　　滇督军署转行营唐元帅并郭、王、刘、段诸君鉴:申密。宇镜兄等支电奉悉。深谋远虑,甚佩! 陆主停战议和,全出于自便私图,故于近日荆、襄举义,概称之为暴动,其态度可见。惟各方对于此举,多不赞成。现海军〈及滇粤军〉②已于佳日开始向闽出发,荆、襄及南阳已先后举义,滇、黔联军已下重庆。文于黄河流域,亦有大部兵力布置,七人〈不久〉即可由弟发动。望蓂帅迅出宜昌东下,进击武汉,则长江以北,将悉属军府范围。届时陆虽单独议和,亦

---

① 吴、周:指吴光新、周道刚,均为附逆北军者。
② 此件均据胡编《总理全集》增补订正。

无能为也。知念特复。孙文。蒸。印。

据云南省档案馆藏《唐继尧档案卷》原件

复黎天才等电

（一九一七年十二月十日）

长沙程省长转襄阳黎师长、荆州石师长均鉴：近读通电，知举义荆襄，宣言讨贼，为大江义师树之风声，威棱所播，足褫逆胆。方今滇黔联军已先克渝关，湘桂诸师亦进规岳阳。荆襄控扼大江，西连巴蜀，得诸君指挥其间，从此左提右挈，共清中原，匡复之功，良可预竣。所望努力进取，勉膺难艰，先电驰贺，续盼捷音。孙文。蒸。

据《军政府公报》第三十三号（一九一七年十二月二日版）
《大元帅致黎石两师长电》

致唐继尧章炳麟电

（一九一七年十二月十一日）

云南督署转行营唐元帅、章太炎先生均鉴：申密。太炎先生鱼电奉悉。滇海粤军定日内出发赴闽，黄河流域文亦均有布置。望蒉帅速出宜昌，趋武汉，下游响应者必群起，陆虽单独构和无为也。债券安南难通过，刻派滇军护送，由桂赴滇，共三百七十万，分装五箱，计三百二十五册，内三百万归蒉帅拨用，又二十万交太炎先生，五十万交黄复生，先此电闻。孙文。十一日。

据胡编《总理全集》第三集

任命石青阳职务令

（一九一七年十二月十二日）

大元帅令

　　任命石青阳为川北招讨使。此令。

大元帅（印）

中华民国六年十二月十二日

据《军政府公报》第三十五号（一九一七年十二月二十日版）《大元帅令》

致李纯陈光远电

（一九一七年十二月十四日）

　　南京李督军并转南昌陈督军均鉴：本日李、白两君来粤，备述尊旨，甚钦伟略。方今欲息纷争，但在恢复旧国会、约法。余〔执〕[①]事关怀民瘼，维持调护，深佩苦心。尚望始终主张斯义，挽救难危，国事幸甚，临电驰念。孙文。十四日。

据胡编《总理全集》第三集

致刘祖武唐继尧电

（一九一七年十二月十五日）

　　云南刘护督并转行营唐元帅均鉴：申密。刻特派黄嘉梁为云

---

① 据党史会编《总理全集》订正。

南劳军使,随同本府委员秦天枢、马德贵护送公债收条三百七十万,共大小六箱,及滇军十余人,日内取道粤、桂至滇,望尊处通令滇省与广西接境各官厅军队特别保护,沿途关卡迅速放行,并同时电粤、桂大吏,饬属一体保护验放为要! 先此电闻,仍盼见复。孙文。删。

据胡编《总理全集》第三集

复顾品珍电 *

(一九一七年十二月十五日)

云南督署转重庆靖国第一军顾总司令鉴:支电悉。执事僇力戎行,力摧强敌,捷书遥布,无任欣庆! 望乘新胜之锐,厉义武之众,直趋大江,则国人必有群起应之者,然后略定武汉,进规宛洛,逆军不足平也。临电驰念,续盼捷音。孙文。删。

据胡编《总理全集》第三集

与苏赣督军代表的谈话 **

(一九一七年十二月十六日)

余只知有共和,不知有他;余酷爱和平及和平之热诚,想为天下人所共见。唯余酷爱之共和,不但须有共和之名,且须有共和之实。共和国之精神寄托于国会,国会为共和政治之源流,无国会共和精神无由表现,则名虽共和,实系专制,其流弊之所及,更有甚于

---

*　顾品珍别号小斋,云南昆明人,曾任护国军第一军第三梯团长。

**　苏督李纯、赣督陈光远为解决大局重要问题,特派赣南镇守使李廷玉、苏军署秘书白坚武为代表到粤磋商,孙中山接见了他们。

专制。故余酷爱如生命者，名实相符之共和也。余自信为中国最爱和平之一人，唯余所酷爱之和平非一时的乃永久的。除去一切共和之障碍及为乱之种子，使国家大法得能确定，人人受此大法之支配，永久的和平之基础方能确定；不然迁就言和平，非余所乐闻也。余与西南各省之希望最简单，依法恢复国会而已。国会恢复，其他诸问题不难迎刃而解。再余非不慊于段氏，恶其假托加入战团平张勋等复辟之乱为名，攫取政柄，以遂其报复主义，对友邦对国民皆无忠信。继任之人，国会未恢复以前，继段者不能谓为合法内阁。总之，国会未恢复以前，一切设施皆非法。此余此次约同国会及海陆军及西南各省将帅护法卫国之大意也。

据上海《国民日报》一九一七年十二月二十三日
《苏赣两督代表抵粤记》

致唐继尧电

（一九一七年十二月十八日）

　　云南督署转行营唐元帅鉴：申密。顷据林君〔参〕[1]议镜台，自重庆来删电内开："顷闻刘、锺[2]均决心附义，已派人赴渝接洽，不日可到"等语。林君于川事素昌〔有〕[3]联络，果如所言，于川局前途，殊多进步。究竟现在情势如何？望约与一商，当不无裨益。又林君来电并称："现川、滇、黔将士，均极服从，〈理〉[4]合〈调〉[5]度应〈手〉[6]，请酌派劲旅二大队，一出宜昌，一〈出〉[7]丐〔下〕[8]汉中，叠〔已〕[9]收布〔奇〕[10]功。"此事是否可行？文未能遥度，并请裁酌，见

①③⑧⑨⑩　据胡编《总理全集》第三集所载同电校改。
②　　　　刘、锺：指刘存厚、锺体道。
④⑤⑥⑦　原电文缺，据云南省档案馆编《云南档案资料》第一期所刊同电增补。

复为荷！孙文。巧。下鸦〔方〕①请探转：

林镜台兄鉴：删电敬悉。照商蒉帅，请即接洽刘、锺及川中将士，可设法联络之。并请将近状电闻，至盼。孙文。

据云南省档案馆藏《唐继尧档案卷》原件

致王珩琯郑渭江函
（一九一七年十二月十八日）

珩琯、渭江仁兄惠鉴：

孙君强夫来粤，道及此次英捕房越界捕人，拘去尹君神武，非法刑讯，幸执事敦尚友谊，力为援手，使尹君虽陷幽圄，尚有昭雪之望，闻之殊深佩慰。

尹君本为吾党青年有志之士，在租界又无纤微罪辜，且英捕房拘票亦非尹君本身，乃诸捕志图邀功，一味指鹿为马，越捕毒讯，黑暗至此，复有何说。今执事既能尊崇公理，急友朋之难，尹君事仍望协力相助，俾无辜者不致永蒙莫白之冤，庶将来沪界尚有人道可言，其关系非仅尹君一二人已也。手此奉布，并颂

日祉

孙文启　六年十二月十八日
据《国父全集》第三册（转录史委会藏原稿）

复石青阳等电
（一九一七年十二月十八日）

荆州靖国第一军石总司令，傅参谋长，宋、刘两旅长，胡、孙、

---

① "鸦"字疑为"方"字之误。

李、谢各团长均鉴：顷读蒸电，知义帜飘举，共誓论逆，露布传来，欣喜何极。吾人此次举义西南，本为护法卫国，知非以武力为国法之保障，则无以促成平和之势，而固民国之基。文自以受国会所托，数月以来夙夜自励，惧无以副国人之望。赖海内志士，后先相应，西南将领，勠力同仇，用能屡克名城，叠摧大敌，全国风动，逆焰沮丧。请君建国之初，曾树勋猷，当兹丧乱国人，矫首引领以待者有日矣！今果宣义荆、沙，为大江师旅树之先声。从此西通巴蜀，南连三湘，奉提挈左右，共规大计。会西南之雄锐，清河、洛之氛祲，俾国法得连期恢复，国政得渐臻治理，以竟吾人救国之初志。所望勖励师干，力筹进取，大局实利赖焉。除已派张伯烈、蒋文汉两君赴荆慰劳外，特电贺，续盼捷音。孙文。巧。

据《军政府公报》第三十五号（一九一七年十二月二十日版）

《大元帅复湖北靖国第一军石总司令电》

致刘祖武唐继尧电

（一九一七年十二月十九日）

云南督署刘护督并转行营唐元帅均鉴：兹派云南劳军使黄嘉梁及委员秦天枢、马德贵随带滇军十名、弁目一名，于本月二十日内外，由广州启程，经桂赴〈滇〉，解送债券七箱，共四百二十万。其较前数增加之五十万一箱，系托刘护督留交宁远张午岚总司令者，到时请电致宁远，以便张处派员来领，并望尊处仍通饬滇省与桂省接境之各官厅军警一体特别保护为要。孙文。皓。

据《国父全集》第三册（转录史委会藏原件）

致章炳麟电

（一九一七年十二月二十一日）

云南督署转唐行营章太炎先生鉴：申密。自龙宣布就巡阅职，陆即通电交卸，又电两粤取消自主。莫督及在湘各桂军将领抑不庋行，虽其中别有机缄，粤终恐煽动。如蓂帅能就元帅职，则西南护法根本上不致动摇。今荆、襄黎、石业联合□□□，异军突起。蓂帅前者□电曾言"川局稍定，当可就职"。今渝埠既克，军势极振，又当粤局诡幻，正蓂帅践约就职时也。如此则观听既一，大江以北，必将群起应之。对内对外，尤易生效。望先生及时开陈，并约川、滇、黔各将领一致推戴。风声所播，陆虽单独媾和，无能为也。文于粤局，自当终始维持，而蓂帅就职，所关尤重。乞裁酌见复。孙文。个。

据云南省档案馆藏《唐继尧档案卷》原件

复熊克武等电

（一九一七年十二月二十一日）

云南督署转重庆熊镇守使及各将领均鉴：顷诵元电，知护法卫国，深具苦心，佩慰何似！此次西南兴师，纯为拥护国家大法，故不惜举国之兵，以为根本廓清之计。执事素怀忠于谋国，此次斡旋川局，维持地方秩序，使义师所至，匕邑无惊，尤见策画之密。望即奖率军旅，统筹大计，努力进取，贯彻始终。川、滇、黔唇齿相依，谊等一体。执事又与蓂帅为体〔休〕戚相共，当此协同救国之时，务宜通力合作,以厚实力,会师东下,进规归宜。荆、襄之声息既通,豫、洛之士气益振,则勘〔戡〕乱济危,讵异人任耶! 军旅贤劳,临风驰念,专电布悃,续盼捷音。孙文。个。

据胡编《总理全集》第三集

致刘建藩电

（一九一七年十二月二十二日）

零陵刘镇守使鉴:近据谭石屏先生自沪来电称:"前派毕同至湘,号召义军作西南之声援。嗣闻忽因事被逮,羁押零陵,嘱代电尊处,请为省释"等语。查毕同返湘举义,志有足多,其后因事逮羁,倘果情有可原,尚请量予省释,以厉国民好义之气。希裁酌电复为荷。孙文。祃。

据胡编《总理全集》第三集

致刘云峰等电

（一九一七年十二月二十三日）

云南刘护督、唐卫成总司令并转行营唐元帅、顾、庾、黄、赵各军长[①]、各将领均鉴:乙丙之交,逆袁叛国,帝制自为,国人怵于淫威暴力,相顾屏息。时冀帅僻处南疆,不忍坐视共和沦胥,与诸君率先声讨,劳师数万,转战于数千里间,断胻糜踵,后先相继,海内始群起应之,卒使逆袁穷蹙以死,余逆解体,民国始由危而复定。

---

　　① 唐卫成总司令、唐元帅、顾、庾、黄、赵各军长:即指唐继虞、唐继尧、顾品珍、庾恩旸、黄毓成、赵世铭。

追维匡复艰难，允宜同伸庆祝。今届纪念之辰，又当民国漂摇之际，蒉帅及诸君正勠力戎行，感念前功，责弥艰巨。所望力任靖国之业，成民国三造之功，俾此光辉赫奕之纪念日，与民国永永无极，此则国人所昕夕以祷者也。专电驰贺，不尽区区。孙文。漾。

据《军政府公报》第三十六号(一九一七年十二月
二十四日版)《大元帅致滇中各将领电》

委派黄大伟代祭先烈令
（一九一七年十二月二十四日）

大元帅令

　　本届十二月二十五日为民国四年云南首义国庆日。致祭诸先烈，派代理参军长黄大伟前往代行致祭。此令。

大元帅（印）

中华民国六年十二月二十四日

据《军政府公报》第三十六号《大元帅命令》

纪念云南护国首义布告
（一九一七年十二月二十四日）

大元帅布告

　　乙丙之交，逆袁叛国，谬称帝制，国人怵惕于淫威，峻冈敛首屏息，莫敢亢违，民国不绝如缕。时则滇中将帅，未忍坐视共和之沦胥，不辞以一隅之地，数万之卒，投袂而起；于四年十二月二十五日传檄远近，宣告逆袁罪辜，提兵四出，转战半载，北趋巴蜀，东临粤海，绝肮洞膺，遗骼载道，而终不反顾，逆势始摇。国内师旅，乃群起应之。逆袁以是穷蹙而死,支党消散,民国复定再造之勋,于斯为大。嗣经国会决议,以云南首义之日为国庆日,岁岁庆祝,以志弗谖。本年十二月廿五日,适届二周。当兹飘摇之运,弥念匡复之功,凡我邦人,允宜一体庆祝,示欢愉之忱,凛惕厉之志,勠力同心,共靖国难。俾此光荣之纪念,与民国永永无极,有厚望焉。

中华民国六年十二月二十四日

据《军政府公报》第三十六号《大元帅布告》

复林修梅电

（一九一七年十二月二十四日）

长沙三井洋行转余建光探转林谷凡旅长鉴:个电诵悉。近日少数人狃于私图,率主张和议。陆干卿且密电两粤,议取消自主,嗣莫代督以众意反对,抑不实行,态度颇极暧昧。文以为现在西南既以护法为宗旨,则无论如何必贯彻始终为止。况重庆已得,荆、襄继起,倘能竭力坚持,必可益望发展。岭南方面,文当力任维持之责,望兄与湘中及前敌各将领,互以此意相勉,勿误于缓兵之护,致废一篑之功。时事多艰,吾人尤宜奋励也。孙文。敬。

据胡编《总理全集》第三集

致黎天才等电

（一九一七年十二月二十六日）

襄阳黎联军总司令、丁总参谋、杜总参议并转第二军张总司令、李副司令、陆参谋长、各路各梯团司令、参谋暨全体将领均鉴:前荆州石总司令电知:执事以众望所归,由各将领公推,已就湖北靖国联军之职，当即复电致贺。兹接来电，护法卫国，辞旨凛然。执事自辛亥革命以来，屡著勋勚，有功民国。此次宣布自主，抗义讨贼，于江汉流域树之风声，壮我军威，益寒敌胆。逆军之在川湘者，已师徒奔命，将吏逃遁。而奸人犹狡焉思逞，厚集兵援，思欲再战。执事据荆襄之重地，扼江汉之形胜，南与滇、黔、川、湘、桂军互为声援，合力并进，以成腹背夹攻之势，则必胜之算操自我手。若复东取〈武汉〉[①]，断敌归路，西南大兵奋击于前，更可使逆军匹马只轮不返。前此失在姑息，除恶未尽，以致奸人迭出，变乱频仍。今兹务定澄本清源之策，为一劳永逸之计。尚希积极进行，贯彻终始，尽歼丑类，永奠民国。军事勤劳，诸维自珍。孙文。宥。

据《军政府公报》第三十九号（一九一八年一月十日版）
《大元帅致黎联军总司令等电》

致章炳麟电

（一九一七年十二月二十七日）

　　云南唐行营章太炎先生鉴：申密。效电悉。北军内讧，黎、石奋起，此时用兵之地，适在中原，倘滇军能顺流东下，会师武汉，则长江下游、黄河流域，必更有响应者，斯时破竹之势已成，其所获视之泸州损失，奚啻倍蓰。况滇为首义，具〔其〕军安顿于一隅，至劳师之病。且泸州虽拔，两军赓续开战，所损实多，与其重恶感于蜀人，曷若就欢迎于湘鄂。望告莫〔冀〕帅，早撤驻泸之师，鼓行而东，期与黎、石联络，破敌必矣。不然困顿于泸，非计之得也。文。沁。

据胡编《总理全集》第三集

---

　　①　据胡编《总理全集》第三集校补。

批周之贞函[*]

（一九一七年十二月二十七日）

答以各事可听执信计划而行。

据《国父全集》第四册（转录史委会藏原件）

复章炳麟电

（一九一七年十二月二十八日）

云南唐行营转章太炎先生鉴：申密。漾电悉。泸州已拔，甚慰。能不与川军争持，克取东下，大局庶有裨益。昨得密告，北军仍赓南来，议和必非诚意。李秀山^①态度渐近明了，闻有派兵浦口截诸〔堵〕北兵之事，西南益不孤矣。所示三事，张积怨已深，无可排解。程潜处已复电联络，并表同意。韵松^②经出兵两团攻闽，竟存得兵十余营，不日亦可向闽出发。如秀山能于中部独立，则北方援师已绝，破闽必矣。林德轩等起兵湘西，有兵二团，令其改用靖国军名号。请告赏帅，转饬前敌将士，与之提挈为祷。文。勘。

据胡编《总理全集》第三集

致黎天才等电

（一九一七年十二月二十八日）

襄阳靖国联军黎总司令、荆州石总司令鉴：湘中同志林德轩、

＊　原函系报告经营西江之事。此件所标时间为周之贞函所书日期。
①　李秀山：即李纯。
②　韵松：即方声涛。

张学济、周则范、胡汉前承文令起兵湘西,德轩有精兵三千余人,余众相若,经集合于常、澧等处,合之周、张诸军,兵力甚厚。常、澧接邻鄂境,足为贵军之助,希妥为接洽,互相提挈,毋任切盼。文。勘。印。

据胡编《总理全集》第三集

致刘建藩林修梅电

（一九一七年十二月二十八日）

零陵刘镇守使、长沙林旅长修梅鉴:湘中同志林德轩、张学济、周则范、胡汉前承文命起兵湘西,各路合计有兵两师,均属惯战之士,与两公谊属旧交,又为同志,维持桑梓,须具同心。现拟进窥武汉,希妥为接洽,互相提挈,毋任切盼。文。勘。印。

据胡编《总理全集》第三集

致唐继尧等电

（一九一七年十二月二十八日）

云南唐元帅、贵阳刘督军、重庆熊镇守使鉴:湘中同志林德轩、张学济、周则范、胡汉前承令起兵湘西,德轩有兵三千,余众相若,集合于常、澧,合之张、周诸军,计湘西有两师以上,决计与荆石师联络。护法军现令改称靖国军,以归划一。请转告前敌各将官,妥为联络,是所厚望。文。勘。

据胡编《总理全集》第三集

复唐继尧刘显世电

（一九一七年十二月二十九日）

云南行营唐元帅、贵阳刘督军鉴：刘督军漾、养两电均悉。熊镇守使举滇、川、黔三省总副司令，为统一指挥起见，文极赞同。责望所关，两公毋以挹谦自许，望早就职，以慰众心。文。艳。

据《军政府公报》第三十八号（一九一八年一月四日版）
《大元帅致唐元帅刘督军电》

任命郑启聪职务令

（一九一七年十二月三十日）

大元帅令

任命郑启聪为大元帅府参议。此令。

大元帅（印）

中华民国六年十二月三十日

据《军政府公报》第四十七号（一九一八年二月二十五日版）《大元帅令》

致唐继尧电

（一九一七年十二月三十日）

云南行营唐元帅鉴：申密。伯兰敬日电云："段复出，局势大变,北兵陆续南下,并决议先取南京。宁督①已悟,调停无望,且借调停,以缓我师,决以宁力抵抗。日昨已密下动员令,军队已由浦口出发,事机迫切,请转唐、莫、谭三督及西南各军,迅速一致进行,勿令宁督陷于孤立。岳州北军已有退让之意,天相民国,机不可失。"又电云:"此间与各方接洽,已决议彻底解决。长江战事,恐不在远,亟望粤军攻闽,湘军速攻岳州,以公言之,此机万不可失,以私言之,宁、赣竭诚助我护法,决不可坐视其危,自翦羽翼"等语。查此间所得各路消息,宁已动兵,已成事实,但恐孤立无援,长江或为北军所蹂躏,深望贵埠军克日东下,以分北军之势。武汉北军,久无斗志,事必有成。协和、竞存攻闽之师,已继续出发,若共和有幸,得以保全,破贼必矣。文。陷。

据胡编《总理全集》第三集

致唐继虞等电

（一九一七年十二月三十日）

云南督军署唐萍赓先生鉴:义密。请译转李文、宇铤、止塘、静庵诸兄,伯兰来电云:"段氏复出,冯之政策一遵段辙,其所承认某某条件,皆敷衍一时之计,今军借款又由冯相接,向某国要人交涉成立,国家必由渐趋灭亡。况苟且言和,冯、段合谋挟中央以临长江,西南诸公必无幸免。此间已与赣、宁秘密商定,确已密下动员令,抵抗北军。北方各省内溃已甚,我军能坚持,不特段倒,冯亦随之。应请蓂公速通电二事:一恢复旧国会,一政府宣誓守法。两事已准,再议其他条件,以为将来根本解决之备,并以为赣、宁之声

---

① 宁督:指李纯。

援。并速分兵下宜昌，冯、段窘，或有明令停战，但我万勿轻以承认，致贻后患。此电系代陈赣、宁之意。伏乞垂察。洪伊。有。"谨转达。文。陷。

据胡编《总理全集》第三集

致唐继尧章炳麟电

（一九一七年十二月）

云南督署转行营唐元帅、章太炎先生均鉴：申密。前因运送内国公债收条事，曾经电达，拟于二十日左右由粤起运。惟近据私讯，陆有令两广取消自主之说，虽未征实，然讹言繁多，运送程途，在两粤境内，非三星期不能抵滇。且为数又有七箱之多，中间恐难安全。现在正式债券，三四星期内可以造完，不如待造成后，如两唐无甚变动，当径以正式债券解送，以保道途之安全，并免以公债收条更换债券之手续重复，想尊意亦以为然也。知关注念，特此电闻。孙文。

据胡编《总理全集》第三集

复石青阳等电

（一九一七年十二月）

云南督军署转重庆石青阳、朱之洪、宋辑先、林镜台诸君鉴：同密。蒸、元两电悉。唐行营无同密，特将蒸电由此间译转，以后毋再用同密电。唐所陈办法，自由〔属〕切要之图，惟当从唐帅宣布就元帅职入手。近日龙已宣布就巡阅使职，陆即通电交卸。又电莫督取消自主，莫及在湘各桂军将领，抑不奉行，一面海陆军又声讨龙氏,此中固别有机缄,然粤局终恐生变动,故唐帅就职尤为时势所不可缓。青阳改任川北招讨使,业经电令知照。扩充兵队,固属要图,械弹实无法购运,目前缺乏,由青阳请滇、黔接济,较顺而易得。沧白在沪,当电促来粤议,然后赴川。镜台暂毋来粤,川中情形,希随时电告。复生、锡卿改任四川靖国军总副司令,午岚任川南镇守使,傅畅和任建昌道尹,附闻。孙文。

据胡编《总理全集》第三集

批朱葭等函[*]
（一九一六至一九一七年间）

　　凡有萧部,可以不理。盖本部并未命令萧办事,其自号为十三军军长等,实属谬妄之极。

据《国父全集》第四册(转录史委会藏原件)

批　阙　钧　函^{**}
（一九一六至一九一七年间）

　　代答以日来因种种意外之事,罗掘已空,实无力相助,幸为谅之。

据《国父全集》第四册(转录史委会藏原件)

---

　*　原函为朱葭等请转政府抚恤萧成美事。此件所标时间据《国父全集》。
　**　此件所标时间据《国父全集》。原函请求资助事。

批□幼柏函*

（一九一六至一九一七年间）

答以前函未接（查明）。袁氏死后，势力仍在彼党徒之手，民党无权，万事不可为，其尚有一线生机者，则在各省之同志能集合团体，坚固地盘，先成立支部，随便采用名目，俟有数省城〔成〕立，然后本部乃可随之成立，否则必无办法也。

据《国父全集》第四册（转录史委会藏原件）

批 徐 某 函

（一九一六至一九一七年间）

代答以先生现无暇顾及党事，各事皆听之在京党员酌量施行。地方上之〈事〉，可据实禀于内务总长便可，先生不便干预也。

据《国父全集》第四册（转录史委会藏抄件）

批 吴 某 函**

（一九一六至一九一七年间）

答以此间困乏异常，无从为力，当致函永福、楚楠、义信〔顺〕三友，请其援助。楚楠、永福、义顺之信，要时寄去。

据《国父全集》第四册（转录史委会藏原件）

---

* 此件所标时间据《国父全集》。
** 此件所标时间据《国父全集》。

批加拿大温哥华国民党支部陈某函

（一九一六至一九一七年间）

答以收悉，并述告近情，俟还债交涉妥后，乃能订各种章程以进行也。心准相加函寄去。

据《国父全集》第四册（转录史委会藏原件）

批江南合群实业公司某某函

（一九一六至一九一七年间）

答以政府侨款尚无期，故无［无］从移借，不能如约。

据《国父全集》第四册（转录史委会藏原件）

批美国《民气周报》函[*]

（一九一六至一九一七年间）

答以函悉。此间实无一纯为吾党机关报，故无从应命交换也。组织政党，现在实有不宜。吾党海外同志，当结合为一华侨实业，专从事于实业，则更能收好效果也。俟政府还债事如何，乃能从事进行也。

据《国父全集》第四册（转录史委会藏原件）

---

[*]　此件所标时间据《国父全集》。

批某某函四件[*]

（一九一六至一九一七年间）

一

答以中华革命党自袁氏一死之后，约法恢复，国会招集，即行取消矣。今后国中无大变乱，弟则决意不问国事。盖今后想无有野心家矣，则维持现状，以使政理从渐而进，国内大有人也。

二

自答不必登报，侨款俟三次之款还妥，当设法还首次之款，则兄自可不辩而明也。前函似未收到。

三

代答以此次吾党各□用兵，所借侨款、外款共二百七十万，尚未清还，□再无通融之地，所请接济报务，无从为力。

四

所言极有见地。此间现所欲者，首为银行，次及他业，亦即此一劳永逸之意也。今已从事于调查，俟调查的确，乃能从事于计划，而其第一要着手在推广党势，固结党力。

据《国父全集》第四册（前三件转录史委会藏
原件，后一件转录史委会藏抄件）

---

* 第一件原函来自南洋卑南埠，所标时间据《国父全集》。

致邓泽如函

（一九一七年）

泽如先生台鉴：

　　兹有浙省特派调查南洋实业专员王君孚川（名廷扬）、丁君心耕（名福田）来观贵埠之光，特为绍介，希妥为招待，并导观一切；且绍介之于贵埠暨邻近各埠实业家，俾得详细调查，将来归国报告，鼓舞政府，振兴实业，保护华侨之心，必大有所助也。专此敬达，即请

台安

孙　文

据《孙中山先生廿年来手札》原件影印

致聂伟臣函[*]

（一九一七年）

伟臣镇守使执事：

　　敬启者：吴君回，备述爱国热诚，匡时壮志，诺共进行，声讨国贼，至为钦忭。执事以名父之子，志节学术，超迈一时，谓宜久膺疆寄，而至相嫉贤，不加摧国翻，令走卒竖子相临制国，威之不振，外侮之日臻，信非偶然也。

　　文以国家将亡，责无旁贷，誓竭心力，以拯生民。得阁下推诚

---

[*]　聂伟臣时任职烟台镇守使。

相信托,北方杰士,必联袂偕来,风声所树,大势可定,勋名竹帛,于此觇之矣。

此方形势尚佳,俟定有确期,再当相告。专此敬达,即请。

据《国父全集》第四册(转录史委会藏原稿)

致□仲衡函
(一九一七年)

仲衡先生大鉴:

别后想无恙。民国覆灭,吾曹万不能坐视,足下素同具救国之志,而今日则为救国之最后机会,过此以往,更无可为矣。

西南以湘省为屏蔽,而吾兄为湘省同志所亲仰,于此实有厚望。余君到湘,专办此事,希与熟商,速行布置,凡笔所不得达者,皆由余君述。此请

义安

据《国父全集》第四册(转录史委会藏原稿)

批某某函二件*
(一九一七年)

一

答以中华革命党并未成功,故无从长顾党长。且自袁〈死〉之后,本党已将余款解散党人,并取消本党名义,此后已无共同之约束,自不能再以党名而要求党魁之接济也。且先生为党务而负债

---

* 第一件原函为请求党魁接济党员事。

二百七十〈万〉,尚无归还之地,不得而请于政府,尚受国人之攻击,此债不还,断无借筹之地,万难接济党人也。且党之义,当以党人而接济党魁,断无以党魁一人而接百千万之党人也。此万国党例之通义也。吾国谚语有云"十人养一人肥"。今中〈华〉革命党人许身于国者不下数万人,倘人济十元,则非数百万元不办,君试设身处地,将若之何?然先生所济之人,日已不少矣,君之穷境,先生实有同情,其奈尧舜犹病何!

二

答以时局诚如来书所言,日人之眼光远之士,皆主联结民党,共维东亚大局;其眼光短少之野心家,则另有肺腑也。现在民党当与〔以〕联日为态度。

据《国父全集》第四册(转录史委会藏原件)

元 旦 布 告

(一九一八年一月一日)

民国肇基,既越六稔,中更祸乱,颠覆者再。文自惭首建,未竟全功,每思往事,辄用危惧。现值建国七周之辰,又为各省义师于役护法之会。叹国难之频仍,哀民生之多艰,午夜徬徨,不遑宁处。

因思吾国昔为君主专制国家,因人而治,所谓一正君而天下定。数千年来,只求正君之道,不思长治之方。而君之正,不可数数见,故治常少,而乱常多,其弊极于清季。受当世列强法治潮流之激荡,遂益情见势绌,转觉数千年之旧国,组织尚未完备,海内贤豪相与病之。群谋更张,以备外竞,而辛亥之改革以成。

当是时,文以薄德,恭承国民委托之重,就职南京;莅任之初,即向国民宣誓,以南北统一为解职之期。迨请帝退位,统一告成,遂遵前言,退而下野。夫岂欲藉此以鸣高,良以共和国家,首当守法。藐兹予躬,实欲为法治植其基耳。不谓辞让非人,终于反噬。约法毁灭,国会废弃,燃人治已死之灰,播专制未尽之毒。既已以天下自私,人之欲之,谁不如我。故僭窃继起,叛变屡作,国无宁日,以迄今兹。综过去六载之泯棼,何一非在上者弁髦法纪阶之厉。犹幸共和大义,深浃人心。西南豪杰,义旗屡举,卒使叛盗计不得逞。由是可知国法不容妄干,而人治断无由再复也。

方今各路义师,迭奏奇捷,歼除元恶,指顾可期。际兹新岁,凡我忠勇国民与海陆诸将,当益奋前功,速图勘定内乱,回复平和,使法治之效,与并世列强同轨。庶足以生存发展,保此民国亿万年无疆之庥,愿与国民共勉之。

据《军政府公报》第三十八号(一九一八年一月四日版)
《中华民国七年元旦大元帅布告》

在广州寓所与刘德泽的谈话[*]

(一九一八年一月一日)

我自护法南来,未能实现护法主张,去了一个陈炳焜,又来了一个莫荣新,都是护法障碍。这几日,因为我决心要驱逐莫荣新的秘密消息,被李烈钧、吴景濂、王正廷他们晓得了,所以他们时常来劝解,阻我不要动作,我怕麻烦,故此装病。你若能今晚就去发难,我就立刻起来同你去,跑九十里路毫不相干。你须注意的,就是同

---

[*] 刘德泽时任大元帅府参议。孙中山愤粤督莫荣新骄横跋扈,曾命刘运动滇军赵德裕等驱莫。此为一日夜称病时对刘的谈话。

海军约定的发难日期不可误事,因海军升火须遇机会。

据罗家伦编《国父年谱》(台北一九六九年十一月增订本)

下册(转录史委会藏刘德泽《中华革命党外纪》抄本)

致李纯陈光远电

(一九一八年一月一日)

南京李督军、南昌陈督军均鉴:岁历聿新,万汇昭苏。登斯民于康乐,臻美政于升平。载瞻新猷,无任钦颂。孙文。东。

据《军政府公报》第三十八号《大元帅致宁赣二督军电》

复王奇等电

(一九一八年一月二日)

合川王总司令暨各长官均鉴:东日阅巧电,大义凛然,不仅消弭兄弟之阋墙,并可破灭共和之蟊〔蟊〕贼,毋任钦佩。文前以川、滇鹬蚌之争,原为冯、段所利用。苟固结不解,北军乘此弱点,实足以蠚灭西南,民国前途不胜危惧。经派秘书长章君太炎驰赴滇、川为之劝解,而川军稍有未喻,再起奋争,良用怒然,至为怅望。今承明示,捐川、滇之小嫌,与军府一致讨贼,是用欣慰。今特委任执事为四川靖国联军川北总司令,并分电川中靖国各军及滇、黔两督,转饬前敌各将官,互相提挈,急遽进行,以蹙北敌。并望转喻刘、锺所部各军及周部刘旅长,以北京政府倾覆而后,川、滇必有完满之解决。毋以小忿而忘公敌,为天下后世所笑,文实有厚望焉。再:锦帆、复生、青阳①近在泸、渝,希与联络,一致进行为盼。孙

---

① 锦帆、复生、青阳:即熊克武、黄复生、石青阳。

文。冬。

据《军政府公报》第三十八号《大元帅复王司令奇电》

致唐继尧刘显世电

（一九一八年一月二日）

　　云南行营唐元帅、贵阳刘督军鉴：顷接王奇自合川电称："愿捐川、滇昔日之嫌，与军政府一致行动，经彼所部推为川北总司令，请电执事转饬前敌将官互相提挈"等语。查王为周道刚所部旅长，现周已逃，彼能归附南军，勠力讨贼，系出诚意，且王于文有旧谊，经由本府任为四川靖国军联军川北总司令，借系军心。除电四川黄总司令迅商熊、石两军，察核情形具报外，请即转前敌将官，妥为联络为盼。文。冬。

据《军政府公报》第三十八号《大元帅致唐元帅刘督军电》

致唐继尧电

（一九一八年一月二日）

　　云南行营唐元帅鉴：读俭电，知已就职滇、川、黔三省总司令。统帅得人，将士用命，破敌必矣。谨电驰贺。文。冬。

据《军政府公报》第三十八号《大元帅致唐元帅电》

致何成濬函

（一九一八年一月二日）

雪竹吾兄大鉴：

亚伯①来粤,借知盛况,为国勤劳,毋任钦佩。日来北方仍以停战聒西南,各路来电,均谓其绝无诚意,再战之期,当不在远。长江一带,知兄近来多所尽力,兹特倩兄专意经理,并望与荆襄黎、石两总司令②商榷。如宁、赣早动,则北寇为不足虑矣。余由亚伯转达。此请

台安

孙文启　一月二日

据《国父全集》第三册(转录史委会藏原稿)

大元帅布告*

(一九一八年一月三日)

照得本军政府由国会非常会决议组织,以护法救国为目的。设立以来,迭遭不法官僚明沮暗挠,一切设施均被阻遏,救国大计,无由进行。每加晓谕,冥顽蔑悟,欲民国复安,法律有效,非先驱除此不法官僚不为功。海军、滇军,素深明护法之旨,与彼万不相容。粤军将士,弥爱共和;即在桂军,亦不乏明哲之士。当此机会,可共功名,仰该各军官长士兵遵依密令,迅行进攻,破灭敌人。功成之后,懋赏有加;如或游移,必贻后悔。特此布告。

据上海《民国日报》一九一八年一月十五日《军政府大元帅布告》

---

① 亚伯:即曹亚伯。

② 黎、石两总司令:即黎天才、石星川。

* 底本未署日期,据同日《民国日报》报导追述,炮击广东督署事发生在一月三日夜,此件应为三日发布。

给林祖密任命状

（一九一八年一月六日）

任命状：任林祖密为闽南军司令。此状。

中华民国海陆军大元帅孙文

据《国父全集》第四册（转录史委会藏影印原件）

致唐继尧电

（一九一八年一月六日）

云南唐卫戍司令鉴：前派邓天翔、张得尊、黄季陆、温宗铠赴川，现留滇境，请由尊处加给护照，俾早成行。孙文。鱼。请转张佐丞君：冯君到，函悉。请仍留滇，所需款稍缓当汇。文。

据黄季陆编《总理全集》下册（成都近芬书屋
一九四四年版）

在广州各界茶会上的讲话

（一九一八年一月九日）

此次兄弟与程总长率舰南来，系图共和之恢复。共和之真义在使人脱离奴隶，凡百政制，以民为主。譬如商业，国家如一公司，人民即公司之股东，国民即公司之董事，政府即公司之办事人。办事人非法，董事例得干涉之。有时变出非常，如公司被盗入据之类，董事人数一时不足，则其残余之董事，既受股东负托，亦应有干涉之权。盖非常之变,当受非常处理。今日国会开非常会议,实为应变当然之手段。或者不察,疑为非法,且因是不承认由国会产出之军政府。试问复辟以后,民国已亡,横览中国,除军政府更谁是真正中华民国之正统者。若既知北京为非法政府,不予承认,复不承认军政府,得毋复退而承认复辟耶?

总之,军政府在今日恰如一父已死亡之遗腹子,在法在理,俱当然有效,且各省军民,其承认军政府者甚多。如江苏、四川、山西、江西、湖北俱有电来。独吾粤官民,冷淡视之,以致仅有外形,毫无实力。而讨逆戎机,遂种种迟误于无形矣。

当陈炳焜督粤时,曾致电唐继尧,谓听军政府自生自灭。果其听之,犹可言也。今则愈逼愈紧,只许自灭,不许自生。如军政府欲行其职志,而事事掣肘。至莫擎宇背叛,潮汕已非我有。军政府派金国治往讨,迭克各城,而竟被惨杀。最近本府卫队连长排长二人,系李福林所部,无辜遭军政府枪毙。兄弟五点钟送信往保,深夜即被杀戮,并信亦不见复。此二人虽曾造贼,但曾造贼便要杀,又何以处督军、省长?似此行为,是直逼军政府自灭,不止冷淡视之矣。

兄弟向曾宣言,断不过问广东事。故未返粤之先,已时听粤人倡广东人之广东一语。至前数日,各方面更愈逼愈紧,箭在弦上。但其主张在督军位置问题,与吾主张在军政府求生问题,完全有别。故虽有人约兄弟迟三日爆发,共同行事,亦以目的不同,遂不之许。三号晚炮击督署之事,实所以表公道、伸不平,而使军政府自辟其生路者也。幸莫督军勇于觉悟,绝不还炮,事后又承认军政府所要求之条件。是军政府既有生路,复何苛求之可言?且我对于莫督私交向来颇好。彼督未久,所行政令亦无劣迹可评。以后粤人为欢迎之、或反对之,本军政府都断不过问。

兄弟现在办法，系决将吾粤多余军队率令出发，实行讨逆。出发之后，即使行乞，亦可减吾粤人之负担，而我军政府亦可日辟生机。今请诸军到来，系将军政府以上情形，宣布众听，使人知今后断不至再有惊扰。仍望大家同心协力，拥护共和，回复其公司股东完全地位。

军政府之存在，不特要莫督军承认，更要我人民承认。望诸位回去，将此意通告各人，一致承认军政府，则民国不难保存，共和不难恢复也。

据上海《民国日报》一九一八年一月十七日《孙中山请各界茶会记》

复李汝舟电

（一九一八年一月十二日）

合川电局等送遂宁李前卫司令鉴：江电悉。义军进克名城，毋任嘉慰。现在川事复杂，南北旗帜分张，北伐之师牵制南下，影响大局，深为痛心。尚望鼓励将士，奋勉戎机，俾川局内部融洽，一致响南，会师武汉，歼灭破法诸逆，促成真正共和，是为至要。孙文。侵。

据《军政府公报》第四十号（一九一八年一月十六日版）
《大元帅复李前卫司令电》

致唐继尧电

（一九一八年一月十三日）

云南督署转行营唐元帅鉴：请派人密送转界璧汇探交甘肃顾军转呈导河县马翰如先生鉴：自叛督摧法荐乱，冯、段盛〔盗〕取国权，神圣共和，不绝如缕。文与滇、海两军及国会同人，组军政府于粤东,护法兴师,越数月矣。义声所播,大敌为摧。环顾国中,纷纷响应。会师北伐,允奏肤功。惟是大局安危,西北所关实巨。执事威望素著,遐迩钦驰,甘省全部,专资提挈。据报焦桐琴等已杀新建右军团统军,赴导河。执事举足重轻,国人企仰,尚望举兵援助,与南方一致进行,俾约法完全恢复,拥护真正共和,是为至祷。临电毋任神驰。孙文。元。

据云南省档案馆藏《唐继尧档案卷》收电原件

复熊克武电

（一九一八年一月十四日）

　　重庆熊镇守使鉴:鱼电悉。吴、周[1]败逃后,执事通电川中各师,力主调和。护法保川,用心至〔良〕若〔苦〕[2]。乃刘、锺[3]不纳,将复战争。执事不忍糜烂地方,至为可佩。惟刘、锺托言爱蜀,牵制义师,为护法计,断不能听其助张逆势,破坏大局也。顷闻川中同人公推执事为川军总司令,提挈得人,川局不难迎刃而解。努力前进,伫盼捷音。特复。孙文。寒。

据《军政府公报》第四十号《大元帅复重庆熊镇守使电》

在援闽粤军官佐欢宴会上的讲话

（一九一八年一月十五日）

　　此次何以有粤军会宴？因我军政府成立数月,毫无发展,经陈

---

①　吴、周:指吴光新、周道刚。
②　据上海《民国日报》一九一八年一月二十六日所载同一电文校订。
③　刘、锺:指刘存厚、锺体道。

司令竭力经营,始有此军队成立。即以此军队,以再造共和。溯民国七年以前,可谓无共和,盖一坏于袁,再坏于张,三坏于段。我粤军此次仗义,再造共和,诸君即为再造共和之人物。粤军此次与军政府出发,可决到处无不欢迎,我军无不胜利。何则？因当军政府未成立以前,无一军队以武力推持,空空组织政府,同志多以为兄弗〔弟〕与海军到粤,乃召集国会,产出军府。然当时发起,尽属文人,只可名为文政府。今得诸君拥戴,从此军政府可望发展。

兄弟更有告者,现在北方督军,如江苏李纯、江西陈光远均表同情于西南,其余为湖北、湖南、陕西相继起义。依此而推,军政府从前无一军队而各有势力,尚能发达。现既有军队出发,其胜利之结果,可以断言。

兵法云:知己知彼,百战百胜。兄弟再将南北军队情形为诸君言之。北方现在兵多械足,又经教练,比较南方,则南方诚不如彼。然吴光新带兵入川,云南以少数之军队,竟能使吴光新将四川全省完全入我范围。傅良佐调兵入湘,然湘南举义,遂逐其出境。此其故非北兵不足以战,盖由我士气发扬,我正彼邪,我直彼曲,所以望风逃溃。福建北兵更不如吴、傅,且北方人士均我同胞,均爱共和,不过压于彼辈势力之下。若我义师出境,彼辈孰无良心,又岂肯与我抗拒。即如李厚基派兵到潮,其军尽属精锐,桂军所以能克之者,因我以公理胜彼,彼所以不能抗也。然则今日出师援闽,决无不克。更有望者,诸君须建再造共和之奇勋,世界未有之事业,为吾粤增无上之光荣,此为兄弟所厚望于诸军者也。

据上海《民国日报》一九一八年一月二十五日
《孙中山宴援闽粤军诸将纪盛》

致张溶川等电[*]

（一九一八年一月十五日）

　　常德张溶川先生并转凤凰田凤丹先生、洪江周先生鉴：谭督入湘而后，湘军虽平，而岳州未下，牵制北伐之师。诸先生座镇桑梓，毋任忻慰。惟当此一发千钧之际，北军伪令停战，南方应备进行。将胜之棋，一着难缓。望诸先生督率湘西健儿，一致出师援鄂，扼武汉以控幽燕，则长江流域，不崇朝而定，大局问题，亦易解决也。文已派秘书李建中为湘西劳军使，到时自馨〔罄〕鄙怀，并闻。孙文。咸。

据上海《民国日报》一九一八年一月二十六日《孙大元帅与各要人最近往来电》中《请湘西军援鄂电》

复唐继尧电

（一九一八年一月十五日）

　　云南督军署转行营唐元帅鉴：真电悉。俟王参议季抚到时，自当妥为接洽。再川事情形，仍望随时电示。孙文。珊〔删〕。

据《军政府公报》第四十号《大元帅复唐元帅电》

---

　　[*]　张溶川即张学济，田凤丹即田应诏。据覃振《致中国国民党中央执行委员会呈原稿》云："张学济，号容川"，孙中山电文中或作"溶川"、"榕川"，均仍其旧，不一一改动。

复章炳麟电

（一九一八年一月十六日）

火急。重庆熊镇守使转章太炎先生鉴：申密。真密敬悉。道途劳瘁，极为系念，妥抵渝城，欣慰无已。刘存厚既与锺体道抗命不悟，势非声讨不足以固吾军根本。克武兄兵力既厚，又得人心，洵吾党难得之士，望执事励其破除顾忌，提兵进取，国安乃所以保川也。谢慧生来言，得电，川中同人公推克武兄为川军总司令，业于青日就职，不审确否？前经唐帅电商军府，尝委任黄复生、卢师谛为川军总副司令。闻复生现亦在渝，如公推属实，则军府应加委任，请召熊、黄两兄妥商办法，密复为祷。去年十一月手书奉悉，略有商榷之处，已另函奉复寄渝。孙文叩。铣。

据胡编《总理全集》第三集《致章太炎等电》

在广东省议会的讲话

（一九一八年一月十七日）

兄弟今日来会，为国会召集经费问题，以求议员诸公之解决。缘国会来粤，为贵会所欢迎。当时来粤者，虽二百余人，然在京沪间，心切护法，而未即来者，尚有四百余人。时因经费困乏，一切费用，本由兄弟担任，然为力有限，应付已穷，故未能一一欢迎来粤。国会之未能正式召集，即此原因。

方今大局纷扰日甚，几乎全国用兵。默念徒以武力解决，究不若仍以法律解决之为愈。国会者，为全国人民之代表，苟能正式召集,事无大小,悉待解决,何患大局之不趋于平和。夫用兵原属不得已之举,得此解决,则全国都可以不用兵,而一国问题都可以随之解决。武力之不如法律,当可判然矣。独是经费一点,最为困难,自不能不仰赖议员诸公以求解决。吾粤自主以后,中央解款,已一概截留。而新增收入亦达千余万,苟能于此款项下,酌拨百万或五十万移诸国会,则正式国会立可告成。而会中经费亦可支持半载。有此法律解决,则大局可望和平,不用武力。以视本省用兵而后,未及载,用费至千余万之多,仍无效力,兵连祸结,了无穷期,而结果亦不外乎法律者,敏捷多矣。

国会自解散,譬如人身已死。前受贵会之欢迎,召集广州,开非常会,如人死之复生一半,若再得贵会之帮助,正式开会,直全身复生矣。议员诸公,何幸而得此莫大之光荣,成再造中华民国之大事业乎?各省护法具有同心,然限于地势,恐亦徒羡诸君之光荣而已。兄弟于此问题,顷与两议长谈论,得表同情,甚望议员诸公,将此问题从速解决,以救既死之国会而固垂亡之民国,是则兄弟馨香以祝之者也。

据上海《民国日报》一九一八年一月二十四日
《粤省〈议〉会筹备国会经费谈》

在宴请滇军第四师官佐会上的讲话

(一九一八年一月十八日)

今日诸君到此,为军政府之光荣,兄弟感谢。自军署成立以来,少与滇军诸将士谈话,今日是最好机会。谨将兄弟意见为诸君言之。

自段等破坏约法,彼辈与我义师抗,遂有今日南北之战。然南北本是一家，原属统一，何以又有战争？因北京政府破坏约法、倾覆共和，我南方为护法而起。但战争之目的在胜利。伊古以来，战争常有。太古之世，人与兽争，结果人胜。渐进文明与野蛮争，结果文明胜。有知识与无知识争，其结果有知识胜。此次因国内有破坏约法者，故不得已，起而与之争。但争在有知识、保护约法，与背叛共和者争。果冯段胜，抑西南胜，如果我无知识，则事失败，亦不必与之争。若我有知识，则我胜必矣。凡一国政府，必统一全国。北京政府成立在前，已为各国所承认，我等今日反抗政府，即为叛徒，即为土匪。我等甘为土匪，甘为叛徒，则已；若不甘为土匪，不甘为叛徒，则必有以处此。当美国之叛英，何以即能脱离英国范围？因他今日开战，明日即立政府。既有政府，即有统治权，故不特不为土匪、叛徒，且卒能成一富强之美国于地球上。去年爱尔兰之叛英，不过四小时，起义时，占领邮便局，即与英人战。而某为总统、某为各部大臣之布告，已遍布国内。事虽未成，然举动甚有秩序。故当时逃亡美国之人及被拘者，均不得以为土匪、叛徒，而以政治犯论。就上两事观之，美国成功，而爱尔兰失败，然政治家均认为是政治家之行动。

我等今日护法，已历半年。询之外人，辄指我为叛徒、为土匪者何故？因北京政府早经成立，外国亦早经承认。我等可无对抗之地位，无统一之政府。即现在军政府对外一事不能发展，亦因未经各国承认所致。故北京政府可以借款，可以购械，而我则不能。然则我等今日与北京政府战，果据何道？即军长、师长亦非可以反抗政府，而与之战。今日欲与北京政府战，莫如称帝。在民国言则莫如称总统。因无相当之地位，不能有反抗之权力。

兄弟今日有友人告我，谓伊自沙面来，据粤海关税务司说，此处海关每年有千万之款解入北京。现南方既有政府不知扣留，何愚之至此。如此看来，北京政府以我南方千万之巨款购枪械以杀南方，谓非知识之低，无以自解。然则今日我以最低之知识与北京政府战，绝无不败之理。且值百抽五之税，均办归北京。故凡我一饮一食，皆予彼杀我之资。兄弟有鉴于此，乃召集国会，产出军政府。然数月以来，只有非常国会与军政府之名目，其他则一无所有。西南护法，岂非护民国之法？在帝国有皇帝，在民国有国会，故民国之国会即为帝国之皇帝。兄帝〔弟〕与国会到此，即如文天祥带宋帝南下；后宋帝死，犹有文天祥以下殉者多人。试问今日国会死，军政散，殉之者果有何人？在坐诸长官，未必无殉国之思，然尚未见有何表示。即现在之军政府，西南护法各军，不特不见拥〈戴〉，并未见承认。然军政府为国会所产出，较之三国之蜀，当为正统。兄弟以为国会为宋帝，兄弟之责任即为文天祥。国会若散，兄弟即殉之。所以有初三夜之举。此事虽未成，论者多以为失败。兄弟以为军政府不能发展，国会终须消灭，如此做去，尚得死所，故仍返军署，预备一死以殉国会。幸当时莫督大有觉悟，谓从今后愿尊重军政府。军政府自成立以来，未得人承认，莫督既愿尊重，则承认军政府者要算是莫督为首先之一人。莫督且言以后种种，尽可磋商，交涉员亦归军政府委任。故兄弟以为莫督既能如此，亦未尝不可以同事。

至于其承认军政府真心与否，可试问西南护法与否。若要护法，必先有政府，无政府而与有政府抗，即如野蛮毒兽，毫无智识，成亦无功，败则为寇，徒为外人所笑。但我军政府成立半年，尚未经外人承认，是何原因？犹忆兄弟从前在云南河口革命，法国领事即承认为交战团体。迨后事败逃亡，法亦承认为政治犯。辛亥武昌起义，各国亦即承认为交战团体。

今日军政府未得外人之承认，其原因甚多，兄弟略为诸君言之。在军政府未成立以前，兄弟即已向外国交涉，已得数国同意。美国并已表示，军政府成立，美国即可首先承认。迟至今日，何以仍未见承认？因我未有通告到彼。发一通告，本非难事。然人将问我政府是否有军队、土地、人民。我将无以应付。如此看来，并非外人不承认我，是我们自己不承认自己。当年武昌起义，只有一个团体，今日在广东，已有六个团体。其中尊重军政府者，第一为莫督军，第二为粤军。故今日兄弟为国家、为约法，求滇军各将士承认军政府。若大家不承认军政府，将来无论如何胜利，仍不失为叛徒、为土匪。滇军诸将士千里转战来粤，都是热心爱国。都是最有智识。若以兄弟为不能负此责任，亦宜另组织一政府。不然，难免不蒙不好之名。若能合为一气，一致进行，排除障碍，统一中国，将来定可为世界一等强国。何则？中国土地、人民、物产，远过各国。德国以等于云南之版图，以等于四川之人口然为现在世界第一强国。美国版图、人口亦较我少数倍。若我国能效法德、美，改良政治，只要十年，便可驾乎德、美。日本与我同文同种，其文明均由我国输入，其土地人民不如我亦远甚。外人以白人所行，黄人不能做到；日本亦我黄种，何以不过四十年，便能强国？我国若实行从根本改良，兄弟可信，十年可以做到。然今年民国已七年，兄弟到广东，闻有许多人民骂我革命党，以当革命时，已许他革命后可享幸福。今日乃大谬不然，亦无怪人民之骂。然此皆由革命后，一切皆为野心家所剽窃、所垄断，为当时革命党所不及料。但官僚如果可以治国，我们也可让他去做。然此七年来，种种违法殃民之事，层见叠出。今日之害更烈，故我辈不得已与之战。既与之战，必有相当之地位，始可得外交之胜利，然后出兵，可收全功。不然即力〔?〕打破中国，将来之权，还归野心家所剽窃。

　　大约文明国对内不用武力，中国今日并未达到文明程度，不免仍用武力。外人多以南、北为二团体,其实不然。在北,冯有冯一团体,段有段一团体,其余师长、督军,拥兵自固,各有一团体。南方亦然。今日中国遂成一纷纷之逐鹿之现象。此种现象于国家前途,有莫大之关系。吾人应预防之,故不能无统一机关。且去〔前〕年袁逆称帝,云南首先起义,云南军队之声名,已洋溢中外。今日出师护法,兄弟实有莫大之希望于我滇军诸将士也。

据上海《民国日报》一九一八年二月二日《军政府宴请滇军席上之演说》

任命萧辉锦职务令
（一九一八年一月十八日）

大元帅令

　　任命萧辉锦为大元帅府秘书。此令。

大元帅（印）

中华民国七年一月十八日

据《军政府公报》第四十一号(一九一八年一月二十一日版)《大元帅令》

任命刘燧昌职务令
（一九一八年一月十九日）

大元帅令

　　任命刘燧昌为大元帅府参议。此令。

大元帅（印）

中华民国七年一月十九日

据《军政府公报》第四十一号(一九一八年一月二十一日版)

任命严培俊职务令

（一九一八年一月十九日）

大元帅令

　　任命严培俊为大元帅府参议。此令。

大元帅（印）

中华民国七年一月十九日

据《军政府公报》第四十一号

复黎天才电

（一九一八年一月十九日）

　　襄阳黎联军总司令鉴：元电敬悉。义军杀敌，势若摧枯，迭克要区，可为嘉贺。北京伪令停战，老我师心。王督①复串赵逆②，进逼襄、樊，虚与调和，深滋痛恨。幸赖执事督率所部，奋勉戎行，江汉之间，不难底定，会猎中原，当亦不远，伫盼捷音。各路战守情形，仍望随时电示。孙文。皓。

据《军政府公报》第四十二号（一九一八年一月
二十六日版）《大元帅复黎联军总司令电》

---

　① 王督：指鄂督王占元。
　② 赵逆：指赵荣苔。

复刘志陆吕一夔电

（一九一八年一月十九日）

汕头刘镇守使、吕道尹鉴：霰电悉。前次战克潮、汕，杀退莫、臧①诸逆，师行劳苦，厥功实多。今复辱电欢迎，无任感慰。此间出发事件，布置尚有未周，俟定行期，再为电达。孙文。皓。

据《军政府公报》第四十二号《大元帅复刘潮汕镇守使吕道尹电》

复唐继尧电

（一九一八年一月十九日）

毕节〔唐〕行营唐元帅鉴：真电敬悉。川东南北，既渐肃清，怅望川氛，平定有日。惟襄、汉、荆、宜攻战最烈。北军数路南下，岳战〔州〕②剧战，亦在目前。长江义旅，马首是瞻。亟望执事总领师干，迅期出发，以慰众望，克尽全功。至祷。孙文。皓。

据《军致府公报》第四十二号《孙大元帅复唐元帅电》

在宴请海军滇军官佐会上的讲话

（一九一八年一月二十日）

今日宴请海军、滇军并欢迎伍总长，兄弟感谢。此次兄弟与国

---

①　莫、臧：指莫擎宇、臧致平。
②　据上海《民国日报》一九一八年一月二十六日所载同一电文校勘。

会议员到粤，开非常会议，组织军政府，其原因由滇军张师长先电欢迎，又蒙海军护送到粤，所以兄弟有此胆量，成今日之结果。海军、滇军厥功甚伟。

大凡天下事，都从无意中做成，若能始终一致，亦决无难事。当年革命时，以少数之革命党，欲推倒满清政府，我国人大抵皆以为难能。即外国之政治家，亦以中国数千年相沿之专制国，数百年根深蒂固之满清，决难改革为共和国。然兄弟百折不回，照此做去，卒告成功，建立一中华民国。但为野心家所垄断，七年以来，捣乱数次。今日我等起而护法，是回复真正共和之最好机会。然兄弟自督海军，滇军欢迎来粤，当时以必可告成功。因现在国家之武力在海军，而海军之权力在程总长。程总长首先护法，与兄弟同来，自可扫除一切障碍，以复共和。

到粤以来，程总长所以不肯急进者，以小心谨慎，统筹全局所致。滇军在粤，饷械皆仰给于广东，不得不审慎再三，故难遂初志。人民方面，比海军、滇军之难处尤有甚者。故虽欲为我帮忙，亦踌躇而不敢出。此故以最好之机会，最易之事业，亦不能稍有起色。凡天下事必须同德同心，不问其结果之若何，一致进行，不屈不挠，方可成功。譬如人生之初，将来其能成人与否，人品如何，在不可知之数。为之父母者，必衣之、食之、教之、诲之，以底于成。故世界之大进化，除天公以外，无非盲从。若预怵于利害，必无幸成之理。譬如吃饭，在文明世界，互相为用，不识不知，饥则食，究未知造饭之理。若一旦漂流荒岛，无五谷百米以充人之食料，无柴米无油盐以助人之烹调，欲求一食，必自做发明家，亦非易事。今日我辈做国事，亦如来自荒岛，一般人人都未做过。数千年都是专制，一旦要改为共和，必说不能，由其心之不敢做。譬如在荒岛，要发明食料，亦非大难事。今日之必须要政府，即如在荒岛中，饥要求食。大致进行,定可成功。

近来军政府渐渐已有起色,从此可望大放光明,都是由滇军之欢迎,由海军之护送。今得伍总长出任外交,故兄弟极表欢迎,将来护法事业,可望成功。

据上海《民国日报》一九一八年一月三十日《二十日军政府宴会志详》

任命李安邦职务令

(一九一八年一月二十日)

大元帅令

任命李安邦为大元帅行营卫队司令。此令。

大元帅(印)

中华民国七年一月二十日

据《军政府公报》第四十一号

致宫崎寅藏函

(一九一八年一月二十一日)

滔天仁兄同志如握:

海天遥隔,想望何涯,惟新春纳福,酒兴益豪,为祝为慰。文南下而后,即从事护法,徒以德薄才疏,未能指日收效,方滋渐〔惭〕悚,幸人同此心,叛法奸人,不容于众,义旗所指,海内望风,底定全局,当在不远耳。本月江日之举①,文实具有不得已之苦衷,诚恐海外传闻失实,用嘱殷汝耕君东渡,面陈一切,并望转达诸同志,无

---

① "江日之举":指一月三日夜炮击广东督军署事。

任感荷。详由殷君面达。专上,即颂

近安

　　　　　　孙文启　中华民国七年一月二十一日

　　　　　　　　据《国父全集》第三册(转录史委会藏原稿)

致犬冢木函

（一九一八年一月二十一日）

犬冢仁兄有道:

　　新春想贵体康和,覃第多祥为颂。敝国改革事业,实东亚和平之基,忝以志同,诸承鼎力,至今心感,莫可状喻。时局变化虽多,大体日趋良好,西南内容虽复,护法则出一心。纵吾曹理想之实现尚遥,而惩戒叛人,使国民知法力胜于武力,保约法之尊严,则实现当不远矣。一切详情,非楮笔所能尽,统由殷汝耕君面陈。专布,即请

大安

　　　　　　孙文启　中华民国七年一月二十一日

　　　　　　　　据《国父全集》第三册(转录史委员会藏原稿)

致寺尾亨函

（一九一八年一月二十一日）

寺尾先生惠鉴:

　　前年冬沪渎分袂,方冀民国国基日固,共图东亚久安。乃一度新年,乱萌遂兆,由春而夏而冬,奸人叛国,义师护法,继起迭生。文自来粤,即从国人诸君子后,共矢护法锄奸,迄今又度新年矣。

徒以棉薄,未能指日收效,引领东望,何胜惭惶。先生之援助吾国
改革十年矣,而我国民乃未能仰副盛志,此殆积弊过深使然,亦即
我曹不能不更赖贵邦有志鼎力者也。兹因殷汝耕君东行之便,谨
泐数行,用抒鄙忱,不尽之意,由殷君面达。专布,即请

道安

　　尊夫人均此请安。

孙文启　一月二十一日

据《国父全集》第三册(转录史委会藏原稿)

致头山满函

(一九一八年一月二十一日)

头山先生惠鉴:

　　自违教益,瞬又两度新年,惟春祺纳福,覃第凝祥为颂。文自
客秋南下,从国中有志,共矢护法,徒以棉薄,未克早收成效。引领
东望,何胜惭惶。先生于敝国之改革,东亚之兴隆,持之十年如一
日。此次更有日支国民协会之设,敝国拜赐实多,大德不谢,惟矢
努力前途,以当报答耳。兹因殷汝耕君返日之便,用修寸简,聊致
微忱。一切详情,由殷君面达。专上,即候

道安百益

　　日支国民协会诸公,均祈代为道候。

孙文启　一月二十一日

据《国父全集》第三册(转录史委会藏原稿)

致今井嘉幸等函

(一九一八年一月二十一日)

今井、龟井、水野三兄有道:

　　殷汝耕君来，为道执事等主持日支国民协会，直接间接裨益我国时局甚大。溥泉①东渡时，复承热心画策，俾能收效，高情厚谊，拜赐良多。文自客秋南下，从国人诸君子后，共矢护法，乃以德薄才疏，未能指日收效，引领东望，何胜惭惶。所幸人同此心，叛法奸人，不容于众，义师所指，海内望风，护法目的，不久度当能达。此际惟望诸兄格外尽力，俾援段政策，勿得再萌，则敝国大局，赖以早日奠安，东亚前途，亦有攸赖。至于此间详情，非楮笔所能尽，由殷汝耕君面达。专布，即请

筹安并贺年禧

　　　　　　　孙文启　中华民国七年一月二十一日

据《国父全集》第三册(转录史委会藏原稿)

致萱野长知函

（一九一八年一月二十一日）

萱野仁兄无恙：

　　别来敝国国基复摇，文躬自南下，从国人诸君子后，共矢护法。今又度新年矣，而以德薄才疏，未克指日收效，引领云天，何胜惭悚。尚冀诸兄勠力相援，以期敝国早日奠安，进图东亚大局耳。此间详情，非楮笔所能尽，由殷汝耕君面达一切。专候，即请

大安

　　　　　　　孙文启　中华民国七年一月二十一日

据《国父全集》第三册(转录史委会藏原稿)

---

　　①　溥泉：即张继。

复菊池宽函

（一九一八年一月二十一日）

菊池仁兄有道：

前由山田兄处转来尊电，拜悉一是。溥泉、精卫尚滞沪上。遣使之事，正在磋商，不久当见诸实事也。惟是未经派人之前，东京诸事，尚希偕日支国民协会诸公鼎力维持，万勿使援段政策复萌，则民国拜赐实多，文谨当代表国民致谢也。不尽之言，托殷汝耕君面达。专布，即请

大安并颂春祺

孙文启　七年一月二十一日

据《国父全集》第三册（转录史委会藏原稿）

复熊克武吕超等电

（一九一八年一月二十一日）

四川重庆熊镇守使转前敌吕纵队长、王团长鉴：迭阅川来捷电，欣悉君等竭诚护法，奋勇冲锋，力克名城，无任嘉慰。尚盼早歼川中抗义余孽，东下武汉，会师中原，挽救时艰，回复约法，至为切祷。孙文。个。

据《军政府公报》第四十二号《大元帅复四川
重庆纵队长吕超团长王维纲电》

复夏之时电

（一九一八年一月二十一日）

　　泸州夏招讨司令鉴：阳电悉。此次川中战祸，肇于存厚一人，目下困处成都，自无委曲求全之理。义师声势既雄，法力终当战胜。调和二字，国人厌闻，自应贯彻初衷，为根本之解决。〈执事前日通电，未曾接到，并闻〉①。孙文。个。

　　　　　　　　　　据《军政府公报》第四十二号《大元帅复靖国军
　　　　　　　　　　司令官兼川东宣慰使夏之时电》

复石青阳电

（一九一八年一月二十一日）

　　合川专送石招讨司令鉴：阳电悉。顺庆克复，占领名城，厥功甚伟。汤子模、陈鸿图两指挥官奋勇杀贼，嘉慰良深。川局内争，现只成都一隅，遥望川氛，不难平定。望即督励将士，鼓勇前进，以收全功。仍将战守情形，随时具报。至盼。孙文。个。

　　　　　　　　　　据《军政府公报》第四十二号《大元帅复川北招讨使石青阳电》

复唐继尧电

（一九一八年一月二十一日）

　　毕节行营唐元帅鉴：蒸电敬悉。川局未定，是用隐忧，前复数

────────────────

①　据上海《民国日报》一九一八年二月一日所载同电校补。

电,皆拳拳于此。今川中联军,分别进行,所至克捷,足以纾川难而靖国氛者,当不在远。顷闻王、吴①两劳军使,因刘存厚派赵时钦前往接洽,业由老鸦滩电达执事,商榷办法。刘存厚反复无常,难保不别怀私意。务望烛察情伪,相机进行。国之安危,惟执事是赖。孙文。个。

据云南省档案馆藏《唐继尧档案卷》收电原件

在广东议会第四次临时会上的讲话[*]

(一九一八年一月二十二日)

　　南北之纷争原为法律之解决。今者,北方既托言调和,是自知其所行非法,无异示我以弱矣。我西南各省,既以法律为号召,王〔正〕宜乘此时会,速行召集正式民意机关,此正式国会之不容稍缓也。惟经费一点,极其困难,贵会既召集临时会,为解决此问题,甚望议员诸公,本其护法之精神,从速议决经费问题,俾正式国会得以专〔?〕期召集,是则兄弟所深厚幸。

据上海《民国日报》一九一八年一月三十日
《粤省议会第四次临时会开幕记》

任命杨华馨职务令

(一九一八年一月二十二日)

大元帅令

　　任命杨华馨为滇边宣慰使。此令。

---

　　① 王、吴:指王湘、吴宗慈。
　　* 此件系讲话摘要。

大元帅（印）

中华民国七年一月二十二日

据《军政府公报》第四十二号

任命邓伯年职务令

（一九一八年一月二十二日）

大元帅令

　　任命邓伯年为大元帅府参议。此令。

大元帅（印）

中华民国七年一月二十二日

据《军政府公报》第四十二号

致孙洪伊函

（一九一八年一月二十二日）

伯兰兄执事：

　　顷由李孟吾先生之弟、本府秘书李兰轩君来商，并以朱君廷燎报告与执事接洽情形一书送阅，请委任朱廷燎为苏沪总司令，业已照准给状。惟苏军为秀山①所部，恐涉误会，当如何与秀山接洽办理，全赖执事察酌而处之，特嘱兰轩君取道上海，就商一切。专此奉闻，即颂

近祉

―――――――――――

　　① 秀山：即李纯，时任江苏督军。

再者:李兰轩君业经任为湘西劳军使一职,附闻。

孙文启　七年一月二十二日

据《国父全集》第三册(转录史委会藏原稿)

复石星川等电

(一九一八年一月二十二日)

荆州石总司令暨唐克明、李兆熊两君鉴:文电悉。逆贼阳为调和,阴实备战。今竟分路并进,寇我荆、襄。国且沉沦,法于何丽?前已迭电各省,务期根本廓清,决不堕其术中,再蹈调停复辙。荆、襄地当冲要,全局安危所系,除征闽粤军克日出发,并电促川中联军速下归、宜,夹击吴逆光新外,诸君独当其难,望即力挫贼锋,勘〔戡〕定之功,匪异人任也。临电神驰,无任盼祷。孙文。养。

据《军政府公报》第四十二号《复湖北靖国第一军总司令石星川电》

复吴崑等电

(一九一八年一月二十二日)

荆州吴崑君及诸同志鉴:庚电敬悉。文自率舰南下,与国会同人宣言护法,用师五月,未越雷池一步,深为疚心。今幸天相共和,军府渐行发展,将士忠勇奋发,誓不与逆贼共戴一天,已陆续出发讨闽。文亦将移旆亲征,以作士气。自此沿海而江,再图会猎中原,与诸君子渡黄河而痛饮,悬逆首于国门。辱电劝勉,至为感慰。敢不力任艰巨,终始不渝,树政治革命之风声,促成纯粹共和之盛举,俾天下后世皆知法理终胜武力,永远不萌非法之念,匪特恢复约法已也。临电无任神驰。孙文。祃。

宴粤报记者时的讲话

（一九一八年一月二十三日）

军政府自去岁成立，其初经许多之困难。至于今年，渐见巩固，且有发展进行之希望。报纸为制造舆论机关，望各家主持公理，指导国民，群策群力，使各尽其职。

回溯军政府之有今日一线之生机，固从困难中奋斗而得。近者川军已逼近成都，粤、桂军已下长沙而攻岳州，荆、襄亦相继独立。而陕西、河南、山东、奉天、黑龙江，亦行将应和，皆系于军政府成立后所唤起。使无军政府，则段祺瑞击退张勋复辟之师，不法政府告成，民国前途如何，殊难逆料。惟今日者，正公理与强权战争之候，望诸君亦奋其笔锋以为公理之扶助。

忆军政府初成立时，举出各部人物，多不就职，以致百事丛生。此皆由个人持重过当，各存观望，致成此现象。故同志老朋辈，亦有为余下台者。余答以不必作此思想。余一息尚存，惟有打算上台，决不见难思退也。盖人生行事，惟顺其自然，固未有于呱呱堕地时，而预算至末日如何乃生世者。我国人作事，往往欲通盘计算乃行，其脑根实中旧学说之流弊也。此旧学说维何，所谓知之非艰、行之维艰二语。以兄弟见解，实则行之非艰，知之维艰乃为真理。何以证之？孔子云：民可使由，不可使知。人多谓其愚民。实则勉人以行，不必求其知也。又商鞅言：民可与乐成，难与图始，即不必使其知之真而后行也。且法律政治诸科学之原始，固非有斯学而后行者。乃行之于古昔，而后学者从而研究条分缕析之也。

又如化学之发明来自外国,我国向无化学之名词。抑知我国已早有化学之实验,如瓷器以我国为最良,此实无机体的化学也;又如豆腐,我国人食之数千年,此实有机体的化学也。吾国学生有李石曾者,游于法国大化学界巴太都之门,一日,巴太都言畜类食植物以肥其身,而人食之。今余人欲使人类能直食植物料,如食牛羊物等,乃谓黄豆最富有脂肪质。而石曾悟为豆腐,为我国已久有此物。可知凡百事物,先行而后知者居大多数。我国人苟扩此思想以行,即可促中国之进步。

据上海《民国日报》一九一八年二月二日

《孙中山宴请粤报记者之演说》

任命田永正职务令

（一九一八年一月二十四日）

大元帅令

任命田永正为大元帅府秘书。此令。

大元帅（印）

中华民国七年一月二十四日

据《军政府公报》第四十二号

任命张鉴安职务令

（一九一八年一月二十五日）

大元帅令

任命张鉴安为大元帅府参议。此令。

大元帅（印）

中华民国七年一月二十五日

据《军政府公报》第四十二号

免席正铭彭瑞麟职务令

（一九一八年一月二十五日）

大元帅令

　　本府参军席正铭、军事委员彭瑞麟因犯刑事嫌疑，着先行免职，归案讯办。此令。

大元帅（印）

中华民国七年一月二十五日

据《军政府公报》第四十三号（一九一八年一月三十日版）

致唐继尧等电[*]

（一九一八年一月二十五日）

　　云南唐卫成司令转唐元帅、章太炎先生并转贵阳刘督军、重庆王总司令、熊镇守使、石招讨使暨各军司令鉴：申密。本月粤督军捕去本府卫队连、排长擅行枪毙，函保球褰①。故于四日晨，命舰祝旸②莫荣新。是午，莫遣人来言和，现已无事，恐传闻失实，特闻。孙文。

据云南省档案馆藏《唐继尧档案卷》收电原件

　　＊　原电未署日期，收电原件署："一月二十五日广东电"，应为收到日期。
　　①　"函保球褰"；原文如此，似为函保遭拒之意。
　　②　"命舰祝旸"；原文如此，似为命舰炮击之意。

致唐继尧电

（一九一八年一月二十五日）

　　云南督署转行营唐元帅鉴：申密。□日接尊处转来重庆同密蒸电嘱译。兹特译□□□①。"唐元帅钧鉴，并转章太炎先生、张参议左丞，并译转孙大元帅钧鉴：同密。渝城既下，各军停顿。惟周道刚尚驻永川、铜梁一带，□□□□□渝、泸、合江、永宁及□□各属，□□□在在堪虞，军事苟不进行，老师挫锐，更属非计。伏查□□原因，约书数端：一、川滇黔三省无实际联合之办法；二、对军政府无一致服从之明文；三、南北构和条件若何，是否推戴冯氏？至川事宜令锦帆为主，宜如何位置，以专责成。青阳等拟请钧座迅商大元帅及黔督，将三省军队统称国民〈军〉或靖国军，并酌拟以省纲为标准，宜隶于军政府，听联军总司令指挥，务担各方□□□□□□政府，在和议未诇决以前，宜□绝对服从，以一号召而免观望。构和条件应合西南六省一致，□年中宣示，贯彻护法目的。川中各军长官，应以军政府名义发表，或先加锦帆以军长名义，与□王一律俟后再行酌定。至叙、泸方面，宜急予恢复，无论南北和议若何，尘湎必归西南范围，始为根本之计。至青阳所部□各号义辅若甡，黔军游击名义，至属不合；若遵大元帅命令，为川东招讨使，又与现势迥异，□如何处理，应恳钧座统筹全局，迅示方略，无任万祷。石青阳、术〔林〕镜台、朱之洪、宋轼先叩。蒸。印"等语。希即察照。粤中局势，恐有变动，闻陆干卿业电莫督，取消自

---

　　① 此处残缺或字迹不清，所译电文亦多错误，下同。

主,莫督抗不奉行,消息桔密。但陆以龙宣布就任,遽通电卸职,是取消自主无异成为事实。谢〔剪〕溏之责,惟执事是赖。然不合西南为一体,则前荟终崧可危。岭南方面,文当力任。望执事毅然就元帅职,则□□山陕,声威愈振,箍豫之郊,亦必继起,大局不难迎刃而解。并拍电张藻林兄维持一切,□□□竟需所陈,幸即酌定,分别赐教□。石青阳业□王电轮兄电,请改委为川北招讨使矣。并以奉闻。□文。印。

据云南省档案馆藏《唐继尧档案卷》收电原件

准许崇智辞去兼职令

(一九一八年一月二十六日)

大元帅令

　　本府参军长兼署陆军总长许崇智呈请辞去陆军总长兼职。照准。此令。

大元帅(印)

中华民国七年一月二十六日

据《军政府公报》第四十三号

任命徐忠立职务令

(一九一八年一月二十七日)

大元帅令

　　任命徐忠立为大元帅府参议。此令。

大元帅(印)

中华民国七年一月二十七日

据《军政府公报》第四十三号

任命陈家鼎职务令

（一九一八年一月二十七日）

大元帅令

　　任命陈家鼎为大元帅府参议。此令。

大元帅（印）

中华民国七年一月二十七日

据《军政府公报》第四十三号

任命于均生职务令

（一九一八年一月二十七日）

大元帅令

　　任命于均生为大元帅府参议。此令。

大元帅（印）

中华民国七年一月二十七日

据《军政府公报》第四十三号

委派朱执信等审判伪造任状案令

（一九一八年一月二十七日）

　　据公民黄克勋呈请究办伪造任状骗款私逃一案，派朱大符为临时审判长，叶夏声、萧萱为临时审判员，切实讯明究办。此令。

大元帅（印）

中华民国七年一月二十七日

据《军政府公报》第四十三号

致孙洪伊函

（一九一八年一月二十七日）

伯兰先生执事：

　　兹有本府参议、江西省议员邓惟贤君，取道沪上，回赣联络赣督，助我义师，敢烦执事专修一函，介绍于陈秀峰①处，以便其就近商榷一切，是所至盼。肃此，并颂

台安

孙文启　一月二十七日

据《总理全书》之十《函札》

在广州警界宴会上与何某的谈话

（一九一八年一月二十八日）

　　此后我国形势，应注意于西北，若俄国现在之革命政府能稳固，则我可于彼方期大发展也。

据邵元冲《广州护法日志》，载《建国月刊》第十二卷

第六期（南京一九三五年六月版）

任命方毂职务令

（一九一八年一月二十八日）

大元帅令

---

　　①　陈秀峰：即陈光远，时任江西督军。

任命方毅为大元帅府秘书。此令。

大元帅（印）

中华民国七年一月二十八日

据《军政府公报》第四十三号

任命卢振柳职务令
（一九一八年一月二十九日）

大元帅令

　　任命卢振柳为华侨义勇队司令。此令。

大元帅（印）

中华民国七年一月二十九日

据《军政府公报》第四十四号（广州一九一八年
二月四日版）

致刘显世电
（一九一八年一月二十九日）

　　云南珠市桥集义公张左丞译转刘代督军鉴：同密。据报载陈遐龄寄北京电称，宁远张司令煦兵败伤重毙命。又据盐源卫戍司令黄以镛暨王君汝光自丽江邮缄称，自盐源败退，率余众数百驻滇边，谋恢复。近日情形如何，及尊处援宁计划，望密复。文。艳。

据《国父全集》第三册（转录史委会藏原稿）

任命梁醉生职务令

（一九一八年一月三十日）

大元帅令

　　任命梁醉生为大元帅府秘书。此令。

大元帅（印）

中华民国七年一月三十日

据《军政府公报》第四十四号

任命侯湘涛职务令

（一九一八年一月三十日）

大元帅令

　　任命侯湘涛为大元帅府参议。此令。

大元帅（印）

中华民国七年一月三十日

据《军政府公报》第四十四号

任命陈其权职务令

（一九一八年二月一日）

大元帅令

　　任命陈其权为广州地方审判厅厅长。此令。

大元帅（印）

中华民国七年二月一日

据《军政府公报》第四十八号（一九一八年二月十八日版）

任命易廷熹职务令

（一九一八年二月一日）

大元帅令

　　任命易廷熹为大元帅府秘书。此令。

大元帅（印）

中华民国七年二月一日

据《军政府公报》第四十四号

任命马超群职务令

（一九一八年二月一日）

大元帅令

　　任命马超群为大元帅府秘书。此令。

大元帅（印）

中华民国七年二月一日

据《军政府公报》第四十四号

复唐克明电

（一九一八年二月一日）

　　公安唐靖国第一军总司令鉴：霰电孜〔敬〕悉。荆州小挫，胜败乃兵家之常。执事收拾残余，重张旗帜，下风逊听，毋任钦驰。据探报北庭愤失岳城,准备宣战,分三路进兵,鄂渚大战,当在不远。尚望执事督率所部,迅赴戎机,协同湘桂联军进逼武汉,以期会猎中原,幸勿再为调和所误。至石司令为国宣劳,国人景仰,尤望协力同谋规复,用壮护法声威。是为至祷。孙文。东。

据《军政府公报》第四十四号《大元帅复湖北
靖国第一一军总司令唐克明电》

复谭浩明电

（一九一八年二月一日）

长沙行营谭联军总司令鉴:读戡午电,各将领夺勇杀贼,收复岳城,克树殊勋,毋任嘉贺。岳州为湘省门户,据长江上游,敌营战备数年,一旦攻克,尤寒逆贼之心。惟据探报,北庭准备宣战,分三路进兵,形势日趋险恶。尚望鼓励前敌军人,协同鄂省义师,桴鼓沿江,会战鄂湘,扼武汉以窥淮、皖,则大局不难早日底定。临电欢忭,不尽欲言。孙文。东。

据《军政府公报》第四十四号《大元帅复湘粤桂联军总司〈令〉谭浩明电》

任命曾景星职务令

（一九一八年二月二日）

大元帅令

任命曾景星为大元帅府参议。此令。

大元帅（印）

中华民国七年二月二日

据《军政府公报》第四十五号（一九一八年二月八日版）

任命林君复职务令

（一九一八年二月二日）

大元帅令

　　任命林君复为大元帅府参议。此令。

　　　　　　　　　　　　　　　　大元帅（印）

中华民国七年二月二日

据《军政府公报》第四十五号

致谭延闿函

（一九一八年二月二日）

组庵先生执事：

　　政变以来，音问多阻，每瞻天末，怀想依依。前次贵代表来道盛意，极感。北庭无诚意停战，早已司马之心，路人皆见。最近冯氏南行，游说直鲁淮上，和议无效，战局复开，黩武穷兵，益滋纷扰。文终始护法，罔识其他，区区之心，当为国人共亮。顷陈议员家鼎赴沪之便，托其代问起居。倘关于现局，执事有待商榷之处，统希不吝指示。顺颂

日祺

　　　　　　　孙文谨启　中华民国七年二月二日

据《国父全集》第三册（转录史委会藏原稿）

咨国会非常会议请讨论
增加国会经费文[*]

（一九一八年二月四日）

　　为咨行事：案据内政部呈报："现准广东省议会函开：'本会于一月二十八日开会议决，由防务经费项下拨支国会正式会议经费五十万元。除咨请本省行政长官执行外，相应备函报告大部存查，并请转呈大元帅咨照国会，从速召集'等因到部。理合呈请咨行国会查照"等语。相应咨行贵会即请查照办理可也。此咨
国会非常会议

海陆军大元帅孙文
据《军政府公报》第四十四号

任命周道万职务令

（一九一八年二月四日）

大元帅令
　　任命周道万为大元帅府秘书。此令。

大元帅（印）

中华民国七年二月四日

据《军政府公报》第四十九号（一九一八年二月二十三日版）

---

　　[*]　此件所标时间系《军政府公报》第四十四号出版日期。

任命谢心准职务令

（一九一八年二月四日）

大元帅令

　　任命谢心准为大元帅府参议。此令。

大元帅（印）

中华民国七年二月四日

据《军政府公报》第四十九号

任命潘训初职务令

（一九一八年二月四日）

大元帅令

　　任命潘训初为大元帅府参议。此令。

大元帅（印）

中华民国七年二月四日

据《军政府公报》第四十九号

任命陆祖烈职务令

（一九一八年二月四日）

　　任命陆祖烈为大元帅府参议。此令。

大元帅（印）

中华民国七年二月四日

据《军政府公报》第四十九号

任命郑德元职务令

（一九一八年二月四日）

任命郑德元为大元帅府参议。此令。

大元帅（印）

中华民国七年二月四日

据《军政府公报》第四十五号

任命黄肇河职务令

（一九一八年二月四日）

任命黄肇河为大元帅府参议。此令。

大元帅（印）

中华民国七年二月四日

据《军政府公报》第四十五号

任命李自芳职务令

（一九一八年二月四日）

任命李自芳为大元帅府参议。此令。

大元帅（印）

中华民国七年二月四日

据《军政府公报》第四十五号

复李书城等电

（一九一八年二月四日）

常德电局探送湘西援鄂李、田、周三总司令①均鉴:宥电诵悉。北政府阳假和议之名,阴行侵略之实,诡术暴行,国人同愤。诸君举义湘西,率桓武之众,协同声讨,足壮义师之气。望奋厉进行,共清海甸,重奠法治,则国事实利赖之。专电奉复,伫盼捷音。孙文。支。

据《军政府公报》第四十五号《复湘西援鄂军李田周三总司令电》

任命李述膺甄元熙职务令

（一九一八年二月六日）

大元帅令

任命李述膺、甄元熙为大元帅府参议。此令。

大元帅(印)

中华民国七年二月六日

据《军政府公报》第四十八号

任命沈靖职务令

（一九一八年二月六日）

大元帅令

任命沈靖为大元帅府参军。此令。

---

① 李、田、周三总司令:即李书城、田应诏、周则范。

大元帅（印）

中华民国七年二月六日

据《军政府公报》第四十八号

任命邹苦辛职务令
（一九一八年二月六日）

任命邹苦辛为大元帅府秘书。此令。

大元帅（印）

中华民国七年二月六日

据《军政府公报》第四十八号

宴请国会及省议会议员时的演说
（一九一八年二月七日）

今日以菲薄酒殽，承诸君莅止，不胜欣幸。所欲为诸君述者，窃以今日之世界，纯为一竞争世界。吾国积弱已久，所以恃以图存者，全在议员诸君从新创造一健全中华民国；以远大之眼光，内则考出中国数千百年之积弊，外则察西洋各国之兴亡盛衰及其理由，以图挽救之方。但世界进化潮流并不一定，兄弟对此不得不生一种感触。在昔国家之初萌，有家族时代、有部落时代、罔识大团体之国家，盖亦无公共维系之物所致。自科学发明以后，吾人所应作者何事，以一般人之眼光看来，自应拿出一定的计划来做。质言之，现在我们非从民权上着手不可。即以民权主义为我中华民国建国之方针可也。但我国原系老专制国，完全为人治人力。今日所望者，则在议员诸君仍以人力觅一立国的基础。基础谓何？则宪法是也。

国家宪法良则国强，宪法不良则国弱。强弱之点，尽在宪法。今我国宪法尚未公布，其责任纯在议员诸君身上。今日兄弟请以宪法问题为诸君研究。吾国"天坛宪法草案"中，实有特殊之争点，不容混淆者，惜人多未能了解耳。考世界各国宪法之美者，若美国、法国，而英国尚无成文宪法。美国之抵于法治，赖宪法之力，故自美国宪法发生以来，几为十九世纪以来第一之完全宪法。我国之"天坛宪法草案"，多仿于十八世纪之陈法，移之十九世纪已属不合，何况二十世纪时代乎？顾我国流弊甚多，居今之日，尚有反对共和，反对民权主义而提倡专制者，因不知民权之谓何耳。

查反对民权者，辄谓民权流弊甚多，不知在外人亦固有反对民权者。所出之书，理由亦充足，但其尚未译至吾国。不然，反对民权者，将谓有所本也。夫民权思想最盛者，多在老专制国；而反对民权者，多在共和国，是历历可考。故兄弟于此，知民权之流弊，实专制流弊所遗传，若民权完全发达，决可无流弊矣。诸君于此当知美国宪法，完全为保护民权。今日创造中国、创造宪法，责任在诸君身上，其责任厥有两端：（一）须知我们为二十世纪的人类；（二）所产宪法，当驾乎欧美各国以上，非复十八世纪之陈腐不堪。借以表示我中华民国为文明开化最早之国也，我国历史上良法美意亦至夥。惟"天坛宪法草案"之弊，概言之有二：（一）完全为十八世纪的旧物；（二）忘记己身为中国人。正如近人某谓美国法治腐败，不及俄罗斯专制之良，而昧于世界之大势也。当日革命注意之点，曰推翻专制时代之皇帝，是禁皇帝作恶。因皇帝一动物也，吾人亦动物也。因彼可以自由作恶，故从而防止之、排除之。"天坛宪法"即防止皇帝作恶之宪法也。今考美国宪法完全为防止民权流弊，与

"天坛草案"相反。推之可见,十九世纪以后之宪法,应防民权流弊。吾国宪法应本是以成,始算二十世纪之完全宪法。不为外人窃笑其不良也。

又我国历史本素注意政治,所谓正心、修身、齐家、治国、平天下,屡言于数千年前,是吾人政治经验,应算宏且富矣。不徒一般毕业于外洋者,得有博士、学士诸学位者,尝以为未曾学过,而不细为研究,亦殊可惜。今吾对于宪法所主张曰五权,人皆〈以〉为我所发明,其实系中国良好之旧法。所谓五权者,除立法、司法、行政外,一为考试权,一为弹劾权。查我国对此两权流传极久,虽皇帝亦不能干涉者。往年罢废科举,未免因噎废食。其实考试之法极良,不过当日考试之材料不良也。至弹劾权,在历史上能弹劾皇帝,其权限虽仅限于皇帝,然此制度实世界所未有,故中国实为世界进化最早之第一国。徒知外国有三权,而外人则固视中国为民权发达最早,尝摹仿吾国之办法矣。中国虽乞丐之子,凭考试取功名,实平等已极。此外人深以为然,奈何我国人不自知耶?故甚望保存此良法,而勿忘记中国自己之良法也。吾国五权既不自知,即提倡革命人,往日亦尝谓不知革命何年成功,乃不事研究及此。今民国已成立七年矣,所望速日产生完全优美之宪法,驾于欧美以上,作成一中西合璧的中国;表示我国宪法为二十世纪以后之法,且表示中国人之中国为最早开化之国,将见各国效我国之成规,抄袭我国之宪法,此兄弟所馨香盼祷于诸君者①。

　　　　　　据上海《民国日报》一九一八年二月二十四日《军政府之新气象》

---

　　①　正文后有《民国日报》按语:"按:演说词系速记笔录,多欠圆满。"

批刘柱石朱大同等请设保卫局令[*]

（一九一八年二月八日）

呈悉。省河护卫商旅，既属原有保商卫旅营，自未便再事纷更，致惑观听。所请创设保卫局一节，着不准行。此令。

据《军政府公报》第四十五号《大元帅批令：令刘柱石朱大同等》

任命戴传贤职务令

（一九一八年二月八日）

大元帅令

特任戴传贤代理大元帅府秘书长。此令。

大元帅（印）

中华民国七年二月八日

据《军政府公报》第四十八号

批李锡熙等呈文令

（一九一八年二月八日）

令海军学校学生李锡熙等

呈悉。所陈各节，现正派员查办，候查复后再行核办可也。此令。

＊　此件所标时间系《军政府公报》第四十五号出版日期。

大元帅孙文

据《国父全集》第四册（转录史委会藏原件）

致唐继尧电

（一九一八年二月八日）

　　重庆唐元帅鉴：顷诵江电，欣悉叙城克复，安、岳等处次第皆下，闻之深为欣贺。并知驻万军队已东出夔、巫，雄斾所指，逆胆皆夺。川境既渐次肃清，则大江父老皆将箪食相迎矣。专电祝捷，续盼佳音。孙文。庚。

据《军政府公报》第四十七号

致刘显世函 *

（一九一八年二月八日）

　　如舟督军执事：

　　哲嗣及严参谋莅止，并辱惠书存问，感愧交并。所示化畛域而免分歧，仁人之言，其利甚溥，文虽不敏，心向往之矣。

　　今大局纷扰，群情望治，文甚愿北庭悔祸，依法解决诸问题。无如顽梗不从，师袁故智，借北系以吞南服，援帝孽而据要津，黩武穷兵，益滋傎扰。乃者冯氏南下，复辟风炽，徐、段诸逆不惜牺牲国家孤注一掷。国家变幻愈演愈奇，虎豹出柙，伊谁之咎。

　　执事两度兴师，为民请命，来日大难，同魂无托。尚望先策救亡之术，徐图统治之方，鼓舞前敌，早日出兵夔、峡。文亦将督师征

---

　　*　此件所标时间系《军政府公报》第四十五号出版日期。

闽,沿海而江,以期会猎中原,投艰遗大,愿与执事共分任之。临颖神驰,诸维商榷。

孙文谨启

据《军政府公报》第四十五号

撤销夏芷芳职务令
(一九一八年二月十日)

大元帅训令第十七号

　　右令夏芷芳

　　照得上海方面现因情势变迁,该员驻沪调查员职务,应即行取消,停止办理。该调查员任命状,着即交丁仁杰收回缴销可也。此令。

据《国父全集》第四册(转录史委会藏原稿)
《大元帅训令夏芷芳取消驻沪调查员》

撤销朱廷燎职务令
(一九一八年二月十日)

大元帅训令第十六号

　　右令朱廷燎

　　照得苏沪方面近日情势变迁,未便遽事进行,所有苏沪总司令名义,应即行取消,停止办理。其该员苏沪总司令任命状,着即交丁仁杰收回缴销可也。此令。

据《国父全集》第四册(转录史委会藏原稿)
《大元帅训令朱廷燎取消苏沪总司令》

复李纯电

（一九一八年二月十日）

　　南京李督军鉴：顷奉卅一电，语长心重，读之慨然。此次战衅重开，罪在北京当局无悔祸之诚，故平和之声甫唱，旋即躬为戎首。西南为自卫计，不得不为相当之应付，致垂成之局复败，言之可为痛心。文与西南将帅切望和平，始终如一。所主张者，只废除一切不法命令，回复约法效力与国会以永久之保障。国会既能完全行使职权，一切纠纷不难依法解决。事至简易，何惮不为？若为之而犹有多所要求，不肯罢兵者，此则逆吏叛卒，名既不正，人人得而讨之者也。执事忧国恤民，力任和平之责，文所深佩。幸始终主持，敷布仁风，克销兵气，则国民拜赐无穷矣。专电布复，不尽悃愊。孙文。蒸。

据《军政府公报》第四十七号《大元帅复南京督军李纯电》

致孙洪伊函

（一九一八年二月十日）

伯兰兄执事：

　　接读一月三十一日手书，藉悉一是。朱廷燎君事，当日因湖南议员诸君再四恳求，故照准任命。现在苏、沪方面既无特别军事进行之必要，自应照手书所云，取消任命。除令朱廷燎君速行缴回任命状外，特此奉闻。又前任命夏芷芳君为驻沪调查员一事，亦同时取消。上海方面一切事件，统由尊处全权处理，以归划一。

近日盛传长江方面形势日佳,皆系我兄鼎力之果,尚望努力进行,俾大局早定为盼。沪上严寒,诸希珍卫。顺颂

近祉

孙文启 二月十日

据《国父全集》第三册(转录史委会藏原稿)

致王文华电

（一九一八年二月十一日）

贵阳探送王电轮总司令鉴:殿密。支电诵悉,谋虑周详,尤所深佩。文自去年南下,鉴于护法各省无正当之统一机关,内无以号召全国,外不能交际友邦,故主张组织政府,国会诸君亦鉴于时势之必要,一致赞同,遂有军政府之组织,选文为大元帅,为对内外之统一机关。惟军政府成立以后,元帅及各部总长皆不就任,与军政府共处一地之粤督陈炳焜,尤疾视其深,百端阻挠,力谋破坏,以护法之人,为蔑视国会之举,使爱国国民,失所趋向,时局至今混沌,咎谁属乎？夫欲求外交之胜利,必先谋内政之修明,今内部既分裂如是,何能得国际间之承认？故自军政府成立以后,非外人不承认军政府,实文鉴于军府内部未经组织完全,西南各省又未协同一致,故始终未尝通告各国,求其承认耳。然今日各国对军政府已表尊崇,如日前西南联合会议,欲求外交团承认,各国领事闻其条例未经国会通过、军政府承认,乃谓此无异天津督军团,而拒绝之。现莫代督及粤省长官将吏已稍有觉悟,对军政府态度,渐趋接近,广州交涉员及高等地方审检厅职员,亦均分别受军政府任命,前途现象,日趋光明,倘西南各省能同有此觉悟,一致拥戴军政府,承认大元帅、元帅,则国内团结既固,对外发言效力自强,断不患外交团

之否认，及交涉之不胜利也。兄素悉外情，此中关系，当可了然。
倘能由兄处主张，联合黔、滇、川各省军民长官及诸将士，一致主
张，表示拥戴军政府，承认大元帅，则一切困难，皆可迎刃而解。抑
文犹有言者，唐蓂帅[①]为护法最热诚之人，众亦以此相推。然所谓护
法者，护国会之本身，及其议决之法律也。今非常会议之在广州，实
际上即系行使国会之职权，军政府又系国会所产生，行使中华民国
之政权。今蓂帅于非常会议及军政府，犹未正式表示承认，被选为
元帅，亦未就职，尊处接洽较近，望以此意转达，请其即日宣布就元
帅职，则护法旗帜鲜明，益足以坚国人之崇信矣。兄处所需债券，除
饬财政部照办并另行电复外，专布鄙忱，并盼惠复。孙文。真。

据《国父全集》第三册（转录史委会藏原稿）

任命张我华张兆辰职务令

（一九一八年二月十二日）

大元帅令

　　任命张我华、张兆辰为大元帅府参议。此令。

大元帅（印）

中华民国七年二月十二日

据《军政府公报》第四十八号

任命彭素民职务令

（一九一八年二月十二日）

大元帅令

---

① 唐蓂帅：即唐继尧。

任命彭素民为大元帅府秘书。此令。

大元帅（印）

中华民国七年二月十二日

复刘显世电

（一九一八年二月十三日）

贵阳刘督军鉴:详密。齐电诵悉。北派主战甚力,南方自不可歉于和议之说,致懈战备。尊论积极准备,诚为不易办法。现在此间攻闽之举,所以固粤防,且促浙动,以闽如不得手,浙力万难自动也。至大局根本问题,在由国会自行召集正式国会,依法解决国事,则其余支节皆不难迎刃而解矣。孙文。元。

据《国父全集》第三册（转录史委会藏原稿）

致陈炯明电

（一九一八年二月十三日）

汕头陈总司令鉴:密。顷接刘黔督齐电谓:冯既宣战,和议恐难成事实,我军宜积极准备战事,川滇黔联军,刻方向资、简方面前进,期早将成都攻下,即东出会师。惟攻闽之军,能否分出湘中,仍请日、玉、竞、协诸公酌核办理云云。文意此时攻闽军力如太单薄,恐难制胜,分兵出湘一节,似不宜行,且攻闽之举,既以固粤防,亦以促浙动,故务宜力图。至大局根本问题,当使国会速自行召集正式国会,则一切问题皆可依法解决等语复之矣。特此奉闻。孙文。元。

据《国父全集》第三册（转录史委会藏原稿）

复陈炯明电

（一九一八年二月十四日）

　　陈总司令鉴：阳电已诵悉。李督①卅一电大致责北方之进攻荆襄，重启战衅，而归罪于己。请西南义军复电，表示主和主战，以便与北京当局再行交涉。当复以文与西南将帅均望和平，始终如一。所主张者为废除不法命令，回复约法效力与国会以永久之保障。国会能完全行使职权，一切纠纷，不难依法解决云云。昨得沪电，冯君玉祥已进兵攻下安庆，陕西曹、胡两司令②会兵十七营攻西安。并以奉闻。孙文。寒。

据上海《民国日报》一九一八年二月二十四日

致刘显世电

（一九一八年二月十四日）

　　贵阳刘督军鉴：青日两电诵悉。执事复李督三十一通电，主张与文甚同，兹特将文所复李督原电奉闻……云云。昨得上海电，冯旅长玉祥已举义兵，攻下安庆。陕西方面，有曹、胡两司令会兵十七营，进攻西安。北方军队中，具护法爱国之心者，颇不乏人，倘北京当局犹复怙恶不悛，则各省义军力图进取，本护法之决心，求根本之解决，大成功之期亦必不在远也。孙文。寒。

据《国父全集》第三册（转录史委会藏原稿）

---

　　①　李督：指江苏督军李纯。
　　②　曹、胡两司令：指曹世英、胡景翼。

致丁景良电

（一九一八年二月十五日）

上海丁景良：屋毋迁，马由兄处分。朗西电悉，此间款其绌，究需若干，望详复。介石、季龙盼速来。攻闽军前队由汝为率往，已抵闽境。冯玉祥占领安庆后情形望电告季。

据《国父全集》第三册（转录史委会藏原稿）

咨国会非常会议请设大理院文

（一九一八年二月十八日）

为咨行事：案据内政部呈称："窃维司法机关，原为保护人民而设。使设置未臻完善，即不足以实践保护之责任，而贯彻法之精神。查司法机关有三审四级之别，其最高终审机关设于中央。惟是中央政府今既非法罔民，失其威信，各省相继独立自主。当此中央与护法各省关系断绝之秋，人民遇民刑诉讼事件，无最高终审机关为之处理。在押犯人，有久困囹圄，法外受刑者；有含冤茹痛，未由申诉者。夫以护法之人，处护法之时，而转令人民失其法律之保护，为政不仁，莫此为甚。故欲期克尽保护人民之责任，为人民谋享受法律保护之幸福，舍从速设立最高终审机关之大理院，其道无由。考大理院之组织，文明各国，各有不同。我国今日宪法犹未成立，应根据何种方法，为组织大理院之标准，此诚非片言可能解决。惟准情察势，我国既称共和，自无妨采取共和先进国之成例。查美国大理院长由国会组织选举，我国现在既无成法可为依据，似宜鉴时势之要求,采邻邦之法制。请钧座咨请国会,即行提议,筹设大理院并选举大理院长。庶人民无不伸之公理,国家具法治之规模。所有拟请咨由国会提议设立大理院并选举院长缘由,是否有当,理合备文呈请"等情。据此相应咨行贵会查照议决施行。此咨
国会非常会议

海陆军大元帅孙文

据上海《民国日报》一九一八年三月四日《军政府筹设大理院》

批胡汉卿等呈请给恤世隆储农有兴令[*]
（一九一八年二月十八日）

呈悉。此次龙逆犯顺,势甚猖獗。高雷镇守使隆世储及统领农有兴奋勇当先,效死抵御,卒以众寡不敌,弹尽援绝,先后阵亡。隆故使治兵粤东二十余年,迭次革命咸著勋勚。农故统领亦在军中有年,忠勇素著。此次力抗勍敌,同死国事,当戎马仓皇之时,失此良将,殊深惜悼。所请照例给恤各等情,已交陆军部存记。俟大局稍定,再行汇案办理可也。此令。

据《军政府公报》第四十八号《大元帅批令》

致陈炯明电
（一九一八年二月十九日）

汕头陈总司令鉴:竞密。据确实报告,奉天张作霖派兵南下援

---

[*]　此件所标时间系《军政府公报》第四十八号出版日期。胡汉卿时任军政府警卫军统领。

闽,已有六百名于谏日由秦皇岛出发,其余尚有一百六十名,有船即行输送。闽事关系全局,北方陆续加兵,愈迟则敌力愈厚,望速进行。文。皓。

据《国父全集》第三册(转录史委会藏原稿)

致章炳麟黄复生电

(一九一八年二月二十日)

重庆章太炎先生并转黄复生总司令均鉴:申密。接叙府支日发来署衔靖国川南民军总司令何绍城暨郑鸣九、徐鉴臣等通电云二月一日就职举兵。究竟是何系统,此间应否复电?盼即查复。文。哿。

据《国父全集》第三册(转录史委会藏原稿)

致张敬尧函

(一九一八年二月二十一日)

○○将军执事:

北中人来,每盛推执事兵略优长,洞明大体。近复鉴于战事绵亘,非国之福,因力主持重,期以息事宁人,闻之钦叹。

此次西南扶义兴师,国会集非常会议于粤中,组织军政府,是皆缘于拥卫国家大法。盖以国法废坏,则国本胥沦,灭亡随之,故万不得已而举兵,所以护法,亦所以救亡,虽陵重险,冒死亡,膏血润原野,而义有所不忍避也。顾文与西南诸将帅,皆素爱平和,甚愿国内贤豪,互相提携,一致主张,使旧国会重集,约法恢复其效力,则一切纠纷,皆可由国会依法解决。如此,则国本由危而复安,国法由断而复续,战事立止,和平立复,然后力修内政,以御外侮,则民国基址,庶几永奠。执事公忠忧国,谅同此意,尚望同此主张,共匡危难,俾时局得速臻康定,销兵气为祥光,则利国福民,胥于执事是赖矣。兹特派□□□君代表来前,藉申鄙悃,幸为接洽而商榷之,国事甚幸。手此布意,顺颂

毅祉

（大元帅）启

中华民国七年二月二十一日

据《国父全集》第三册(转录史委会藏原稿《大元帅致张敬尧书》)

宴请广东商界人士时的演说

（一九一八年二月二十二日）

今日得诸君惠临宴叙,非常欣幸。窃念军政府在粤设立,其职责在挽救民国。民国成立七年,中经帝制,转而复辟,民国已亡。是以有护法之师,起而挽救。规计自有军政府以来,逐渐发展,由西南渐至西北。最近陕、甘独立,四川平定,中原门户已为护法军势力之所及。若闽事得手,则江、浙收复自在意中。此后护法功成,当可决耳。但功成之后应如何整顿以谋建设,其责任当属之人民。以共和国为人民之国,非一二政治家之国也。革命党谋覆满清,其目的所在,欲使中国为世界最强之国、最富之国、又政治最良之国。此种目的,当合全国人民为之乃可达到。

今之论者,每谓革命党有破坏之力,无建设之能。是未知建设之责任谁属耳。且自入民国,复多经变乱,一切政治,尚未改良,使人民受此痛苦,更有谓不如满清者。诸君须知国家改革,其苦痛之大不可言喻。外国且勿论,中国明清嬗代之际,杀戮〔戮〕之惨,吾

祖宗尝此痛苦,过于今日万倍。其时视人民如蚁如奴隶耳,死即死,走即走,无可抵抗也。今吾粤受此痛苦,比前可谓大减,宁不能稍忍。国家改革,譬如拆旧屋、建新屋,旧屋既拆,而新屋猝未建成,工匠又复纷持意见,至令建筑延期,则屋中人即不免遭迁徙流离之苦,现在已去建设之期不远,忽转恨拆屋者之多事,又复欲入居旧屋,宁有是耶?以故上年虽发生复辟举动,护法即起,以与彼辈争持,目的之达,将有日矣。

顾吾谓建设在民,其说何在?民国以民主为主,中国人民,前分四类:士、农、工、商是也。近世实为三类:以农、工、商皆有学问,盖士而农、而工、而商者。非此不足与世界相角胜。孔子言:不在其位,不谋其政。今诸君既脱出满清奴隶,而为民国之民,在其位矣,又岂可放弃耶?

又中国人患在久安,其恨竟不能及远。无论何事,或委之天命,或委之气运。不知人类进化,有天然之进化,有人为之进化。国家进化由旧而新,由天然而人为,天命气运皆人所造成耳。即如今日欧洲战争,吾国商业无不感受痛苦,无不委之天命与气运。然试观日本商业有受此痛苦否?不特无痛苦,且得以借此时机发展其商业。目下日商,从前富有万金,今变为百万;其银行前仅积存七八千万者,近至十余万万。以视我国商业,苦乐相去,何止霄壤?此无他,日有政府为之援助,其商人又均有学识、有眼光、有预备,故能乘此机会,以图发展耳。至中国旧日政府,向行奴视商民政策,既无学识,复无援助,故有机会不能起而乘之。其平日施行一切压抑商民之政治,一开口不曰奸商,即曰市侩。复因种种妨害商业之手段,至此虽欲商会之发达,安可得乎?

现世界各国,对于农、工、商,约分三种,若中国则妨害农、工、商者,若美则保护农、工、商者,若德则几为农、工、商之国矣。以故有大商业、大工厂，皆由国家为之主持、为之管理，即国家亦含有农、工、商性质焉。此何以故？因此种大事业非一二人可能办到之故。

即如吾粤农家，向患水灾，谋筑一围以防止之，仍须有别围之防护。此非可赖一围之力者，势不得〈不〉仗政府之力以助之。又如办铁矿，需本数千万，使政府不出为肩任，则一二人之力，岂能胜此？目下欧战，铁价高至十数倍，且无可供用。吾国只汉阳铁厂，年出铁不过十万吨。而一切未开铁矿，不知凡几。坐令此天然物产，日日尚求助于人，长此不已，其何能了？现查关税入口表册报，每年在三万万之谱，其出口者不及二万万，是每年贡此一万万于外国矣。又入口货，以洋布为大宗，吾国岂无土布，惟土贵洋贱，故争趋之。在昔闭关时代，尚可自存，今恐未能耳。又吾粤实业未能发展，地方遇有非常事故，需用之急，倡议开赌。开赌之害，夫人皆知，今为损失核算，若开赌者及赌者，每日约百万人，其失业及销耗及赢输，共同损失每年当在五千万以上。若以此五千万共营一大事业，何业不成乎？今吾国民以有限之金钱，既消乏于外货，复没耗于赌博，不特为国家危险之事，实为人民最危险之事矣。

由是言之，诸君而欲免此危险，即不能不负一分政治之责任。现在护法已将达目的，以后建设仍须大家合力维持。军政府成立已及六月，其发展将及于全局。如将来尚有一二野心家破坏法纪，政府可以任之。其余一切建设仍靠多数人民为之援助，此则兄弟所期望于诸君者。

据上海《民国日报》一九一八年三月三日《孙中山
提撕商民之演说》《商民应负政治责任》

通告全国各界主张和平尊重国会电

（一九一八年二月二十二日）

广州国会非常会议,莫督军、李省长,海军程总长、林总司令,李总参谋长,外交伍总长、陆军张总长、方总司令,香山唐总长,汕头陈总司令、伍旅长、夏旅长,云南刘代督、唐卫成总司令,贵州刘督军、王总司令,毕节唐元帅并转顾、黄、赵各军长,重庆熊总司令、章太炎先生、夏宣慰使,永宁黄总司令、卢副司令,顺庆石招讨使,叙州李劳军使,长沙谭联军总司令、程总司令、刘镇守使、林旅长、常德张、周、胡总司令,公安黎、石、唐总司令,广西陆元帅、李省长,南京李督军,上海孙伯兰总长、岑云阶先生、谭组庵先生、柏烈武先生、谭石屏先生、卢镇守使、容旅长,苏州朱师长,杭州杨督军、张师长、童师长,南昌陈督军,武昌王督军,北京冯华甫先生、王聘卿先生、段芝泉先生,直隶曹督军,河南赵督军,山东张督军,山西阎督军,三原曹、胡两司令,奉天张督军,吉林孟督军,黑龙江鲍督军,甘肃张督军、马将军,新疆杨督军,热河姜都统,绥远蔡都统,察哈尔田都统,各省省议会、省长,各报馆均鉴:国乱经年矣。当列强环伺之时,为阋墙煮豆之举,苟有人心,岂应若是? 特好治者,人之天性;战争者,不得已之行为。欲国家臻于治平,惟举国一致尊重国法乃可。此次西南兴师,目的止于拥护约法,根本主张,惟在恢复国会之效力与求国会永久之保障耳。北方爱国同胞,亦无不共抱此旨,虽被武力压伏,意不得宣,然而观北方议员之所主张,自可征其趋向。盖民主主义为世界自觉国民信奉之正义,议院政治为近代国家共由之正轨。民国肇造之基,实建于此。操政者苟能尊重民国之国本,则其政治生命可全;反是,则未有不踣者。以项城之雄,尤不免于自毙,不如项城者,更何足言! 执权者若能共喻斯旨,弃其非法乱命,息战罢兵,一切解决,悉听国会,则国是既一,大乱立定。若徒恃个人之智与力,以图保持权位,不特战祸延长,殃及国脉,即于各执权者自身,亦为速亡之道。南京李督军本息事宁人之心,倡平和救国之议,叠次通电,语重心长。文素以博爱为信条,平和本属初志。此次受国会非常会议之付托,肩继绝扶危之重任,所誓死以争者仅此耳。诸公皆黄族俊良,民国贤者,望以国本为念,速复平和,共图建设,解时局之纷纠,救国家之沦胥。谨沥肝胆,希赐明察。孙文。养。

据《军政府公报》第四十九号(一九一八年二月二十三日)版
《大元帅主张回复平和尊重国会之通电》

通告护法各省军政首领支持军政府电

(一九一八年二月二十二日)

广州国会非常会议,莫督军、李省长,海军程总长、林总司令,李总参谋长,外交伍总长、陆军张总长、方总司令,香山唐总长、汕头陈总司令、伍旅长、夏旅长,广西陆元帅,云南刘代督、唐卫戍总司令、毕节唐元帅并转顾、黄、赵各军长,重庆熊总司令、章太炎先生、夏宣慰使,永宁黄司令、卢副司令,顺庆石招讨使,叙州李劳军使,长沙谭联军总司令、程总司令、覃理鸣先生、刘镇守使、林旅长、常德张、周、胡总司令,公安黎、石、唐总司令,三原曹、胡两司令,南京李督军,南昌陈督军,上海孙伯兰总长、岑云阶先生、谭组菴先生、谭石屏先生、柏烈武先生,各报馆均鉴:民国成立七年,大乱者四次,国本飘摇,民力凋敝。推原祸始,皆执政者营私乱法之所致耳。夫国家治乱一系于法。法本空文，专赖合法机关之合法行为为之表现。约法为民国命脉，国会为法律本源。国会存，则民国存；国会亡，则民国亡。癸丑、丙辰两役所争者此耳。段氏乱法，摧残国会，致令兵连祸结，于兹经年。我西南诸将帅，以护法为标帜，举兵讨贼，大义炳然，全国共喻。前敌将士，亲冒锋镝，不惜牺牲性命，捐弃骨肉，以与国贼战。其爱国护法之精神，成仁取义之勇气，尤我国民应永感不忘者也。然吾人今日之所争者，非为攘夺政权也，实为拥护民国根本之约法。破坏民国者，以蹂躏国会为唯一之手段；则拥护民国者，应以尊重国会为唯一之职责。自国会被武力蹂躏以来，爱国之议员诸君来集广东，以道途梗塞及为国事奔走者一时不能来集之故，正式国会急切难成。而对内对外又不能不有继绝扶危之中心组织，于是开国会非常会议，组织军政府，垂绝之国脉，赖是仅存一线。然元帅及各部总长多逊让未就，及今半载矣。举国国民见北京政府既为非法僭窃之机关，而西南护法诸军又未能毅然赞助国会所组织之军政府，乃徬徨歧路，无所适从。世界各友邦见我主张拥护国会者，尚不能服从国会，更疑我护法之战争为割据争雄之举动，内不能示国民以趋向，外不能得世界之同情。是非不明，国是不定，国家危险莫大乎此。试观内外情形，段氏虽辞职，河间冯氏为段所挟持，不特无悔祸之诚，且日事武力压迫，近又以伪令发布，修正国会选举法等条例。而帝制余孽以及亡清旧吏，更事厥阴，复辟之说，近又喧传矣。江苏李督军以息事宁人之心，唱和平救国之议，而唇焦舌敝，不能回乱国者之心。我护法诸公汲汲于谋西南之一致者，亦甲论乙否，不能收理顺势随之效。欧战发生及今四载，一旦战事告终，列强视线咸聚于东方，及今不谋巩固国本，何以图存？民主主义为世界自觉国民信奉之正义，议院政治为近代国家共由之正轨。民国精神既在于斯，则拥护民国之志士仁人，更应以此为唯一之标帜。文受国会非常会议之付托，于正式国会未成立、合法之统一政府未组织之日，肩继绝扶危之重任，虽力微德薄，而顾念职责，惟有誓以一身保民国耳。诸公或为肇造民国之元良，或为恢复共和之贤者，当此国是沦胥，国脉垂丧之日，应有救济良策。倘约法效力朝能恢复，则文夕可引退。谨沥肝胆，伫候德音。孙文。养。

据《军政府公报》第四十九号

致陈炯明电二件

（一九一八年二月二十二日）

一

汕头陈总司令鉴：竞密。皓日三电均悉。岑庚电、陆歌电，此间皆未接到，望以原文电告。以后凡岑、陆、谭月波各电，均请以原文转电此间，以备参考为盼。孙文。祃。

据《国父全集》第三册（转录史委会藏原稿）

二

汕头陈总司令鉴：竞密。顷接沪电，冯玉祥、王汝贤、范国璋、李奎元、阎相文等商同一致行动，冯个日在武穴宣布自主，脱离中央关系，宁亦备攻。倪、王、范、宁事请秘勿宣，俟彼处确实宣布后，再电告也。文。养。

据胡编《总理全集》第三集

致卢师谛电

（一九一八年二月二十二日）

急。永宁锡卿司令鉴：申密。顷接署衔川南民军总司令何绍城，一、二梯团长郑鸣九、徐鉴臣支日由叙州来电称"东日在长宁独立，即日就职，连日克复兴文、古宋、江安"等语。军政府不悉绍城等为人如何？系受何人委任？该军内容实力系统如何，统希查明速复，以凭核办。孙文。养。

据《国父全集》第三册（转录史委会藏原稿）

复徐孝刚锺体道等电[*]

（一九一八年二月二十二日）

资州行营徐申甫、锺海珊两师长并各军官佐同鉴：篠电诵悉。诸君深明大义，矢志护法，不胜钦感。民国根本在于约法，而中心在于国会。执权者苟不明此义，大乱将无已时。方今国际竞争剧烈，国本不固，危亡愈速。所望举国同胞共伸大义，扶危救亡，惟诸君是赖。尚望努力进行，俾约法效力速复为祷。孙文。养。

据《军政府公报》第五十号（一九一八年二月二十八日版）

---

* 徐孝刚时任川军第一师师长，锺体道时任川军第三师师长。

批朱明芳等呈令 *

（一九一八年二月二十三日）

　　呈悉。急公好义,甚为嘉慰。仰着意进行,俾惠灾黎而宏善德。原呈已交内政部存案矣。此令。

据《军政府公报》第四十九号《大元帅批令》

批内政部呈令

（一九一八年二月二十三日）

大元帅令

　　内政部呈请明令撤销地方行政长官监督司法,以维司法独立。查三权分立,约法具有明文。以行政长官监督司法,实为司法独立之障碍。军政府以护法为职志,自宜遵守约法上之规定。所请撤销地方行政长官监督司法,应即照准。至司法行政及筹备司法事务,应暂由内政部管理。此令。

大元帅（印）

中华民国七年二月二十三日

据《军政府公报》第五十号

---

　　* 朱明芳是女子卖物赈济中外慈善会发起人。此件所标时间系《军政府公报》第四十九号出版日期。

致章炳麟电

（一九一八年二月二十三日）

　　重庆章太炎先生鉴：申密。养日通电西南各省，说明文之主张，当已达览。军政府能巩固与否，不特为民党之死活问题，亦实民国存亡之所系。望联合川、滇、黔同志，尽力主持，倘蓂帅能就职，则一切问题解决过半。闻蜀中同志主张遥戴黄陂，护法各军不能力图巩固根本，惟以利用为事，恐他日失败，亦与联段攻袁、联冯排段等，尊见如何？盼复。孙文。梗。

据《国父全集》第三册（转录史委会藏原稿）

致陈炯明电

（一九一八年二月二十三日）

　　汕头陈总司令鉴：养日通电西南各省，说明时局情形及文之主张，可否由尊处再以此意通电西南，多一人主持，则多一分效力，如何？盼复。文。梗。

据胡编《总理全集》第三集

致黄复生等电

（一九一八年二月二十三日）

　　永宁黄总司令、卢副司令鉴：申密。并转石青阳、夏亮工、朱叔痴、宋绍尊、黄圣祥、陈凤石、颜德基、陈炳堃、萧敬轩、李静安、丁厚

堂、陈华峰、吕汉群、向育仁诸君鉴：顷接资州徐孝刚、锺体道两君
篠电称"加入西南，一致护法，积之三十一日通电，推贤让能，用举
锦帆主川军"等语。查刘电此间未得，而川督一职亟应解决，诸君
主持大计，或绾兵符，究应何人督川，始能适当，诸君迅速秘商推
定，由此间即予任命，以谋统一而定川局，无任盼祷。文。梗。

据《国父全集》第三册（转录史委会藏原稿）

复许崇智吴忠信电

（一九一八年二月二十三日）

潮州援闽粤军许司令并转吴统领忠信鉴：定密。苛〔哿〕、养电
皆悉。诸君努力奋斗，我武日扬，感慰之极！日来此间穷窘万状，
款项一时难筹，现正在设法筹款，一俟筹到便汇，现在无法可设，望
就地设法补救。文。梗。

据《国父全集》第三册（转录史委会藏原稿）

致孙洪伊电 *

（一九一八年二月二十三日）

孙伯兰：刻王已接洽，日内同王治安赴汕，速嘱文武宣及梁晋
朴同志赴闽，运动各军内应，克日进攻，望严守秘密，万勿发报。

据《国父全集》第三册（转录史委会藏原稿）

＊ 原件未署年份，据《国父全集》参照其所用"大元帅府参军处用笺"，判断为一九
一八年。

致唐继尧等电

（一九一八年二月二十五日）

急。毕节行营唐元帅、重庆熊总司令、章太炎先生、袁旅长、永宁黄总司令、顺庆石招讨使、绥定顾〔颜〕司令、保宁陈司令、大竹陈司令均鉴：顷接吕司令超、向、彭、喻、王各团长哿电，知成都已于架〔哿〕日收复，刘、张①潜逃等语，闻之喜慰何极。诸君仗义护法，血战半载，今果底定锦垣，克成大功。虽由诸将士力战奋发，亦诸君调度有方之效也。现省城善后事宜如何办理，刘、张审潜何处？均望详告，并代慰劳诸将士为荷。孙文。径。

据《军政府公报》第五十号《大元帅致四川诸将帅电》

致石青阳电

（一九一八年二月二十五日）

急。顺庆石招讨使鉴：同密。林君镜台返粤，备闻近状，知血战劳苦，勋绩烂然，甚为欣慰。现吕司令既下成都，兄军行止如何？宜速决定。闻现川中各军除复生、锡卿②外，颜德基、袁祖铭、陈凤石、陈炳堃、吕超皆与军府表示接近，兄宜竭力联络，使得有力之辅助，庶川局能大发展，于将来北伐影响尤大也。至兄处困难，此间深悉，现方力谋设法接济，俟筹妥后再告。现成都既下，此后主持

---

① 刘、张：指刘存厚、张澜。
② 复生、锡卿：即黄复生、卢师谛。

川局以何人为宜，望商推电告，以凭核办。其血战有功各将士应如何奖励之处，亦望开列名姓电告为盼。现粤莫督对军府颇能听命，长江及西北一带亦渐形发展，冯、段等势已穷蹙，我党如能决心奋斗，结果必较辛亥、丙辰为良。望激励诸将士，努力进取，收最后之成功，国事庶可根本解决也。孙文。径。

据《国父全集》第三册（转录史委会藏原稿）

致石青阳等电

（一九一八年二月二十五日）

急。顺庆石招讨使鉴：同密。并转永宁黄总司令、卢副司令、吕司令、重庆袁旅长、绥定颜司令、保宁陈司令、大竹陈司令均鉴：林君镜台返粤，备闻诸君在川战绩，极为欣慰！今成都既下，川事可望统一，尚望互相团结，一致进行，使川中布置稍就，即可协同北伐也。现粤莫代督与军府颇形融洽，地方高等审检所及广州交涉员，均系军府所任命。粤军陈总司令炯明率三十余营，分驻潮汕，滇军亦有两旅驻汕，即可向闽开始攻击。长江方面，宁、赣两督军，亦有渐趋中立之势；冯旅长玉祥已在武穴宣布不愿与南方作战。陕西则曹、胡两司令已包围西安，闻陈树藩已经潜遁。山西、河南、吉林、黑龙江等处亦纷纷举义，大局日趋发展，军政府努力日趋扩张。此后但在吾军界同志，协力同心，期收最后之成功而已。诸君在川劳苦情形，文所深悉，甚思设法相助。希仍努力进行，创造伟业，为民国国史之光，所厚望也。军旅贤劳，至深怅念。军事近况，仍望随时电告为盼。孙文。径。

据胡编《总理全集》第三集

致谭延闿函[*]

（一九一八年二月二十五日）

组菴先生执事：

政变以来，音问多阻，每瞻天末，怀想依依。前次贵代表来粤，深感盛意。

北方当局，本无求和诚意，故平和之论甫倡，又复躬为戎首。最近冯氏南行，游说直鲁，战局复开，益滋纷扰。文终始护法，罔识其他。使约法效力未得恢复，国会职权未得行使，则如何犯险冒难，必不敢负非常会议委托之重，而轻息仔肩也。

本日接川中来电，知成都于本月念日完全克复，川事既定，则滇黔川联军即可东出大江，进规中原矣。

兹以陈议员家鼎赴沪之便，托其代答鄙忱，敬候兴居。陈君于此间近情，具知其详，执事如有待商之处，统希不吝指示为荷。

时局艰危，惟望当世贤者有以助益之也。

专此，顺颂

日祉

　　　　　孙文　中华民国七年二月二十五日

　　　　　　　　据《国父全集》第三册（转录史委会藏原稿）

---

*　此件与本年二月二日致谭延闿函内容基本相同，文字略异，今并存。

致孙洪伊电二件

（一九一八年二月二十五日）

一

转伯兰先生：正式债票十日内可陆续印出，一切请先由尊处主持办理，票印好即寄。又管鹏来电称伊已与宁督商妥，由伊十日内在皖先动，需款是否属实？望查复。转沧伯①：接吕超、向傅义、彭远耀、喻培棣、王维纲通电，已完全克复成都，盼速设法回川。文。有。

二

转伯兰先生鉴：此间秦晋诸议员，请委徐朗西、焦易堂为陕西劳军使，景定成为秦晋劳军使，是否宜委？请酌复，并商之朗西。文。径。

据《国父全集》第三册（转录史委会藏原稿）

复王安富电*

（一九一八年二月二十五日）

铜仁电局送酉、秀、黔、彭王勃山司令：支电悉。以树义四邑，

---

① 沧伯：即沧白，杨庶堪。

＊ 王安富字勃山，时任四川靖国军酉、秀、黔、彭总司令。

共策救国,闻之欣慰。现成都已下,川局可告大定,尚望率军旅准
备会师大江。近状如何？仍望续告。孙文。径。

据《军政府公报》第五十号

通告程璧光被刺逝世讣电
（一九一八年二月二十六日）

火急。南宁陆巡阅使、陈联军总司令,汕头陈总司令,上海岑
西林、谭组庵、孙伯兰,贵阳刘督军,长沙谭联军总司令,岳州程司
令,并转黎总司令,毕节唐联军司令,贵阳刘督军,重庆熊总司令、
黄总司令、章太炎先生,香山唐少川先生均鉴:海军总长程公玉堂,
于今日午后八时半,在海珠码头遇贼狙击,枪中胸部,即时殒命。
去年政变,程公以海军南来,首倡大义,护法救亡,功在天下。岂意
所志未成,遽遭贼害,痛何可言！现在公推林总司令葆怿主持海
军,以继程公生平未竟之志。现正严缉凶手,各界安谧。谨此电
闻。孙文、莫荣新、伍廷芳、吴景濂。宥。

据上海《民国日报》一九一八年三月七日

致徐朗西电
（一九一八年二月二十六日）

转朗西:陕事赖诸兄主持,得以发展,颇感佩。季龙[①]来,详述
兄意,款事因此间窘迫,一时难筹,前已两次电复。参谋长请兄荐
任相当者,由军府任命。陕议员等来,请任兄及焦易堂为劳军使回

---

① 季龙:即徐谦。

陕,兄意如何? 盼即电复。文。转伯兰兄:养日两通电收到否?
文。二月二十六日发。

据《国父全集》第三册(转录史委会藏原稿)

致孙洪伊函
(一九一八年二月二十六日)

伯兰先生执事:

　　兹有河南曾君其严,以国会议员李君载赓介绍,于长江方面进
行事宜有所陈述,特嘱其到沪与执事就近磋商,希与接洽为荷。专
此布闻,并颂

日祉

孙文　　民国七年二月二十六日

据《国父全集》第三册(转录史委会藏原稿)

致石青阳吕超电
(一九一八年二月二十六日)

　　急。顺庆石招讨使鉴:同密。转成都吕汉群司令鉴:克复成
都,劳苦功高,一切善后事宜,统望妥筹办理,并望随时电告。文。
宥。再转复生、锡卿、德基、凤石、炳堃、亮工、勃山①诸兄:望与青
阳兄一致赞助汉群,共维川局。文。宥。

据胡编《总理全集》第三集

---

　　① 复生、锡卿、德基、凤石、炳堃、亮工、勃山:即黄复生、卢师谛、颜德基、陈凤石、
陈炳堃、夏之时、王安富。

致陈炯明电二件

（一九一八年二月二十六日）

一

　　汕头陈总司令鉴:竞密。王玉树、王秉谦、杨大实因奉天军事来汕面商,请接洽。文。宥。又华侨义勇队数十人,皆好同志,愿赴前敌,尊处或汝为兄处可收用否? 盼复。寝。

二

　　汕头陈总司令鉴:竞密。顷据汝为敬电称夏述唐所部柏、李两营脱离夏氏来归,由兄委吴忠信统领乃伍旅长毓瑞来潮称:奉李总指挥之命,接收柏部,当答以应俟电请尊处示遵等语前来。而协和方面,亦得伍旅长电,对于汝为颇有微词。似此两方各执,恐成误会,究应如何处置? 文以未悉真相,不便遥断,望由兄就近查明办理,务以有利于军政府之进行为主。孙文。宥。

据《国父全集》第三册(转录史委会藏原稿)

咨国会非常会议请选举海军总长文

（一九一八年二月二十七日）

　　为咨行事:海军总长程璧光于本月二十六日被刺身故,所有军政府海军总长一职,按照中华民国军政府组织大纲,应由国会非常会议选举。兹据国会非常会议组织大纲第九条,咨行贵会议,请烦

查照迅速开会议决施行。此咨

国会非常会议

海陆军大元帅孙文

中华民国七年二月二十七日

据《军政府公报》第五十一号（一九一八年三月四日版）
《大元帅为选举海军总长咨国会非常会议文》

命居正严缉杀害程璧光凶徒令

（一九一八年二月二十七日）

　　海军总长程璧光实〔突〕于本月二十六日午后八时半，在海珠码头被凶徒狙击，洞中心脏，创剧遽殁。该凶徒惨害元勋，实属罪大恶极，法无可贷。而该管地方军警，事前疏于防范，事后又未能立获正凶，殊难辞责。为此令行该代理内政总长，仰即令饬广州地方检察厅通行地方军警，一体严缉，务获惩办，以肃法纪而慰英灵。切切。此令。

大元帅（印）

中华民国七年二月二十七日

据《军政府公报》第五十一号《令代理内政总长居正》

命财政部拨款为程璧光治丧令

（一九一八年二月二十七日）

大元帅令

　　去岁叛督称兵，国会解散，大法凌夷，危及国本，凡我国民义愤同深。时则海军上将、海军总长程璧光率同第一舰队首先创义上海,宣言护法,即统各舰来粤共同讨逆,厥功甚伟。国会非常会议成立,遂被选为军政府海军总长。经本大元帅特加任命,方期纾筹阃略,克靖叛乱。乃本月二十六日午后八时半,突被凶徒遮道阻击,中及要害,创剧遽殁。国难方棘,忽丧元良,曷胜悲悼。着财政部发给治丧费三千元,并派海军总司令林葆怿前往治丧,其应受国葬荣典,候咨国会非常会议议决举行,以慰英灵而示将来。此令。

大元帅(印)

中华民国七年二月二十七日

据《军政府公报》第五十一号《大元帅令》

致唐继尧等电

(一九一八年二月二十七日)

十万火急。毕节行营唐元帅、重庆熊总司令、章太炎先生、袁旅长、永宁黄总司令、卢副司令、成都吕卫成总司令、保宁陈司令、顺庆石招讨使、大竹陈司令均鉴:顷接吕司令超哿日通电称,已于哿日收复成都,刘、张潜遁,成都秩序如常等语。闻之至为欣慰。自刘、张抗命违义,负固不顺,以致劳师数月,生民重困。兹该司令竟能悉锐出奇,力复严城,使川事由危乱而复定,厥功甚伟。惟省垣初复,地方秩序,不可无人专负其责,刻已任命吕超为成都卫成总司令,暂行代理四川督军,使责有所属,此后川省军民〔政〕[①]事务,应属何人主持,宜由川军各将领迅速协同推举贤能,俾得择任,以裨进行为盼。孙文。沁。

据《国父全集》第三册(转引史委会藏原稿)

[①] 据《军政府公报》第五十一号《大元帅致四川各将帅电》及三月一日《致唐继尧电》校勘。

致吕超电

（一九一八年二月二十七日）

　　十万火急。成都吕司令鉴：顷得哿电，知已收复成都，刘、张潜遁，闻之深为欣慰。此次刘、张抗命，以致劳师半载，人民涂炭，今执事乃能悉锐西趋，驱除逆众，克复省城，厥功甚伟。惟省垣初复，民心未定，地方秩序，亟应维持。兹特任命执事为成都卫戍总司令，兼暂行代理四川督军，望抚绥闾阎，安集散亡，以示义军惠民之至意。除已电顺庆石招讨使转达外，特此电闻。孙文。沁。

据《国父全集》第三册（转录史委会藏原稿）

委派林葆怿为程璧光治丧令

（一九一八年二月二十八日）

大元帅令

　　照得海军总长程璧光被刺身故，元勋凋谢，愍悼良深。兹特派该海军总司令前往治丧，仰即妥慎办理，以慰英烈。切切。此令。

大元帅（印）

中华民国七年二月二十八日

据《军政府公报》第五十一号《令海军总长林葆怿》

命廖仲恺拨发程璧光治丧费令

（一九一八年二月二十八日）

大元帅令

此次海军总长程璧光被刺身故,元勋凋谢,愍悼良深。除特派专员前往治丧外,仰该代理财政总长即行拨给三千元为治丧费,发交具领可也。此令。

大元帅(印)

中华民国七年二月二十八日

据《军政府公报》第五十一号《令代理财政总长廖仲恺》

致 吕 超 电

(一九一八年二月二十八日)

顺庆石招讨使鉴:同密。转成都卫戍司令鉴:据本府王参议安富昨自铜仁电称,已由部下公推为四川靖国军酉、秀、黔、彭总司令,现拟扩充军旅,会攻武汉等因。自应酌委军职,望即拟定名称,电请任命,以免纷歧,而便编制,希速电复。孙文。俭。

据胡编《总理全集》第三集

致程潜等电

(一九一八年二月二十八日)

长沙程省长、赵师长、林旅长,零陵刘镇守使均鉴:号电所陈六义,深堪钦佩。伪政府日以停战诳我,使不修备,而日日增兵南下,其心叵测,实不堪问。西南各省若为所愚,稍存迁就,则堕彼奸计,无异自戕。吾辈起兵始于护法,当以护法终。约法无解散国会之条,解散国会,即破坏约法。吾人不能只要求恢复约法,反置恢复国会而不言。义理昭然,无可涂饰,否则此次举兵为无意味,人将以我为权利之争夺。其余六条,均保障共和应有之义,望坚持勿舍。仍冀督率各将校节节进取,不可以有议和之伪令,致隳士气,堕彼术中,毋任祷切。文。勘。

据《国父全集》第三册(转录史委会藏原稿)

致许崇智电

(一九一八年二月二十八日)

潮州许崇智司令鉴:佳密。养、宥两电均悉。夏述唐所部两营来投粤军一节,事前此处未据陈明,究竟出闽计划,因此有延滞否?收纳叛亡,是否有诱起部下之邪心,而致违令背叛之虞? 此处无从悬揣。现李协和对此颇形愤激,军政府若取为亲军,交吴统带,未必彼方应允,徒损威信,又滋口实;故前电陈总司令请其就近查明办理,务以有利军政府进行为主,希体此意,商承陈总司令命迅妥办结具报。孙文。勘。

据胡编《总理全集》第三集

批湖南陆军第一师来函[*]

(一九一八年二月)

作答以蒙允出兵助粤,甚喜云云。至于解决江西、湖北不反攻湘之问题,此间可完全负责办到等语。又另作一信与赣陈,介绍首君相见,面取陈中立之表示。又一信介绍首见冯玉祥,言首为赵之代表,当彼此联络一致,以为救国之图,欲知赵之意志及军情,可询首代表,尊见亦请对之表示。

据《国父全集》第四册(转录史委会藏抄件)

---

* 原件未署时间,据《国父全集》考证,应为一九一八年二月批赵恒惕之来函。

咨国会非常会议请为程璧光优议荣典文[*]

（一九一八年三月一日）

为咨行事：海军总长程璧光于本月二十六日被刺身故。该总长首倡护法，统率海军来粤，功高望重，方冀协力同心，共扶危局。乃事功未竟，遽遭惨害，实民国之不幸，亦我国民所应永志毋忘者也。兹据国会非常会议组织大纲第九条，咨行贵会议，查照民国法规，优议荣典，以昭崇德报功之意。请烦议决施行。此咨
国会非常会议

海陆军大元帅孙文

据《军政府公报》第五十一号《大元帅为程总长璧光优议荣典咨国会非常会议文》

致唐继尧电^{**}

（一九一八年三月一日）

毕节行营唐元帅鉴：申密。有电欣悉。吕司令超克复成都，名城既下，全川指顾可定，将士用命，实赖公之声威，良用称慰。前得该司令哿电：以刘存厚、张澜均已潜遁，成都秩序及一切善后事宜，不可一日无人负责，该司令战胜功高，自应任命以卫戍总司令暂行

＊　原件未署月日。据《军政府公报》第五十一号《国会非常会议为程总长璧光国葬荣典咨复大元帅文》云："于三月一日开大会公议，同日准咨优议荣典一件"等语推断，此文应为三月一日发。

＊＊　此件参照云南省档案馆藏收电原稿校勘。

代理四川督军,已于沁日通电奉闻。至川督继任之人,非得各方面同情及为全川所推许,不足以资统率。是以沁电有此后军政事务,应属何人主持,宜由川军各将领迅电〈协〉同推举贤能,俾得择任之语。其省长一职,不宜再令督军兼任,致蹈军民不分之覆辙,似应委之川省民选,再加任命。公辑睦川人,声威既震,尤在深得川人之心,于其军民两政,谅必善为处置,庶无反顾之忧。从此长驱武汉,直捣幽燕,以竟护法之全功,并世执与伦比。抑更有进者,军政府元帅一职,公虽受印于前,每以师出有功,自为策励,且有必克成都而后就职之宣言。今兹成都已下,厥功甚伟,岂可再事执谦,转〔致〕负国民之望?况非法政府讨伐之令再下,借款借械,积极进行,公若再事迟回,则军政府始终难得外交之承认;坐令国权为逆党断送净尽,纵名一己之高,忍视亡国之痛,其为执事不取。国民望公已如望岁。务希毅然宣布,即日就职。护法救亡,惟公任之,不胜企盼之至。孙文。东。〈印〉。

据《国父全集》第三册(转录史委会藏《总理重要电文稿》)

国葬程璧光令

(一九一八年三月二日)

大元帅令

　　准国会非常会议咨复议决:故海军总长程璧光号召各舰队合力护法,实有殊勋于国家,准予依照国葬法,举行国葬典礼。兹公布之。此令。

大元帅(印)

中华民国七年三月二日

据《军政府公报》第五十二号(一九一八年三月五日版)《大元帅令》

致石青阳等电

（一九一八年三月二日）

　　顺庆石招讨使鉴：同密。并转章太炎先生、黄总司令①、卢副司令②、陈凤石司令、颜德基司令、陈炳堃副司令、夏宣慰使③、王安福司令暨诸同志均鉴：急。前月梗电及慧生④兄养电，促诸兄迅速推举督军，至今未复，已收到否？此间接汉群攻破成都捷电后，遂以沁电、宥电任命汉群为成都卫成总司令暂代川督，并促诸兄迅速推举督军，由此间任命，以谋川局之统一。昨得唐蓂帅有电云，命锦帆为督军兼省长，已电令就职，当复电告以此间对于督军问题之处置，及军民应分治、省长应民选之主张。省长关系地方政务至大，已电促沧白兼程回川，盼诸兄迅速疏通省议会，一致选举沧白为四川省长。至督军若非锦帆不可，亦火速公电推举，此间方能任命，倘再迟延，转恐锦忌，且无以对蓂帅，诸兄意如何？速电复。并望联同拥护军政府各军，恳切电劝蓂帅速就元帅职，以壮军府之声威，而谋外交之承认。文。冬。

　　　　　据《国父全集》第三册（转录史委会藏《总理重要电文稿》）

---

　①　黄总司令：即黄复生。
　②　卢副司令：即卢师谛。
　③　夏宣慰使：即夏之时。
　④　慧生：即谢持。

致覃振电

（一九一八年三月二日）

常德探送覃理明先生鉴:乾密。瀛田、正己两议员请任命吴景鸿为湘西各军联络使,兄及田议员助之,并发给债券若干,筹款接济各军,使倾向军府,李茂吾兄亦赞同此意,是否可行? 盼速以尊意见告。文。冬。

据《国父全集》第三册(转录史委会藏《总理重要电文稿》)

致王文华电

（一九一八年三月二日）

贵阳督署转王电轮总司令鉴:殿密。黔军总司令部敬电报捷,马日入成都,将士用命,赖兄指挥,大敌已歼,川局即定,良用欣慰! 前得吕司令超哿电,成都已下,刘、张潜逃,该司令首克名城,深恐各军未集,善后事宜不可无人负责,故任命该司令为成都卫戍总司令,暂行代理四川督军,一面电达川中靖国军各将领,迅推川督,以资择任。嗣得唐蓂帅有电,已令熊总司令克武任川督兼省长,川人治川,谁曰不宜。惟川督一职,宜得各方之同情,且为全川所推许,再由军府任命,庶能辑睦联军,共出武汉,以定中原。锦帆资望,谁不相宜,但蓂帅独行己见,又未就元帅之职,遽以滇督地位,任命川督,稍挟征服之威,足生反应之患。况军民分治,实为今之要图,川局甫定,未可再蹈军民混合之覆辙。省长一职,自应委之川中民选,已以东电将此主张商之蓂帅,并以成都已下,厥功甚伟,请速就元帅职,以壮军府之声威,而谋外交之承认。现在北京非法政府借款借械,积极卖国,自非军府完全成立,不足以资抵制,兄爱国情殷,能见其大,务望本此意义,一致主张,并力劝蓂帅宣布就职,曷胜盼切。孙文。冬。

据《国父全集》第三册(转录史委会藏《总理重要电文稿》)

命内政部为程璧光举行国葬令

(一九一八年三月四日)

大元帅令

　　案准国会非常会议议决:"已故海军总长程璧光号召各舰合力护法,实有殊勋于国家,准予依照国葬法举行国葬典,咨请公布施行"等因。除公布外,仰该部按照国葬法第四条之规定派员办理。此令。

大元帅(印)

中华民国七年三月四日

据《军政府公报》第五十二号《令代理内政总长居正》

致孙洪伊徐朗西电

(一九一八年三月四日)

　　转伯兰:尊电主张,此间必坚持,望力劝长江将领发布此意见。转朗西:陕本盼兄主持,前因省议员屡促,故任焦易堂为劳军使。抵沪后,盼与接洽,今后办法,望即详告。极密。转沧白:吕超电克成都后,同时得锦帆电云兼程赴省,因先任吕为卫戍总司令代理督军,并电黄、卢、石、陈诸兄迅速推定继任督军。倘锦帆对军府能表示好意,当然可以推举。此电已去多日,至今无复,有日接唐蓂赓电云任锦帆为督军兼省长。唐本云南督军,何能任命四川督军、省长? 惟此间又不能反对,因复电云已电询川中各军意见,至省长则主由民选,又电黄、卢、石等,嘱其一面公举川督,请军府任命;一面疏通省议会,火速一致选举执事为省长。望兼程返蜀,联合黄、卢、陈、吕等军,收拾川局,迟恐锦帆权力日增,黄、卢不足以抗。款事另电告。文。支。

据《国父全集》第三册(转录史委会藏《总理重要电文稿》)

致冯玉祥函

(一九一八年三月四日)

焕章先生执事:

　　阅报见执事巧电,热诚护法,努力救国,不胜为民国幸。昨冬以降,南来国人,无不盛称执事为爱国军人模范,对于时局纷纠,力任救济,无任渴慕。徒以云海揆隔,不能时通声息为歉耳。比者徐君季龙来粤,又详述执事救时苦心,当兹国难方殷,端赖鼎力主持。惟此次乱源,发于蹂躏国会,根本解决,舍恢复旧国会而无由。务望内察国难之原因,外究世界之趋势,以恢复旧国会之主张明白宣示全国。濒危之民国国脉,得主持正义如执事者扶持之,俾免于亡,则国民必感伟功于永久矣。临笔神驰,不尽欲言。专颂教安,诸维谅鉴不宣

大元帅启　中华民国七年三月四日

据《国父全集》第三册(转录史委会藏原稿)

咨国会非常会议请议
大理院组织大纲文 *
（一九一八年三月五日）

为咨行事：查国会非常会议组织大纲第九条：国会非常会议于军政府交议事件时，得随时开会议决。兹据该条规定提交大理院组织大纲，交由贵会议决，除开会时派员出席说明提案理由外，相应咨请贵会查照议决施行。此咨

国会非常会议

海陆军大元帅孙文

据《军政府公报》第五十二号《大元帅为设
大理院咨国会非常会议文》

任命赵荣勋林翔职务令
（一九一八年三月五日）

任命赵荣勋署理广东高等审判厅厅长，林翔为广州地方检察厅检察长并署理广东高等检察厅检察长，此令。

大元帅（印）

中华民国七年三月五日

据《军政府公报》第五十九号（一九一八年三月十九日版）《大元帅令》

---

*　此件所标时间系《军政府公报》第五十二号出版日期。

复谭浩明电

（一九一八年三月五日）

长沙谭联军总司令鉴：成密。江电悉，此间亦仅得唐蓂帅东电。至靖国第一军计划及行动，如已准备完善，当有续电。望公激励前敌将士，共策殊勋，早定全局。孙文。歌。

据《国父全集》第三册（转录史委会藏《总理重要电文稿》）

致唐继尧电 *

（一九一八年三月五日）

毕节行营唐元帅鉴：申密。东电敬悉。川局底定，靖国联军第一军先行东下援鄂，行见不久。武汉会师，护法功成，定在不远，欣幸何如！此间援闽粤军亦已次第开赴前敌。昨接沪电：京、奉复辟党人近复肆其阴谋，张作霖军队一旅已据滦州，似此魑魅昼行，非大张挞伐，不足以定国本而靖国难。东电谅已达览，祈即赐复。孙文。歌。〈印〉

据《国父全集》第三册（转录史委会藏《总理重要电文稿》）

致陈炯明电

（一九一八年三月五日）

汕头陈总司令鉴：竞密。闻方韵松①密电调第八旅全旅回省，

---

　　*　　此件参照云南省档案馆藏收电原稿校勘。
　　①　方韵松：即方声涛。

确否？如有其事，系何原因？望速复。孙文。歌。

据《国父全集》第三册(转录史委会藏《总理重要电文稿》)

公布陆军部组织条例令

（一九一八年三月六日）

大元帅令

　　兹制定陆军部组织条例公布之。此令。

大元帅(印)

中华民国七年三月六日

附:陆军部组织条例

　　第一条　陆军部直隶于军政府，管理陆军军政。

　　第二条　陆军总长经国会非常会议选出后，由大元帅任命。

　　第三条　陆军总长承大元帅命管理本部事务，统辖陆军军人、军属，监督所辖各官署。

　　第四条　陆军部置次长一人，辅助总长整理部务。

　　第五条　陆军部置秘书四人，参事四人。秘书秉承总、次长之命，掌理机要文书之起草、收发、保存及典守印信等事项。参事秉承总、次长之命，掌理本部，管理法律、命令之审议事项。

　　第六条　陆军部置总务厅及左列各司：

　　　　军衡司；

　　　　军务司；

　　　　军学司；

军储司；

军医司；

军法司；

军牧司。

第七条　总务厅职掌事务如左：

一、关于机密及陆军文库事项；

二、关于部内军官军佐及军用文官事项；

三、关于公文函电之纂辑、保存及收发事项；

四、关于本部内会计事项；

五、关于编制各统计及报告事项；

六、关于征发物件表及征发报告事项；

七、关于部内风纪事项；

八、关于管理本部官产、官物事项；

九、其他不属各司事项。

第八条　军衡司掌事务如左：

一、关于陆军官佐及军用文官之任免事项；

二、关于调查各兵科人员事项；

三、关于考绩表、兵籍、战时名簿及军用文官名簿事项；

四、关于保管军官、军佐、军用文官及战时职员表事项；

五、关于赏赉、叙勋、配章、褒章及赏给事项；

六、关于编纂年格、名簿事项；

七、关于休假事项；

八、关于陆军军人结婚事项；

九、关于废兵处置事项；

十、关于养赡事项。

第九条　军务司掌事务如左：

一、关于陆军建制编制及训练事项；

二、关于军队配置事项；

三、关于陆军军旗事项；

四、关于整旅计划之准备执行事项；

五、关于陆军礼节、服制、徽章事项；

六、关于各军队之军纪、风纪事项；

七、关于编拟战时各项规则事项；

八、关于戒严各征发事项；

九、关于征募召集及解兵退伍事项；

十、关于操练场所事项；

十一、关于军队内务、卫戍、勤务及宪兵服务事项；

十二、关于各兵科及军乐队事项；

十三、关于各兵科军官军士以下人员之调用及其补充事项；

十四、关于要塞建筑及其用地并要塞地带事项；

十五、关于要塞兵备事项；

十六、关于重炮兵之设置及分配事项；

十七、关于运输通信、电气、电灯、电信轻气球、飞行器事项；

十八、关于要塞司令处、陆地测量部及交通各队事项；

十九、关于水陆交通事项。

第十条　军储司掌事务如左：

一、关于军用枪炮弹药之制式筹划、支给交换及检查事项；

二、关于军火禁令事项；

三、关于各项器具材料之经理及检查事项；

四、关于军用器具材料之制式筹划、支给交换事项；

五、关于要塞备炮事项；

六、关于军队通信各铁道气球、飞行器之器具材料之支给交换事项；

七、关于攻城、守城交通所用兵器、器具材料之备办事项；

八、关于技术审检院、兵工厂、军械局事项；

九、关于军需运用事项；

十、关于各军需处事项；

十一、关于各军需官勤务事项；

十二、关于各军需处人员之教育、考绩及其补充事项；

十三、关于军政经费出纳并预算、决算事项；

十四、关于军政会计稽核事项；

十五、关于管掌出纳之官吏等事项；

十六、关于各种给与及军需规定之审查事项；

十七、关于规定俸给及旅费事项；

十八、关于军服之经理及检查事项；

十九、关于军服粮秣之制造、购买事项；

二十、关于规定及准备平时军服、装具、粮秣等给与事项；

二十一、关于编制整旅之预算事项；

二十二、关于战时装具、炊具及洗马器具事项；

二十三、关于军队用具、消耗品及埋葬用料物等之准备事项；

二十四、关于陆军用地及建筑事项；

二十五、关于管理陆军所属官产事项；

二十六、关于军人祠宇及军用坟地事项；

二十七、关于规定军用金钱箱柜及行李事项。

第十一条　军学司掌事务如左：

一、关于军队教育及训练改良事项；

二、关于规定各兵科操典及教范事项；

三、关于军队校阅及特种兵演习事项；

四、关于所辖各学校一切章程之制定及筹办事项；

五、关于拟定所辖各学校教育纲领，及计划并审查各教科书事项；

六、关于所辖各学校职员奖罚事项；

七、关于所辖各学校学生奖罚及考试事项；

八、关于编订军语、军队符号及各军用之图籍表事项；

九、关于军学之编辑及印刷事项；

十、关于留外学生一切事件并选派高等专门学员事项；

十一、关于其他军事教育及训练一切事项。

第十二条　军医司掌事务如左：

一、关于军医、兽医各种诊疗机关事项；

二、关于伤病等差之诊断事项；

三、关于体格检查事项；

四、关于战时卫生勤务各种规则事项；

五、关于卫生材料及蹄铁事项；

六、关于时疫及卫生试验事项；

七、关于卫生报告统计及调查事项；

八、关于军医、司药、兽医所属各项人员之勤务教育、考绩及其补充事项；

九、关于红十字会及恤兵团体事项。

第十三条　军法司掌事务如左：

一、关于陆军军法事项；

二、关于陆军监狱事项；

三、关于赦免及罪人之处置事项；

四、关于陆军司法官及监狱职员之考绩及其补充事项；

五、关于高等军法会审事项。

第十四条　军牧司掌事务如左：

一、关于军马监及牧场之管理事项；

二、关于军马之供给、喂养、保存及征发事项；

三、关于改良马种及购买军马事项；

四、关于蹄铁术之教育事项；

五、关于军牧人员之教育、考绩及其补充事项。

第十五条　总务厅由次长直辖。

第十六条　陆军部置司长七人，承长官之命，分掌各司事务。

第十七条　陆军部置科长及一等军法官若干员，承长官之命，分掌总务厅及各司事务。

第十八条　陆军部置科员，一、二、三等军法官及司副官，承长官之命，助理总务厅及各司事务。科长、科员及一、二、三等军法官，得视事之繁简，酌定其员额。

第十九条　陆军部置技正四人，技士八人，承长官之命，掌理技术事务。

第二十条　陆军部职员依附表所定。

第二十一条　本条例自公布日施行。

陆军部职员表

次			说　明	总长特任以次 将官特任简任 校官荐任 尉官委任
秘书 参事	（少将及相当文官一） （上中校及相当文官三）		（少将上校及相当文官）	
总务厅	副官（上中校）六 科长（上中校或二等军需正） 纂译官（上中校及相当文官）		科员（中少校上中尉或二三等军需）	
军衡司	司长（少将上校）一	科长（上中校）	司副官（少校上尉） 科员（中少校上中尉）	
军务司	司长（少将上校）一	科长（上中校）	司副官（少校上尉） 科员（中少校上中尉）	
军学司	司长（少将上校）一	科长（上中校）	司副官（少校上尉） 科员（中少校上中尉）	
总				

长（中将）	长（中少将）	司	司长		
		军储司	司长（少将上校）一	科长（上中校及相当技术官）	司副官（少校上尉）科员（中少校上中尉及相当技术官）
		军医司	司长（军医监一等军医正）一	科长（一二等军医正）	司副官（三等军医正一等军医）科员（二、三等军医正医一、二等司药）科员（二、三等军正医一、二等药正）
		军法司	司长（少将上校相当文官）一	科长（一二三等军法官（上中少校上中尉及相当文官））	司副官（少校上尉相当文官）科员
		军牧司	司长（少将上校）一	科长（等兽医正）	司副官（少校上尉）科员（中少校上中尉二、三等兽医相当文官）科员（兽医正一、二等兽医）
				技正四	技士八

据《军政府公报》第五十三号（广州一九一八年三月九日版）

致杨庶堪电

（一九一八年三月七日）

　　转沧伯，接川省议会来电：举锦帆为督军，兄为省长，盼火速兼程回川，迟恐生变。任命状已公布。下转吴承斋：粤局事盼兄接手，请火速来粤。文。阳。

据《国父全集》第三册（转录史委会藏原稿）

两广盐税收归军政府布告

（一九一八年三月八日）

　　照得盐税一项，向归中央直接收入。现在护法各省一致讨逆，与北京非法政府完全脱离关系，广东为护法省分之一，惟盐税前此迄未收回。近查北京竟有将两广盐税拨给龙济光扰粤之用情事，是不啻任非法政府敛吾民之财，以供其残杀吾民也。本大元帅以护法讨逆为职志，是用痛心疾首。兹已将盐税一项收归军政府，以我商民之正供，充军府开支国会、海军及其他属中央范围由军府支出之用途，凡我全国，谅有同情。嗣后各盐商应缴盐税，仰仍按照向章向广东中国银行缴纳。倘有奸商违抗命令或故意延宕者，定予截缉严惩，不少宽贷。各该盐商具有爱国热忱，其各激发天良，一体遵照，毋得故违干咎。特此布告。

中华民国七年三月八日

据《军政府公报》第五十三号《大元帅布告》

任命熊克武务职令

（一九一八年三月八日）

大元帅令

　　特任熊克武为四川督军。此令。

大元帅（印）

中华民国七年三月八日

据《军政府公报》第五十三号

任命杨庶堪职务令

（一九一八年三月八日）

大元帅令

　　特任杨庶堪为四川省长，未到任以前，着四川靖国军总司令黄复生代理。此令。

大元帅（印）

中华民国七年三月八日

据《军政府公报》第五十三号

复四川省议会电

（一九一八年三月八日）

　　火急。四川省议会鉴：敬电悉。蜀苦暴军蹂躏久矣，今义师攻克成都，刘存厚、张澜畏罪潜逃，川局已定，远聆捷音，欣慰曷极。

军府尊重民权,国人共鉴。兹贵省议会电请任熊克武为四川督军,杨庶堪为四川省长,自应特加任命。惟杨君尚未返川,未到任以前,应任命黄复生代理省长,除分电任命并电知各联军司令外,特此奉闻。所有善后事〈宜〉^①,尚希议会诸君协力赞助,以达护法目的而解川民倒悬。孙文。庚。

据《国父全集》第三册(转录史委会藏原稿)

致熊克武电

(一九一八年三月八日)

　　火急。成都熊总司令鉴:有、宥两电均悉。此次川局纠纷,劳师数月,赖执事维持斡旋,义军日振,毅力苦心,国人同佩。此次成都收复,蜀难克定,拯生民于水火,驱叛乱若振落,尤征运筹之劳。日前唐蓂帅已电推执事为川督,足见滇、黔、川军情之融洽。兹复据四川省议会电推执事为四川督军,请加任命,众意允孚,军府尊重民权,兹特任执事为四川督军,以慰舆情而作士气。望即刻日就职视事,肃清余逆,分命师旅,会师大江,以集大勋而竟护法之责,所深望焉。除任状另行寄发外,特此电闻。孙文。齐。

据《国父全集》第三册(转录史委会藏原稿)

致黄复生电

(一九一八年三月八日)

　　火急。重庆黄复生总司令鉴:兹任命杨庶堪为四川省长,未到

---

　　①　据《军政府公报》第五十三号同电校补。

任以前，任执事代理，望克日赴省就职视事，会同熊督军妥筹一切善后事宜，接济各军，俾速东下，登川民于衽席，达护法之目的，无任翘盼之至。任命状另发。孙文。齐。

据《国父全集》第三册（转录史委会藏原稿）

致唐继尧等电

（一九一八年三月八日）

火急。毕节行营唐元帅并转顾、黄、赵各军长，贵阳刘督军、王总司令，云南刘代督、唐卫成总司令，重庆章太炎先生、黄复生总司令，永宁卢副司令，顺庆石招讨使，绥定颜、陈总副司令，酉阳王安富司令，资州徐师长、钟师长，成都熊总司令、吕卫成司令、但旅长均鉴：顷据四川省议会敬电，公推熊克武为四川督军，杨庶堪为四川省长，请军府任命，以维川局。二君历年为国勤劳，功在民国，不特蜀人交口共誉，亦为全国拥护共和者所心许。前唐元帅已电推熊君督川，足见滇、黔、川军军情融洽，正待征求蜀中各方同意，现既由四川省议会公电推举，二君皆为蜀中民意所归，军府尊重民权，自应特加任命。惟杨君尚未返川，省长职务不能一日虚悬，其未到任以前，应以四川靖国军总司令黄复生代理。除电复四川省议会，并电促熊、杨二君速行就职外，特以奉闻。务祈诸公协力襄助，以期安抚川民，肃清余孽，克日整旅东下，会师大江，以集大勋而竟护法之责，不胜切盼之至。孙文。齐。

据《国父全集》第三册（转录史委会藏原稿）

反对北京政府发行公债通电

（一九一八年三月九日）

广州国会非常会议、莫督军、李省长，伍外交总长，林海军总司令，张陆军总长，汕头陈总司令，潮州许司令，广西陆元帅，云南刘代督、唐卫成总司令，毕节唐元帅并转顾、黄、赵各军长，重庆黄、卢总副司令、章太炎先生、夏宣慰使，顺庆石招讨使，成都熊督军、吕卫成总司令，保宁陈总司令，大竹陈总司令，贵阳刘督军、王总令，长沙谭联军总司令、覃理鸣先生、赵师长、刘镇守使、林旅长，岳州程总司令，常德张、周、胡各司令，津市李总司令，归州黎总司令，三原曹、胡两司令，南京李督军，南昌陈督军，湖北王督军、王汝贤、范国璋两师长，武穴冯旅长，上海孙伯兰、唐少川两总长、岑云阶、谭组庵、谭石屏、柏烈武先生，各报馆钧鉴：莫督军江电发现王克敏等假七年公债蠹国肥私，种种黑幕，实堪发指；谭联军总司令微电声罪致讨，均属义正词严。北京非法政府根本违法，绝对无发行七年公债之权。其宵小金壬，因缘为奸，尤属绝对无效。此项公债，非法政府冀以供其残杀国人，我国民自应一致反对。其王克敏等应得之罪，俟国法效力恢复之日，再行尽法惩治。尚希诸公对于七年公债根本否认，以免人民受愚，幸甚。孙文。佳。印。

据《军政府公报》第五十五号（一九一八年三月十三日版）
《大元帅反对伪政府发行七年公债通电》

鼓励义军作战电

（一九一八年三月九日）

广州国会非常会议，莫督军、李省长，伍外交总长，林海军总司令，张陆军总长，汕头陈总司令，潮州许司令，广西陆元帅，云南刘代督、唐卫成总司令，毕节唐元帅并转顾、黄、赵各军长，重庆黄、卢总副司令、章太炎先生、夏宣慰使，顺庆石招讨使，成都熊督军、吕卫成总司令，保宁陈总司令，大竹陈总司令，贵阳刘督军、王总司令，长沙谭联军总司令、覃理鸣先生、赵师长、刘镇守使、林旅长，岳州程总司令，常德张、周、胡各司令，津市李总司令，归州黎总司令，三原曹、胡两司令，南京李督军，南昌陈督军，湖北王督军、王汝贤、范国璋两师长，武穴冯旅长，上海孙伯兰、唐少川两总长、岑云阶、谭组庵、谭石屏、柏烈武先生，各报馆①均鉴：近日迭据长沙谭联军总司令东电、岳州程总司令江电称北军近复分路南犯，战祸重启。又据广州莫督军江电称敌军分遣悍将进攻岳阳，相迫日亟，忍无可忍等语。读之慨然！此次各省义军，兴师护法，目的惟在拥护国会，恢复约法，职在卫国，势非得已。故自南京李督军等，一再倡和平之议，即约各方按兵相待，至于再三，以为国法倘能有效，则一切问题，皆可待之法律解决，更无多求。无如非法政府始终弁髦大法，无悔祸之诚，近且公然宣布伪国会组织及伪参众两院选举等法，重袭袁氏造法故智，积极违法，颠覆国宪，厥有常刑，凡我国民，人人得而致讨。乃逆军逞其暴力，迭行南犯，虽涂炭生民、牺牲国

---

① 此处据《军政府公报》第五十六号同电校补。

家而不惜。今复启衅岳州,以重兵相陵,和平已属绝望。祸非我启,罪有所归,我义军将士,实迫处此,不能不谋正当之对待。尚望本厥初志,一致进讨,务完成护法之天职,非至约法有效,国会恢复,则义军万无卸责之余地;必义军能贯彻护法之志,民国始有克臻奠定之望。公理所在,即民意所向,师直为壮,气自百倍,幸共纾伟略,协谋进行,克成救国之大义,民国前途实式赖之。孙文。佳。印。

据《国父全集》第三册(转录史委会藏原稿)

复李书城电

(一九一八年三月九日)

津市李总司令鉴:顷接勘电,知鄂中将士公推执事出总戎政。三楚为全国中枢,绾毂大江,形势所重,敌所必争。执事历年勤劳国事,谙练戎机,此次主持鄂军,足庆得人。近敌军方逞厥暴力,以重兵陵压义师,幸纾筹伟略,努力进行,以竟护法职责。孙文。佳。印。

据《军政府公报》第五十五号《大元帅复湖北护国军总司令李书城电》

致黎天才电

(一九一八年三月九日)

归州黎联军总司令鉴:删电诵悉。主张正大,义声炳烺,至为敬佩。北方前假议和之机,节节进逼,近复以兵压岳州,其无悔过之诚,已可概见。文以为此次西南举义,既完全为护法救国,则非至约法回复效力,旧国会完全恢复,断难卸责。执事谋国坚贞,尤富毅力，务望抱一贯彻初终之决心，庶免牵就而滋后患。孙文。
佳。印。

据《国父全集》第三册（转录史委会藏原稿）

批居正呈令*
（一九一八年三月十一日）

大元帅令

　　令代理内政总长居正

　　呈悉。广东高等审判厅请领大小印信二颗，准饬印铸局照刊
颁发。此令。

大元帅（印）

中华民国七年三月十一日

据《军政府公报》第五十五号（一九一八年三月十三日版）

任命王安富职务令
（一九一八年三月十二日）

大元帅令

　　任命王安富为四川靖国军援鄂第一路总司令。此令。

大元帅（印）

中华民国七年三月十二日

据《军政府公报》第五十四号（一九一八年三月十二日版）

---

　　* 原呈报告广东高等审判厅之原有印信，于前厅长交待时遗失，呈请颁发新印信
事。

任命李善波职务令

（一九一八年三月十二日）

大元帅令

　　任命李善波为四川靖国军援鄂第一路副司令。此令。

大元帅（印）

中华民国七年三月十二日

据《军政府公报》第五十四号

任命石青阳职务令

（一九一八年三月十二日）

大元帅令

　　任命石青阳为四川陆军第二师师长兼川北镇守使。此令。

大元帅（印）

中华民国七年三月十二日

据《军政府公报》第五十六号（一九一八年三月十四日版）

致石青阳电

（一九一八年三月十二日）

　　顺庆石招讨使鉴：川北招讨使所部早已成师，屡建奇功，现又略定川北，深资得力。兹任命石青阳为四川陆军第二师师长兼川北镇守使。特此电达。孙文。侵。印。

据《军政府公报》第五十六号

致王安富李善波电

（一九一八年三月十二日）

　　铜仁电局邮送酉、秀、黔、彭靖国军王总司令鉴并转李善波副司令鉴：两君率师援鄂，来电均悉。义师东下，早建肤功，实深厚望。本日已另令任命王安富为四川靖国军援鄂第一路总司令，任命李善波为四川靖国军援鄂第一路副司令。特此电达。孙文。侵。印。

据《军政府公报》第五十七号（广州

一九一八年三月十六日版）

致唐继尧电

（一九一八年三月十三日）

　　毕节唐元帅鉴：申密。前得成都收复捷讯，当即电致执事，以为川事既渐臻统一，执事亦宜迅践前约，宣布就元帅职，共勋国难，树之风声，犹未得复。近据京讯，张作霖已陆续派兵入关，北京将又生奇变。今日欲平大难而救危亡，非吾人一致动作，则势必涣散，难收良效，而沦胥之祸随之。执事爱国至深，讵忍恝然，务望勉抑谦让，以国事为重，慨任艰难，克日就职，则声闻所布，民气倍振，外交既易磋商，战士益将奋励，一切困难，迎刃而解。大局转机，实在于此，惟熟筹而力断之，国事幸甚。前尊电谓派官顾问[①]代表来

---

　　① 官顾问：即官其彬。

粤,倘已启行,望即见示,俾便接洽。专布悃愊,伫盼复音。孙文。元。

据《国父全集》第三册(转录史委会藏原稿)

复陈炯明电

(一九一八年三月十三日)

汕头陈总司令鉴:存密。灰电文译悉。联合会议如与军府两不相妨,自可听其成立,现亦莫由阻止。莫督电请兄委派代表,尊见甚是。展堂心灵手敏,若与该会议,当能从中操纵,希即照办。孙文。元。印。

据《国父全集》第三册(转录史委会藏《总理重要电文稿》)

致陈炯明电

(一九一八年三月十三日)

汕头陈总司令:竞密。邓三言已派陈福全赴汕商招兵事,并欲求统领,允否?希复。文。元。

据《国父全集》第三册(转录史委会藏《总理重要电文稿》)

致中华革命党上海本部电

(一九一八年三月十三日)

请速寄《革命方略》数册。转沧白、林镜台:明日起程赴沪。

据《国父全集》第三册(转录史委会藏《总理重要电文稿》)

致黄复生电

（一九一八年三月十三日）

　　重庆黄总司令、代省长鉴：同密。义师讨逆，及将来对俄关系，不可不预注意于西北边。甘肃事，必须得回部之倾向。马安良有向义之机，此间现已有人赴甘连络，惟甘省通信不便，将来若有函电由兄处转达时，即希速转。如有法连络，或能援助军队，亦望预为接洽。孙文。元。印。

据《国父全集》第三册（转录史委会藏原稿）

致唐继尧等电

（一九一八年三月十三日）

　　毕节唐元帅并转各军长，贵阳刘督军、王总司令，云南刘代督，成都熊督军、吕卫成总司令，重庆黄总司令代省长、章太炎先生、袁纵队长，永宁卢副司令，顺庆石青阳师长兼镇守使并转绥定颜总司令，新津转保宁陈副司令并转大竹陈总司令，同仁电局邮转王安富总司令、李善波副司令均鉴：石青阳所部早已成师，累建奇功，现又略定川北，自应将该部迅予编制。查四川陆军第二师，自刘存厚逃窜后，其部曲业已溃散，兹任命石青阳为四川陆军第二师长兼川北镇守使，即将该部编为四川陆军第二师，切实训练，以资镇抚。除另电任命外，特闻。孙文。元。印。

据云南省档案馆藏收电原稿

致陈炯明电

（一九一八年三月十四日）

汕头陈总司令鉴：竞密。介石知，已留襄助。惟季陶[1]接洽对日事件，实难久离，盼嘱速返。孙文。寒。印。

据《国父全集》第三册（转录史委会藏原稿）

致李国定电

（一九一八年三月十四日）

叙府李劳军使鉴：虞东两电均悉。执事身历险艰，卒达使命，宣播义声，激励士气，遂使川局早定，共策讨逆，以定中原，功在国家，曷胜佩慰。前经川省议会来电公推，已特任熊克武为四川督军，杨庶堪为四川省长。杨未到任前，任命黄复生代理。从此川中军民两政可趋分治而归统一。此时即宜简选师旅，分途北伐，执事准备出师，不争川中权利，亮节可风。尚望会同滇、黔、川各军，克日东下，速奏肤功，实所切盼。孙文。寒。印。

据《军政府公报》第五十七号（一九一八年三月十六日版）
《大元帅致四川劳军使李国定电》

复范锦堃电

（一九一八年三月十四日）

汕尾范锦堃分统鉴：文电悉。据报破获龙逆机关，殊堪嘉奖。

---

[1] 季陶：即戴传贤。

所获逆党及谋逆各证,仰候陈总司令处分。孙文。寒。印。

据《军政府公报》第五十七号《大元帅致汕尾范分统锦堃电》

复唐继尧电

（一九一八年三月十五日）

　　毕节唐元帅鉴:申密。官顾问其彬奉命来粤,今日晤谈,得诵惠函,藉审一是。尊意关怀四事,龙逆背信负公,竟图祸粤,近已累挫,不足为患。叙泸前事,无关得失,重庆既下,军威已震。成都继定,川局粗平,更足作湘粤之士气。冯国璋向号骑墙,议和本无诚意,岳州战衅再开,已无和议之可言。自张作霖带兵入关,冯、段之争,业经显著。李、陈两督之向义,已不待和议为羁縻。况和战所争,均在根本大法,断不能因和议而稍事让步,在彼争私人权利之武人、政客,或竟不惮于牵就。千钧一发,惟系于公,倘能毅力坚持,亦不患一方之单独媾和。至滇军在粤,方部讨龙,张部拥护军府,足慰尊注,特电奉复。孙文叩。删。印。

据《国父全集》第三册(转录史委会藏原稿)

致陈炯明电

（一九一八年三月十五日）

　　汕头陈总司令鉴:存密。寒电悉。进攻在即,急待饷糈。此间无日不思设法接济,一俟有着,即当拨助。盐税之收回,军府从外交方面经营已久,机会成熟,不意莫督有闻,突于十余日前欲提此款,经英、日领出而抗议,莫又敛手不承。军府知其绝想,遂于前数日决办此事,经分令稽核分所、盐运使、中国银行各机关。莫初欲借口外人以为反对，后知伪政府以此接济龙逆，始觉爽然。继见此款可提，又欲出而攘夺。经人调和，始指定用途。除三分之一仍归稽核分所拨还借款，其三分之二，旺月可收四十万，以十万为国会经费，十三万为海军经费，九万为广东地方还欠外款，五万为军府经费，三万为滇军经费。款由指定之第三者即盐运使提存分拨。但如遇淡月，并无此数，若除前三项，共三十二万，军府经费依然无着。惟军府此举，本非为自身筹款，不过因盐款向属中央，军府自应收管，以震观听。乃莫野蛮抵抗，军府既无实力，只得就此调和。外交方面，惟英领向伍廷芳抗议，函中已明言，知伍为军府外交总长，不啻间接承认。伍若就职，办结此事，可得美名，近已多方劝驾，望兄再敦促。至总代表一席，已示意听其兼就，以免两难。知念详告。孙文。删。印。

据《国父全集》第三册（转录史委会藏原稿）

致邓泽如函

（一九一八年三月十五日）

泽如兄大鉴：

月来通告及公报已次第付邮，想登记室。迩者军府局面日见增进，足纾远怀。

文自光复以还，久欲从事发展国内实业，奈以政局迭起纷扰，竟有志未逮。去夏归国，深悯民生凋敝，亟欲有所计划。旋以政变又生，匆匆以护法归粤，经秋涉春，运筹军事，几无宁晷旁及民生事业。现粤势已称稳固，拟即着手展拓利源，设立矿务局，以统筹全局矿务。所有矿务章程，从新改订，以惠商利国为宗旨。近粤中军民两政，均就军府范围，趁此时机，各事办理较易，而手续上亦不生种种障碍。以故敬请阁下早日束装归国,董理其事。想阁下才大识高,深于矿务,且屡年在海外发展巨业,成绩至优,倘蒙慨允主持,则实业前途不胜厚幸耳。临颖神驰,不尽万一。匆匆,亟盼复音。此颂

筹安

孙文启　三月十五日

据《孙中山先生廿年来手札》影印原函

复李国定电

(一九一八年三月十五日)

叙府李劳军使鉴:微电悉。据报新选参院议员杨肇基以旧部在新津改组成军,来电向义,深堪欣慰。尚望勉以与讨逆各军共相策应,以建殊勋。孙文。删。印。

据《军政府公报》第五十七号《大元帅致四川劳军使李国定电》

致唐继尧电

(一九一八年三月十五日)

毕节唐元帅鉴:鱼电滇认国会经费已饬财厅筹拨,护法以实不以名,他省闻风孰不兴起,敬佩无既。军府现正力筹,并闻。孙文。删。印。

据《军政府公报》第五十七号《大元帅致唐元帅电》

在宴请美领事会上的讲话

（一九一八年三月十六日）

今晚承美国领事韩君及各界诸公光临，无任荣幸。惟中国建造共和，已阅七年，尚风潮汹涌，无一定办法。美国为世界第一共和国，吾国共和是美国首先承认，即所以承认国会也。国会不幸被奸人迫而解散两次，实逼处此，至开非常会议，预料美国当为欢迎。但此会为非常会，当有非常责任。过此以往，又是宪法问题。宪法为国家根本大法，与国之存亡相始终。盖宪法成立，国之根本，庶难摇动。故望议会诸公，速开正式开〔议〕会，早颁宪法。宪法成，国本斯固。吾国数年来，叠遭变乱，张勋复辟、督军造反，大逆不道之事，无所不有，此为建造共和国应有文章，实足为吾民一大教训。现又有复辟之谣，以吾国人心论，当信其再无此事实发现。况世界潮流趋势集于共和，吾信吾国将必成一光华灿烂之共和国。总领事是美国人，美国是新世界之老共和国，吾国为旧世界之新共和国，新世界之老共和国民与旧世界之新共和国民，相聚一堂，曷深欣慰。但美国为先进文明国，事事皆足为吾国模范，尚希进而教之，予颇欢迎。

据上海《民国日报》一九一八年三月二十六日

致陈炯明电

（一九一八年三月十七日）

汕头陈总司令鉴：存密。寒电并季陶删电悉。购械事望季陶来此办理。岳州情形未悉,盼再详电。汝为请转达,抵闽后,速破坏涵江电线二三里,以断漳、福间交通,祈查照。盐款约余十二万,由莫督分给湘、闽前敌军饷。可速电指拨。孙文。洽。

据《国父全集》第三册(转录史委会藏原稿)

公布取消北京政府擅定
之公债条例等决议案令

(一九一八年三月十八日)

大元帅令

国会非常会议议决取消北京非法政府擅定七年内国公债条例及发行办法,兹公布之。此令。

大元帅(印)

中华民国七年三月十八日

附:取消北京非法政府擅定七年内国公债
条例及发行办法议决案

近闻北京非法政府以偿还中交两行欠款提高纸币价格为名,颁布七年内国公债条例,其债额为四千八百万元,六厘起息,以延期赔款为抵押。自本年一月起,每年抽签还本两次,五年还完。其债票只定万元、千元两种,其发行方法全由中交两行包揽。

综观条例有绝对不能承认者四点:

(一)违背约法　查约法第十九条国会有议决公债之募集及国库有负担之契约之权。审此条立法之精神专防政府滥募公债,重累人民,苟未经国会议决政府即无自由募债之权。其所以限制之者至严。今非法政府竟于摧残国会之余,擅募巨额之公债,显与约法

第十九条违背。

（二）垄断发行　查前六厘公债及八厘公债之向例，均由公债局发行，分途劝募。今乃以归还中交两行欠款为词，全归两行承办，概不分售。且债票只有万元、千元两种，使小资本家无力购买，则四千八百万元之公债，全归三五银行关系人所垄断，既背公债之原则，复异屡届之成例。

（三）侵蚀国库　按中交两行纸币市场价格不过五折有余，今以四千八百万元之纸币，而故授包揽发行者从中渔利之机会，使其五年之中连本息坐享三千万元之巨利。小民挟有数十百元纸币者，仍受折卖之痛苦，是徒损国库，而无补小民者也。

（四）欺罔商民　此次非法政府发行公债，美其名曰提高纸币价格。使非法政府果有维持纸币之诚心，应即筹备现金收回纸币，庶几价格有日高之望。即不然，使商民咸有购买债票之机会，市间争收纸币以购债票，犹可望价格之稍高。今则反是，非中交两行则无从购入，银行关系人贪求无厌，必竭其操纵之能。故抑币价以营巨利，其结果必至纸币价格有降而无升，名曰提高币价，谓非欺民乎？

国会对于非法政府之一切行为，本已概不承认，然亦何忍听其违法营私，侵币罔民，缄默而不言。兹由议员褚辅成等提出议案，于三月十五日开大会公议，同日开二读会、三读会，一致议决办法三条如左：

一、北京财政部所定之民国七年内国公债条例，即取消之。

二、中交两行或人民收受北京财政部所擅发之七年内国公债票，概作无效。

三、通告各省民政长官，所有应解赔款，克日停解，妥实存储，非俟依法政府成立，经国会议决用途，不得擅动。

据《军政府公报》第五十九号（一九一八年三月十九日版）《大元帅令》

准任命冯汝枻职务令

（一九一八年三月十八日）

大元帅令

　　代理内政总长居正呈请任命冯汝枻署理澄海地方审判厅厅长。应照准。此令。

大元帅（印）

中华民国七年三月十八日

据《军政府公报》第五十九号

批廖仲恺呈令

（一九一八年三月十八日）

大元帅令

　　令代理财政总长廖仲恺呈请将盐税收入由两广盐运使专管，按照预算分配各项用途，分别听候令拨及径拨，并请令知该盐运使及中国银行由。

　　呈悉。应如所拟。仰候令知各该机关分别遵照办理。此令。

大元帅（印）

中华民国七年三月十八日

据《军政府公报》第六十号（一九一八年三月二十日版）

命廖仲恺等将盐税
收入按预算分配提取令

（一九一八年三月十八日）

大元帅令

令代理财政总长廖仲恺、两广盐运使李茂之、中国银行广东分行行长。

据代理财政总长呈请将盐税收入交由专司盐政机关收管，按照预算分配各项用途，提取税款，分别听候令拨及径拨，并请令知两广盐运使、中国银行遵照办理等情。自应照准。嗣后盐税收入即着该盐运使收管，此项收入三分之二据查平均每月约四十万有奇，应即指定最急用途五项，以资分配。着以十万元为国会经费，五万元为本府经费，十三万元为海军经费，九万元为广东财政厅例拨还款，其余悉数拨给前敌军饷，由该盐运使向中国银行提款。其前三项听候财政部令拨，后二项由该盐运使径拨。如逢收入缺少之时，由该盐运使按照前列数额比例多寡，按成匀配，仍俟旺收时期于所赢税款内如数补支。仰该代理财政总长、该盐运使、该分行长分别遵照办理。此令。

大元帅（印）

中华民国七年三月十八日

据《军政府公报》第六十号

复唐继尧电[*]

（一九一八年三月十八日）

毕节唐元帅鉴：顷诵佳电，惊知庾军长恩旸被刺身〈亡〉[①]，闻耗痛惜何穷。庾军长夙著勋劳，功在民国，方期指挥雄师再奠共和，何图宵小窃发，遽遭狙击。彼逆众以穷蹙之余，计不得逞，乃施其鬼蜮，歼我名将，殊堪痛恨。望执事督厉诸将士扫清丑类，以竟吾人护法之职责，庶足以慰英烈于九京也。孙文。巧。

据《军政府公报》第五十九号《大元帅复唐元帅痛惜庾军长死事电》

批 居 正 令

（一九一八年三月十九日）

大元帅令

令代理内政总长居正呈请颁发广东高等检察厅检察长小印一颗由。

呈悉。应照准。此令。

大元帅（印）

中华民国七年三月十九日

据《军政府公报》第六十号

　＊　此件底本有几处字迹不清，参照上海《民国日报》一九一八年三月二十六日所载同电校补。

　①　据唐继尧三月九日致孙中山电称，庾恩旸系于二月十八日夜被人刺杀。

撤销赵端职务令

（一九一八年三月十九日）

大元帅令

　　军事委员赵端着撤销任命。此令。

大元帅（印）

中华民国七年三月十九日

据《军政府公报》第六十号

致黄复生电

（一九一八年三月十九日）

　　重庆黄总司令鉴：同密。篠电悉。执事愿出师援鄂，壮志可嘉，且可就此增厚兵力。惟来电推锦帆兼代省长，未知军府任命执事兼代之意，系为维持沧伯起见。现熊已于蒸日到成都，来电以总司令名义执行军民两政，尚未表明受军府川督任命，纵再加特任何益？且恐熊兼，则沧伯难入川，务望暂在重庆就兼代名义，一面同青阳诸君力促熊受军府任命。如熊承认，再加特任兼代省长不迟。援鄂非旦夕之事，且鄂中北军力厚难攻，宜与青阳诸君先图攻陕，以定西北，拊鄂之背，则事半功倍，幸熟计之。顷复唐元帅电，即属商执事及青阳诸君攻陕。再：张作霖带兵入关，奇变将作，军府非早日完全成立，不足以定大计，请速电联络川、滇、黔各军将领，一致力促唐就元帅职，至要。孙文。效。印。

据《国父全集》第三册（转录史委会藏原稿）

致唐继尧电二件

（一九一八年三月十九日）

一

　　毕节唐元帅鉴：申密。删电悉。张作霖带兵入关，将有奇变，尊意早定大计，诚不容缓。用兵之道，尤贵出奇。武汉北军云集，未易猝攻，宜阳言援鄂，而以精兵攻陕。陈树藩困守西安，不久当遁。会合陕中义军，略定西北，拊鄂之背，较易奏功。请就近与黄复生、石青阳诸君商妥进行，甘肃亦可响应。奠定中原，澄清寰宇，属望执事，幸即日宣布就元帅职，以震军威而谋统一。孙文。效。印。

据《国父全集》第三册（转录史委会藏原稿）

二

　　毕节唐元帅鉴：申密。护法军兴已久，逆势少挫，而逆焰则方张，国无政治中心，循是以往，将不国矣。国会之开，迫不容缓。昨非常会议决于六月十二在广州开正式会议，已自行分省招集。惟恐观望者犹且裹足，若再得护法要人，联衔通电，庶促懦夫决心。倘荷赞成，即请执事发起，密电征求护法各省同意。如得多数赞成，即请执事领衔发表，附列鄙名为幸。孙文。效。印。

据《国父全集》第三册（转录史委会藏《总理重要电文稿》）

致陈炯明电

（一九一八年三月十九日）

汕头陈总司令鉴:存密。闻驻京美使确将于本星期五到汕,逗留一日,即赴厦门。此行专为考察南方实在情形,务望密探预为布置。俟美使到,以礼欢迎,俾知军府实力已到,且与联络感情,于前途当有裨益。孙文。效。印。

据《国父全集》第三册(转录史委会藏原稿)

给黄德彰任命状

（一九一八年三月二十日）

任命状:任命黄德彰为参军兼高雷军事委员。此状。

中华民国海陆军大元帅孙文

中华民国七年三月二十日

据《国父全集》第四册(转录史委会藏影印原件)

批马君武呈令

（一九一八年三月二十日）

大元帅令

令代理交通总长马君武。

据呈派员接收广三铁路已悉。惟该管理局局长一职,必须有专门学识并富于经验之人,始能胜任愉快。该部呈派接收之员,应准暂行管理。仰该总长迅即遴员呈荐，以资任用。其该路收入如有余款，应逐渐将该路切实推广，不得挪移动用。所有该管理局在事员司，除有庸劣失职情事，应准留局，以资熟手，仰即遵照办理。此令。

大元帅（印）

中华民国七年三月二十日

据《军政府公报》第六十一号（一九一八年三月二十三日版）

致唐继尧电

（一九一八年三月二十日）

　　毕节唐元帅鉴：申密。本府军事委员赵端，闻有冒称招抚使及本府参军招摇不法情事。兹已明令将该军事委员任命撤销，特电奉闻，即请通令各机关，毋任妄冒。倘有不法实迹，希就近查办，幸勿姑容。孙文。号。印。

据《国父全集》第三册（转录史委会藏原稿）

致中华革命党上海本部电

（一九一八年三月二十日）

　　盐税收回，莫已就调和，岑谣勿信。精卫既赴川，请沧伯速行。复生电任援鄂，辞代省长，复嘱暂留。熊代表吴、李已善遇，如熊受军府任命，拟于沧伯未到前令兼代。惠生请再拨万元汇川，不可能。

据《国父全集》第三册（转录史委会藏《总理重要电文稿》）

复犬养毅头山满电[*]

（一九一八年三月二十日）

来函敬悉。现正在粤筹备召集正式国会，阁下所欲面谈之事，倘为南北调和问题，则唐少川先生优为之，无文亲来之必要。若为东亚百年根本之大计，非与文面谈不可者，请即电复。

据《国父全集》第三册（转录史委会藏原稿）

致黄复生电

（一九一八年三月二十日）

重庆黄复生总司令代省长鉴：顷据四川靖国军援鄂第一路总司令王安富由酉阳邮转铜仁电称：已组织三支队，即日出发，欲会同大军进规荆、宜。已复电令其就执事承受方略，共策进行，望随时指示机宜。孙文。号。印。

据《军政府公报》第六十一号《大元帅致四川
靖国军总司令兼代省长黄复生电》

复王安富电

（一九一八年三月二十日）

铜仁电局邮送酉阳王安富总司令鉴：佳电悉。知欲会合大军

---

　*　日人犬养毅、头山满于三月二日函请孙中山赴日一行，函曰："贵邦南北对峙以来，世局纷纭，不知所底止。弟为东亚大局深忧之。今也阁下一进一止，实东方治乱之所系。弟兹有欲与阁下面议一事，因望阁下亲到东京。"（《国父年谱》修订本转录史委会藏毛笔原件）此电即对来函而发。

进规荆、宜,已电知黄复生联军总司令查照矣。师行在和,尤贵统一,宜就黄总司令承受方略,共策进行。孙文。号。印。

据《军政府公报》第六十一号《大元帅致四川靖国援鄂第一路总司令王安富电》

复石青阳电

（一九一八年三月二十一日）

顺庆石镇守使总司令鉴:同密。漾电悉。请缨援鄂,壮志可嘉。惟用兵忌攻坚,尤贵出奇。鄂中北军云集,可以智取,难用力攻;若阳言援鄂,而以精兵攻陕,则可拊鄂之背,取之自易。现在陈树藩困守西安,旦夕可下。但豫旅刘学亚五营已至潼关、华阴,若川军不进,则西安恐垂得而复失,幸速图之。已电复生,并望协商进行。孙文。个。印。

据《国父全集》第三册(转录史委会藏原稿)

致陈炯明电

（一九一八年三月二十二日）

汕头陈总司令鉴:存密。据许崇智司令电称:"敌已增兵两营到武杭,该处倾向我军之南军来告,若乘敌军初到,地形未谙,利用内应,犹可先发制人。该部拟进扎岩前下坝近地,以图进攻,并请速下攻击命令"等情。所陈不为无见,希迅予酌夺施行。孙文。祃。印。

据《国父全集》第三册(转录史委会藏《总理重要电文稿》)

复陈炯明电

（一九一八年三月二十二日）

汕头陈总司令鉴：存密。皓电悉。潮桥盐款截留军用，此系军事紧急行为，应准照办。季陶已返，数日后仍来相助。得悉军情，可操胜算，甚慰。孙文。祃。印。

据《国父全集》第三册（转录史委会藏原稿）

批 龙 璋 函[*]

（一九一八年三月二十三日）

着秘书拟函奖慰，并属时时将湘中情形详报。

据《国父全集》第四册（转录史委会藏原件）

准方声涛辞职令

（一九一八年三月二十三日）

大元帅令

卫戍总司令方声涛因援闽亲赴前敌，呈请辞职。应照准。此令。

大元帅（印）

---

[*]　原函系呈报湘西各方情况。

中华民国七年三月二十三日

据《军政府公报》第六十五号（一九一八年三月二十九日版）

任命徐绍桢职务令

（一九一八年三月二十三日）

大元帅令

　　特任徐绍桢代理中华民国军政府卫成总司令。此令。

大元帅（印）

中华民国七年三月二十三日

据《军政府公报》第六十五号

致陈炯明电

（一九一八年三月二十三日）

　　汕头陈总司令鉴：存密。昨据夏述唐电称："粤滇两军感情益洽，所部移驻漳树，杀贼决心，即开前线待命进攻"等语。电文对于军府极表受命之意，并有不辞赴汤蹈火之言。除电奖并令受总司令指挥外，特闻。再：养电悉，季陶即来。孙文。漾。印。

据《国父全集》第三册（转录史委会藏原稿）

致李烈钧电

（一九一八年三月二十三日）

　　阳江李总指挥鉴：咸电悉。执事智勇兼资，必能早奏肤功，剿灭龙逆,伫盼捷音。孙文。漾。印。

据《军政府公报》第六十二号(一九一八年三月

二十五日版)《大元帅嘉奖李总指挥电》

致夏述唐电

(一九一八年三月二十三日)

汕头夏述唐旅长鉴:哿电悉。该部移驻漳树,搜讨军实,待命进攻,该旅长激励士卒决心杀贼,义勇飙发,至为嘉慰。惟师克在和,据称滇、粤两军感情益洽,自能同心灭敌。进攻机宜,应受陈总司令指挥,庶趋一致而奏肤功,有厚望焉。孙文。漾。印。

据《军政府公报》第六十二号《大元帅奖励夏旅长述唐决心攻闽电》

复旅沪各省公民调和会电

(一九一八年三月二十三日)

上海旅沪各省公民调和会鉴:皓电悉。国家兴亡,匹夫有责。诸君以公民之资格,本爱国之热忱,关心时艰,奔走呼号,至堪嘉尚。惟阋墙御侮,古有明训,诸君既曰公民,而乃谋及外人,是何居心? 倘招干涉之渐,谁任其咎? 至此次义军护法讨逆,纯属民国存亡问题,绝无党派权利竞争之可言。何谓调和? 岂民国若存若亡、半生半死,诸君将谓调和有成乎? 义军之目的在恢复约法效力,取消非法解散国会之案,拥护国会完全行使职权,早有宣言,布告全国。苟能以和平手段达此目的,使国内不致糜烂,尤为义军所深愿。乃非法政府积极违宪,迭布伪国会组织法、伪两院选举法,多方卖国,借款购械,以残杀国人。而叛督跳梁,又各自由行动,如倪嗣冲、张作霖之盗弄兵权。试问诸君何以调和？能否取消非法政府违宪行为及伪法？有何能力制裁叛督？是否主张恢复非法解散之国会？凡此诸端，誓〔譬〕如痈疽在背，割之则生，不割则死。若惧一割，惟事养痈，其何能国？惟诸君图之。孙文。漾。印。

据《军政府公报》第六十二号《大元帅复旅沪公民调合会电》

任命曾子书等职务令

（一九一八年三月二十五日）

大元帅令

　　陆军总长张开儒呈请任命曾子书、孙天霖、姚景澂为秘书，马汝刚兼署副官长，曹铭、李月秋为科长。应照准。此令。

大元帅（印）

中华民国七年三月二十五日

据《军政府公报》第六十四号（一九一八年三月二十七日版）

任命周应时职务令

（一九一八年三月二十五日）

大元帅令

　　任命周应时为陆军部司长。此令。

大元帅（印）

中华民国七年三月二十五日

据《军政府公报》第六十四号

致王文华电

（一九一八年三月二十五日）

贵阳王文华总司令鉴：殿密。元电悉。债券百万已由财政部交严参谋矣。据报岳州小挫，旋得胜利，惟逆军日益增加，湘、桂义师，终形单薄；执事早欲提兵东下，进规长江，尚望克日出师，会合各军，共伸讨伐。段逆于昨日复任伪阁，自此和议更属不成问题，欲达护法救国之初心，惟有根本解决之一途耳。孙文。有。印。

据《国父全集》第三册（转录史委会藏原稿）

复黄复生卢师谛电

（一九一八年三月二十五日）

重庆黄总司令代省长、卢副司令鉴：真电悉。何绍培勾匪肆扰，不受招抚，且敢邀击义师，既经该师力剿溃窜，所请通电严缉，务获惩办，应照准。孙文。有。印。

据《军政府公报》第六十四号（一九一八年三月二十七日版）

致黄复生电

（一九一八年三月二十五日）

重庆黄复生总司令代省长鉴：同密。顷据陈炳堃副司令由梁山来电称："前克复顺庆，权摄嘉陵道尹；近日石青阳所部诸将通电各处，意在相争"等情。查陈司令权摄道尹，未经任命。石青阳现已任命为师长兼镇守使，亦无须再摄道尹。恐相持不下，发生冲突，望妥为处理，并晓以师克在和之义，务息内争。至嘉陵道尹一职，究以何人为宜，并望密报。沧伯已由沪溯江而上。孙文。有。印。

据《国父全集》第三册（转录史委会藏原稿）

准免冯汝枬石泉本职务令

（一九一八年三月二十六日）

大元帅令

　　代理内政总长居正呈称：据澄海地方审判厅长冯汝枬呈请辞职，又请免去澄海地方检察厅检察长石泉本职。应照准。此令。

大元帅（印）

中华民国七年三月二十六日

据《军政府公报》第六十六号（一九一八年四月一日版）

复唐继尧电

（一九一八年三月二十六日）

　　毕节唐元帅鉴：申密。电悉。前任命石青阳一节，尊见亦谓相宜。惟以论功行赏，尚非其时。且宜先与熊锦帆密商等言相告，思虑周到，甚佩。川北初定，镇抚不可无人，二师既缺，石部亟宜编制。此皆必要情形，绝非论功行赏。前因省议会之请，特任锦帆督川，迄今一月，尚未得复。川电之迟，往往兼旬始达，往返电商，势必诸事搁置。此亦因必要情形，未及电商；犹之前者，尊电命锦帆兼任军民，固亦见为必要，而非论功行赏，并不及待与川人相商也。

军府统筹全局,并无成见,尚祈鉴察。孙文。宥。印。

据《国父全集》第三册(转录史委会藏《总理重要电文稿》)

致唐继尧等电

(一九一八年三月二十六日)

毕节唐元帅、成都熊督军、黄代省长、顺庆石师长、重庆夏招讨使、永宁卢副司令并邮转各县知事鉴:川局已定,所有一切调查事宜,应由军府特任之军民长官办理,前任四川调查员李元白应即裁撤。除电该员知照外,特此奉闻。再:军府前任各军事委员,如有招摇情事,希指名电知,以便严究。孙文。宥。

据《军政府公报》第七十号(一九一八年四月十日版)《大元帅
通告唐元帅及各司令等裁撤四川调查员李元白电》

任命徐绍桢职务令

(一九一八年三月二十七日)

大元帅令

代理卫成总司令徐绍桢着兼充陆军部练兵督办。此令。

大元帅(印)

中华民国七年三月二十七日

据《军政府公报》第六十五号(一九一八年三月二十九日版)

准任命陈养愚陈其植职务令

(一九一八年三月二十七日)

大元帅令

代理内政总长居正呈请任命陈养愚署理澄海地方审判厅厅长,陈其植署理澄海地方检察厅检察长。应照准。此令。

大元帅(印)

中华民国七年三月二十七日

据《军政府公报》第六十六号

致黄复生石青阳电

(一九一八年三月二十七日)

重庆黄总司令代省长、顺庆石镇守使鉴:同密。昨得唐元帅马电,文曰:"此次护法兴师,石青阳深资得力,尊电任命为第二师长兼川北镇守使,甚属相宜。惟川事甫定,百端待举,关于编制军队,出师陕鄂,数理财政,辑绥流亡,现正责成熊督统筹办理,将来在事出力人员,自应妥为分配,当此军心未定之际,若先任命一二人,恐群起竞争,川事即难收束。川局不靖,抢攘经年,其始皆由一二人权利之私,遂致酿兹浩劫。川粤相距辽远,恐我公未能尽悉内容,以后关于川事用人,尚乞先生密商熊督,俾免窒碍。继尧为维持川局计,故特电陈,尚希鉴照。"兹特复电,文曰:(照录廿六日致唐元帅原文)①特此电闻。熊锦帆至今未有电来,川事赖君等维持,务宜力促熊受军府任命,以归一致。唐帅侧重熊一方,而又有忌军府之意,甚非所宜。川中若能一致坚决表示拥护军府,则唐帅可息自树势力于川之私意,而有就任元帅以维大局之决心。望善图之。孙文。沁。印。

据《国父全集》第三册(转录史委会藏《总理重要电文稿》)

---

① 此为底本原注。

致陈炯明电

（一九一八年三月二十七日）

十万火急。汕头陈总司令鉴：存密。袁带在香山，恐通龙生变；若调袁征闽，则可防止隐患，且增加援闽军力，一举两得，望迅即电省，力调勿迟，至要。孙文。沁。印。

据《国父全集》第三册（转录史委会藏原稿）

致黄复生吴兆麟电

（一九一八年三月二十七日）

重庆黄总司令代省长鉴：同密。转吴兆麟先生鉴：电悉。知已在鄂与牟鸿勋、袁家瑞诸君组织讨逆军队，有众五千，殊堪嘉许。深望早日编成，出师讨伐，以策殊勋。仍盼电闻。孙文。沁。印。

据《国父全集》第三册（转录史委会藏原稿）

致徐朗西电

（一九一八年三月二十七日）

转朗西：焦易堂所失票，已由粤行径寄沪行，票到即至事务所觅焦往收。请先告焦，预与沪行接洽。

据《国父全集》第三册（转录史委会藏《总理重要电文稿》）

致陈炯明电

（一九一八年三月二十八日）

　　汕头陈总司令鉴：存密。长沙已失，陆电莫，托英领事电北京英公使，向段政府求和，只愿维持彼本有地位，不惜牺牲一切。李耀汉饬属员将家眷迁往香港，欲有举动。欧战英法大败，巴黎有不守之势，日本政府宣言，刻不能出兵于西北利亚。犬养毅函请文往日面商要事，今日遣执信往，探其用意何在再行酌夺。孙文。俭。印。

据《国父全集》第三册（转录史委会藏亲笔原件）

复头山满犬养毅函

（一九一八年三月二十八日）

头山、木堂先生道鉴：

　　奉读三月十日大教，备悉故人爱我之厚，本思即遵雅意东渡，惟因正式国会已定于六月开会，在此两月中，文万难去国远行，当即托驻粤武官依田大尉电致菊池良一兄，转述鄙意。电文略谓："尊函见招，未知何为？如因南北调和之事，文已将鄙意托之唐少川兄；若为东亚百年大计，非与文亲商不可者，请示其详，当亲趋聆教。"此电去后，数日未获复音，不胜遥念。用特专派朱君大符来前，面陈一切，并盼雅教，务恳详示一切。

　　谨略将此次护法战争之目的，为故人陈之。文奔走革命二十余年，迄于辛亥，始得有成，以二十余年来惨澹经营，所得者新建之共和国体耳。为国体之保障者为约法，而约法之命脉则在国会；第一次国会之唯一职权即为制定宪法。宪法一日不布，则政本一日不立。然一般官僚武人辈所以必欲解散国会者，实即欲自根本上推翻共和国体耳。故第一次宪法草案甫成，而袁世凯解散之，第二次宪法草案方通过二读会，而段氏又解散之。当国会第二次被解散也，参议院之第一次改选已毕，距众议院之总选举仅不过百余日，而大总统改选期，亦不过一年矣。若官僚武人辈能为正正堂堂之政治竞争，则应由选举中图扩充其势力，不应诉诸武力，以蹂躏国会，破坏约法。盖国会既被解散，则数十年革命事业之成绩，固全被推翻，而将来国家根本之宪法亦无从制定，国本动摇，大乱无已；故以拥护约法之故，诉诸武力，盖不得已耳。

文之淡于私人权利，执事所深知，苟共和之国体能巩固，则抛弃政权可也，共和国体若危，文视之为唯一之生命，必尽其所能以拥护之。故解决今日时局，以恢复国会为唯一之根本。只此一事，倘北方当局者能毅然断行，则文已十分满足，不求其他条件也。背乎此者，则无论示以何种条件，文必不甘承认之。何也？为图中国之长治久安，实舍巩固国体外，无他道耳。

世人纷纷以南北之分限为言，文甚鄙弃之。盖为此言者，不过欲利用南北之恶感，以自营其私而已。

以上所陈，文之本怀，恳赐明察。其他关于时局之情形，朱君当能详陈之。方今欧局大变，世界风云日急，一俟国会正式开会后，倘能分身，必当亲诣台端，面筹一切。

再：尊函谓前曾惠书，但此间并未奉到。

昨得东京友人书，谓木堂先生执事于议会终了后，将来敝国视察，不识确否？倘木堂先生能屈驾来游，尤所深盼。谨布腹心，不尽——。专颂

道安

孙文顿首

中华民国七年三月二十八日

据《国父全集》第三册(转录史委会藏原件)

致加藤等函

（一九一八年三月二十八日）

加藤、尾崎、犬冢、寺尾、床次、秋山、田中、森山先生执事：

久违道范，时切遐思，敬维政德日隆为颂。

敝国时局混沌，急切难得解决，而欧洲风云又复变幻莫测，两国相依唇齿，贵国为东亚先觉，执事为日本达人，尚望努力自重，为东亚造福，文亦必竭尽所能，以副尊意。

兹委朱君大符东渡，特具函奉候。敝国最近情形，朱君当能面道其详也。专此，敬候

起居

孙文顿首

中华民国七年三月二十八日

据《国父全集》第三册(转录史委会藏原稿)

准林翔辞职令

（一九一八年三月二十九日）

大元帅令

代理内政总长居正呈称：广州地方检察厅检察长林翔呈请辞广州地方检察厅长本职。应照准。此令。

大元帅（印）

中华民国七年三月二十九日

据《军政府公报》第六十六号

任命林翔职务令

（一九一八年三月二十九日）

大元帅令

　　任命林翔为广东高等检察厅检察长。此令。

大元帅（印）

中华民国七年三月二十九日

据《军政府公报》第六十六号

任命曾子书职务令

（一九一八年三月二十九日）

大元帅令

　　任命曾子书署理广州地方检察厅检察长。此令。

大元帅（印）

中华民国七年三月二十九日

据《军政府公报》第六十六号

准任命夏重民职务令

（一九一八年三月二十九日）

大元帅令

　　代理参军长黄大伟呈请任命夏重民为大元帅府稽查长。应照准。此令。

　　　　　　　　　　　　　　　　　　　大元帅（印）

中华民国七年三月二十九日

准任命陆际昇职务令

（一九一八年三月二十九日）

大元帅令

　　代理内政总长居正呈请任命陆际昇为佥事。应照准。此令。

　　　　　　　　　　　　　　　　　　　大元帅（印）

中华民国七年三月二十九日

致唐继尧电

（一九一八年三月二十九日）

　　云南唐蓂赓先生鉴：义密。宥电敬悉。军政府新□□，对外对内，关系至多。若我公再事挢谦，则外交上之承认与借款，必致阻碍，一发千钧，当仁不让，即乞即日宣布就职，以救危亡。文。艳。印。

准免谭炜楼职务令

（一九一八年三月三十日）

　　代理参军长黄大伟呈称：参军处庶务科二等科员谭炜楼常旷

职守，并不服从命令，请免去科员本职。应照准。此令。

大元帅（印）

中华民国七年三月三十日

据《军政府公报》第六十六号

焦心通先生暨崔太君行状书后
（一九一八年三月）

自古贤者多渊源于家学，而母教之孕育，关系尤伟。是以教子贵有义方，贤母令妻，为女教之典范。易堂焦君，秦中杰士也，为国事奔走有年，于民国创造颇有功焉。其为人也，端直温厚，不类近世子。予每觉其立身必有所自，及读易堂所述其先德心通先生暨崔太君行状而益喻。嗟乎！自欧风东渐，家教之美几绝，于是社会之风趋下，而国脉日微，爱国者宜思有以救之。

民国七年三月　　香山孙文

据《国父全集》第四册（转录史委会藏《焦心通
先生暨崔太君行壮书后》碑拓）

复张开儒电
（一九一八年四月一日）

尊电敬悉。武器以日本为唯一供给之源，第日政府方与逆亲，必待西南军事发展后，始有可图。出湘一层，乃为便捷计，然攻闽亦非失策，此间所求，唯速出师耳。海军得手后，大兵入闽，则武器购运俱便。来电读竟，令人起舞，老同志究非别人所及也。孙文。东。

据《国父全集》第三册（转录史委会藏原稿）

任命林森职务令

（一九一八年四月二日）

大元帅令

　　特任林森署理中华民国军政府外交总长。此令。

大元帅（印）

中华民国七年四月二日

据《军政府公报》第六十七号（一九一八年四月三日版）

任命戴传贤职务令

（一九一八年四月二日）

大元帅令

　　任命戴传贤代理中华民国军政府外交次长。此令。

大元帅（印）

中华民国七年四月二日

据《军政府公报》第六十七号

复方声涛电 *

（一九一八年四月二日）

　　汕头方总指挥鉴：勘电诵悉。李逆久据闽中，暴横无道，生民

---

　　* 方声涛当时将一部分军队交李根源讨伐龙济光，于三月二十五日抵汕；二十八日奉命担任代理征闽靖国军总指挥（原为李烈钧）职务。

重困。今执事躬率雄师进讨闽乱，吊民伐罪，足壮义师之气。幸踔厉进取，伫候捷音。孙文。冬。

据上海《民国日报》一九一八年四月十一日

复唐继尧电

（一九一八年四月二日）

毕节唐元帅鉴：申密。有电悉。各省护法，不认北京非法政府，自非建立护法政府，则对内既莫由统一，对外即难期承认，理本昭然。无如桂人意气自高，百计调和，终无觉悟。今段氏复出，湘战累却，龙寇又深，倘再事迁延，大局之危，宁堪设想。改组军府之议，中多变幻，文前虽同意，后竟为他力所阻。今时机迫切，尊电及巧电，言之深透，此心实可相印。计自伍、唐、程三君通电以来，迄未表示意见者，厥惟桂人。而一方仍积极进行联合会议之筹备，最近伍、陆之会，陆已表明反对。惟尊意既决，黔督亦有赞成通电，川当从同。湘虽首电反对，近亦已弃其成见，协和亦迭电敦劝各方，众志如此，不难见诸行事。兹所欲切实奉商者：一则改组原冀桂人加入，如桂人始终不加入，各省是否依然决心；二则改组原冀实力扩张，如桂人不加入，而各省远隔，仅派代表，是否能举共同负责之实。更有应郑重声明者：护法之惟一主张，在恢复旧国会，并使之完全行使职权，无论改组内容如何，此主张绝对不能有所牺牲，必须一致坚约，始可共议改组。至名义则以于事实上显实力之扩张，于法律上见主张之正当为宜，鄙见宜名为护法各省联合军政府。凡此诸端，均属文掬诚相商之要义。民国前途，希望惟在执事一人，尚冀毅力首出担当，则桂人自难立异，而他省亦可景从。苟达护法目的，文无不可退让。惟此时冒险负重，实非得已，否则军府朝撤，粤局夕变；滇、黔、川军未出武汉，而桂军或已言和；有始无终，能不寒心！此中消息，即希亮察。再川局诸赖维持，承示已催锦帆、复生就职，具见苦心，曷胜敬佩。专布腹心。黔、川即请尊处喻意。孙文。冬。印。

据《国父全集》第三册（转录史委会藏原稿）

致陈炯明电

（一九一八年四月二日）

汕头陈总司令鉴：存密。改组军府之议，自伍、唐、程通电后，程潜首电反对，实系桂人授意，后又声明并无成见。近则李协和迭电赞成统一机关，而唐蓂帅及黔督均有电赞成，惟桂人始终反对。伍、陆之会，陆已表明。昨唐来密电，谓闻文同意，伊必从后，意颇恳切，并言川事已依鄙意，催熊就川督，黄就代省长职。护法必须联唐，故今日与唐切商，提出四义：一、改组如桂人不加入，是否决心？二、改组无桂人，各省仅派代表，是否有实力负责？三、护法以恢复旧国会，使能完全行使职权为惟一主张，必须坚约，始可议改。四、改组名义，宜用护法各省联合军政府，并嘱唐首出担当。现国会桂派议员提出联合政府案，实非善意。褚君慧僧来汕，当系商酌以改组为补救，惟唐如不能出实力，则改组仍属空名，而护法主张甚至摇动。故此议必须唐有切实办法之电复，始可讨论。桂派提案另寄。孙文。冬。印。

据《国父全集》第三册（转录史委会藏原稿）

任命高尔登职务令

（一九一八年四月三日）

大元帅令

　　任命高尔登为军政府卫戍总司令部参谋长。此令。

大元帅（印）

中华民国七年四月三日

据《军政府公报》第六十九号（一九一八年四月九日版）

准任命章勤士职务令

（一九一八年四月三日）

大元帅令

　　卫戍总司令徐绍桢呈请任命章勤士为军政府卫戍总司令部秘书长。应照准。此令。

大元帅（印）

中华民国七年四月三日

据《军政府公报》第六十九号

准任命吴承斋职务令

（一九一八年四月四日）

大元帅令

　　署理交通总长马君武呈请任命吴承斋为秘书。应照准。

此令。

　　　　　　　　　　　　　　　大元帅（印）

中华民国七年四月四日

据《军政府公报》第六十八号（一九一八年四月五日版）

复 龙 璋 函

（一九一八年四月四日）

研仙先生大鉴：

　　接诵台函，具见关心国事，敬佩之至。

　　前者岳州既克，本可乘胜进规武汉，北军如王、范辈，已无斗志，何难一鼓而下。乃竟误于议和之说，坐令湘桂联军沮其锐气，今军报传来，岳州复失，长沙因而不守，主张和议之人，实难辞误国之责，亦无以对湘中父老也。执事老成硕望，一言为重，尚希以发蒙振聩为己任；湘西军队，尤贵辑睦，比已遣人喻意。执事以桑梓之谊，联络之念，当必倍切。国会筹备现正积极进行，如有卓见，幸时惠教。湘中近情，仍希详报。此颂

台祺

　　　　　　　　　　　　　　　孙文　　四月四日

据《国父全集》第三册（转录史委会藏原稿）

致陈炯明函

（一九一八年四月五日）

竞存我兄惠鉴：

　　兹有安徽民军毕靖波来函称，汀州统领邓洛亭与毕素有联络，

且有倾向军政府之意,故特派郝继臣来粤,并赴汀接洽,冀得邓军为我内应等语。查汀州方面已有接洽,而邓军或尚未悉。兹特嘱郝君继臣亲至尊处接洽,望探询其详,并酌定办法告之为荷。此颂戎祉

（大元帅）启

民国七年四月五日

据《国父全集》第三册(转录史委会藏原稿)

致陈炯明等电

（一九一八年四月五日）

汕头陈总司令鉴:存密。并转方总指挥,夏、伍两旅长鉴:援闽之举,准备已久,迄未进攻。许司令迭电称:前敌有可乘之机,而福建同志来此间报告闽中预备响应者亦甚多,日盼我军进发,即可同时共举。惟攻击之令,至今寂然无闻,敌备日增,且狃于岳长之役,虏气益骄,我军顿兵不进,足以示弱。度李逆将有反守为攻之势,与其待敌之攻,不如攻敌,以寒其胆。况进攻则虽败犹荣,且尚可退守;若仅图自守,则一败将无立足之地,重为义师僇辱,又使闽中内附者寒心而不敢动,坐失事机,尤为可惜。况段贼复出,积极图南,我军纵事准备,增力几何,而彼则恃有外援,愈久则力愈充,及今图之,惟在速战。诸君迭电讨逆,义勇奋发,当能合力猛进,迅奏肤功,有厚望焉。孙文。微。印。

据《国父全集》第三册(转录史委会藏《总理重要电文稿》)

任命李锦纶职务令

（一九一八年四月六日）

大元帅令

　　任命李锦纶为军政府外交部政务司长。此令。

大元帅（印）

中华民国七年四月六日

据《军政府公报》第六十九号

准任命孙科陈天骥职务令

（一九一八年四月六日）

大元帅令

　　署理外交部总长林森呈请任命孙科、陈天骥为秘书。应照准。此令。

大元帅（印）

中华民国七年四月六日

据《军政府公报》第六十九号

致陈炯明等电

（一九一八年四月八日）

　　电汕头陈总司令鉴：存密。并转仲元、汝为、礼卿、介石、天仇①诸兄鉴：闻张怀芝率大兵已到赣，不日恐有攻粤之事。又闻北

---

　　① 仲元、汝为、礼卿、介石、天仇：即邓铿、许崇智、吴忠信、蒋介石、戴传贤。

兵二千余由海运至徐,闻登陆援龙。李厚基在闽兵力日日加增,吾党在闽预备响应者,机关日有破坏,潮、梅东北为李、张所逼,沿海无可防御,现已在三面包围之中,地位极为危险。此时敢冒险进攻则生,不敢冒险则必致坐困。以攻为守,则士气壮,响应多,敌胆寒,一进必收奇效;否则士气日衰,响应日消,敌胆日壮,而我以可胜不可败之兵,据能进而不能退之地,必无幸免也。诸兄其速图之。文。四月八日发。

据《国父全集》第三册(转录史委会藏亲笔原稿)

公布陆军部练兵处条例令

(一九一八年四月九日)

大元帅令

　　兹制定陆军部练兵处条例公布之。此令。

大元帅(印)

中华民国七年四月九日

附:陆军部练兵处条例

　　第一条　陆军部练兵处直隶于大元帅,管理练兵事宜。

　　第二条　练兵处置督办一员,会商陆军总长,总理本处事务并统御所属军队。

　　第三条　练兵处置参谋长一员,辅助督办,整理处务,监督各科职员。

　　第四条　练兵处置参议二员,辅助督办赞襄处务。

　　第五条　练兵处置秘书二员,秉承督办之命,掌理文牍之起草、保存及典守印信等事[事]项。

第六条　练兵处分置三科：

一、总务科；

二、军务科；

三、军储科。

第七条　总务科职掌如左：

一、关于公文函电之纂辑及收发事项；

二、关于处内职员及所属军队官兵名册之保管事项；

三、关于处内军纪、风纪事项；

四、关于庶务及其他不属各科事项。

第八条　军务科职掌如左：

一、关于将校之储备事项；

二、关于征募之筹备事项；

三、关于军队之编组事项；

四、关于军队之训练事项；

五、关于军队驻扎地点之选定事项；

六、关于军队之卫生事项。

第九条　军储科职掌如左：

一、关于稽核经理事项；

二、关于粮饷之预算、决算及给与事项；

三、关于军用建筑事项；

四、关于被服装具之购备及给与事项；

五、关于军械之筹备事项。

第十条　练兵处置科长三员，承督办之命掌理主管事务。

第十一条　练兵处置科员及副官，承长官之命分任职务，但其员额视事之繁简酌定。

第十二条　练兵处职员依附表所定。

第十三条　本条例自公布日实施。

陆军部练兵处职员表

<table>
<tr><td rowspan="8">督　办</td><td colspan="4">参谋长（中少将）</td></tr>
<tr><td colspan="2">参议（少将上校）二　限于军事学校
毕业富有经验者</td><td colspan="2">秘书（中少校相当文官）二</td></tr>
<tr><td>总务科</td><td>科　长（上中校）一</td><td colspan="2">副　官
科　员（中少校上尉）</td></tr>
<tr><td>军务科</td><td>科　长（上中校）一</td><td colspan="2">科　员（中少校上尉）</td></tr>
<tr><td>军储科</td><td>科　长（上中校）一</td><td colspan="2">科　员（中少校上尉）</td></tr>
<tr><td>备　考</td><td colspan="3">一副官科员之员额视事之繁简由督办随时会商陆军总
长酌定之
二本表〔处〕因事之繁简得雇用书记及录事</td></tr>
</table>

据《军政府公报》第七十号（一九一八年四月十日版）

任命沈靖职务令

（一九一八年四月九日）

大元帅令

　　任命沈靖为陆军部练兵处参谋长。此令。

大元帅（印）

中华民国七年四月九日

据《军政府公报》第七十一号（一九一八年四月十三日版）

任命马崇昌职务令

（一九一八年四月九日）

大元帅令

　　任命马崇昌为大元帅府参议。此令。

大元帅（印）

据《军政府公报》第七十一号

任命郑权职务令

（一九一八年四月九日）

大元帅令

　　任命郑权为大元帅府秘书。此令。

大元帅（印）

中华民国七年四月九日

据《军政府公报》第七十二号（一九一八年四月十七日版）

致唐继尧电

（一九一八年四月九日）

　　火急。毕节唐元帅鉴：申密。据四川省议会支日快邮代电，推举石青阳以师长兼军务会办，并有电分致尊处。查师长前已任命，至军务会办，既属民意所归，似可照准，尊意如何，即希速复。孙文。青。印。

据《国父全集》第三册（转录史委会藏原稿）

致陈炯明电

（一九一八年四月九日）

　　汕头陈总司令鉴：存密。微电悉。林君子超虽已就署理外交总长之职，但尚须赴外一行，故非季陶代理部务不可。俟林君事竣返粤，再嘱季陶前来相助。孙文。佳。

据《国父全集》第三册（转录史委会藏影印原件）

复易次乾函

（一九一八年四月九日）

次乾先生鉴：

　　顷诵惠书，闳论卓识，深为钦佩。长、岳之挫，足为谋事无断、依违瞻徇者之戒，且足以证枝枝节节者之终无成功也。吾党此时对于法律问题，无论如何，必宜始终贯彻，断不能因成败利钝而有所摇惑。执事素持正论，望时以此议提撕同人，勿懈初志，则当艰难否塞之后，必有闳大之成功。彼异派之持牺牲国会论者，徒为猎弋私权，而坐视国家大法之沦敳而不惜，此诚吾人所宜力辟其谬者也。专此奉复，并颂

时绥

孙文启　中华民国七年四月九日

据《国父全集》第三册（转录史委会藏原稿）

致胡宣明函

（一九一八年四月九日）

宣明先生执事：

　　得诵致小儿一函，知执事拟发起中国公共卫生会。以台端之学识经验，两皆优裕，而热心毅力，又复兼人，必能得社会之信用，鄙人深表同情。甚盼吾国公共卫生自兹进步，则为国利民福实非浅鲜。特此赞成，即颂

台绥

孙文　　四月九日

据《总理全书》之十《函札》

复邓家彦函

（一九一八年四月九日）

孟硕兄鉴：

　　得惠书，承念，谢谢。承示拟渡美筹销公债，具见热心，不辞奔走。惟此时前往，恐难如愿，若另有他事，则不妨乘便一图。此间并无倾轧之言，望勿怀疑。复颂

时祺

孙文　　中华民国七年四月九日

据《国父全集》第三册（转录史委会藏原稿）

致李元白电

（一九一八年四月九日）

　　叙州李劳军使转李元白鉴：川局已定，所有一切调查事宜，自应由军府特任之军民长官办理，前任李元白为四川调查员，应行裁撤。仰即知照。孙文。青。

据《军政府公报》第七十号

准任命杨芳胡继贤职务令

（一九一八年四月十日）

大元帅令

　　署理外交总长林森呈请任命杨芳为秘书，胡继贤为佥事。应照准。此令。

大元帅（印）

中华民国七年四月十日

据《军政府公报》第七十一号

复唐继尧电

（一九一八年四月十日）

　　毕〈节〉行营唐元帅鉴：申密。支电奉悉。李国定前自叙府来电称"集众三万余，组织第二军，率师东下"等语。此间以未悉真相,未曾加以委任。且因其来电有不争权利等语,似于川中诸人有所不满,恐致抵牾,故复电勉以速行东下。嗣又来电称杨肇基以旧部二十营,在新津组织第一军,竭诚向义。当亦复电勉以与讨逆各军,共相策应,均未加以任命。接尊电,知李国定所称组织各军,果非事实。前已去电告以国会开会有日,所事劳军任〈务〉已毕,促其即日赴粤。川、粤远隔,消息每多阻滞,主持西部,专赖执事。以后关于此等情事,尚望就近斟酌办理,并随时电告。孙文。蒸。印。

据云南省档案馆藏收电原稿

复熊克武电

(一九一八年四月十日)

成都熊督军鉴:感电悉。川难初平,内之辑睦各军,肃清余孽;外而联络各省,共定中原;非得功高望重如执事者,断难膺此艰巨。前因省议会公电推举,实为民意所归,是以特加任命。日前得唐蓂帅有电亦谓军府任命系本民意,深表赞同,已力催执事就职;乃来电犹未肯受任,甚非当仁不让之义。执事之任川督,各方翕服,若再事挹谦,转失众望。且段祺瑞复出,执事宜速宣布就职,以坚川中讨逆之决心,而作之气,实所厚望。至执事拥护军府之志,皎若日星,文所深佩。沧白因途梗滞留,即待觅路入川,复生暂代亦必能相得益彰也。再:昨得川省议会支日快邮代电,公举石青阳以师长兼军务会办,当能相助为理,除已电商唐蓂帅外,如表同情,并盼速复。孙文。蒸。

据《军政府公报》第七十三号(一九一八年四月二十日版)

致李国定电

（一九一八年四月十日）

叙府李静安先生鉴：川局已定，执事奔走劳苦，厥功甚伟。惟劳军任务已毕，现在全国正式会议定于六月十二日开会，希即速命驾返粤，共图国是。孙文。蒸。印。

据《军政府公报》第七十号

对全体国会议员的谈话*

（一九一八年四月十一日）

军政府视国会如君父，国会之所决议，军府无不服从。顾如昨日所提议之改组军政府，为军政府本身的存亡问题，而国会事先绝未征求军政府意见，径行提议而付审查，揆之事理，宁得为平？且以法律而论，约法规定为元首制，今乃欲行多头制。又军政府组织大纲明明规定：本大纲于约法效力完全恢复、国会完全行使职权时废止。无修改之名文，今日何以自解？

军府近于外交方面，正在进行接洽之中，今蒙此影响，军府基础已摇，日后必无进步可言。况日本以军械借款之故，决计援段，英则素嫉民党，法则自顾不暇，今日能为我助者只一美国，乃以改组军府之影响，美亦不能再为我助。故今日余个人对于改组一事，

---

* 四月十日，国会非常会议在广州开会，出席者六十余人，罗家衡等提出改组军政府案，赞成者四十余人。孙中山于十一日约请全体国会议员到军政府谈话，对改组军政府事提出严正质问。

根本反对。即于改组后有欲以余为总裁者，亦决不就之，惟有洁身引退也。

据邵元冲《总理护法实录》，载《建国月刊》第一卷第三期
（南京一九二九年七月版）

附：同题异文

我对于此事并无成见。但我辈既以护法为目的，诸事当求与法律不相违背。我中华民国约法既规定元首政治，正式国会议决大总统选举法及非常国会议决之军政府组织大纲，均无不与此同样体制。倘此制忽拟改为无〔多〕头政治，不几与法律相违背耶？但求诸君会议法律当与根本大法性质不相抵触，此外兄弟别无意见。

至对人问题，无论陆干老、唐继尧来做大元帅，我均可让他来做。他派我做别项事件，虽在前敌极危险的地方，我均可去干。若使我牺牲法律，则所谓护法者，何〔实〕万难承认。

据上海《民国日报》一九一八年四月二十六日

致唐继尧电
（一九一八年四月十二日）

毕节唐元帅鉴：申密。据覃君理民电称，湘西各军已改靖国军，与滇、黔、川一致行动，暂守常德，乘机进攻；并请任田应诏为湘南靖国军第一军总司令，周则范为第二军总司令。特此电商，如尊意赞同，即请尊处通电发布，任命状由军政府发给。盼复。孙文。侵。印。

据云南省档案馆藏收电原稿

接见国会议员代表的谈话[*]

（一九一八年四月十三日）

　　现在无论言外交、言内政问题，皆不好动摇根本。若改组，即是使护法动摇问题。根本动摇，种种弊害困难，皆由此发生。且正式国会召集之日距今不过两月。且〔而〕正式国会若成立，则又非于改组之外再行改组不可。一日三变令，内外人士皆以我护法之举为乌合，故至今尚坚持不改组之议。

　　现在最要紧者是令陆干卿对大局表示决心，对民国表示诚意。若彼能来梧州，则为决心诚意之表示。〈予〉即可亲赴梧州与之面商一切，以谋感情之融洽。万一彼不能来梧，即到南宁亦可，予亦能亲赴彼访之。若彼愿任大元帅，则吾让之于彼，亦无不可。倘既不能到梧州，复不能到南宁，是毫无决心与诚意，则无论如何联络总是做话。今日办法只有以人就法，不可以法就人。以人就法，则予个人去位可也；以法就人，则改组万不可也。

据上海《民国日报》一九一八年四月二十八日

命居正体察应否设终审机关令

（一九一八年四月十三日）

大元帅令

---

　　* 国会非常会议审查会推代表褚辅成、王湘、吴宗慈、卢仲琳、王葆真五人进谒孙中山，征询改组军政府意见。此为接见时的谈话。日期据邵元冲《总理护法实录》所定。

令署理内政总长居正

前将大理院组织大纲案咨交国会非常会议，兹准咨复，于本月十四日开会。据审查报告内称："此案经众讨论决议，俟国会正式开会后再议。至目前对于应设终审机关，可由军政府按照法院编制法办理，即经大会可决"等因。仰该总长体察情形，如有设立终审机关之必要，即拟具办法，呈候令遵可也。此令。

大元帅（印）

中华民国七年四月十三日

据《军政府公报》第七十二号《令署理内务总长居正》

致陈炯明电

（一九一八年四月十三日）

汕头陈总司令鉴：存密。前日刚发去一电后，适天仇回到，始知不能出师之各种理由，殊足浩叹。近日外报载有北京电：李厚基报告北京政府，云已准备三路出师攻潮、梅矣。彼反守为攻，于此可见。特此通告。孙文。元。印。

据《国父全集》第三册（转录史委会藏原件影印）

任命华世澂职务令

（一九一八年四月十六日）

大元帅令

任命华世澂为大元帅府秘书。此令。

大元帅（印）

中华民国七年四月十六日

据《军政府公报》第七十二号

任命陈家鼐职务令

（一九一八年四月十六日）

大元帅令

任命陈家鼐为大元帅府参军。此令。

大元帅（印）

中华民国七年四月十六日

据《军政府公报》第七十二号

致陈炯明函

（一九一八年四月十六日）

竞存我兄惠鉴：

近日迭接尊电，知策划贤劳，甚以为念。

曹君叔实刻来省详陈对闽事进行办法，尚称妥善，文意以为可行。兹特派曹君来汕面谒，详陈一切，尚希接洽后斟酌办理，以收合力并举之效。专此奉布，并颂

戎祉

大元帅启　中华民国七年四月十六日

据《国父全集》第三册（转录史委会藏原稿）

致邓泽如函

（一九一八年四月十六日）

泽如兄鉴：

昨接吴世荣兄自槟来函，言病中需用甚急，未便向外人挪借，

请酌量接济等情。兹寄上台湾银行伍百元汇票一纸,希为代收,并烦即交世荣兄收用。此托,并颂

台安

附台湾银行五百元汇票一纸。

孙文启　中华民国七年四月十六日

据《孙中山先生廿年来手札》影印原函

通告驻华各国公使书

（一九一八年四月十七日）

中华民国军政府为通告事:民国不幸,叛督称兵,陈师近畿,胁迫元首,于民国六年六月十二日遂以非法命令解散国会。继以复辟之变,黎大总统出走,而中华民国根据法律由国会组织之政府忽焉中断。各省兴帅讨逆,兵未及发,而段祺瑞乘机窃据北京,自称总理。黎大总统尚在北京,并未向国会辞职,亦非不能视事,乃不迎之复位,而擅召冯国璋于南京,使以副总统而为代理大总统。国之重器,私相授受,又不恢复非法解散之国会,而任意指派数十人傅会职权终止之临时参议院(参照临时约法第二十八条)壤〔坏〕法乱纪,予智自雄,泯泯棼棼,莫知底止。洎为袁世凯称帝以后,以武力乱国实行武人专制第二之奇变矣。

共和国之根本在法律,而法律之命脉在国会。中华民国元年《临时约法》(以后简称约法)为民国最高之法律,在宪法未施行以前,其效力与宪法等(参照约法第五十四条)。凡为民国之人,皆当遵守,无敢或违者也。按照约法,大总统无解散国会之职权,国会亦无可解散之规定。绳诸命令抵触法律,则命令无效之通例,六年六月十二日非法命令与约法抵触,当然无效。国会虽被阻遏,不能

在北京继续开会,然国会之本体依然存在,此民国全国人民所认为应恢复国会原状之理由也。本届国会厥惟民国第一次国会,中经袁世凯、段祺瑞两次以武力阻遏开会,不能行使职权,议员任期实未终止,此又国会继续开会仍应召集旧议员集会之理由也。

国人痛大法之陵替,惧民国之沦亡,一致要求取消非法解散国会之命令,俾国会继续开会,而国之大事,一依法律解决。乃北京非法政府置若罔闻,而非法之代理总统、非法之国务员、叛乱之督军团以及非法参预国政之私人,公然以北洋派相号召,视民国为北洋派之私有,思以武力征服全国,非法缔结借外债及军火之契约(参照约法第十九条四款、第三十五条),以逞其残杀国人之毒焰。乃对川、湘首先用兵,粤、桂、滇、黔不得已而起护法之军,宣布自主。海军第一舰队亦宣言以恢复约法、恢复国会、惩办祸首三事为救国之要图。当是时,国无政治中心,护法讨逆之功莫由建立。于是,国会应广东省议会之请求,遂开非常会议于广州,于民国六年八月三十一日由国会非常会议公布中华民国军政府组织大纲,爰为自主各省组织一戡定叛乱、恢复临时约法之军政府(参照本大纲第一条)。自时厥后,自主各省莫不宣言护法,川、湘逆〈军次〉[1]荡平,其他各省,闻风倾响。凡我国内及国外之人,乃莫不晓然于护法战争之大义,而本军政府之职志,遂以大白。

北京非法政府曾不悔祸,虽以长、岳之战,北京慕义军人不甘为私人效命,相率退却;又重以长江三督军之联名要求,暂免段祺瑞之职。而段祺瑞方且利用特殊之参战督办名义,阳托对外参战,实行对内用兵,不惜欺蒙协约各国,而自亏人格。乃冯国璋者,又思自树势力,一面以停战议和缓义军之进攻武汉;一面命令曹琨

---

① 　据温世霖《段氏卖国记》(一九一九年十月版)[1]校补。

〔锟〕、张怀芝、张敬尧南下，积极备战，仇视义军，行同鬼蜮（参照冯国璋青电）。此和议之所以不终，而复出于战也。惟冯、段各具私心，遂生内讧，段派督军团会议再现，而张作霖、徐树铮领兵入关，自由行动。段派叛督之横暴，虽段亦莫能制。长此不振，则民国将成为无法纪、无政府并无人道之国。一任不法之武人割据称雄，分崩离析，其将何以为国？今段祺瑞复任非法总理，逞忿岳、长，纵兵烧杀淫掳，绝无和议之可言。此则本军政府因护法而救国救民，不得已而用兵之苦衷，当为寰球所共谅者也。

国家不可一日无政府，国会非常会议鉴于现以暴力强据北京者为非法政府，是以有军政府之组织。故军政府于约法效力未恢复前，实为执行中华民国行政权之惟一政府（参照军政府组织大纲第三条）。易言之，则为约法上行使统治权存亡继绝之机关（参照同大纲第十二条）。现在本军政府已继续行使昔时北京政府之职权，与昔时北京政府无异，并非新发生之别一建设。诚恐友邦各国尚未了解，自应即日通告友邦各国，并郑重声明：本军政府承认切实履行中华民国六年六月十二日国会解散前中华民国与各国所缔结之国际及其他一切条约，并承认各有约国人在中华民国内享有条约所许及依国法并成例准许之一切权利。惟北京非法政府违背约法而与各国缔结之一切契约、借款或其他允行之责任，本军政府概不承认。谨布于友邦各国驻华公使，请烦转达于各贵国政府，尚望维持正义，承认本军政府，共敦睦谊，永固邦交，实所厚幸。谨此通告。

中华民国军政府海陆军大元帅孙文

署理外交总长林森

据《军政府公报》第七十五号（一九一八年四月

廿三日版）《大元帅通告驻华各国公使书》

复石青阳电

（一九一八年四月十七日）

顺庆石青阳镇守使鉴：同密。敬电悉。前得刘扬君电，已知执事有不得已之苦衷，今来电恳辞，并以川北镇守使向未设置，及二师应与四川陆军暨各义军通筹编制，为暂难就职之理由。现正与川议员讨论方法，不致偏重一方，令人生忌。兹准执事暂缓就职，惟应负之责，仍望勿辞。援陕何时出发。并望电闻。孙文。篠。印。

据《国父全集》第三册（转录史委会藏原稿）

致陈炯明电

（一九一八年四月十七日）

汕头陈总司令鉴：存密。昨电得悉蔡春华等五犯就获，蔡、马两犯已先行枪决，蔡犯较之李嘉品尤为凶狡。此次过汕，未遭漏网，兄之办事精能，实堪佩慰，屠龙之功，可为歼灭李逆先声，望即乘机猛进。孙文。篠。印。

据《国父全集》第三册（转录史委会藏原稿）

复郭昌明电

（一九一八年四月十七日）

元谋靖国第七军郭昌明军长鉴：东电悉。知奋厉进取，屡复名城,壮天南之义声,新西陲之壁垒,岂胜欣慰。黄君以镛闻亦规复旧部,力图进行,幸同济艰难,并代慰劳之。至恢复六县情形及所部军旅编制内容,仍盼续报。孙文。篠。印。

据《军政府公报》第七十三号(一九一八年四月二十日版)

《大元帅奖励元谋靖国军第七军军长郭昌明恢复六县电》

任命崔文藻职务令

(一九一八年四月十八日)

大元帅令

　　任命崔文藻为中华民国军政府陆军部次长。此令。

大元帅(印)

中华民国七年四月十八日

据《军政府公报》第七十四号(一九一八年四月二十二日版)

任命林英杰职务令

(一九一八年四月十八日)

大元帅令

　　任命林英杰为陆军部靖国援鄂军第一旅旅长。此令。

大元帅(印)

中华民国七年四月十八日

据《军政府公报》第七十四号

任命邓耀职务令

(一九一八年四月十八日)

大元帅令

任命邓耀为陆军部靖国援鄂军第二旅旅长。此令。

大元帅（印）

中华民国七年四月十八日

据《军政府公报》第七十四号

准颜炳元辞职令

（一九一八年四月十八日）

大元帅令

参议颜炳元呈请辞职。应照准。此令。

大元帅（印）

中华民国七年四月十八日

据《军政府公报》第七十四号

准连声海辞职令

（一九一八年四月十八日）

大元帅令

印铸局长连声海呈称佥事尹岳热心向学，恳请辞职。应照准。此令。

大元帅（印）

中华民国七年四月十八日

据《军政府公报》第七十四号

命财政部拨给阮复家属恤款令

（一九一八年四月十八日）

案据内政部呈称："秘书阮复于本年一月不避艰险，赴鄂密谋举义,正进行间,不幸所志未竟,遂遭逮捕惨害。该故员原有家产,已于民国二年悉被抄毁,老母寡妻子女多人茕独无告,请予抚恤"等因。查该故员奔走国事,历有年所,此次为国捐躯,闻耗不胜痛惜,除令内政部确查该故员殉难事实以待表彰外,着该部①拨给恤款千元,确交该故员家属具领。此令。

大元帅(印)

中华民国七年四月十八日

据《军政府公报》第七十四号《令署理财政部总长廖仲恺》

命内政部确查阮复殉难事实令

(一九一八年四月十八日)

大元帅令

　　呈悉。该部②秘书阮复于本年一月不避艰险赴鄂密谋举义,正进行间,不幸所志未竟,遂被逆贼逮捕,惨遭枪害,为国捐躯,闻耗不胜痛惜。既据声称该员原有家产已于民国二年悉被抄毁,兼以老母寡妻弱女幼子,茕独无告,尤堪悯恻。除令财政部拨给恤款千元外,着该部将该故员殉难事实,确查存记,一俟大局平靖,即由该部汇案呈请表彰,以慰忠魂。此令。

大元帅(印)

中华民国七年四月十八日

据《军政府公报》第七十四号《令代理内政总长居正》

---

　　①　该部:指财政部,廖仲恺时任署理财政部总长。
　　②　该部:指内政部,居正时任代理内政总长。

致陈炯明电二件

（一九一八年四月十八日）

一

汕头陈总司令鉴：存密。张藻林得南雄团长报告：北兵一团，已于铣日午后由南安开向南雄，此闻。孙文。巧。印。

二

汕头陈总司令鉴：存密。据美领函称："美国斯亚德尔埠菲沙面粉公司代表列治臣伙伴柯飞立，于四月十七日下午由惠州来电谓：驻惠州之统领不承认一九一七年十二月十日由美领经手向广州交涉员领得之护照，将柯氏拘禁于该衙门，而列治臣氏所有之钨矿石，亦彼截留。请饬惠州统领，将柯飞立氏省释，并发还矿石"等语。祈即查明，饬令该统领将柯氏省释，并发还矿石，盼电复。文。巧。

据《国父全集》第三册（转录史委会藏原稿）

批张鲁藩来函

（一九一八年四月十九日）

秘书拟答以当先以个人能力、感情与该地主将结合编成军队，军政〈府〉始可承认加委。

据《国父全集》第四册（转录史委会藏原件）

任命凌霄职务令

（一九一八年四月十九日）

大元帅令

　　任命凌霄为大元帅参军。此令。

大元帅（印）

中华民国七年四月十九日

据《军政府公报》第七十四号

致陈炯明电

（一九一八年四月二十日）

　　汕头陈总司令鉴：存密。美人柯飞立在惠州运钨矿石，致被钟司令扣留事，前已电尊处查办。兹美领又函称"柯氏经递解来省，已释放，惟矿石尚未发还，请饬发还业主"等语。此案内容究系如何？如无不合，似宜放行，请即查明电复。文。

据《国父全集》第三册（转录史委会藏原稿）

复陈炯明电

（一九一八年四月二十日）

　　竞存兄鉴：改组一事，万不可赞同，盖其初西南联合会，本以图外交承认而打消军政府也；乃其事告成，而通告外国之时，为美领事所反对。惟此为西南督军团勾结违法之机关，美国政府及国民决不承认,小伍①于是问计于美领事,领事乃告以人必与军政府联为一致,得国会之通过乃可,此改组之说所由生也。小伍来商之文,文直以违法拒绝之。后彼再请唐来省调和,唐出改组条例,文顺笔改其"联合"二字为军政府,唐始有难色,乃持归示伍,甚满足。次日立欲国会通过,称为经文修改者,以惑众;众多为所动,几败乃事矣。为时过促,不能通过。后各议员来问文,文以实答之,故国会搁之为悬案。张开儒闻改组之说,立就陆军总长之职,所以明示反也。兄当与张一致,以维军政府于不坠可也。此复。孙文。哿。

据黄编《总理全集》下册"文电"

复曾允时等函

(一九一八年四月二十一日)

允明、德源、潜川②先生均鉴:

敬复者:三月五日及九日来书已悉。前接元月信称接到财政部函云"寄去债券数包,而实际并未接到"等情。当查该件当日分装四包,拟由保险寄上。因经税关查过,谓系有碍,不能寄去,所以改作普通邮件寄呈,同时发信通知。今该信接到两月,件尚不到,必系被检查没收矣。查迭次尊处来信,均经英国官吏开拆检查盖印,谅此处寄去物件,亦必如是(中国寄去物件,比日本所寄更苛),见券上有革命党字样,自然没收。现在无可如何,只有将该券号数注销,再为补寄,并续寄功章奖状。惟能否寄到,实不可知。若尊处有可代收之人代领代寄,更为妥当(惟切不可托香港商人,因香

---

① 小伍:指伍廷芳之子伍朝枢,时任军政府外交次长。
② 允明、德源、潜川:即曾允明、黄德源、饶潜川。

港政治比前更加严厉也)。

　　组党及外交等件,已由总务部通讯详述,望为查照。此复,即请

大安

　　各同志均候。

　　另寄来致财政部电,亦已收到。

　　　　　　　　　　　　　　　　孙文启　　四月二十一日

　　再:誓约已经止截,现在有愿入党者,可以国民党名义收之,不必再用誓约之形式,只令填明姓名、籍贯、年岁等,并愿入国民党之意,即由介绍人签名绍介,缴费入党,即可照给党证。俟新章到后,再照新章办理可也。又及。文。

　　　　　　　　　　　　　据《国父全集》第三册(转录史委会藏原件)

公布外交部组织条例令

(一九一八年四月二十二日)

大元帅令

　　兹制定外交部组织条例公布之。此令。

　　　　　　　　　　　　　　　　　　　大元帅(印)

中华民国七年四月二十二日

附:外交部组织条例

　　第一条　外交部直隶于大元帅,管理国际交涉及关于外国居留民并海外侨民事务,保护在外商业。

　　第二条　外交部置总长一人,由国会非常会议选出,大元帅

特任。

第三条　总长承大元帅命管理部务,监督所属职员及外交官、领事官。

凡护法各省区长官,其执行本部主管事务,应受外交总长之指挥、监督。

第四条　外交部置次长一人,秉承总长之命,辅助总长整理部务。

第五条　外交部置参事四人、秘书四人。参事承长官之命,掌拟订关于本部主管之法律、命令案;秘书承长官之命,掌管机要事务。

第六条　外交部置总务厅及左列各司:

一、政务司;

二、通商司。

第七条　总务厅掌事务如左:

一、收藏条约及国际互换文件;

二、调查编纂交涉案件;

三、撰辑、保存、收发或公〈布〉文件;

四、管理本部所管之官产官物;

五、管理本部经费并各项收入之预算决算及会计;

六、稽核直辖各官署之会计;

七、编制统计及报告;

八、记录职员之进退;

九、典守印信;

十、管理本部庶务及其他不属于各司之事项。

第八条　政务司掌事务如左:

一、关于政治交涉事项;

二、关于地土国界交涉事项；

三、关于公约及保和会、红十字会事项；

四、关于禁令、裁判、诉讼、交犯事项；

五、关于在外本国人关系民刑法律事项；

六、关于外人传教、游历及保护、赏恤事项；

七、关于调查出籍、入籍事项；

八、关于国书赴任文凭及国际礼仪事项；

九、关于外国官员觐见及接待外宾事项；

十、关于核准本国官民收受外国勋章及驻在本国之各国外交官领事官侨民等叙勋事项。

第九条　通商司掌事务如左：

一、关于开埠设领事通商行船事项；

二、关于保护在外侨民工商事项；

三、关于路矿邮电交涉事项；

四、关于关税外债交涉事项；

五、关于延聘外人及游学游历事项；

六、关于各国公会赛会事项；

七、其他关于商务交涉事项。

第十条　总务厅归次长直辖。

第十一条　外交部置司长二人，秉承长官之命，分掌各司事务。

第十二条　外交部置佥事、主事各若干人，佥事秉承长官之命，分掌总务厅及各司事务；主事秉承长官之命，助理总务厅及各司事务。

第十三条　外交部因特别事件得置雇员。

第十四条　本条例自公布日施行。

外交部职员表

总长（特任）	次长（简任）	参　事（荐任）			
		秘　书（荐任）			
		总务厅	次长直辖	金事（荐任）	主事（委任）
		政务司	司长（荐任）	金事（荐任）	主事（委任）
		通商司	司长（荐任）	金事（荐任）	主事（委任）

据《军政府公报》第七十五号（一九一八年四月二十三日版）

公布大理院暂行章程令

（一九一八年四月二十二日）

大元帅令

　　兹制定大理院暂行章程公布之。此令。

大元帅（印）

中华民国七年四月二十二日

附：大理院暂行章程

　　第一条　大理院为最高审判衙门，于护法期内，依法院编制法之规定，暂行设于广州。

　　第二条　大理院置院长一人、推事五人、候补推事二人。

　　第三条　大理院暂设一庭，审理民刑诉讼，由院长指定推事一人为庭长。

　　第四条　总检察厅设检察长一人、检察官一人。

　　第五条　大理院及总检察厅应置书记官长、书记官、录事、承发吏各员，视事之繁简定之。庭丁、司法警察名额临时约定。

第六条　大理院、总检察厅各员之职务、权限及办事方法,依法院编制法及各级审判厅试办章程并按诉讼律管辖各节及其他法令所定办理。

第七条　关于大理院所辖案件,其讼费、抄录费、送达费、传票费等均照现行章程,加倍征收。

附　则

第八条　本章程施行期间,自大元帅核准大理院开办之日为始,俟国会正式开会议决大理院组织大纲颁行后,本章程即停止施行。

据《军政府公报》第七十五号

复李襄伯董直函

(一九一八年四月二十四日)

襄伯、董直先生均鉴:

来函接悉。忌嗹埠所筹之款,经由郭标、黄焕南两君代收,于去月九日汇交财政部妥收,并由该部照发分执收据,径寄该埠广生公司收转,此时想已收到,便希查复为盼。

兹者段逆复出,思以伪总理而代表元首,立心殊险;近复与日人私订条约,只图个人一时之权利,不惜以全国为牺牲,尤堪痛恨。吾人非极力奋斗,扫清群逆,不足以挽救将亡之国家。第文独力难支,所望同志诸先生竭力相助,庶几众志成城,而大局不难底定矣。

此复,并颂

均安

孙文　中华民国七年四月二十四日

据《国父全集》第三册(转录史委会藏原件)

任命吴承斋职务令

（一九一八年四月二十五日）

大元帅令

　　任命吴承斋代理交通次长。此令。

大元帅（印）

中华民国七年四月二十五日

据《军政府公报》第七十六号（一九一八年四月二十七日版）

准崔文藻请假令

（一九一八年四月二十五日）

大元帅令

　　据呈交通次长一职碍难兼顾，请假两个月等情。应照准。

此令。

大元帅（印）

中华民国七年四月廿五日

据《军政府公报》第七十六号

复邓泽如函

（一九一八年四月二十六日）

泽如兄大鉴：

　　接三月三十号来函，对于回粤办矿一事，提出三问题，特为解答如下：

（一）如设立局所，则对于经营矿业，自有管理稽核之权，且愿自行营业，以收实效，兼示提倡。

（二）改订矿章，先只愿于广东实行，逐渐推行于各省。然只就广东一省而论，如能办有成效，已可达吾人之目的。

（三）矿章如已施行，则将来议和，可提为条件之一。如施行不及，亦可日做一日，宜择速于见效，不须大资本之矿开办，自无资本虚掷之虞。

至现时大局，西南各省见军政府日有发展，恐失其地方割据之权，已生出最大内哄暗潮。军政府能否无变，尚未可知，请兄暂候三两月。尔时军政府如仍进行，势力必更巩固，兄归来当更易展其才略，而现时所办南洋之矿，亦当能清厘手续矣。此复，并颂

乂安

孙文启　四月二十六日

据《孙中山先生廿年来手札》影印原函

复叶荃电

（一九一八年四月二十七日）

重庆叶香石总司令鉴：冬电诵悉。逆〔段〕段〔逆〕再出，力抗义师，近方加重兵于湘、鄂，欲逞其暴横，宰制全国，共和前途不绝如缕。兹闻执事雄麾东指，直趋大江，威棱所播，足褫逆胆。幸努力进取，仁建奇猷。孙文。感。

据《军政府公报》第七十七号（一九一八年五月一日版）
《大元帅复叶荃出师援鄂电》

复郭昌明电

（一九一八年四月二十七日）

东川靖国第七军郭昌明总司令鉴：冬电悉。张故军长午岚屡起义师，功在民国，客岁不幸被难，至为痛心。兹据来电称遗族萧条，益深恻悯。其应予抚恤之处，已电省会督军、省长从优抚恤矣。孙文。感。

据《军政府公报》第七十七号《大元帅复郭军长
昌明请恤张军长午岚遗族电》

致熊克武等电

（一九一八年四月二十七日）

成都熊督军、省议会、重庆黄复生代省长鉴：前靖国联军第七军长张煦，屡起义师，拥护共和，客冬仓卒变起，被害于川边叛军，深可痛惜。兹据代理第七军长郭昌明电称张故军长遗族萧条，无以为生，闻之至深恻悯。望尊处亟从优抚恤，以励死义而慰英烈。孙文。感。

据《军政府公报》第七十七号《大元帅致四川熊督军
黄代省长省议会宜优恤张午岚遗族电》

公布卫成总司令部组织暂行条例令

（一九一八年四月二十九日）

大元帅令

兹制定卫成总司令部组织暂行条例公布之。此令。

大元帅（印）

中华民国七年四月二十九日

附：卫戍总司令部组织暂行条例

第一条　卫戍总司令部设于军政府所在地，特任总司令一员，直隶于大元帅，管理一切卫戍事宜。

第二条　卫戍总司令专任维持军民秩序，保卫地方。其关于清乡剿匪事宜随时会商地方官厅办理，除出征军队外凡隶属军政府之军队，均有节制调遣之权。

第三条　卫戍总司令得审度地方情形分设卫戍区域，其施行细则，另以专章定之。

第四条　卫戍总司令部分置参谋、秘书、副官、军需、军法、军医各课长一员，管理应办事务。其下各置属员，以事之繁简，定员数之多寡。

一、参谋长督率各参谋，辅助总司令，参赞戎机，规画关于军政令各事项；

二、秘书长督率各秘书掌管各种公文函电之纂辑、保存、收发及保管印信事宜；

三、副官长督率各副官办理本部庶务及关于本部军纪法纪事项；

四、军需长督率各军需委员掌管预算决算之编造，薪饷之支领，并武器被服一切军用品物之购备给与事项；

五、军法长督率各军法官掌管军事裁判惩罚事项；

六、军医长督率各军医管理病院及本部人员、各部队伤病之疗治并所辖区域内卫生事项。

第五条　卫戍司令部、警备部之编制、饷章及本部人员之薪饷服务值日细则均另定之。

第六条　本条例有未尽事宜,得随时呈请修正之。

第七条　本条例自公布之日起施行。

军政府卫戍总司令部职员表

总司令	参谋长(中少将)	参　谋(上中校)	
	秘书长(少将上校及相当文官)	秘　书(上中校及相当文官)	
	副官长(少将上校)	副　官(上中少校)	
	军法长(少将上校及相当文官)	军法官(上中少校及相当文官)	
	军需长{一二等军需正 或相当文官}	军需委员{二三等军需正 或相当文官}	
	军医长{二三等军医正 或相当文官}	军医员{三等军医正或 深明医理之文官}	
备考	一各科人员之额数另行编制呈报备案 二参议顾问咨议及军事委员差遣均无定额限于有军事学识者 不拘等级		

据《军政府公报》第七十七号(一九一八年五月一日版)

任命冯百砺职务令

(一九一八年四月二十九日)

大元帅令

　　任命冯百砺为大元帅府参议。此令。

大元帅(印)

中华民国七年四月二十九日

据《军政府公报》第七十七号

任命姜汇清职务令[*]

（一九一八年四月二十九日）

大元帅令

　　令姜汇清

　　照得山东久陷于武人专制区域,其官吏等国法于弁髦,以至人民荡析离居,殊堪悯恻。兹特任汝为山东西南路总司令,以期拔鲁民于水火之中,仰即速组义师,驱逐违法之叛逆。鲁省去粤辽远,所有措置事宜,应由该总司令全权办理,未便加以限制。其所部营长以上各高级军官,得由该总司令权宜委署,再行分别呈请委任。其他核计军实,整饬军纪,均关重要,务宜实心经理,庶毋负本大元帅委任至意。此令。

四月廿九日

据《国父全集》第四册(转录史委会藏原件)

致熊克武黄复生电

（一九一八年四月二十九日）

　　成都熊督军、重庆黄代省长均鉴:川省议员景昌运等七十余人电称:"颜德基、陈炳堃举义绥郡,大小数十战,拓地二千余里,克复二十八城,劳苦功高,应加以相当之军职,以彰劳勋"等情。查颜、陈此次举师,奋勇转战,文早有所闻,但以粤、蜀睽隔,详情无自查

---

*　此件未署年份,现据《国父全集》所定。

悉,故未加委任。兹据议员等电请委任前来,应请查明颜、陈有众几人,应授何职,克日电复,以凭核办。孙文。艳。

据《军政府公报》第七十七号《大元帅致成都熊督军重庆黄代省长电》

复景昌运等电 *

（一九一八年四月二十九日）

　　成都省会景昌运先生及诸先生同鉴:电悉。颜德基、陈炳堃转战千里,劳苦功高,文所嘉许。已电熊督、黄代省长查明电复,以凭加委矣。谨复。孙文。艳。

据《军政府公报》第七十七号《大元帅复四川省议会议员景昌运等电》

咨国会非常会议辞大元帅职文

（一九一八年五月四日）

　　为咨明事:查军政府组织大纲修正案经于本日贵非常会议议决通过。文于大元帅任职期内,虽自愧德薄能鲜,幸尚无负贵会议之付托。兹特向贵会议声明辞职,所有交代军政府事宜及解散现在服务各职员、兵士等办法,自应另行提案,咨请贵会议议决。此咨国会非常会议

　　　　　　　　　　　　海陆军大元帅孙文

据《军政府公报》第七十八号《大元帅咨国会非常会议辞大元帅职》

---

　　* 景昌运时任四川省议会议员。

咨国会非常会议派居正代表出席会议文

（一九一八年五月四日）

为咨行事：本日贵会议议决军政府组织大纲修正案，兹特派署理内政总长居正代表出席。请烦查照。此咨

国会非常会议

大元帅孙文

中华民国七年五月四日

据《军政府公报》第七十八号（一九一八年五月十日版）
《大元帅咨国会非常会议派居正代表出席》

辞大元帅职通电

（一九一八年五月四日）

十万火急。广州省议会，莫督军、李省长，伍秩庸先生，海军林总司令，魏总司令，各报馆，汕头陈总司令、方总指挥，韶州李督办、李总指挥，张总长、林、刘、沈、刘总司令，南宁省议会、陆巡阅使、陈代督军、李省长，云南省议会、刘代督军、唐卫成总司令，毕节唐元帅，贵阳省议会、刘督军、王总司令，成都省议会、熊督军、吕卫成总司令，重庆黄代省长、章太炎先生，叶、顾、赵各总司令、卢副司令、夏宣慰使，顺庆石总司令，保宁颜总司令、陈副司令，宁远郭军长，永州谭联军总司令，程、赵、马、陆、韦各总司令，刘镇守使、林旅长、林民政处长，归州黎、石总司令，常德张总司令，三原胡、曹、郭、焦各总司令，上海孙伯兰、汪精卫、王儒堂、张敬舆、岑云阶先生，民国

日报馆及各报馆，各省省议会，各报馆均鉴：

慨自国会非法解散，中更复辟之变，民国已无依法成立之政府。使冯、段两氏，果有悔祸之心，虽争个人权利，苟能撤销非法解散国会之命令，使国会继续开会，则与一言兴邦何异？夫谁得而议其后者。乃必思以北洋兵力征服全国，遂致衅解川、湘，而全国之统一已破。其时，桂、滇之师皆由地方问题而起，而所谓宣告自主者，其态度犹属暧昧，似尚置根本大法于不问，泯泯棼棼，莫知底止。文不忍坐视正义之弗伸，爰于沪上与民国诸老创议护法。海军将士亦有宣言，相率南来。粤省议会乃有请国会议员来粤开会之决议，由是发生国会非常会议于广州，于中华民国六年八月卅一日公布军政府组织大纲。文不才，被举为大元帅。虽自知弗能胜此重任，然国家多难，匹夫有责，文忝在手造民国之列，不能视大法之沦亡而不救；是用不避险艰，不辞劳瘁，以为护法讨逆倡，使吾国及友邦之人咸晓然于军政府之职志。至于成败利钝，匪所逆睹，凡以存民国人民之正气于天壤间而已。

自是厥后，粤、桂、滇、黔、湘、川莫不一致宣言护法，始以恢复非法解散之国会为共同之目的。于是地方之争，一变而为国会之争。军政府虽无天地之凭藉，而此志已范围乎六省。而其他表同情而思附义者，尚复所在多有，均在酝酿发难之中，不得不谓护法之已告一成功矣。顾吾国之大患，莫大于武人之争雄，南与北如一丘之貉。虽号称护法之省，亦莫肯俯首于法律及民意之下。故军政府虽成立，而被举之人多不就职，即对于非常会议犹莫肯明示其尊重之意。内既不能谋各省之统一，外何以得友邦之承认？文于斯瘏口哓音，以蕲各省之觉悟，盖已力竭声嘶，而莫由取信。知我者谓我心忧，不知我者谓我何求。斯之谓矣。然个人之去就其义小，国家之存亡其义大。文之所以忍辱负重以讫于今者，良以任责无人，非得已也。凡文之所以谋使各省尊重非常会议为护法之中心者，无所不至。

今自岳、长累败以来，各省始悟分则俱伤，合则两美。然后知有组织统一机关之必要，且知有以非常会议为护法中心之必要，及今图之，犹未为晚。而文之力，固已尽于是矣。计自提取盐税存款以充国会正式会议经费，预定六月十二日为开会之期，文之效忠于国会，任务本已将尽。乃者非常会议决议改组军政府，以应各省之要求，今而后，庶可资群策群力以光昭护法之大业，而告厥成功，岂非民国之幸。

文本匹夫，无拳无勇，所以用其全力以拥护非常会议者，其效果亦既如是，庶乎可告无罪于国人。兹仍愿以匹夫有责之身，立于个人地位，以尽其扶助民国之天职。谨略述颠末，向国会非常会议辞大元帅之职，幸为公鉴。

孙文　支

据《军政府公报》第七十八号《大元帅辞职之通电》

致陈炯明电[*]

（一九一八年五月五日）

汕头陈总司令鉴：存密。北氛日盛，闻有分兵由长龙寇惠，直攻虎门消息。此不独海军出路断绝，且危及贵军之后方。昨海军诸人会商，请福林克日派兵前往堵截。福林以惠属系归兄辖，非得兄同意未便派兵为言，现在惠属兵力单薄，如北兵果来，断非贵军

---

　　* 此件未署年份，底本注称原稿有"五月五日发"及"汕头陈总司令"等，当为一九一八年。

所能兼顾。现福林已定与海军提挈，如能出兵长龙，自可撼兄后顾之虑。尊意若何，盼即电覆。孙文。歌。

据《国父全集》第三册（转录史委会藏原稿）

致孙洪伊等电
（一九一八年五月五日）

伯兰、精卫、儒堂、慧僧、静江、景良①暨诸同志鉴：支日国会以四票多数通过改组案，同时文即提出辞职，并通电各省矣。特闻。文。歌。

据《国父全集》第三册（转录史委会藏原件）

致黄复生电
（一九一八年五月六日）

重庆黄复生代省长鉴：同密。据左丞、镜台②由沪报告："熊克武代表吴蔚章、李义文与刘存厚系之周新甫互相联络，拟以刘督川、熊为省长兼军务会办，已电商进行"云云，未知果否属实？望转知青阳、锡卿特别注意为荷。孙文。麻。印。

据《国父全集》第三册（转录史委会藏原稿）

致张鲁藩函
（一九一八年五月六日）

鲁藩先生执事：

郑君子敬来粤，得诵尊函，益知湘中军事失散颠末，滋为浩叹！

---

① 伯兰、精卫、儒堂、慧僧、静江、景良：即孙洪伊、汪精卫、王正廷、谢持、张静江、丁景良。

② 左丞、镜台：即张左丞、林镜台。

刘君既晓畅军事，且明大义，知拥护军府，望深与接纳，互相助援。

执事所言湘中以后进行方法，愿得领要。望先以个人能力、感情，与各该处主将妥为结合，一俟军队编成具报，当可准如所请给与委任也。此复，并颂

台绥

大元帅署名

据《国父全集》第三册（转录史委会藏原稿）

致蒋介石电

（一九一八年五月八日）

汕东陈总司令：存密。转蒋介石鉴：沪电云沪上各码头均有探候缉，万不可回等语。特此转达。孙文。

据《国父全集》第三册（转录史委会藏亲笔原件）

致汪兆铭等电

（一九一八年五月八日）

上海密。精卫、景梁鉴：国会决议挽留，暂不离粤。政治活动，恐无补于国家，此后当待机以图根本之解决耳。沪上我能居否？请从各方面细查详复。文。

据《国父全集》第三册（转录史委会藏原稿）

致许崇智电

（一九一八年五月八日）

镇平许司令鉴：佳密。李无辞职事，莫借以挑拨胡、李恶感，使李以仇胡故，转以仇军府耳。闻克日进攻，至慰。桂、滇两军皆有

殊功,而粤军久不发展,诚虑将来无立足地也,望兄与同事诸君勉之。如粤兵一入闽境,当即以竞督闽,并以告仲元为盼。文。庚。

据《国父全集》第三册(转录史委会藏原稿)

在广州与某报记者的谈话 *

(一九一八年五月十五日)

记者问曰:近者国会议员暨各界人士均电挽留先生仍任大元帅,勿萌退志,先生意见如何?

先生曰:余之辞志已极坚决,虽各方挽留,但深感其厚情。依法律、政治两方面观察,予万无可再留恋也。

记者问:军署方面之遽捕陆军总长张藻林及枪杀交通部次长崔戢勋①,先生观此办理,是否合法?

先生曰:予于张、崔二君实深惜之。

记者复问:然则先生将离粤去乎?

先生曰:犹未定也。予必于同来之海军如何安置及大元帅府开办至今之手续如何结束,妥为办理,始能定行止也。

据上海《民国日报》一九一八年五月二十二日

咨国会非常会议请追认发行公债文 **

(一九一八年五月十七日)

为咨行事:兹据署理财政总长廖仲恺呈称:"现在军政府亟待

---

* 谈话地点在广州大元帅府会客厅。

① 指桂系莫荣新于五月十一日在韶关诱捕军政府陆军总长张开儒,囚于督军署;枪杀代理陆军次长崔文藻事。

** 另据上海《民国日报》一九一八年五月二十八日所载同一咨文,日期为五月十九日。今从原稿。

结束,所有职部自去年九月二十六日成立起至大元帅辞职以后本月十五日为止之各决算表册,业已造竣。查军政府成立以来,内部职员向无俸给,所有一切开支,皆系必需之支出。兹当结束之期,理合连合前项表册共□份,汇呈钧座转咨国会非常会议查照备案"等因。准此,相应咨达贵非常会议查照。至文于去年督军团称兵复辟发生以后,在沪与海军将士创义南下,其间派员分赴苏、浙、皖、奉、鲁、山、陕、两湖、四川等省运动起义及海军饷需、招待国会议员各项费用,多由海外侨商陆续筹借,共计百十二万有奇,皆系在军政府财政部成立以前支出。其财政部成立以后各省进行,因现款缺乏,多系领去军事内国公债券济用,此项公债券现存及已发出之数,当俟核定另行咨请备案。兹准前因,理合并行咨请贵非常会议追加承认可也。此咨

国会非常会议

五月十七日

据《国父全集》第四册(转录史委会藏原稿)

咨国会非常会议派居正为
代表办理交代事宜文

(一九一八年五月十八日)

为咨明事:窃文于本年五月四日向贵非常会议辞去大元帅职务在案。现在军政府各机关当将次第结束,文任务已竣,亦愿早事息肩。兹特着署理内政总长居正为文代表,办理军政府交代事宜,与贵非常会议直接接洽。相应咨请查照可也。此致

国会非常会议

五月十八日

据上海《民国日报》一九一八年五月二十八日

对文中须加"去乡国之理由"的批语[*]

（一九一八年五月中旬）

去乡国之理由：到粤以来，事事皆困苦艰难，遂致神疲力瘁，今稍得息肩之机，不能不借此一漫游海外，略为休养，复我元气。文中须加此意。

据《国父全集》第四册（转录史委会藏原件）

在广州与国会议员的谈话^{**}

（一九一八年五月二十至二十一日）

【军政府政务总裁经非常会选出后，昨特专派国会议员代表谒孙中山，请其刻日就职】孙谢之曰：军政府既为予而改组，则予实无复就总裁之必要。

【既而议员婉词再三】孙乃谓：此事须缓图之，诸君为联络各方面势力，则俟各方面势力团合，于时局乃有补也。予此时虽不就职，惟暂不辞，以谢诸君，而维持大局已耳。

据上海《民国日报》一九一八年五月二十八日

---

* 原件未署日期。从所批内容推断，末句所谓"文中"系指一九一八年五月二十一日发布的《留别粤中父老昆弟书》一文。据此推断，此批语当写于五月中旬。

** 原报导未署时间。按：军政府政务总裁于五月二十日下午选出，孙中山于五月二十一日下午离广州赴汕头，可断谈话应在二十至二十一日间。

留别粤中父老昆弟书

（一九一八年五月二十一日）

　　文常闻国人之所以称吾粤者矣，以为粤据南海之形胜，襟带三江，天产至丰，地力至博，与海外交通最先。工商学子又往往航行万里，远适异国，履艰险，辟草莱，所以治贸迁而求学术者，莫不推粤，而从之步趋焉。虽然，此恒人之辞也。文则以为吾粤之所以为全国重者，不在地形之便利，而在人民进取性之坚强；不在物质之进步，而在人民爱国心之勇猛。挽近几十年来，外怵于异国之侵陵，内鉴于满政之窳败，皇皇然有危亡之惧，乃悉力毕虑，期驱异族，建民治，为全国创。

　　自乙未以来，大小数十役，断首洞胸，后先相继，而终不反顾。海外侨胞亦复敝衣节食，罄其血汗之资，以扶义举。数国内革命之军，敢死之士，殆往往有吾粤志士从事其间，奋其义愤。辛亥一役，遂涤荡数千年专制之瑕秽，而建立民国，此则吾父老昆弟大有造于国者也。民国既造，吾父老昆弟念缔造之艰难，凛建设之不易，犹欲瘁其心志，进国家于郅治。顾以权邪柄国，良法美政遏绝不行，晦塞之象，剧于专制，此则吾父老昆弟所疾首太息，莫可如何，而亦文夙夜所引为深憾者也。

　　文去乡之日久矣，虽奔走国事之顷，每念桑梓之乡，钓游之地，斯须之间未尝去怀。颇闻数年以来，民生日以凋敝，物力日以艰难，风俗日以偷薄，寇盗日以充斥，疑以为传闻之过。迨客岁归来，目击所谓民政之不修，财力之支绌，风俗之淫靡，赌博之纵恣，掳人于郭内而不能禁,杀人于通衢而不能救,行旅相戒,动罹祸患,举全国所未有之恶德乱政无不备之,此真吾粤之深耻奇辱,而我父老昆弟所宜力为湔濯者也。夫以吾父老昆弟爱国如是其殷也,进取如是其强也,而独于桑梓之乡日听其窳败坠落而不一加拯救者,是则我父老昆弟爱国之心过厚,而爱国之责太重。故虽意不忘故乡,欲曲尽其维护之任,而力有所不能顾,暴力者乘之,遂肆其摧残劫剥而无以抗也。然国者乡之积也,爱国者亦必爱乡。

文以数十年奔走在外,未能为故乡有所尽力,夙夜耿耿,每用自愧。此一载来,虽处故乡,顾迫于护法之役,备历艰难,独任劳怨,绸缪补苴,心力交瘁,仍未暇有所助于父老昆弟也。今任务稍得息肩,方欲借此一漫游海外,略事休养,复我元气,俾异日得再效驽钝于我父老昆弟。临别惓惓,窃欲我父老昆弟深念夫爱国固吾人之天职,爱乡亦吾人义所不可废。吾人既负救国之责,而整治乡邦,亦宜引为己任。夙夜孳孳,而致力于所谓培养民力,增进民智,扶持风俗,发展自治,采人之所长,去我之所短,以发扬我粤之光荣,永永为全国之仪型,以驰誉于世界。如是而我父老昆弟爱国之心乃可云尽,救国之责乃可完满而无憾。不然徒舍近而图远,譬之巨厦,第事粉饰外观,不知其内之蠹蚀,日积月累,必至栋摧梁崩而后已。此岂我父老昆弟所忍出也。

文行矣,翊卫桑梓,发扬光大,重劳我父老昆弟之虑划。溯回珠江,瞻望五岭,语长心重,不觉觍缕,区区之忱,维我父老昆弟共鉴之。

孙　文

据《中央党务月刊》十四期

辞大元帅职临行通电

（一九一八年五月二十一日）

　　文前以国会正式开会有期，各省亦先后表示援助，护法大责，负荷有人，文亦得以卸去微责。故于五月四日，向非常会议辞去大元帅之职，并于同日通电，略罄鄙意。兹于临别之际，惓惓之怀，犹难自已，谨再尽忠告于邦人君子之前，幸垂察焉。国于天地，必有与立，民主政治赖以维系不敝者，其根本存于法律，而机枢在于国会。必全国有共同遵守之大法，斯政治之举措有常轨；必国会能自由行使其职权，斯法律之效力能永固。所谓民治，所谓法治，其大本要皆在此。自民国成立以来，国会两遭非法解散，以致大法陵夷，邦基厄陧，此则秉政者徒知以武力相雄长，嫉法律为束缚之具，国人又慑于强力，不自尽其护法之责也。然武力角逐，势难持久，竞权力于始，逞意气于后，其极非至牺牲国家同归于尽而不止。即有大力者起，强能并弱，众能暴寡，悉除异己，然恃其暴力欲以恣睢为政治，以刀锯为法律，其极也必至民生嗷嗷，不可终日。亦必为国民所共弃而一蹶不振，陷于势穷力绌之境，征之袁氏，前鉴匪遥。今兹之役，国人既知护法为急务，则务以贯彻终始，使旧国会能回复其效力。其向不满于旧国会者，亦宜捐其固我之见，晓然于舍恢复旧国会以外，更无可以解决国是之方，亟图补过，又岂云晚。倘双方能凛国事之危迫，知民意之难违，各蠲其权利之争，忿嚣之见，咸自纳于法律轨辙之中，则何莫非护法元勋，又谁得而非之也。国会诸君负代表民意之责，际危急存亡之秋，民国一线之命脉，实赖诸君维系而护持之；尤冀排除障碍，力膺艰巨，使正式国会依期开会，以慰国人喁喁之望，则共和前途，实式赖之。时变亟矣，长此相持，国将不国。心所谓危，不敢不告。临行惓惓，谨布悃忱，维诸君子实图利之。孙文。马。

据《中央党务月刊》第十四期

致国民党缅甸支部函
（一九一八年五月二十一日）

缅甸支部同志诸先生均鉴：

迭次通告，谅邀均览。军府成立以来，力谋护法靖国，十月之间，备蒙各同志襄助。只以西南各省举棋不定，功业未成，忽倡改组军政府之议，国会召集，正在半途，竟不能待。文支持此局，心力已瘅，既有改组之决议，不得不辞大元帅之职，业经通电声明辞职理由。

兹于本月二十一日暂行离粤，以后应汇款项，望暂行停止，俟文到目的地，再将进行办法达知。此次辞职，不过在粤计画中挫，此后救国宗旨，决无更变，尚望万众一心，切勿中馁。此颂
公安

孙文启　　五月二十一日

据《国父全集》第三册（转录史委会藏抄件）

虞美人　为《谢逸桥诗钞》题词*
（一九一八年五月二十六日）

吉光片羽珍同璧，潇洒追秦七。好诗读到谢先生，别有一番天

---

*　一九一八年五月，孙中山赴沪途中，折转梅县，二十六日抵松口堡，住谢良牧、谢逸桥兄弟家。谢氏兄弟是华侨，曾追随孙中山，捐款翊赞革命，题词为当日所作。

籁任纵横。　　五陵结客赊豪兴,挥金为革命。凭君纽带作桥梁,输送侨胞热血慨而慷。

据李全基《孙中山为〈谢逸桥诗钞〉题词》,
载《团结报》一九八四年三月十日

颁赵国璋奖状

(一九一八年六月一日)

三等有功章奖状:赵国璋君慷慨捐资,赞襄义举,赉兹永宝,用彰厥功。

中华革命党总理孙文

据《国父全集》第四册(转录史委会藏原件影印)

在日本门司对记者的谈话[*]

(一九一八年六月十日)

曩居日本时曾罹胃病,归国后适值国家多事,于役繁杂,致不获养生。今得稍卸仔肩,故再来贵国,拟在箱根静养,即在该地歇夏,若接见贵国朝野名士之事,余殊无此希望。

今军政府改组,余虽仍被选为总裁,而就任否,兹尚未决。因若就任须深思详虑而后出之,今匆忙中亦未得考虑之暇。此次南北战事,南方目的原在平和。惟致平和之道,不可不自恢复约法、国会始。段祺瑞对于南方之本意,原无何等主意。徒以人为目标,尽力以伐南方之人。彼既如此,是南方纵若何渴望和平,两方面终

---

* 孙中山偕胡汉民等六月一日自汕头乘轮启行,取道台北赴日本,于六月十日抵门司。

不能相容也。最近之北军无战意，段阁已濒于危机，渐可以促进调和诸说。余往途中，亦未由知此消息，果为若何。如北方真有爱平和之意，余与余同志者亦极表同情。而条件若何，当从多数意见。余个人亦未能任意为何等决定。

至日本对于中国诸事，余已解大元帅职，不直接当折冲樽俎之任，则于各事亦全然不甚明了。就林使之措置，亦未知其是非究竟。两国亲善欲其实现，要不在方法之问题，而在双方之意思如何。若果有真希望亲善之意思者，却不问方法，亦可翘待而至者。日本既真有其意思，乃尚时有误会，则当格外求其如何可以致真亲善。斯诚是一重要之事。余固尝为一希望两国亲善者，今后更当运思致力于此。至如借款于北方，虽有困苦南方之嫌，而余亦不能确实知之。第南方今日全不欲从日本借款，余亦不负欲求借款之意。余更无自日渡美之意。

据上海《民国日报》一九一八年六月十八日

自门司赴箱根途中与泽村幸夫的谈话[*]

（一九一八年六月十日）

北方之武人派，如若反对共和政体，亦反对中华民国，则旗色鲜明，如此则出之以战争，亦有战争之价值。但彼等既不反对共和政体，亦不反对我孙中山，所以难以应付处理。在武人派之势力能维持得住之范围内，此种伪共和恐将继续下去。

据泽村幸夫《孙文送迎私记》，载东京《支那》
第二十八卷第八期（一九三七年八月版）

---

　　*　孙中山于十日夜乘特快车自门司赴箱根，十一日晚抵箱根。泽村幸夫时任大阪每日新闻社东亚部顾问。

批陈赓如函[*]

（一九一八年六月底至七月上旬）

答以筑路为文历所提倡，今得公发起之，喜极慰极。望加入文名为赞成发起人之一可也。

近年交通进步，长远之路而专运重货如煤、铁等物，则铁路为利；若短路为人民往来者，则自动车路较铁路尤为有利而快捷。盖自动车随时可以开行，而火车则非人多货足，不能开车一度，是以每日不过开车一两度；若多开，客货不足则贴本。而自动车则无此弊，故前歧之路①及他日前邑②之支路，当定实只筑自动车路，不可立心再要铁路也。文见近年欧美等国，已有废去短线之铁路，而改为平路以行自动车，可知长铁路则有，短铁路则无利也。

并入股千元。

据《国父批牍墨迹》

致 孙 科 函

（一九一八年七月四日）

科儿知悉：

---

　　* 《国父批牍墨迹》编者按定为《批陈春生函》，应误。据查环龙路档案第 01608 号《陈赓如上总理函》样式与内容与本函极为接近，此函应是《批陈赓如函》。

　　① 前歧之路：指香山县（今中山市）前山与石歧间的公路。

　　② 前邑之路：指香山县（今中山市）前山与新会间的公路。

　　父离省城后,到汕头,往前敌三河坝大营会陈炯明。往返约两礼拜。再由汕头乘船,过厦门,到台湾基隆港转船,到日本门司登岸,与天仇、汉民三人乘火车到箱根。此地离东京约三四点钟车程,所以便东京朋友来会谈也。在此住了四日,已见过三数最关切之朋友。日本政情,亦稍知一二矣。其后忽患眼疾,遂往西京大学就医。据医生云系急性结膜炎,十日内外可全愈。同时得孙夫人由上海来电云已与法国领事交涉好,上海可以居住。遂于六月廿三日由神户乘船,廿六日抵上海,平安登陆。现住上海法租界莫利爱路二十九号。眼疾至今始完全好清,现在身体健康如初,可勿为念也。

　　对于现在之时局,拟暂不过问。广东已派有代表到沪,劝就政务总裁之职,但此事父并无成见,已付之同志多数之意见裁决施行,而已如果必要就职,亦不过派人代表,父决不能再来与此辈为伍也。儿以后宜着媳妇与两孙回来,在港澳地方居住,以待时局之变,父想不日必可于吾党有好机会也。若时机适宜,父当回乡一住,以遂多年之愿。

　　宋子文之住址如下:上海法租界霞飞路四九一号。彼与孙夫人二人,儿当致函,以吊唁其父[1]可也。

父示　七月四日

据许师慎《〈国父全集〉未刊之重要史料》,载黄季陆等《研究
中山先生的史料与史学》(台北一九七五年十一月版)

---

　　[1]　宋子文之父宋嘉树(耀如)在沪病故。一九一二年宋嘉树曾任孙中山全国铁路督办公署总务主任。

致陈炯明函[*]

（一九一八年七月十三日）

竞存我兄惠鉴：

　　文前自抵东以后，鉴于外交方面骤难活动，一切计划，未能实行，无可奉告，故中间久阙致书。嗣因目病待治，匆匆归沪。比目疾告痊，又患感冒，近日始瘥，故于粤中消息，多未详晰，尊处战况，尤在念也。

　　现日本当局仍决心助段，遽欲其改变方针，事恐大难。惟段虽得外援，然在北方因欲预储一部分兵力，与直系相角逐，不能专力对南，故其内容困难，亦与南方无异。

　　兄身当敌冲，后援难恃，强敌在前，所部又饷械俱乏，处此局势，万难操全胜之算。若审慎求全，则我之兵力有限，敌之增援无穷，潮汕一隅，势必陷于重围，不特战无可战，亦恐守无可守。为兄今日计，惟有奋力前进，冒险求胜，规取闽中而已。以实力言，粤军固不如闽；以士气言，闽军亦不如粤。前黄岗失守之日，正厦门恐慌之时，盖彼以西路屡挫，恐汀、漳南军一举而覆其巢穴也。

　　今日粤军饷械虽乏，然努力前进，犹有因械于敌之望，较之株守待毙，得失奚啻霄壤？况近时闽中志士纷起举义，全省已震，彼等亦深盼得有力之后援及统帅之人。如兄能直向福州方面进发，则彼等必纷纷来附，闻风响应。而闽军兼顾不暇，必致势分力薄，

---

　　* 此函底本误作一九一八年二月十三日。按：孙中山于是年六月二十五日自日本抵上海，据函中“文前自抵东以后……匆匆归沪”之语，可断应为七月。

我军当能大占胜利。加以汝为兄一军在西路,又屡获胜利。以汝为之志向坚定,主义一贯,且不竞权势,功成不居,必能为兄有力之臂佐,助兄之进行。倘能闽中得手,则前途大有可为,望悉力图之也。

文刻仍暂留沪,稍事休息。尊处近状,幸时惠音书,俾悉颠末。书不悉意。并颂

戎祉

孙 文

据胡编《总理全集》第三集

军政府对内宣言书*

(一九一八年七月二十四日)

(衔略)中华民国七年五月十八日国会非常会议,既修正军政府组织大纲,绍仪、继尧、廷芳、文、葆怿、荣廷、春煊等,猥以庸愚,被选政务总裁。既宣布就职,建立军府,谨昭告于天下曰:

自民国肇基,约法斯缔,由约法产生国会。国会者,唯一之立法机关也。惟我国宪法,既未经正式宣布,则所应恪守者,唯此约法。约法无解散国会之条,解散之者,即为非法。惟若辈每以国会不良为借口,不知其中分子容或有不满人意者,然不得因此解散其机关。即如国家建官分职,不能尽决为奉公守法。然未闻因此咸取消其名义。行政且然,何况立法。顾前此艰难恢复之国会,何以再蹈解散覆辙,则以段祺瑞思假外交政策,专制国事,遂倒行逆施而不恤也。

---

* 此件未署月份,按:孙中山接受总裁职务是七月十六日,据此推断此电当在七月。

　　盖自德人以潜艇封锁战略，加危害于中立国，我国对德问题缘此而起，始则警告，继则绝交。当段祺瑞将绝交案提出国会时，赞成者居四分之三，是国会对德意见本与协约国取一致行动。及对德宣战案提出，段祺瑞深惧国会窥见其借外固权之隐衷，不待国会议决，嗾使党徒，号召无赖，围困国会，殴辱议员。于是，发生六年六月十二日挟迫解散国会之事，倪嗣冲首倡叛变之事，张勋乘机复辟之事。总统被逐，元勋恣睢，叛人之党，争冒功首，是非混淆，国法荡然。北庭遂得恣所欲为，悍然设非法之参议院，通过非法之国会组织及选举法。现又贿赂公行，选举非法之国会议员，是今之民国已名存而实亡矣。

　　夫国会解散以来，某等或奔走沪、粤，筹议护法；或料简军实，共靖国难。海军将士同具护法决心，程前总长率舰队南下。国会议员亦开非常会议于广州，于中华民国六年八月三十一日公布军政府组织大纲，于是护法大业始有所寄。其粤、桂、滇、黔、川、湘六省，咸知矢诚卫国，羽檄飞传，则三军感泣；义旗所指，则群奸褫魄。信人心之不死，国命之有托也。乃者国会已于本年六月十二日在广州开正式会议，议员陆续南下，法定人数，计日可足。而某适承负托，非使国会恢复、约法完全回其效力，不敢自荒厥职。曩者，某等念邦基新造，靡堪多难，屡有和平之提议，而所要求，又只恢复国会一事。惟北庭深闭固拒，绝无诚意。即最近庚电声明，如不签亡国之约，我即罢兵和平解决，而北廷务为粉饰之词，绝弃和平之议。

　　盖非法政府为段祺瑞攘据以来，借外债卖物产，擅结条款，滥购军械。假参加欧战之名，行残杀国民之实；且包买〔卖〕鸦片，破坏禁烟条约，纵容徐树铮擅杀陆建章，迹其怙恶罔利之行，纯为穷兵贼民之计，遂使北军所至，城市为墟。湖南长沙、株州各属，房屋遭焚毁，人民被屠戮，尤其明证。民心愤慨，誓扫凶逆。

　　粤、桂、滇、黔、川、湘六省，既早以拥护国会恢宏约法为职志，其闽、鄂、陕、豫、浙、赣诸省，或特起雄师，克复州郡；或阴谋附义，待时而动者，咸存见义勇为之心，具觯此朝食之慨，以此护法，安有不达者哉？然国家大政不得已而诉诸武力，诚可痛心。果北庭悔祸，宣布遵守约法，恢复国会，自可销除兵气，共维国本。

　　凡我国民，其见兹诚悃，一乃心力，为军政府后盾。民国不拔之基，实嘉赖之。特此通告，咸使闻知。

中华民国军政府政务总裁唐绍仪、

唐继尧、伍廷芳、孙文、林葆怿、陆

荣廷、岑春煊。敬。

据上海《民国日报》一九一八年八月二日

致 孙 科 函[*]

（一九一八年七月二十六日）

　　父近日热病初全，经已起手著书^①，或于数月后可成一书也。儿有暇，当从事于译书、读书，或从事于实地考察种种学问，切勿空过时光。盖出学堂之后，乃为求学之始也。林子超^②先生回粤，父交他带回新购之书十本，若汝已有此种书，便可将重复者寄回上海，以便交回书店可也。父近日由日本洋书店定购数百种新书，现尚未付到。倘付到时，再当寄一书目过汝，汝要看何种，可由邮局转换寄来。汝日前与我之《宗教破产》^③一书，殊为可观。父自读

　　＊　孙科时在广州，其妻、二子均住上海。

　　①　指撰写《孙文学说》（"知难行易"）。

　　②　林子超：即林森，护法期间任国会副议长及军政府外交总长，嗣被推选为参议院议长，此时正由上海返粤。

　　③　《宗教破产》一书，疑即尼采所著之《上帝之死》。

Dr. White's War of Science and Theology① 之后，此书算为超绝矣。其学问考据，比 White 氏有过之无不及。父看过后，已交孙夫人看，彼看完，再传之他人矣。近日父得阅一书为 Cell Intelligence the Cause of Evolution②，其思想为极新，驾乎近时学者之上。待孙夫人看完，我当寄来汝。汝可译之，亦可开中国学者之眼界也。

　　今日媳妇与二孙到来，我顺与他等一齐到宋太夫人处。盖我到上海以来，尚未去过。去后回来晚饭，饭后孙夫人与媳妇往外买物，并送他落船。我留家，刚有暇，故顺笔书此。余事托仲恺先生回粤面言。汝接此，当往省一见仲恺先生可也。此示。

父字　七月二十六日书

据许师慎《〈国父全集〉未刊之重要史料》，载黄季陆等
《研究中山先生的史料与史学》

致陈家鼎函

（一九一八年七月二十七日）

汉元先生同志足下：

　　别来驰系正殷，顷诵惠函及诸君子公电，具感眷念之厚。

　　文前患感冒，近虽稍愈，然体气未能恢复，医者谓仍宜暂行静养，故尚未能南来。惟新军政府既经成立，群英济济，荟萃一堂，会当仁瞻新猷耳。方今国会既可正式开议，此后救国天职，唯公等实

---

　　①　Dr. White（怀特博士），全名为 Andrew Dickson White（1832—1918），美国教育家及政治家。生平著作较多，*War of Science and Theology* 系 *A History of the Warfare of Science with Theology in Christendom*（《基督教领域里的科学与神学之争》）一书之简写，为怀特的名著之一。

　　②　中译名为《生元有知论》，为法国哲学家柏格森（1859—1941）所著。

始终之。

执事患难久经，诸君子安危断系，所望力持正义，努力进行，以副国人喁喁之忧，民国前途，实利赖之。率此布悃，并颂

议祺

诸同人均候。

孙文　七月二十七日

据上海《民国日报》一九一八年八月二十一日

悼山田良政挽额*

（一九一八年七月二十八日）

丹心千古。

据上海《民国日报》一九一八年七月二十九日

在上海与李宗黄的谈话**

（一九一八年七月）

李君问：我到日本以后，应该注意些什么事？

先生答：现代军人，只懂军事是不够的，军事以外，还必须了解政治。所以汝到日本以后，应该注意考察政治。

李君问：政治的范围非常广泛，考察之时应从何着眼呢？

先生答：政治的基础在于地方自治。日本的市、町、村都很健全。日本之强，非强于其坚甲利兵，乃强于其地方组织之健

---

*　孙中山发起追悼惠州起义时牺牲的日本义士山田良政，是日举行追悼会，书此挽额。

**　此次谈话地点在上海法租界莫利爱路二十九号住宅。

全。要看，最好看看他们的地方自治。不过，他们的这种地方自治，官治气息很重，是不合乎吾党民权主义全民政治的要求；但他们的某种精神和方法，在训政时期却很可参考，所以仍然很有考察的价值。

　　　　　　　　据李宗黄《总理的训示》，载重庆《扫荡报》一九四五年五月五日

复国会非常会议函 *

（一九一八年七月）

　　敬复者：贵会代表居正、焦易堂两君交到贵会议公函并政务总裁证书，均已领悉。文之德薄能鲜，前者早有遗大投艰之惧。方谓辞职以后，但求尽匹夫之责以卫国，或可稍补前愆。乃贵会议犹复属望于文，而又委之以重任，此心弥觉内疚。惟私衷所窃喜者，则正式会议已经成立开会，国法之拥护有人。一经依法组织政府，即所以扶危而继绝。改组军政府一案，已成过去问题，国民所属望于国会者，谅不在是。其详已与居、焦两君面谈，兹不多赘。区区愚忱，始终尊重国会，因而尊重贵会议。是以当选证书已经收受，虽不欲再居诸公之先，不敢不请从诸公之后，稍有未尽之责，仍当效其棉薄。此复
〈国会非常会议〉

　　　　　　　　　　　　　　　　　　　　　　　　　　〈孙文〉①
　　　　　　　　　　　　据上海《民国日报》一九一八年七月廿七日

　　＊　原件未署日期。按：国会派代表居、焦由粤至沪呈送总裁证书，为一九一八年七月，可断此函当在七月间。

　　①　此件据胡编《总理全集》校补。

复吴景濂函[*]

（一九一八年七月）

莲伯先生阁下：

接奉来函，承以文当选政务总裁，敦促就职，过蒙奖誉，愧何克当。

改组军府，别开生面，人心既振，运用即灵。凡此情形，已成过去。望期者正式会议既开，即可依法组织政府，存亡继绝，匪异人任。先生前见，早经及此，岂非以我国民之属望者，固在此耶？至于文者，身虽辞职，犹不敢不尽匹夫之责，庶几来教所谓一致行动者非欤？顾己所不欲，勿施于人，前者深感孤立无援之苦，今兹虽不欲再居天下之先，亦当请从诸君之后，聊尽援助。当选证书，谨以收受。一切嘱居、焦两君面达。顽驱患目初愈，他尚安适，承注并闻。顺颂

议祺

孙 文

据胡编《总理全集》第三集

复伍廷芳林葆怿函^{**}

（一九一八年七月）

秩庸、悦卿先生均鉴：

---

* 此件未署日期。孙中山接受当选证书为一九一八年七月，此函应为七月间。

** 原件未署日期，据函中所述接受政务总裁职事，应为一九一八年七月。

接奉惠函，猥蒙奖誉，愧何克当。两公德望，为文所深佩，来教尤多见道之语，颔〔雒〕诵再三，弥殷向往。尝闻匹夫慕义，何处不勉；惟不辞劳怨于前，遽敢卸仔肩于后，悃悃之愚，当能共谅。改组军府，为时势所趋，两公毅然首允担任，洵足使顽廉而懦立。至于文者，一息尚存，不忘救国。惟鉴于孤立无援之苦，诚不欲再蒙居先之诮；然亦当请从诸君之后，聊尽声援之责。溽暑贤劳，诸希珍摄。顺颂

台祺

孙　文

据胡编《总理全集》第三集

致赵其相函*

（一九一八年七月）

其相先生惠鉴：

得书推许过至。护法之役，本于众志，岂区区一人之力所能主持。惟众志之趋向，稍涉分歧，致护法前途转生顿挫，此则鄙意所叹息者也。

台旆莅粤，适已赴东，未罄所怀。惟一日不能忘情国事，是以遄来沪上，居、焦两君邂逅相得，悉非常会议属望之意，今已收受证书，当取老氏后人之旨以补过，固未变其初衷也，请释雅念。即颂

议祺

孙　文

据胡编《总理全集》第三集

* 原件未署日期。据函中所述收受政务总裁证书事判断，应为一九一八年七月。

复刘定五函[*]

（一九一八年七月）

定五先生惠鉴：

得书承注，谆谆嘱言，弟之遣来沪上，亦即此意。至就职问题，初无成见，唯当兹是非混淆之时，质直者动辄得咎，老氏所谓常后人者，亦可见古与今不甚相远也。居、焦两君交来证书，业经收受，希释雅怀，尚望与同志诸君为国奋斗。不尽欲言。即颂

议祺

孙　文

据胡编《总理全集》第三集

复唐继尧函^{**}

（一九一八年七月）

蓂赓先生执事：

前邓君和卿来粤，藉奉惠书，具感殷勤之谊，并闻董统领鹰扬指挥若〈定〉^①，矢诚护法，义不反顾。我公忠勇果毅，佩仰益深。方今国内大患，在乎是非混淆，正理不彰。以故护法之役将逮一载，而大义所在，犹未能晓喻于人人。非法政府乘之，遂得藉手外

---

* 原件未署日期。据函中所述收受政务总裁证书事，可断应为一九一八年七月。

** 原件未署日期。据函中所述"养疴海上"，勉力接受总裁职务事，可断应为一九一八年七月。

① 据《总理全书》增补。

援，肆其负隅，贷金购械，以与义师相抗，甚可痛也。

　　执事领袖天南，民国柱石，尚望勉任艰巨，克竣闳业，荡涤瑕秽，一匡大难，以副海内喁喁之望，岂胜幸甚。文以衰迈，前此勉竭驽钝，深愧无裨时难，虽养疴海上，于国民大责，未敢云忘，苟利于国，不敢不勉。兹因邓君返滇，顺致数言，藉申鄙悃。南云在望，惟为国珍重。顺颂

戎祉不悉

孙　文

据胡编《总理全集》第三集

复罗家衡函[*]

（一九一八年七月）

猴生先生执事：

　　顷奉惠书，词义恳挚，其感眷念之厚。

　　文不敏，前者勉膺艰巨，亦欲力尽救国之责任，徒以德薄能鲜，诚信未孚于众，以致孤立无助，而贻覆𫗧之咎。退职以还，方期效其区区，稍尽匹夫之责，乃重辱国会诸君之过举，畀以大任，力薄责重，弥深怀悚。而来教广譬博喻，殷殷以任职相勉，文虽驽钝，能不思奋。顾反复思之，今日国会既足法定人数，已能正式开议，倘由此而组织正式政府，以挽垂绝之国运，振中外之观听，影响所及，成效百倍。至若此时所谓军政府继续之间，为时已属甚暂，况群彦毕集，壁垒已新，顾维衰庸，所裨有几。然救国之责未敢弛，尊重国会

---

　　* 原函未署月日。按：孙中山接待居正、焦易堂接受总裁职务为七月，据此推断此件当写于七月。

之心不敢懈，重以诸君子殷勤之谊，谨当勉尽声援，以从诸君子之后，棉力所及，不敢不勉。谨布悃幅。藉颂

议祺

孙　文

据胡编《总理全集》第三集

复 孙 科 函

（一九一八年八月十二日）

科儿看：

七月三十一日并八月六日两书已得到。李君公武①带回之款，据加拿大来函已止绝银行不交，因闻父在旅行中也。尚有一千元未有止绝，如李君已收到此千元，可着他寄上海可也。

戴季陶先生近在上海拟设立股票交换所，云有信叫你来相助。此事或比往万呢拿②为好，你可酌量也。

媳妇之症，服鱼油极合。近有一种新出治本之药，乃用以注射入皮肤者，可以清除肺病，你一查西医或日本医，皆知其药之用法。闻此法可以断根云。

父　字

再：明日叶夏声③先生回粤，父托他带回西书八本，皆父已过日或从前重买者，中有一本 Government by all Peoples④，父甚欲

---

① 李公武：华侨，后任檀香山中国国民党支部评议员。
② 万呢拿：今译马尼剌。
③ 叶夏声：孙中山护法时期，任大元帅府秘书及代理军政府内政部次长。
④ 中译名为《全民政治》，是美国政治学者威尔科克斯所著，一九一二年四月出版。一九一九年，廖仲恺曾译成中文。

你译之，有暇可速从事，因中国极需此种智识也。

八月十二日

据许师慎《〈国父全集〉未刊之重要史料》，载黄季陆等
《研究中山先生的史料与史学》

复李襄伯董直函

（一九一八年八月十九日）

襄伯、董直先生大鉴：

　　昨由粤转到尊处六月五日来函，敬悉贵埠华侨筹款救济局已告成立，具谂公等竭诚任事，致群情踊跃，欣慰良深。

　　文护法事业，布置就绪，略有可观，讵为武人所忌，暗中破坏，致大功未见速成，殊为可惜。惟救国之心，未尝少懈。返沪以来，力谋挽护，刻从根本着想，非整理党务，先固内力，不足以及时奋起。第总部经费，月用不赀，须由海外各埠同志分筹协助，俾资办公。尚希转告诸同志暨分部诸同志，慷慨预认，按月接济，以辅进行，其数若干，恳先惠复。此间办理情形，月内当再通告。此复，并颂
均安

孙文　八月十九日

据《国父全集》第三册（转录史委会藏原件）

批丁怀瑾来函

（一九一八年八月二十八日）

　　代答以先生现养病，暂不问各事。

据《国父全集》第四册（转录史委会藏原件）

通告海外革命党人书

（一九一八年八月三十日）

同志诸先生均鉴：

敬启者：文以五月辞大元帅职，离粤赴汕，经将去粤情形通告，谅尘青鉴。溯自去年以护法间关来粤，无非欲与诸有志者，翦除暴逆，纳举国之人于法轨，以自进于文明。其时护法之声，几遍国中，文以为藉此可以拯大法之沦亡，宁民国之危厄。不期世之所谓护法，恒与文异，始不过徒饰护法之词，未尝以一纸书为国会谋恢复。文所组织之国会非常会议暨谋召集国会开会于粤，果有何人为我赞助？前事具在，非有饰言。其所以治兵西南者，迹彼用心，只欲分中央专制全国之权，俾彼得专制于二三行省。故自独立而后，蚀法营私，稗政百出，甚且纵赌以餍其欲，滥杀以示其威，以言护法，诚不知视中央之毁法者何若？有识者以为段氏枉法之罪，固无可逭，若以之相衡，则段氏且振振有辞矣。

文早知非可与谋，久欲离而去之，别求所以适于吾志者。时值改组军政府之议成，而文之责任已尽，惟有还本匹夫有责之谊，以期致力于国家，由是自潮东渡，由东归沪，救国主旨，未尝或息。伏念文行年五十有二，奔走国事者垂三十年，无非欲奠定邦家，使臻强富；此心此志，为公为私，当为我党所共喻。近虽屡遭挫败，而得百折不挠者，此非尽文一手一足之烈，纯恃吾党诸君子竭力相维，故文深信吾党实系于中国之存亡。使吾党弛而不张，则中国或几乎息，是断不能以蹶踬而磨灭其壮志，犹之操舟逆流，须策群力以相掎柱，文深有望诸君子之同喻斯旨也。

归沪而后，益感救亡之策，必先事吾党之扩张，故亟重订党章，以促党务之发达。并与同志诸君约，务期依照党章，缴纳年金，以供总部经费，俾文得专力于国事，而无窘乏之虑。所有各项义捐，并期一律汇沪，由沪签还收据。谨此布达，希为朗鉴。党章一俟刊行，再为奉寄。顺颂

均安

孙文启　八月三十日

据《国父全集》第三集（转录史委会藏原件）

致列宁和苏维埃政府电[*]

（一九一八年夏）

中国革命党对贵国革命党所进行的艰苦斗争，表示十分钦佩，并愿中俄两党团结共同斗争。

据［苏］叶尔马舍夫《孙逸仙》（莫斯科一九六四年
青年近卫军出版社俄文版）译出

致李宗黄函

（一九一八年九月三日）

昨承招宴，因病初愈，不可以风，失陪歉甚。

闻驾不日返滇，敬请今晚七时贲舍小酌。粗米家庖，幸无俗客，勿却为荷。此颂

---

* 此电未见全文。

旅安

孙文　九月三日

复吴忠信函[*]

(一九一八年九月十二日)

礼卿兄鉴:

　　九月一日来书具悉。此次兄助汝为成此伟绩,粤军之幸,亦本党之光荣也。峰市、上杭两役,全赖兄勇猛诚信,得大增势力,尤所喜慰。民党势力凋零,所仅属望者,惟此福建与四川两方面。沧伯西行,颇可释虑。至汝为一面,则无时不系怀,今得此捷音,殊胜他好音百倍矣。漳州今闻已下,汝为当已向泉州出发。福州方面,人心摇动,士气沮丧,前数日复有北军叛变、抢掠之事,民望粤军,有如时雨。若能蚤下延平,以纪律节制之师,当彼乌合自扰之众,真如扬沸沃雪,驱鹰逐弩,功名方相待,惟勉之慎之,无使敌人得乘我一间。此固兄之所熟知者,姑赘言之耳。

　　介石、元冲均已赴汕,转往前敌,当有机缘会见也。蒋、朱、左、罗、陆诸君,希并代问安吉。此复,即祝

战捷

孙文　九月十二日

---

[*]　原件未署年份。据信中所述粤军攻闽事推断,应在一九一八年。

复李炳初函[*]

（一九一八年九月十四日）

炳初先生大鉴：

接阅来函，藉悉大驾已安抵澳洲，至为喜慰。

雪梨国民公会黄柱、林达三两君于四月廿七日曾有函来，言洪门筹饷救济局存有余款，如此间有函提取，当可汇返等情。文以离粤后由潮而日，途中未暇作复。昨于去月十九日曾致手书，请其竭诚接济，俾得专力于国事矣。如晤黄，林两君时，希照代达鄙意可也。余情已详于通告。此复，并颂

乂安

孙文　九月十四日

据《国父全集》第三册（转录史委会藏影印原件）

复于右任等电

（一九一八年九月十五日）

陕西靖国军总副司令于右任、张伯英两先生暨胡、曹、郭、卢、樊、高^①各路司令均鉴：辱电敬悉。事功者一时之荣，志节者万世之业。文于诸君夙知其志节，今者更信必不蹶于事功矣。亭林^②足迹遍天下，独爱关中，谓秦人可以有为。远瞻山河，喜昔人先得

＊　原件未署年份。据函中"文以离粤后由潮而日"推断，应写于一九一八年。

①　胡、曹、郭、卢、樊、高：指胡景翼、曹世英、郭坚、卢占魁、樊钟秀、高峻。

②　亭林：即顾炎武。

我心，诸君既思难慎始，必能振落发蒙也。特电伸贺，伫候捷音。
孙文叩。咸。

据上海《民国日报》一九一八年九月十七日
《孙总裁贺陕西靖国军电》

致军政府政务会议函[*]

（一九一八年九月十八日）

政务会议诸公鉴：

　　文自当选总裁后，因养疴上海，迟未视事，数承敦促，良以为
歉。兹谨依条例派徐君谦为全权代表，克日来粤，共勷进行，特此
报告。诸为鉴察为荷。此上。敬候
公绥

孙文启　九月十八日

据上海《民国日报》一九一八年十月六日

批廖湘芸函[**]

（一九一八年九月十八日）

元冲作稿，答以仍照前授以盛华林之计画施行可也。

据《国父全集》第四册（转录史委会藏原件）

致国会非常会议及军政府政务会议电

（一九一八年九月二十二日）

广州国会非常会议、军政府会〔政〕议〔务〕政〔议〕务〔会〕诸公

---

[*]　广东政务会议接此函后，同月二十七日复电同意，并任徐为司法部长。
[**]　原函陈报廖湘芸派潘康时来谒事。

鉴：文沪上养疴，久劳公注。政务总裁一席，职责所归，义难久旷。数承敦促，良用歉然。兹谨依条例特派徐君谦为全权代表。即日来粤共策进行，诸维公鉴。

孙文　九月二十二日

据上海《民国日报》一九一八年十月六日

在上海答记者问

（一九一八年八至九月间）

……惟期望国会者其切，以为国会成立后，最重之职责，应以宪法及选举总统为要。意则以为制定宪法，尤宜较选举总统为先。必使先有宪法而后有总统，切不可先有总统而后有宪法。盖有宪法不患无总统，而有总统而恐终无宪法。诚以总统先宪法而产出，则今日之民国总统未必即为缔造民国之人，不能尊重民国政体，受宪法之束缚，自在意中。其桀者则不使宪法成立；即其驯者，亦能厌恶其条项之束缚，而令国会迁就。其个人之意思，是无宪法与有等于无之宪法，皆由总统之选出而致，此中华民国之危机也。民国二年，国民党失败后，不惜变其先定宪法后举总统之主张，以先举总统。其结果袁氏当选，而宪法、国会随之而毁。宪法方在审议，而先补选副总统问题又起，其结果补选之副总统，即为领衔干涉宪法、解散国会之人。此皆前车之鉴，为国会议员所宜大觉悟。是以今之国会议员，诚能先定宪法，后举总统，则中华民国之基既归巩固，虽有野心者不敢冒违宪之名。然其悍然出于违宪，自有弹劾权与叛逆之罪刑随之。吾人亦可以拥护宪法起而问罪。讵不胜于拥护临时约法，使违法者得以反唇相稽耶？

据上海《民国日报》一九一八年九月九日《孙总裁
最近之政局〈观〉——主张先定宪法后选总统》

复 阮 伦 函

（一九一八年十月三日）

阮伦先生大鉴：

昨由令叔本畴君送来手表壹枚，敬悉。礼厚情隆，无限感谢。

海外支分部规则刻已从事更定，令叔所陈党员加给徽章一节，俟得多数议决，届时再行加入可也。

文返沪以来，专理党务，对于时政，暂处静默，以避纷扰，故于军政府总裁就职问题，久未表示主张。昨以多数同志请文遣派代表列席政务会议，以免岑、陆等一致主和，不得已特派徐谦为代表，昨已抵粤矣。月来援闽粤军连战皆捷，屡获名城，汀、漳早已入我范围，福州、厦门料不日亦可占领。闽事若定，浙自风从，闽粤毗连，交通无阻，南方既有此良好根据，即可与川、陕我军互为声援。西南大势，在吾党掌握中，彼空言护法以图割据之武人，亦弗敢任性妄为，莫不唯命是听。

吾党进取之时机已在目前，惟恳诸同志群策群力，从事于党务之扩张，慷慨储金，以为奋斗之预备，是所至祷。此复，并颂

台安

孙文启　十月三日

据《国父全集》第三册（转录史委会藏原件）

给陈东平委任状

（一九一八年十月十一日）

委任状：委任陈东平为缅甸国民党支部财政科正主任。此状。

孙　文

据《国父全集》第四册(转录史委会藏影印原件)

给陈辉石委任状

（一九一八年十月十一日）

委任状：委任陈辉石为缅甸国民党支部党务科副主任。此状。

孙　文

中华民国七年十月十一日

据《国父全集》第四册(转录史委会藏影印原件)

给许寿民委任状

（一九一八年十月十一日）

委任状：委任许寿民为缅甸国民党支部调查科正主任。此状。

孙　文

中华民国七年十月十一日

据《国父全集》第四册(转录史委会藏影印原件)

给黄壬戌委任状

（一九一八年十月十一日）

委任状：委任黄壬戌为缅甸国民党支部调查科副主任。此状。

孙　文

中华民国七年十月十一日

据《国父全集》第四册(转录史委会藏影印原件)

举行黄兴逝世两周年祭典启事

（一九一八年十月二十四日）

本年阳历十月三十一日为黄克强先生下世忌辰。同人等谨择于福开森路三百九十三号举行二周纪念祭典。宿草而念故人，板荡而思先烈。丹荔黄蕉极序物怆怀之会，素车白马伫大荒披发之灵。伏请在沪各界人士凡与先生有公私故谊暨崇仰先生者，届时翩临，共申盥荐。谨此奉达，恕报不周。

孙　文　章炳麟　张　继　曾继梧

戴传贤　李　锜　孙洪伊　谭人凤

蒋作宾　陈炳焕　徐少秋　何成濬

据上海《民国日报》一九一八年十月二十四日

为陈家鼎之母大殓讣告

（一九一八年十月二十四日）

众议院议员陈家鼎兄弟等之太夫人邓太夫人，痛于十月二十三日午前一时寿终沪寓内寝。择于今日（二十四日）午后四时大殓，谨此通告。

孙　文　章炳麟　刘人熙　谭人凤

张　继　孙洪伊　戴传贤　等代告

治丧事务所：法界宝康里三十四号。

据上海《民国日报》一九一八年十月二十四日

批凌钺来函

（一九一八年十月二十五日）

　　答以对于时局尚想不出办法，故绝无主张，总由同志多数意见是瞻耳。

据《国父全集》第四册（转录史委会藏原件）

军政府通电[*]

（一九一八年十一月八日）

　　（衔略）前因美国总统威尔逊提倡协约国兵工修养基金一举，募额一万七千万美金。为战地协约兵士及中国暨他国工人等，道德上、身体上、智识上及一切关于进修颐养诸事之用。按红十字会事业系救恤伤病，而此则为救伤病之兵士。实属从来未有之创举。意在使前敌之兵工，保全人格，教养兼施。庶战时服务而不觉其苦，战后得业而无其达长〔?〕，其用心良美。近主其事者有电，欲在中国募集美金十万元，以联友谊。芳等思我护法各省，对于协约国之同情，迄未得当以表示。兹若极力赞成此举，则我之好意，非托空言，自可共喻。虽当护法饷胥奇绌之时，然分募此区区之款，似非甚难。况华工并受其惠，亦有所相助。芳等拟请护法各省政府及人民共认美金五万元。听其募在北方，但彼此相形，未便落后。

　　＊　原电未署日期。该报十一月十八日所发消息称：军政府八日为此事曾专门召开会议拟定办法，据此推断通电当为同日所拟。

特此电达，务希将尊处各机关及绅商各界，可以应募若干，从速电复。盼切祷切。

　　　　　　　　　　伍廷芳　岑春煊　孙　文

　　　　　　　　　　林葆怿　莫荣新　林　森

　　　　　　　　　　吴景濂　徐　谦　伍朝枢　叩

　　　　　　据上海《民国日报》一九一八年十一月十八日

致军政府暨国会书[*]

（一九一八年十一月上旬）

　　（衔略）昨接汕头抄录精卫致竞存电，述美领事传达其驻京公使之言，阅之不胜诧异，果尔是祖庇北京武力派以压迫我也。欧战告终，非一国战胜一国，实正义民权战胜武力之结果。美总统之宣言具在，今后惟正义民权可以风动世界，必不能再有以一部分人压制其他部分人之事，更不能再有一国干涉他国国民之事。我爱和平不尚侵略之民族，向受陵轹于各国者，从此将为世界之天骄。而我民党及国会，向受摧残于暴力者，从此亦将为国内之天骄。吾人正当应此潮流努力奋斗以表示威武不屈之志，世界文明国人乃能以我为新进之国民而引为同类也。

　　吾人外交上之危险，无过于欧战未决之期间，北方借加入协商之优势，压迫南方，是非混乱，公理不昌；而日本又以金钱武器协助北方，各国之舆论亦不我助，然公等尚能排大难，冒万险，毅然坚持至今。今正拨云雾而见青天之日已到，为山只少一篑之时。昔日

---

　　* 此件原未署日期。据文中"十日前，……某当发一电与美总统"（按：孙中山十一月十八日曾致电威尔逊）推断，此书应写于十一月上旬。

之危险尽移于北方,北方之优势尽归于我。昔南方武人向北方求和,而北方不允;今北方反向我求和,且不惜乞怜各国,此乃彼自知大势已去,死期将至,辗转穷蹙,而出于此。如我再能如前,稍予支持则完全之收功不远矣。十日前得北方传说,伪政府已求美国作调人,且有威迫南方服从之语。某当发一电与美总统,更由路透〈社〉传布欧美各报,舆论当为赞许,且必共祝望我为正义民权坚持到底。前派王正廷等赴美要求承认,当欧战正酣之时,未有过而问者,今则渐为美人所注意。最近消息,美国国会乙治郭君已提起承认南方交战团体之议。即章士钊之赴日本,彼朝野上下亦颇注目,其民党且预备开大会促其政府承认南方。乃章到后之表示,非为要求承认,乃电〔为〕运动妥协而来,日人大为失望。然其国民殷殷表同情于我者,犹未少替也。

夫交战团体,惟能继续作战则有之,要求承认方在进行之中,又忽息兵降伏,狐撑狐埋,直等儿戏。而彼提议承认我者,将反成为国外之煽动人,岂不辜世界仁人义士之望,而数月来,外交上运用之功亦且付之流水。是盖表示中国之无人权,惟有坐待他人之瓜分宰割而已。且美公使之劝告本出于一种好意,惜彼不明中国内情,致其所施于中国者,不啻与其所抱之主义相反。吾人正宜借此机会,据理抗争,使吾国民真意之所在表襮于世界。彼主民权正义者,必能回易视听以对我。若遂从而默受之,是陷友邦于不义,而重贻吾国民之羞也。

吾人所希望之和平,其唯一无二之条件,即国会必当有完全自由以行使其正当之职权是也。某以为此简单、至合理、至易行之条件,无论何国政府、何国国民苟知我只为此纯正之要求,必不能以

我为非。是公理所在,不能一毫迁就也。(下略)①

据上海《民国日报》一九一八年十二月四日《孙总裁致军政府暨国会书》

批凌钺萧辉锦函[*]

(一九一八年十一月十一日)

答以文暂时仍不欲问事,如何进行,总由多数同志取决施行便是。

据《国父全集》第四册(转录史委会藏原件)

复曾允明等函

(一九一八年十一月十七日)

允明、德源、潜川、金坛先生鉴:

十月十四日来书具悉,前寄去债券等件(照征信录补发),想亦均已收到矣。来函称续收同志认饷五百二十元,请照前函连同结存之一千六百元,统汇来上海应用(电汇写 Sunwen Shanghai 便可收到)。其党证及债券等件,亦交党务、财政两部查明照发矣。但向例发给债券,须先到款项,此次一千六百元及五百二十元未经收到,先寄债券,实系格外通融办理。信到之日,务希速行汇来,以便清理。此复,即问

近祉

孙文启 十一月十七日

据《国父全集》第三册(转录史委会藏原件)

---

① 为原报道节略,后无续文。

* 原件未署年份,内容与十月二十五日批示雷同,应在一九一八年。

致美国总统威尔逊电＊

（一九一八年十一月十八日）

　　威尔逊大总统阁下：谨贺阁下当此世界大战主持扑灭武力主义大获全胜，民治民权，拥护功高，有史以来，未之前闻。

　　去岁阁下曾劝中国加入战团，予曾极力反对者，盖深知吾国武人必假此时机摧折民权，不幸言中，殊感予心。一年以来，事实具在，想各友邦，亦应鉴及。

　　去岁吾国国会对于欧战加入问题方在讨论之中，逆首张勋密承前内阁总理段祺瑞意旨，乘饥〔机〕图乱，迫散国会，致成复辟，谓如此则可扑灭民主政治也。所幸友邦未示欢迎，国民群起反对。段祺瑞阴察大势，知事不成。时冯玉祥旅长已起兵讨贼，段祺瑞乃变策附和冯旅，自称讨逆首领，盗取恢复民国之名，欺掩世界与国人耳目矣。

　　予闻帝政盗复，民国废坠，即于一千九百十七年七月五日，率中国海军一部南抵广州，从事征讨。及闻段祺瑞所举事件，有先予而为之者，余乃贺其爱国之诚，劝其恢复国会。不意竟失余望，且阴谋诡计，有出于意料之外者。张勋复辟，实彼嗾成，盖段祺瑞谋推覆欧美民治制度之旨至今未艾也。

　　余在广州筹复国会，南部军人初亦怀疑，只以予得舆论之助，始获一致行动。广州人民既欢迎余之主张，广东省议会亦通电各

　　＊　上海《民国日报》于标题下注明"由英文译出"。报载此电未署日期，现据一九一八年十二月四日孙中山复蔡元培函所云："于十一月十八日致电威总统。"

省国会议员请赴广州。艰苦经年,国会议员得法定之过半数,两院乃同时开会。一岁之中,北方抗义之兵一再南下,南人为自卫计,亦与主持民治主义者结合为护法之战。南方各军不必尽在余指挥之下,而与北方激斗者,则北方以武力压迫南方为之也。夫今日之战,非南北之战也。广州国会议员来自北方者实居半数,北人处武人专横之下,无可告语,遂孑身南来,盖武力主义对民治主义之战也。北方武人知南方主义,既公且正,非武力所能强服,乃创一伪国会以抗抵正当民选之国会,图淆世界人民之听闻,而行其以伪乱真之技,谋亦狡矣。

自日本寺内内阁改组,北方金钱武器供给之源,于焉告竭。外援既失,无可依恃。北方武人私向南方提出和议以真伪两国会同时解散,国家官吏两派瓜分为调停之条件,南部军人或不受其愚弄。盖北方武人以为国家财产共同分占,人民权利任其蹂躏为诱惑南人独一无二之好机,而不知其策之愚谬也。

北方官场消息,谓美国愿中国止息内争,如南方不同意,北派武人将引美国势力压抑南方云云。当世界皆战之日,北方武人曾诬吾辈为反对战争。今和平发轫之时,北方武人又将转诬吾辈为反对和平。吾人不顾利害,曾挟民主主义尽力奋斗,虽日本以金钱武器假手北方摧锄吾辈,始终犹获生存。设美国以道义物质之力为北方武人所假借以压折人民,则中国民权发达之望,生机必绝,唯搔首问天而已。

余为中国民权正义永久和平计,代国民为诚恳之呼吁,敢明告阁下以唯一无二之平和条件,即民国国会须享有完全自由行使其正当职权是也。如此单简合理易行之条件,尚不能办到,则唯有继续奋斗。虽北方武人援引任何强大压力,吾人为民请命,皆所不顾。国会者,吾国革命烈士流血所得,民主政治立国之基,万不能坐视武人摧折也。此一次国会受约法上之委托，为民国创制永久宪法，断非非法机关所能伪造。况解散更为国法上所不许乎？昔袁世凯阴谋帝制，威灭国会，国民犹起义兵讨之，袁氏因以败也。今日之役，实为国会军第二次战争也。此国会者即美国由阁下代表首次承认之中华民国也。阁下必主持正义，慰予请求。务所以拯救欧人者转以拯救中国。敬愿阁下代中国受压抑之人民致一语于北方武人曰：此国会乃阁下所承认之国会，务须尊重者也，此上。

孙　文

据上海《民国日报》一九一八年十一月二十三日

致美国驻华公使芮恩施函 *

（一九一八年十一月十九日）

美国总统和人民只能通过您才会知道中国的真实情况。您的责任确实重大。中国究竟是民主政治还是黩武主义获胜，主要取决于阁下对我国无助的人民在现阶段所给予的道义上的支持。

据芮恩施《一个美国外交官使华记》（李抱宏、
盛震溯译，一九八二年九月商务印书馆版）

复凌钺萧实中函

（一九一八年十一月二十三日）

接到惠书，借悉南中情形，感喟无似。文迩来杜门养晦，聊以著述自娱，对于时局问题，终以多数同志之主张为进退，此意早奉

---

* 此件未见该函全文。

答于子黄先生函中矣。今展堂业已南旋，所有进行事宜，与渠接商可也。

据《国父全集》第三册（转录史委会藏《总理复信撮要》）

致张学济等函*

（一九一八年十一月二十五日）

榕川、凤丹、香芸、德轩、培荄诸兄均鉴：

前寄去各函并密电，想都收悉。周逆就戮，为从此发展进行大好之机。经觉生兄与此间湘中同志切商，条陈因应方略数端，大要以为军事进行，贵在单一，故彼此团结，合力共作，较之声援相通，互助协济者，其不可拔之基为益坚，而进取成功之效为尤伟。

此时首要为设立军事上统一机关，公推军政长为同志各军总领，使实力有所集中，精神十分团结。所有同志所部军队，亦须为划一之计，以实力额数多寡，改编为某师、某旅、某团；再由各师、各旅、各团派出晓畅军事者，组织总参谋机关，为军政总机关之辅，使各部全体情事，无所扞格，声息易于相通，而军事愈得指臂之效。

再：宜有民政总机关，公推民政长总领之，于同志实力所及区域，慎选县长，专任吏事，即与军队同驻一地，而职权各宜分明。并恢复各县会及自治机关，使人民得有法律上之自由，得调济各地方一般之生计，此不仅足为军民分治之基，尤便于统一，且条理之财政之计画者也。文意亦非为切要而不可缓者。

兹以罗君迈、于君哲士赴湘之便，嘱其袖函奉达，维兄等就近切实合商酌夺行之，此为成功之本，曷胜盼切。此后湘西重要情

---

*　　张学济等为湘西护法诸军将领。

事，并望随时详告，当极力设法相助，共达救国之素志。专此，即颂

毅祉

十一月二十五日

据《国父全集》第三册（转录史委会藏原件）

复王子中函

（一九一八年十一月二十七日）

　　顷接十一月二日手书，敬悉。此次陕军艰难缔造，支柱一载，坚毅不屈，足为义师型范。现虽未能遽定全局，然以诸同人之同德同心，加之以川、滇诸军次第助援，此后当可益期发展。况自欧战既停，北方款械之路既绝，伪政府势穷力绌，汲汲谋和，倘西南各省及护法诸同志能始终坚持，务求贯彻护法之目的，则北方诸系以权利之倾轧，不久势必分崩，则最后成功必操之南方，惟在诸同人黾勉不懈耳。文在沪以经济异常困蹶，甚思相济，顾爱莫能助，冀谅之也。筹策贤劳，惟为国自爱。顺颂

近祺

据《国父全集》第三册（转录史委会藏《总理复信撮要》）

复童萱甫函

（一九一八年十一月二十九日）

　　接诵本月二日惠书，祗悉一是。子超兄当选议长，足征吾党团结之力，不后于人。国内议和之声浪虽高，而倡导诸名流似亦未得要领，足下直斥之为筹安会，妙哉言乎。文对于时局问题，实无具体办法。惟望足下暨国会诸同志，坚持护法初志，则进行前途，终

必能达到圆满之目的也。专此布复，即候

议祺

据《国父全集》第三册（转录史委会藏《总理复信撮要》）

复 凌 钺 函

（一九一八年十一月二十九日）

接阅十六日惠书，借悉季龙诸君近况。国事多艰，吾人当以极远之眼光，最大之毅力，与群魔战争，诚如足下所云，极为佩慰。至于所谈计划，亦未始非解决大局之方。惟鄙意以为欲贯彻护法初衷，仍宜托命于国会，国会同人诚能坚持到底，不为强有力者所摇，终必能得最后之胜利也。

萧君实中为国宣劳，希为致意。手此具复，即候

议祺

据《国父全集》第三册（转录史委会藏《总理复信撮要》）

致徐世昌电 *

（一九一八年十一月三十日）

北京徐菊人先生鉴：自起护法军以来，已历一年有余，南北两方，互相对峙。所谓国是，至今尚无由解决。近顷欧战终息，强权消灭。我国亦须顺世界大势，恢复和平。美国大总统威尔逊氏，本年九月二十八日在募集第四次公债之际所演说，实为解决国际、国

---

*　报载电文无落款、无日期。据与此电并载的徐世昌复七总裁电（孙中山居首）系微（五）日发出。徐电中云"卅电敬悉"，可断七总裁致徐电当为十一月三十日发。

内一切兵争之根据,各国均依此为保证。目下世界各国已将尊崇正义、永久停止兵争,岂独我国不能舍兵争以求平和解决耶?执事已令其部下停战,本军政府亦已令前敌将士中止进攻,然彼此尚未实行。平和谈判业已接近,徒坐耗时日,颇为遗憾。兹特披沥诚心表示,希望真正和平,认上海为适当中立地,应仿辛亥前例,双方各派同数代表委以全权,定期开会。一切政治法律问题,不难据理判断,依法解决。务望图谋国利民福,以保永久平和,兹特电致执事,乞速复示。

据上海《民国日报》一九一八年十二月七日

复谢英伯函

(一九一八年十二月二日)

接前月廿三日惠书,借悉足下已补国会议员,而《南华报》亦将于本月上旬恢复出版。在国会则多一中坚人才,在舆论则增一健全报纸,南天翘首,毋任欢欣。惟文近来拮据情形,匪言可罄,任股及津贴两端均未能仰答雅命,力不从心,徒呼负负而已。

国事蜩螗,极于今日,从前护法者不为坏法者所容;今则真正护法者亦为以护法相号召者所忌。议和条件未睹端倪,而道路相传,南方之停战命令业经宣布,揣主持此议者之用心,势不至将国会牺牲之不止。足下爱国毅力相信素深,甚望力争于坛坫之间,挽此风雨飘摇之危局。政象之变幻靡常,幸勿以目前势力脆弱而自馁也。手此布复,不胜依依之至。顺颂

议祺

据《国父全集》第三册(转录史委会藏《总理复信撮要》)

复王法勤函

（一九一八年十二月四日）

　　接读前月廿四日惠书，虑周意密，具见足下爱国爱党之苦衷。其所以待季龙兄者，用意良厚，亦适与文意相同也。文对于时局问题之意见，昨已函达国会诸公，谅足下业经洞悉一切矣。此复，即候

议祺

据《国父全集》第三册（转录史委会藏《总理复信撮要》）

复蔡元培函

（一九一八年十二月四日）

子民先生道鉴：

　　频年奉睽教范，企想殊切。顷晤尹君仲材，并奉手书，顿慰积想。

　　今日国民希望平和之切，诚如尊论。惟是国民所蕲望之平和，为依法之平和，为得法律保障之平和。近闻少数谋平和者，方欲牺牲国会而与武人为谋。夫国会者，民国之基础，法治之机枢，此而可废，于民国何有？蔑法律而徇权势，是乃苟且偷安，敷衍弥缝，虽足以勉持旦夕；而武人把持政柄，法律不能生效，民权无从保障，政治无由进化，权利争竞，扰攘不已。一旦倾轧破裂，则战祸又起，故民国若不行法治之实，则政治终无根本解决之望，暂安久乱，所失益多。况自欧战既解，强权划灭，公理大昌，欲求民治之实，尤非少

数暴戾武人所能为。

前自威尔逊总统提倡以正义公理维持国际之永久和平,同时并闻有劝告中国并助北方强制南方速就妥协之说。文窃虑其以爱中国之热心,而误用其调和之手段,期南方置法律不顾,而苟且弥缝,则爱之适以害之,为患于将来益大。故于十一月十八日致电威总统谓:"南方期保障国家之法治,为护法而战。所要求者,只一公平简易之条件,即国会须得完全之自由,行使其正当之职权也。若此简易之条件尚不能办到,则吾人惟有继续奋斗,虽北方援引任何强力,皆所不顾。"此电去后,同时并由路透电遍传欧美,引起各国之注意,故美国上议院已有承认中国南方为交战团体之提议,而美政府对文电亦表示赞同。是则外交友邦且能为我主持公道,吾人天职所在,安可不益勉卒贯彻初衷,以竟护法之全功,而期法治之实现。耿耿之忱,当亦执事所同然欤。

朔风凛冽,北望增怀,伏冀为道自重。并颂

教祉

孙文　　十二月四日

据高平叔编《蔡元培全集》第二卷(转录原件)

复广州国会函

(一九一八年十二月五日)

顷接十一月廿三日公函,敬悉。此次军政府停战令之发布,文意亦未以为然。惟是此事原动,闻缘于美领事警告所促成。近国民怵于外交势力,往往张皇无措,即军政府诸君以骤经此压迫,委曲求全,亦无足怪。

文前因闻美政府有调停我国内争之举,欲强南方速与北方妥协,此实为其手段之错误。故于十一月十八日致电美总统,声明南方所要求之条件,只系国会能有完全自由行使其正当之职权,他无所要求等语。此电已见报端,想经鉴及。自此电发后,随由路透电遍传欧美,引起各国之注意,故美上议院近乃有认南方为交战团体之提议;而美政府对文电,亦表示赞同。此后将请美总统出而主持公道,吾人终可达到护法之目的。但冀国会及军府同人坚持初志,不折不挠,则外人敬吾主义之贯彻,将益闻风兴起,协以助我。语曰"自求多福"。是在吾人之自勉不懈而已。此复,藉颂

公祉

据《国父全集》第三册(转录史委会藏《总理复信撮要》)

致徐世昌电

(一九一八年十二月十日)

徐菊人先生鉴:微电诵悉,渴爱和平至符素愿。惟昨接钱君幹臣来电,于对等会议及和平会议前途,似生障碍。其电中有唯一政府等名称,此间断难承认,应查照卅电,仍在上海开和平会议,除各派代表十人外,另各推总代表一人,相对开议,毋须首席。如荷同意,即请将代表之人,互相通知。惟接钱君幹臣支电,指陕西为匪区,殊深骇诧。陕西为护法区域,昭昭在人耳目,何得借口剿匪,四面进兵。如果诚意和平,陕西南北两路尽可指定驻兵地点,凡所在驻区域内如有匪患,各自剿办。何可混称匪警,置陕西于停战区域之外?又据确实情报,入浙奉军一混成旅旅长王永泉、团长陈忠贤、高维岳,参谋长程恒式现分两路入闽,一由宁波取海道向福州,已有炮兵一营乘超武兵轮出发;一由衢州经赣边向延平,计步兵约二团、机关枪、工程、辎重等队全部,于月念一日由杭州出发。是北

方停战其名，激战其实，衅由谁开，责有攸归，支电即其明证。若陕西不在停战之列，闽中又不停止进兵，是尊处不欲和平。前敌各战地不一律切实停战，和议何由而开？故陕、闽问题应请明白答复。嗣后惠教并请径电以昭诚信，是所切盼。岑春煊、伍廷芳、陆荣廷、唐继尧、孙文、唐绍仪、林葆怿。蒸。

据上海《民国日报》一九一八年十二月十九日

复 徐 谦 函

（一九一八年十二月十二日）

顷颂十一月卅日、十二月三日惠书，均悉。日前军政府致徐[①]之电，主张和议公开，实为破北方与私人秘密言和之一策，办法甚合。至派大使赴欧洲参预平和会议，此事恐终须在内国问题解决后，始能办到。此国际条例，美法各国亦未能为我特行破格也。闽事林、方互争雄长，实为与竞存争地位。然闽事今亦异常停滞，恐亦无效果可言。兄在粤苦心维持，文所深悉，浮议悠悠，何足深较，听之可耳。此复，并颂

近祺

据《国父全集》第三册（转录史委会藏《总理复信撮要》）

复熊希龄蔡元培函[*]

（一九一八年十二月十二日）

顷晤王君铁珊，并奉惠书，敬悉。此次政争逾年，民生重困，其

---

① 徐：指徐世昌，时已就非法总统职。

* 熊希龄、蔡元培时任北京和平期成会正副会长，他们致函孙中山，告以欲期和平，必须维持国法，并派该会代表王铁珊持函晋谒孙中山。

源皆由于法律为武力所破坏,以致国纪荡然,民命莫托,思之怆怀。诸君子本悲天悯人之谊,提挈群彦,力倡和平,热忱弘愿,岂胜钦叹。惟是民国七年,政变四见,国民鉴往诚来,所蕲求者不在暂时和平,而在永久和平;即使法律得完全之保障,而举国皆托庇于法治之下也。不然,国本未固,暴力犹在,而暴力之于法律,又每处于不两立之地,则异日又孰能保障而维持之。诸君子高瞻远瞩,谅同斯意,伏冀澄本清源,树之轨物,俾国事永奠,咸臻治理,则国人所拜赐者,岂有涯耶? 专此奉复,并颂

筹祉

复吴忠信函

(一九一八年十二月十二日)

〈礼〉卿:

自兄入闽以后,音问久疏。惟每于军报中闻奋发进取,屡挫敌锋,为粤军左翼劲旅,甚为欣慰。

近日时局,虽和议之声日炽,而群邪犹然当道,是非犹未大明,达到护法目的,犹未旦夕间事。吾党救国护法之责任,犹未能尽,甚望兄及粤军诸同志,于此期间,勉力训练部伍,厚植基础,以为异日进取之需。粤军为吾党之主力,兄又为吾党之健者,幸勉荷艰难,坚忍不懈,时事澄清无日,正不患英雄无用武地也。军旅贤劳,殊深怀想,幸为国自重。并颂

毅祉

孙文　十二月十二日

致罗翼群函

（一九一八年十二月十三日）

　　自兄赴闽后，每得粤军音信，知兄指挥部曲，奋力进取，屡获大捷，闻之甚为欣慰。此次粤军援闽，所向克捷，增本党护法之光荣，是皆兄等力荷艰难，黾勉不懈之效果也。现时局虽和议之声日迫，然护法之根本解决，犹非旦夕可望。吾党奋斗之责任，犹未能尽，望兄与诸同志仍振作精神，勉力不懈，以收报国之全功。此时并宜努力训练，使基础巩固，则异日收效尤巨。粤军为吾党之主力，实力所萃，务宜爱护保存，努力维持，以为国用，所深盼也。军旅勤劳，幸为国自重。并候
毅祉

据《国父全集》第三册（转录史委会藏《总理复信撮要》）

致蒋克诚函

（一九一八年十二月十三日）

　　自兄偕汝为兄入闽以后，屡于战报闻兄努力进取，屡获大捷，攻克要隘，深入敌人重地，深为欣慰，闽中本为兄旧日治军之地，故能形势了然，有攻必克，发挥吾党护法之精神，前途未艾，幸益勉致全功。近日时局虽为和议之声所障，未能悉力进行，然国内是非犹在混沌之间，护法问题能否根本解决，尚未可知；国事一日不定，吾党之责任一日未尽，望兄仍竭立〔力〕维持实力，巩固基础，以贯彻吾党之主张，而完成救国护法之责，是所深盼。军旅勤劳，望为国

自爱。顺颂
毅祉

据《国父全集》第三册(转录史委会藏《总理复信撮要》)

致洪兆麟函

（一九一八年十二月十三日）

前接手书后，曾复一函，想及察悉。粤军近状，因和议关系，稍致停顿，未能奋力驱敌，其为抱憾。然国内群奸依然当道，是非犹未大明，恢复国法犹属迢迢无期，是吾党责任犹未能尽。兄自率师援闽以来，奋勇先登，屡克名城，实为粤军之中坚；而汀、漳各属，为吾粤军根据重地，得兄镇抚其间，责任尤重。尚望努力训练部伍，蔚为劲旅，以贯彻吾党救国护法之主张，俾澄清国难，屹为干城，胥惟兄是赖。其同事同志，亦望以此志互相勉励，时事方艰，正不患英雄无用武地也。文于解决时局根本条件，仍主张国会能以完全之自由行使正当之职权。盖如是，则法律之保障始固，全国乃能悉受治于法律之下也。军旅近讯，盼时见告。并颂
毅祉

孙文　十二月十三日

据《国父全集》第三册(转录史委会藏《总理复信撮要》)

致许崇智蒋介石函

（一九一八年十二月十三日）

自兄等向兴化进发后，久未得详讯，深以为念，不审兴化下后，前方情况如何？近闻竞存以军政府已下停战令，不愿衅自我启，已

有令兄等停止进行之说。兄等此后准备作何计划，文意粤军如全部均已停止，则兄等单独进行，似为势太孤，亦非万全，此时之计，惟在保守固有地盘，维持固有实力，以为应机观变之用。

此时北方所以急急欲和者，实为段派武人因欧战已停，日本扼于美国之监视，不能以款械助之，故势穷力绌，无法续战。同时徐世昌以主张平和之面具欺外人，博其同情，借外力以排段而诱胁南方，故和议势已日促。惟恢复旧国会为徐所不欲，若此点不能解决，则南方护法目的，仍不能达到，国事仍不能根本解决。广州军政府之下停战令，亦因外人劝告，恐坚持主战，则人以为其曲在我，故不得不为此敷衍之办法。然军政府及国会所坚持者在先，使徐世昌退伪职，并解散新国会，此北方武力亦未能承认，故近日平和之声虽高，而解决实迢迢无期。

文前恐外交界为徐世昌之伪面目所欺，故前月中旬曾致电美总统，声明南方所要求者，其唯一之条件，即国会能得完全之自由行使其正当之职权，盖此事若能办到，则护法之根本目的已经达到，将来如裁兵、废督军、惩办祸首、选举总统、制定宪法等事，皆可由国会自行处置，无须枝枝节节，多立条件也。此电发后，闻美总统甚表同意，谓必有以副文之望。

文近在沪与诸同志商，以美总统自欧战停后，方主张以正道公义维持此后世界之永久平和，而于扶助弱国尤引以为己责。故文对于我国南北之事，主张请美总统出而为我仲裁人，嘱国人一致鼓吹此说，则以美总统之主持公道，必能为我恢复国会；而于将来国会，更加一重有力之保障也。此说颇得各方所赞同，不久当可见诸事实。

兄等处此局势，惟有耐守观变，亦不可遽怀退志，明知兄等办事困难，然吾党责任未尽，粤军又为吾党今日惟一之主力，兄等为维持本党实力计，惟有勉荷艰难以待将来。国事尚难遽定，吾人亦宜始终奋斗，以求贯彻主张也。军旅勤劳，至深系念，望为国勉力自爱。并颂

近祉

据《国父全集》第三册（转录史委会藏《总理复信撮要》）

致 邓 铿 函

（一九一八年十二月十三日）

　　粤军援闽以来，阅时一载，大小百战，其间调度规画，兄力为多。近时局停滞，闻兄颇有离去之意，文意以为不然。盖粤军今日为吾党唯一精锐，亦为护法军之中坚，刻虽暂难进行，然维持固有之实力，训练整顿，以待发展，亦为当务之急，万不可遽有灰心，委之而去。况粤军成立以后，悉由兄一手编制，若兄行，则竞存兄失有力之臂助，将来愈形困难。

　　时局现虽稍趋平和，然是非犹未大明，暴力依然未灭，将来国事果能依法解决与否，犹未可知，是国法效力一日不恢复，吾党奋斗之责任一日未尽。兄为本党健者，即为吾党之救国责任计，亦未宜先决然而行。望兄为大局计，为本党计，勉任艰难，以贯彻吾党主张，实所深盼。军旅勤劳，良深驰念，幸勉自将护。顺颂

近祉

据《国父全集》第三册（转录史委会藏《总理复信撮要》）

批答关于欧洲和平会议代表问题

（一九一八年十二月十四日）

　　答以南方政府未被承认，无从取得国际资格，代表无效也。倘

将来有机，尚与个人发言，效当更大耳。

据《国父全集》第四册（转录史委会藏原件）

批焦易堂函[*]

（一九一八年十二月十四日）

欧洲议使，南方尚未得全国承认，当然无效。惟文早本有意于近日再游欧美，以尽个人之力耳。

据《国父年谱》增订本（转录史委会藏孙中山批牍原件）

复林祖涵函[**]

（一九一八年十二月二十三日）

来缄诵悉，彼辈果不复稍存顾虑，竟借和议以遂其分赃割据之阴私者，此于国家何与？人民又何与？而护法之旨又安在？吾党惟有竭力诛之，以求永奠此民国耳。

颂云[①]果有悔改之心，本于自觉而为奋斗，文自所乐予赞成。当此多难，相期立功报国耳，维转致斯意。专复，并颂
时祉

十二月二十三日

据《国父全集》第三册（转录史委会藏原稿）

复陈炯明函

（一九一八年十二月二十三日）

竞存兄执事：

---

[*]　焦易堂为国会议员，他自粤函孙中山云："赴欧议和大使，职关重要，各方均拟推及先生，以先生平日爱国心切，当以乐为。"此件即对该函的批答。

[**]　林祖涵：即林伯渠。

[①]　颂云：即程潜。

陈君来，并接诵手书，备悉。见惠茶花、水仙数支，足供新年之用，拜谢。

李[1]既中变其计，自食前言，则向彼交涉，自以中止为善，于此益证知此辈之不足相与谋也。

兄在闽措施，既切近时需，而规画又复宏远，闻之曷胜欣喜。文对于种种建设，此时专期《实业计画》有所著述，此编告竣，始从事其他，知注并闻。专此，顺颂

时祉

十二月二十三日

据《国父全集》第三册（转录史委会藏原稿）

批林修梅函[*]

（一九一八年十二月二十三日）

答函鼓励，并告外间近情。

据《国父全集》第四册（转录史委会藏原件）

复林修梅函

（一九一八年十二月二十四日）

顷罗君镜芙来沪，并诵手书，敬悉。

去秋西南护法兴师，湘省首当敌冲，而执事与昆涛[2]诸君，厉其猛志，百战摧敌，义声昭于全国，虽以力孤援薄，未能奏廓清之

---

① 李：指李厚基，时任福建督军，与陈炯明部对峙，一度曾拟与陈议和。

* 林修梅致函孙中山反对南北议和。

② 昆涛：即刘建藩。

业，然有志竟成，国事方艰，尤冀毅力持之耳。

近日和平之说，固盛播人口，然类为苟且敷衍自便私图之人所利用。观于伪政府坚自居于主体地位，对等和议，尚难相从；且一面言平和，一面对陕、闽仍积极进攻，其无诚信可知。鄙意以为吾人此次创义，目的既为护法而战，则必期达到真正护法而后已；所希望者永久之根本平和，而非暂时之形式平和，否则惟有继续奋斗，万不可轻牺牲其主张，望兄等勉力不懈，维持民国正义。专复，并颂

毅祉

据《国父全集》第三册（转录史委员藏《总理复信撮要》）

复　徐　谦　函

（一九一八年十二月二十四日）

顷接本月十一、二两日手书，均悉。文前因军政府突发停战令，又闻系受驻粤美领事无理压迫所致，故极不以为然。今得兄函，详及此中经过情形，向日所过虑之处，已涣然冰释。此后一切进行，当以兄所主张，一致发言，以免彼此纷歧。

至此次会议代表一事，文以此时南方政府尚不为各国所承认，代表团往恐难有效，故文意不欲担任代表名义，不如待将来有机之时，以私人名义前往欧美，相机发言，效力或者更大。诸在粤同志若有促文代表赴欧者，亦望以此意告之。专复，顺颂

近祉

据《国父全集》第三册（转录史委会藏《总理复信撮要》）

复焦易堂函

（一九一八年十二月二十四日）

顷诵十四号手书，敬悉。哲嗣从戎殉国，志节炳然，尚冀为国自重，勉抑哀感。

赴欧特使，以今日南方尚未得各国承认，未必有效。文苟驽钝所及，此后或以私人名义往赴欧美，以冀尽个人之责职，亦甚有益，惟当勉力图之耳。专复，并颂

议祉

萱莆兄均候。

据《国父全集》第三册（转录史委会藏《总理复信撮要》）

致熊克武函

（一九一八年十二月二十四日）

比日接诵公电，知经营戎政，备极贤劳。又蜀中诸同志来沪，亦称兄莅事精勤，筹策不倦，锦城西望，岂胜欣慰。蜀为天府之国，民庶地博，物产饶衍，冠乎全国。苟整理得宜，发达可以操券。兄治军梓乡，宏规远绍，亦固其宜，尚冀勉致全功，以慰向望。

近日国内虽和平之声日益加盛，然类多为苟且旦夕之谋，能为国家筹根本解决之计者，其属寥寥。鄙意吾人创义目的，既为护法，则解决办法，亦自当以国法有效为根本；否则暴力犹存，法律仍将为所蹂躏，数年一乱，澄清难期，此其匪吾人救国护法之本恉也。

兹者沧白兄归蜀，与兄分治大政，两贤相得益彰，此后川事之

蒸蒸日上，尤可预期，想左提右挈，同德一心，以康济艰难，发扬光大，企望何穷。川局近情，幸随时见告。专此布复，并颂

毅祉

据《国父全集》第三册（转录史委会藏《总理复信撮要》）

复 邹 鲁 函

（一九一八年十二月二十四日）

顷接十二月十三日手书，备悉。闻于推展堂任粤省长事，已较有头绪，如能办到，鄙意当然赞同。惟粤事纠纷错杂，近者尤甚，一切举动，似宜妥慎图之为要。知念特复，并颂

近祉

孙文　十二月二十四日

据《国父全集》第三册（转录史委会藏《总理复信撮要》）

复凌钺等函[*]

（一九一八年十二月二十四日）

顷接十二月十四日公函，备荷眷注，深感。

赴欧代表一节，以南方政府刻尚未为各国承认，无从取得国际资格；即派代表，亦恐未能生效。文非欲以谦退鸣高，实恐不能副此责任耳。鄙意以为不如待有机之时，以个人发言，为效较大，想能谅之。专复，并颂

议祉

据《国父全集》第三册（转录史委会藏《总理复信撮要》）

---

[*]　来函系由广州凌钺等十四人联名。

批丁惟汾等函[*]

（一九一八年十二月二十六日）

已极力设法阻止引渡。

据《国父全集》第四册（转录史委会藏原件）

致刘祖武等函

（一九一八年十二月二十七日）

继之护督、夔峰省长、萍庚□□、延之警备司令、竹青警备司令[①]执事：

时局艰危，忧思蕴结，每念滇中将士，军旅勤劳，辄为向往不置。三迤山川峻丽，英杰挺生，已得天之独厚，宜建树之特隆。执事晓畅戎机，通达治体；在昔既推翻帝制，重奠共和，于今必扫荡逆氛，巩固法治，遗大投艰之任，勒铭刻碑之典，知匪异人任矣，其盛其盛。

文自相随海军将士、国会议员之后在粤组织军政府以来，夙夜兢兢，数月于兹，无非欲争回已坏之法，使国会得以重开，一切皆由国会依法解决而已。幸赖西南各将领能深体斯旨，如响斯应，湘、蜀报捷频来，潮、汕亦已收复，段氏不支，伪阁以倒。现在伪政府停战之令虽颁，而伪临时参议院仍继续开会，窜改国宪。倪嗣冲、张

　＊　来函为请求营救薄子明、赵挥尘事。

　①　继之：刘祖武；夔峰：田云龙；萍庚：唐继虞；延之：缪嘉寿；竹青：孙永安。

怀芝之伦恣睢于北,龙济光、李厚基辈助乱于南,实欲藉停战为名,以老我师,而隳我士气。文与海军暨两粤诸将士,誓非使国会恢复,得完行使其职权,凡约法所规定,得保障其原有之效力,则决不为姑息调和之言所乘,致中敌人之奸谋,而再蹈为德不卒之辙。所望执事坚持到底,作一劳永逸之图,庶海宇澄清,富强可企,民国前途,实图利之。专此,并颂

毅安

孙文　十二月二十七日

据《国父全集》第三册(转录史委会藏原稿)

致钮永建函

(一九一八年十二月二十八日)

前日据新闻传说执事在粤猝遇凶徒,致受微创,闻之深为骇愕。犹幸吉人天相,化险为夷,尚足稍慰。惟粤为通都大邑,而奸宄横行,弁髦法纪,宜严惩凶党,以儆将来;并望勉事调治,以期速痊,出入戒慎,以防未然。临书悬企,藉颂

痊祉

据《国父全集》第三册(转录史委会藏《总理复信撮要》)

致军政府及国会电[*]

(一九一八年十一至十二月间)

军政府暨国会同鉴:美总统威尔逊氏,对于我国之主和条件经已赞同,以为我国国会应有完全自由之权行使法理上职责。彼尽

---

[*]　报载电文无日期。据孙中山致威尔逊电为十一月十八日,此件当在该电之后,应为十一至十二月间。

其能力,协助我国,俾达民主共和及公正平和之目的。至其他要求,均可让步,惟上述之条件,务须坚持,鄙意主张,由我国政府以正式公文,要求美总统出为我国调人。谨专奉布。孙文。叩。

据上海《民国日报》一九一八年十二月十六日

复李遂生函

(一九一八年十二月)

接本月十号惠书,藉悉一是。文自返沪以来,日以著述自娱,对于时局殊无成见在胸。粤议会选举问题,亦复无暇过问,足下关怀地方,实堪佩慰。虽当此玄黄易位之时,众寡殊势;然千夫之唯唯不如一士之谔谔,足下倘能被选,定能为百粤父老增进幸福也。惟文近来窘困异常,承嘱经济上之援助一节,究属力不从心,方命之处,尚望曲为原谅也。手此布复,即候

时安

据《国父全集》第三册(转录史委会藏《总理复信撮要》)

复陈赓如函 *

(一九一八年下半年)

赓如先生执事:

顷奉台函,祗承种切。不法军官横行闾里,蹂躏乡民,至于此极,可胜怨愤。我驻港同志侨商激于公愤,群推先生仗义执言,不

---

　　* 原函未署日期,据函中"文自大元帅解职以后,避居沪上,政务总裁尚未就职"内容推断,当在下半年。

辞远道，来呼将伯；文亦乡人，当此宗国垂危，里闾不靖，俛仰慨叹，实有不能已于言者，请得为左右陈之。

溯自革命酝酿，十有余年，始以中国自满洲之手还诸国民。夫民国既为国民所公有，则关于民国一切设施，不可不以国民为之基础。不幸当时国民于此责任，尚未了解，于是少数为民请命之党人，陷于孤立无援之苦况。而官僚与盗贼遂从而龁龁之，曾不须臾，民国政权已操于官僚盗贼之手。由是而袁氏称帝，张勋复辟，鱼烂之祸，凡三数见，盖民国之名虽存，而其实之亡久矣。文窃痛之，当发愤欲为民国一清官僚盗贼之毒，以树立真正之共和，故于去岁谬膺大任，竭蹶进行；非不知去粤日久，有同寄寓，军权吏治，失所挟持，所以直任而不辞者，既恃公理，亦恃大多数之后援耳。艰难支撑一年之久，孑然无助，徒为亲厚所痛，仇雠所快，终至于解职以去，此诚非文一人之厄，实民国之厄也。

中国今日万事，无一不可蒿目棘心，而最终解决仍在根本问题，即如台函所称护沙统领林警魂等不法情事。夫彼等为服役之军官耳，驭之得其道，未尝不可束身寡过，勉目致于功名之域；驭之失其道，则放佚恣睢，遂成民国之罪人。假使今日有贤明之国民以监督政府，有贤明之政府以监督地方长官，以监督其所属，则彼等之事，何至发生？即使发生，亦可不崇朝而决，何致迁延以迄于今。然而窃国者侯，窃钩者谁得而诛之，此岂尚有望于今之政府与地方长官哉？文自大元帅解职以后，避居沪上，政务总裁尚未就职，匹夫在野，台函所称从严惩办各节，不在其位，无能为力，深以为歉，尚希鉴之。夫仆役有罪，惟主人得而惩治之，诸乡先生身为国民，即民国之主人，对于恶仆横行，弁髦法纪，诚不可不加以制裁。监督机关有议会在，喉舌机关有报馆在，宜从各方面着力，明事实之真相，得犯罪之主名，庶几公愤可申，大法得立。文亦国民之一分子,敢不黾勉以从诸乡先生之后。率布胸臆,惟垂察之,幸甚幸甚。
专复,敬请

台安

孙　文

据胡编《总理全集》第三集

批秦广礼函*

（一九一八年冬）

代答:此事碍难办到,因决不欲干预和议代部〔表〕之事也。

据《国父全集》第四册（转录史委会藏原件）

致邓慕韩函

（一九一八年）

慕韩兄鉴:

兹有英芳洋行主人愿照时价沽煤三千吨,即以所赚之价,报效
军政府军费,如有需煤,望与交易,是亦间接助军政府之一道也。

孙　文

据《国父全集》第三册（转录史委会藏影印原件）

诗 学 偶 谈**

（一九一八年）

中国诗之美,逾越各国,如《三百篇》以逮唐宋名家,有一韵数

---

　　*　　来函请求孙中山推荐和议代表事。据内容判断应在一九一八年冬。

　　**　　此件为一九一八年某日孙中山在广州与胡汉民、朱执信等的谈话。

句,可演为彼方数千百言而不尽者,或以格律为束缚,不知能者以是益见工巧。至于涂饰无意味,自非好诗。然如"床前明月光"之绝唱,谓妙手偶得则可,惟决非寻常人能道也。

今倡为至粗率浅俚之诗,不复求二千余年吾国之粹美,或者人人能诗,而中国已无诗矣。

据胡汉民《不匮室诗钞》卷八(广州登云阁
现代仿宋印刷所印一九三六年版)

题赠宫崎寅藏联 *
(一九一八年)

环翠楼中虬髯客;

涌金门外岳飞魂。

据胡汉民《不匮室诗钞》卷八

批关于三民主义及五权宪法参考书目
(一九一八年)

代答以三民主义之书籍甚多,即凡属 Nationalism, Democracy and Socialism(民族主义、民主和社会主义)者皆是也,现无其书,不能举其名目。至五权宪法,则外国尚无此书,有之,只 Hyslop's Democracy①,然此书谨言四权而已。

据《国父全集》第四册(转录史委会藏原件)

　＊　此件系在杭州环翠楼所题。

　①　Hyslop's Democracy:系指美国心理学家和教育家希斯勒普(Hyslop James Hervey)所著 *Democracy:A Study of Government* (《民主——政府的研究》)一书。

大元帅府特任人员职务姓名录*

（一九一七至一九一八年）

特任月日	受任姓名	特任职务	任状号数	缮状姓名	校状姓名	发状月日	备注
六 年 九 月 十一日	伍廷芳	中华民国军政府外交总长	一	万黄裳	万黄裳		
同	唐绍仪	中华民国军政府财政总长	二	同	同		
同	张开儒	中华民国军政府陆军总长	五	同	同		
同	程璧光	中华民国军政府海军总长	四	同	同		
同	孙洪伊	中华民国军政府内务总长	三	同	同		
同	胡汉民	中华民国军政府交通总长	六	同	同		
同	林葆怿	中华民国军政府海军总司令	一二	同	同		

---

* 栏中系中华民国纪年。

续　表

特任月日	受任姓名	特任职务	任状号数	缮状姓名	校状姓名	发状月日	备注
六　年九　月十一日	方声涛	中华民国军政府卫戍总司令	九	万黄裳	万黄裳		
同	李烈钧	中华民国军政府参谋总长	八	同	同		
同	章炳麟	大元帅府秘书长	七	同	同	九月十三日	
同	许崇智	大元帅府参军长	一一	同	同		
同	王正廷	暂行兼署中华民国军政府外交总长		同	同		
同	居　正	暂行兼署中华民国军政府内政总长		同	同		
九　月十二日	陈炯明	中华民国军政府第一军总司令	四四	同	同	九月十三日	
九　月十五日	汪兆铭	代理大元帅府秘书长	命令一	同	同		
九　月廿二日	徐　谦	同　　上	命令五	同	同		
九　月廿五日	马君武	署理中华民国军政府交通总长	命　令一　　三	潘应民	同		

续　表

特任月日	受任姓名	特任职务	任状号数	缮状姓名	校状姓名	发状月日	备注
九　月廿五日	王正廷	署理中华民国军政府外交总长	命　令一　　四	潘应民	万黄裳		
九　月廿六日	廖仲恺	署理中华民国军政府财政总长	命　令一　　五	万黄裳	同		
同	居　正	署理中华民国军政府内政总长	命　令一　　六	同	同		
十　月十四日	许崇智	署理中华民国军政府陆军总长	令二〇	同	同		
同	黄大伟	代理中华民国军政府参军长	令二一	同	同		
十一月四　　日	孙洪伊	中华民国军政府驻沪全权代表	七九九	周应云	同		
十二月十六日	古应芬	代理秘书长	令二九	同	同	十二月二十六日	
七年一月十日	李烈钧	总参谋长	九九九	同	郑　涛	一月二十日	

据《国父全集》第四册(转录史委会藏《大元帅府特任职务一览表》第一号,秘书处总务股制原件)

大元帅府简任人员职务姓名录[*]

（一九一七至一九一八年）

任命 年月	受任 姓名	任命职务	任状 号数	缮状 姓名	校状 姓名	发状 月日	备注
六　年 九　月 十一日	王正廷	中华民国 军政府外交 次长	一四	万黄裳	万黄裳		注销 改任
同	居　正	中华民国 军政府内政 次长	一五	同	同		
同	李福林	大元帅府 亲军总司令	一三	同	同		
同	黄大伟	大元帅府 参军	一六	同	同	九月 十三	
同	周应时	同	一七	同	同	同	
同	邓玉林	同	一八	同	同	同	
同	高尚志	同	一九	同	同	同	
同	周之贞	同	二〇	同	同	九月 十八	
同	罗家衡	大元帅府 秘书	二一	同	同	九月 十四	
同	刘奇瑶	同	二二	同	同	同	

---

* 栏中系中华民国纪年。

续 表

任命年月	受任姓名	任命职务	任状号数	缮状姓名	校状姓名	发状月日	备注
六年九月十一日	秦广礼	大元帅府秘书	二三	万黄裳	万黄裳	九月十四日	
同	叶夏声	同	二四	同	同	同	
同	张大义	同	二五	同	同	同	
同	马君武	同	二六	同	同	同	
同	贺赞元	同	二七	同	同	同	
同	刘鹽训	同	二八	同	同	同	
同	张伯烈	同	二九	同	同	同	
同	平 刚	同	一〇	同	同	九月十日	
同	吕 复	同	三〇	同	同	九月十四日	
同	吴宗慈	大元帅府参议	三一	同	同	同	
同	宋渊源	同	三二	同	同	同	
同	周震鳞	同	三三	同	同	同	
同	茅祖权	同	三四	同	同	同	
同	吕志伊	同	三五	同	同	同	
同	王 湘	同	三六	同	同	同	
同	马 骧	同	三七	同	同	同	
同	王法勤	同	三八	同	同	同	
同	凌 钺	同	四一	同	同	同	

续　表

任命年月	受任姓名	任命职务	任状号数	缮状姓名	校状姓名	发状月日	备注
六 年九 月十一日	邹 鲁	大元帅府参议	三九	万黄裳	万黄裳	九月十四日	
同	赵世钰	同	四〇	同	同	同	
九 月十二日	吴宗慈	川滇劳军使	四二	同	同	九月十二日	
同	王 湘	同	四三	同	同	同	
同	万黄裳	大元帅府秘书	四五	陈 群	同	九月十八日	
同	陈 群	同	四六	万黄裳	同	同	
九 月十三日	陆兰清	大元帅府参军	四七	同	同	九月十三日	
同	崔文藻	大元帅府参议	四八	同	同	九月十四日	
同	刘成禺	同	四九	同	同	同	
同	刘 英	同	五〇	同	同	同	
同	彭介石	同	五一	同	同	同	
同	萧晋荣	同	五二	同	同	同	
同	谢 持	同	五三	同	同	同	
同	张大昕	同	五四	同	同	同	
同	李执中	同	五五	同	同	同	
同	胡祖舜	同	五六	同	同	同	
九 月十四日	郭椿森	同	六一	同	同	九月十九日	

续　表

任命年月	受任姓名	任命职务	任状号数	缮状姓名	校状姓名	发状月日	备注
九　月十四日	曾　彦	大元帅府参议	五九	万黄裳	万黄裳	九月十九日	
同	覃　超	同	六〇	同	同	同	
同	龚　政	同	六二	同	同	同	
同	徐之琛	同	六三	同	同	同	
同	徐瑞霖	同	六七	同	同	九月十八日	
同	曹亚伯	同	六八	同	同	同	
同	许继祥	同	六九	同	同	同	
同	毛仲芳	同	七〇	同	同	同	
同	谢英伯	大元帅府秘书	五七	同	同	九月十六日	
同	黄展云	同	六四	同	同	九月十八日	
同	苏理平	同	六五	同	同	同	
同	梅　培	同	六六	同	同	同	注销改任
同	古应芬	同	七二	同	同	九月十九日	
同	熊　英	同	七三	同	同	同	
同	梁树熊	同	七四	同	同	同	
同	汪兆铭	同	七五	同	同	同	辞，注销

任命 年月	受任 姓名	任命职务	任状 号数	缮状 姓名	校状 姓名	发状 月日	备注
九　月 十四日	冯自由	大元帅府 参议	七一	万黄裳	万黄裳	九月 十八日	
九　月 十六日	邓　耀	广东安抚 委员长	七七	同	同	同	注销
同	谭民三	大元帅府 参议	七九	同	同	同	
同	刘汉华	大元帅府 委员	七六	同	同	九月 十六日	注销 改委
同	张民达	同	八三	同	同	九月 廿日	
同	李安邦	同	八四	同	同	九月 廿五日	
同	李天德	同	八七	同	同	十月 二日	
同	李绮庵	同	八八	同	同	十月 一日	
同	杨西岩	筹饷委员	九六	同	同	九月 十八日	
同	林　护	同	九七	同	同	同	
同	谢树棠	同	九八	同	同	同	
同	邓仲泽	同	九九	同	同	同	
同	伍耀庭	同	一〇〇	同	同	同	
同	余斌臣	同	一〇一	同	同	同	
同	李自重	同	一〇二	同	同	同	

续　表

任命年月	受任姓名	任命职务	任状号数	缮状姓名	校状姓名	发状月日	备注
九　月十六日	梁振华	筹饷委员	一〇三	万黄裳	万黄裳	九　月十八日	
同	吴东启	同	一〇四	同	同	同	
同	何乐琴	同	一〇六	同	同	同	
同	马应彪	同	一〇七	同	同	同	
同	伍学焜	同	一〇九	同	同	同	
同	简让之	同	一〇八	同	同	同	
同	张吉盛	同	一一〇	同	同	同	
同	陈卓平	同	一一一	同	同	同	
同	郭　同	大元帅府参议	八〇	同	同	同	
同	邵元冲	大元帅府秘书	八一	同	同	同	
同	林焕廷	同	八二	同	同	同	
同	蒋文汉	同	八九	同	同	同	
同	李禄超	同	九〇	同	同	同	
同	林直勉	同	九一	同	同	同	
同	陈民钟	大元帅府参议	九二	同	同	同	
同	时功玖	同	九四	同	同	同	
同	董昆瀛	同	九五	同	同	同	
同	邓　耀	广东招抚局长	八五	同	同	九　月十七日	

续　表

任命 年月	受任 姓名	任命职务	任状 号数	缮状 姓名	校状 姓名	发状 月日	备注
九　月 十六日	陈清文	大元帅府 秘书	八六	万黄裳	万黄裳	九月 十八日	
九　月 十七日	杨福田	大元帅府 参军	一一三	同	同	同	
九　月 十八日	赵植之	驻港航海筹 饷委会〔员〕	一一二	同	同	同	
同	黄伯耀	大元帅府 秘书	一一八	同	同	同	
同	李建中	同	一一七	同	同	同	
同	吕　复	兼大元帅 府秘书	命令二	同	同	九月 二十日	
同	林学衡	大元帅府 秘书	一一九	同	同	同	
同	蒙民伟	大元帅府 参议	一二〇	同	同	同	
同	段　雄	同	一二一	同	同	同	
同	张华澜	同	一二二	同	同	同	
同	梁　培	同	一二三	同	同	同	
同	李茂之	同	一二四	同	同	同	
同	卢　信	同	一二五	同	同	同	
同	李华林	同	一二六	同	同	同	
同	朱念祖	同	一二七	同	同	同	
同	王有兰	同	一二八	同	同	同	

续　表

任命年月	受任姓名	任命职务	任状号数	缮状姓名	校状姓名	发状月日	备注
九　月十八日	张于浔	大元帅府参议	一二九	万黄裳	万黄裳	九月二十日	
同	陈时铨	同	一三〇	同	同	同	
同	黄元白	同	一三一	同	同	同	
同	黄攻素	同	一三二	同	同	同	
同	卢仲琳	同	一三五	同	同	同	
同	杨大实	同	一三六	同	同	同	
同	于洪起	同	一三七	同	同	同	
同	邓天一	同	一三八	同	同	同	
同	李秉恕	同	一三九	同	同	同	
同	方　潜	同	一四〇	同	同	同	
同	张瑞萱	同	一四一	同	同	同	
同	曹振懋	同	一四二	同	同	同	
同	王观铭	同	一四三	同	同	同	
同	冠　遐	同	一四四	同	同	同	
同	杨铭源	同	一四五	同	同	同	
同	王乃昌	同	一四六	同	同	同	
同	丁象谦	同	一四七	同	同	同	
同	刘泽龙	同	一四八	同	同	同	
同	李国定	同	一四九	同	同	同	
同	李含芳	同	一五〇	同	同	同	

任命 年月	受任 姓名	任命职务	任状 号数	缮状 姓名	校状 姓名	发状 月日	备注
九　月 十九日	覃　振	大元帅府 参议	一五一	万黄裳	万黄裳	九月 廿一日	
同	田　桐	同	一五二	同	同	同	
同	陈　策	同	一五三	同	同	同	
同	王　釜	同	一五四	同	同	同	
同	陈寿如	同	一五五	同	同	同	
同	刘芷芬	同	一五六	同	同	同	
同	陈鸿钧	同	一五七	同	同	同	
同	汪哕鸾	同	一五八	古应芬	同	同	
同	简经纶	同	一五九	同	同	同	
同	陆孟飞	同	一六〇	万黄裳	同	同	
同	廖德山	同	一六一	同	同	同	
同	陈培深	筹饷委员	一三四	同	同	十月 二日	
同	周昭岳	同	一三三	同	同	九月 廿日	注销
同	伍横贯	同	一六四	同	同	九月 廿一日	
同	关宝华	同	一六五	同	同	同	辞职 注销
同	陈大年	大元帅府 秘书	一六六	同	同	同	

续 表

任命 年月	受任 姓名	任命职务	任状 号数	缮状 姓名	校状 姓名	发状 月日	备注
九 月 十九日	杜之秋	大元帅府 秘书	一六七	万黄裳	万黄裳	九月 廿一日	
九 月 二十日	张左丞	大元帅府 参议	一六八	同	同	同	
同	林镜台	同	一六九	同	同	同	
同	伍于簪	同	一六七	同	同	同	
同	简英甫	筹饷委员长	一六六	同	同	同	
九 月 廿一日	王 杰	大元帅府 参议	一七〇	同	同	九月 廿三日	
同	李式璠	同	一七一	同	同	同	
同	文笃周	同	一七二	同	同	同	
同	周之翰	同	一七三	同	同	同	
同	傅 谐	同	一七四	同	同	同	
同	王绍鏊	同	一七五	同	同	同	
同	孙 钟	同	一七六	同	同	同	
同	苏祐慈	同	一七七	同	同	同	
同	梁士模	同	一七八	同	同	同	
同	汪建刚	同	一七九	同	同	同	
同	林伯和	同	一八〇		同	同	
同	李自芳	同	一八一		同	同	
同	邹 鲁	中华民国 军政府财政 次长	一八三	同	同	九月 廿二日	注销

续　表

任命年月	受任姓名	任命职务	任状号数	缮状姓名	校状姓名	发状月日	备注
九　月廿一日	陈嘉猷	筹饷委员	一八二	万黄裳	万黄裳	九月廿二日	
同	张丹青	同	一八五	同	同	同	
同	刘恢汉	同	一八四	潘应民	同	同	注销
同	沈智夫	同	一八六	同	同	同	
同	徐东垣	吉林军事委员	一八七	同	同	同	
同	张　继	中华民国军政府驻日外交代表	一八九	万黄裳	同		
同	殷汝耕	驻日外交代表秘书			同		
九　月廿二日	黄　林	筹饷委员	一九〇	同	同	九月廿四日	
同	邓荫南	军事委员	一九一	同	同	同	
同	陈　清	同	一九二	同	同	同	
九　月廿三日	刘　崛	大元帅府参议	一九三	同	同	九月廿五日	
同	徐元诰	同	一九四	同	同	九月廿九日	
九　月廿四日	廖仲恺	中华民国军政府财政次长	一九六	同	同	九月廿五日	
同	邹　鲁	代理中华民国军政府财政次长	命令七	潘应民	同	同	

续　表

任命年月	受任姓名	任命职务	任状号数	缮状姓名	校状姓名	发状月日	备注
九　月廿四日	汤廷光	大元帅府参军	一九七	万黄裳	万黄裳	九月廿八日	
同	程耀垣	同	一九八	同	同	同	
同	李国堂	同	一九九	同	同	同	
同	魏子浩	同	二〇〇	同	同	同	
同	郑祖怡	同	二〇一	同	同	同	
同	吴志馨	同	二〇二	同	同	同	
同	饶鸣鸾	同	二三〇	潘应民	同	同	
九　月廿五日	叶夏声	代理中华民国政府内政部次长	命令七一	万黄裳	同	九月廿九日	
同	邓慕韩	大元帅府参议	二〇五	同	同	同	
同	崔灼明	筹饷委员	二〇四	同	同	九月廿六日	
九　月廿六日	朱本富	军事委员	二〇七	同	同	九月廿七日	
九　月廿七日	杨汉魂	筹饷委员	二〇九	潘应民	同	同	
同	李炳初	同	二一一	同	同	同	
同	雷荫棠	同	二一三	同	同	同	
同	李元白	大元帅府秘书	二〇八	同	同	九月廿九日	

续　表

任命年月	受任姓名	任命职务	任状号数	缮状姓名	校状姓名	发状月日	备注
九月廿七日	吴铁城	大元帅府参军	二〇一	潘应民	万黄裳	九月廿九日	
同	余雅丞	同	二一二	同	同	同	
同	孙继烈	同	二二一	同	同	同	
同	冯镇东	同	二一五	同	同	同	
同	彭　泽	同	二一六	同	同	同	
同	黄时澄	同	二一七	同	同	十月二日	十月四日注销
同	黄承胄	同	二一八	同	同	九月廿九日	
同	谢已原	檀香山筹饷委员	二二三	同	同	同	
九月廿八日	简崇光	筹饷委员	二二四	同	同	九月廿六日	
同	黄心持	同	二二二	万黄裳	同	同	
同	陈　言	大元帅府秘书	二三三	同	同	九月廿九日	
同	彭养光	大元帅府参军			同		注销
同	梁钟汉	同			同		注销
同	叶　富	筹饷委员	二二五	同	同	九月廿八日	
同	侯锡蕃	同	二二六	同	同	同	

任命年月	受任姓名	任命职务	任状号数	缮状姓名	校状姓名	发状月日	备注
九　月廿八日	刘伟卿	筹饷委员	二二七	万黄裳	万黄裳	九月廿八日	
同	黄杰亭	同	二二九	潘应民	同	同	
同	刘汉川	大元帅府参议	二三四	万黄裳	同	十月二日	
同	刘　成	大元帅府参军	二三二	同	同	九月廿九日	
九　月廿九日	邬宝祥	同	二三一	同	同	同	
同	梁钟汉	大元帅府参议	二三六	同	同	同	
同	安　健	同	二三七	同	同	十月一日	
同	彭养光	军事委员	二三五	同	同	九月廿九日	
同	饶章甫	同	二三八	同	同	十月一日	
十　月一　日	刘子文	筹饷委员	二三九	同	同	同	
同	陈云峰	筹饷委员	二四〇	同	同	同	
同	邓家彦	大元帅府秘书	二四一	同	同	十月二日	辞职注销
同	赵荣勋	同	二四二	同	同	同	
同	李增霨	同	二四三	同	同	同	
同	朱念祖	兼大元帅府秘书	令一八	同	同	同	

任命年月	受任姓名	任命职务	任状号数	缮状姓名	校状姓名	发状月日	备注
十 月 一 日	江柏坚	大元帅府参议	二四四	万黄裳	万黄裳	十月二日	
十 月 二 日	刘治洲	大元帅府秘书	二四五	同	同	十月三日	
同	吴醒汉	大元帅府参军	二四六	同	同	同	
同	彭介石	兼大元帅府秘书		同	同	同	
十 月 三 日	梁端益	筹饷委员	二四七	同	同	同	
同	郑行果	同	二四八	同	同	同	
同	任　重	同	二四九	同	同	同	
十 月 四 日	罗春霖	同	二五	同	同	十月四日	注销
同	邓剑灵	同	二五〇	同	同	同	注销
同	袁炳煌	大元帅府参议	二五五	同	同	十月八日	
同	文登瀛	同	二五六	同	同	同	
同	马良弼	同	二五七	同	同	同	
同	王秉谦	同	二五八	同	同	同	
同	李永声	同	二五九	同	同	同	
同	李克明	同	二六〇	同	同	同	
同	李景泉	同	二六一	同	同	同	

续　表

任命年月	受任姓名	任命职务	任状号数	缮状姓名	校状姓名	发状月日	备注
十　月 四　日	阎鸿举	大元帅府参议	二六二	万黄裳	万黄裳	十月八日	
同	罗黼	同	二六三	同	同	同	
同	石璜	同	二六四	同	同	同	
同	尚镇圭	同	二六五	同	同	同	
同	张廷弼	同	二六六	同	同	同	
同	丁骞	同	二六七	同	同	同	
同	廉炳华	同	二六八	同	同	同	
同	邵仲康	同	二六九	同	同	同	
同	罗永庆	同	二七〇	同	同	同	
同	何海涛	同	二七一	同	同	同	
同	姚翰卿	同	二七三	同	同	同	
同	郝濯	同	二七四	同	同	同	
同	狄楼海	同	二七五	同	同	同	
同	陈纯修	同	二七六	同	同	同	
同	张敬之	同	二七七	同	同	同	
同	金贻厚	同	二七八	同	同	同	
同	赵金堂	同	二七九	同	同	同	
同	杜凯元	同	二八一	同	同	同	
同	宋桢	同	二八九	同	同	同	
同	谢鹏翰	同	二九〇	同	同	同	
同	窦应昌	同	二九一	同	同	同	

任命 年月	受任 姓名	任命职务	任状 号数	缮状 姓名	校状 姓名	发状 月日	备注
十　月 四　日	景定成	大元帅府 参议	二九二	万黄裳	万黄裳	十月 八日	
同	于均生	同	二九三	同	同	同	
同	覃寿恭	同	二九四	同	同	同	
同	廖宗北	同	二九五	同	同	同	
同	彭汉遗	同	二九六	同	同	同	
同	吴　昆	同	二九七	同	同	同	
同	杨时杰	同	二九八	同	同	同	
同	范鸿钧	同	二九九	同	同	同	
同	赵　鲸	同	三〇〇	同	同	同	
同	李汉丞	同	三〇一	潘应民	同	同	
同	彭邦栋	同	三〇二	同	同	同	
同	禹　瀛	同	三〇三	同	同	同	
同	梁系登	同	三〇四	同	同	同	
同	周泽苍	同	三〇五	同	同	同	
同	魏肇文	同	三〇六	同	同	同	
同	李积芳	同	三〇七	同	同	同	
同	陈九韶	同	三〇八	同	同	同	
同	彭允彝	同	三〇九	同	同	同	
同	童杭时	同	三一〇	同	同	同	
同	陈子斌	同	三一一		同	同	
同	赵　舒	同	三一二	同	同	同	

续　表

任命年月	受任姓名	任命职务	任状号数	缮状姓名	校状姓名	发状月日	备注
十 月四 日	彭学浚	大元帅府秘书	三六八	潘应民	万黄裳	十 月八 日	
同	邓 元	大元帅府参议	三一五	同	同	同	
同	卢元弼	同	三一六	同	同	同	
同	黄懋鑫	同	三一七	同	同	同	
同	卢式楷	同	三一八	同	同	同	退回
同	欧阳沂	同	三一九	同	同	同	退回
同	赖庆晖	同	三二〇	同	同	同	
同	曾幹桢	同	三二一	同	同	同	
同	蔡突灵	同	三二二	同	同	同	
同	萧辉锦	同	三二三	同	同	同	
同	邹树声	同	三二四	同	同	同	
同	黄宝铭	同	三二五	同	同	同	
同	严 恭	同	三二六	同	同	同	
同	程修鲁	同	三二七	同	同	同	
同	翟富文	同	三二八	同	同	同	
同	王永锡	同	三二九	同	同	同	
同	黄绍侃	同	三三〇	同	同	同	
同	黄宏宪	同	三三一	同	同	同	已故注销
同	卢天游	同	三三二	同	同	同	

续　表

任命 年月	受任 姓名	任命职务	任状 号数	缮状 姓名	校状 姓名	发状 月日	备注
十　月 四　日	詹永祺	大元帅府 参议	三三三	潘应民	万黄裳	十月 八日	
同	李文治	同	三三四	同	同	同	
同	杨开源	同	三三五	同	同	同	
同	何　畏	同	三三六	同	同	同	
同	刘楚湘	同	三三七	同	同	同	
同	李燮阳	同	三三八	同	同	同	
同	李正阳	同	三三九	同	同	同	
同	蒋应澍	同	三四○	同	同	同	
同	角显溃	同	三四一	同	同	同	
同	陈祖基	同	三四三	同	同	同	
同	赵　诚	同	三四四	同	同	同	
同	毕　宣	同	三四五	同		同	
同	丁超五	同	三四六	同	同	同	
同	詹调元	同	三四七	同	同	同	
同	朱观玄	同	三四八	同	同	同	退回
同	裘章淦	同	三四九	同	同	同	退回
同	陈　堃	同	三四二	同	同	同	退回
同	金溶熙	同	三五○	同	同	同	
同	周学宏	同	三五一	同		同	
同	程　铎	同	三五二	同	同	同	退回

续 表

任命年月	受任姓名	任命职务	任状号数	缮状姓名	校状姓名	发状月日	备注
十 月 四 日	潘乃德	大元帅府 参议	三五三	潘应民	万黄裳	十月 八日	
同	王安富	同	三五四	同	同	同	
同	曹玉德	同	三五五	同	同	同	
同	谢良牧	同	三五六	同	同	同	
同	萧凤翥	同	三五七	同	同	同	
同	饶芙裳	同	三五八	同	同	同	
同	黄汝瀛	同	三五九	同	同	同	
同	彭建标	同	三六〇	同	同	同	
同	李英铨	同	三六一	同	同	同	
同	邱福鋆	同	三六二	同	同	同	
同	杨梦弼	同	三六三	同	同	同	
同	陆　祺	同	三六四	同	同	同	
同	郭宝慈	同	三六五	同	同	同	
同	杨永泰	同	三六六	同	同	同	
同	沈智夫	同	三六七	万黄裳	同	同	
同	黄时澄	同	二五二	同	同	十月 四日	
同	周知礼	同	二五三	同	同	同	注销
同	王树槐	同	二五四	同	同	同	
十 月 五 日	谢松南	西堤筹饷 局长		同	同	十月 十八日	
同	梁耀池	河内筹饷 局长		同	同	同	

任命 年月	受任 姓名	任命职务	任状 号数	缮状 姓名	校状 姓名	发状 月日	备注
十　月 五　日	梁丽生	海防筹饷 局长		万黄裳	万黄裳	十月 十八日	
同	陈顺和	金边筹饷 委员	二八五	同	同	同	
同	罗春霖	美狄筹饷 委员	二八六	同	同	十月 六日	
同	邓剑灵	茶荣筹饷 委员	二八七	同	同	同	
同	马培生	西堤公债 支局长	二八八	同	同	十月 十七日	注销
同	伍朝枢	中华民国 军政府外交 次长	二八〇	同	同	十月 五日	
同	陈　林	筹饷委员	二七二	同	同	同	
十　月 八　日	徐惠霖	大元帅府 参议	三六九	同	同	十月 十日	
十　月 九　日	李玉昆	大元帅府 参军	三七一	同	同	同	
同	梁国栋	大元帅府 参议	三七〇	同	同	同	
同	崔文藻	中华民国 军政府交通 次长	三七二	同	同	同	
同	伦允襄	财政委员	三七三	同	同	同	
十　月 十一日	王仲文	大元帅府 参议	三七四	同	同	十月 十三日	

续　表

任命年月	受任姓名	任命职务	任状号数	缮状姓名	校状姓名	发状月日	备注
十月十一日	吴鸿勋	大元帅府参议	三七六	万黄裳	万黄裳	十月十三日	
同	叶心传	大元帅府参军	三七五	同	同	同	
同	熊秉坤	同	三八二	同	同	同	
同	曾尚武	同	四六五	同	同	十月十五日	
同	席正铭	同	三七七	同	同	十月十三日	七年一月二十日奉令免职
同	何子奇	大元帅府参议	三七八	同	同	同	
同	萧萱	大元帅府秘书	三八一	同	同	同	
同	蒋群	大元帅府参议	三七九	同	同	同	注销
同	徐清泰	大元帅府参军	三八〇	同	同	同	
十月十二日	赖人存	同	三八三	同	同	同	
十月十三日	蔡公时	同	四六六	潘应民	同	十月十五日	
同	李桢	同	四六七	同	同	同	
同	蔡启顽	筹饷委员[会]			同	十月十三日	

任命年月	受任姓名	任命职务	任状号数	缮状姓名	校状姓名	发状月日	备注
十月十四日	许崇智	中华民国军政府陆军总长			万黄裳	十月十四日	另入特任表
同	黄大伟	代理参军长			同	同	另入特任表
同	刘玉山	大元帅府参议	四六八	潘应民	同	十月十六日	
十月十五日	李国定	四川劳军使	四六九	同	同	同	
同	刘泽龙	同	四七一	同	同	同	
同	王树槐	筹饷委员	四七二	同	同	同	
同	黄振中	同	四七三	同	同	同	
同	蒋群	大元帅府参军	四七四	同	同	同	
同	阎志远	大元帅府参议	四七〇	同	同	同	
同	梁钟汉	大元帅府参军		同	同	同	注销
同	刘星海	澳洲昆士仑筹饷委员	四七五	同	同	同	
同	陈春舫	暹逻筹饷委员	四七六	同	同	同	
同	李伟儒	香港筹饷委员	四七七	同	同	同	
同	孙光明	同	四七八	同	同	同	

任命年月	受任姓名	任命职务	任状号数	缮状姓名	校状姓名	发状月日	备注
十　月十七日	陈炽南	河内筹饷委员	四九九	潘应民	万黄裳	十月十八日	
同	赵弼卿	海防筹饷委员	五〇〇	同	同	同	
同	郑福东	南定筹饷委员	五〇一	同	同	同	
同	陈绵继	河内筹饷委员	五〇二	同	同	同	
同	谭云轩	同	五〇三	同	同	同	
同	林春树	同	五〇四	同	同	同	
同	胡子昭	同	五〇五	同	同	同	
同	杜子齐	海防筹饷委员	五〇六	同	同	同	
同	潘灼南	同	五〇七	同	同	同	
同	梁复先	同	五〇八	同	同	同	
同	张南生	同	五〇九	同	同	同	
同	李泰初	同	五一〇	同	同	同	
同	钱显章	同	五一一	同	同	同	
同	杨温泉	同	五一二	同	同	同	
同	黄志愉	同	五一三	同	同	同	
同	苏玉田	同	五一四	同	同	同	
同	阮其昌	同	五一六	同	同	同	

任命年月	受任姓名	任命职务	任状号数	缮状姓名	校状姓名	发状月日	备注
十　月十七日	黄隆生	越南筹饷委员	五一五	潘应民	万黄裳	十月十八日	
同	崔鼎新	西堤筹饷委员	四九七	同	同	十月十七日	
同	林永伦	同	四九六	黄允斌	同	同	
同	黎赞新	同	四九五	同	同	同	
同	陈金钟	同	四九四	同	同	同	
同	辛景祺	同	四九三	同	同	同	
同	樊镇安	同	四九二	同	同	同	
同	王璠笃	同	四九一	同	同	同	
同	邱永生	同	四九〇	同	同	同	
同	李少逸	同	四八九	同	同	同	
同	黄景南	同	四八六	同	同	同	
同	马培生	安南筹饷委员长	四八七	同	同	同	
同	叶伯衡	安南筹饷委员	四八八	同	同	同	
同	曾翰生	金边筹饷委员	四八五	同	同	同	
同	黄兴汉	同	四八二	同	同	同	
同	薛汉英	小吕宋筹饷局长	四八一	万黄裳	同	同	

续　表

任命 年月	受任 姓名	任命职务	任状 号数	缮状 姓名	校状 姓名	发状 月日	备注
十　月 十七日	吕渭生	小吕宋筹 饷委员	四七九	万黄裳	万黄裳	十月 十七日	
同	戴金华	同	四八三	同	同	同	
同	冯伯砺	同	四八四	同	同	同	
同	林祖涵	湖南劳军 使		同	同	同	
十　月 十八日	黄进步	南定筹饷 委员	五一八	周应云	同	十月 十九日	
同	林潮清	同	五一九	同	同	同	
同	黄灼之	河内筹饷 委员	五一〇	同	同	同	
同	黄师瑶	海防筹饷 委员	五二一	同	同	同	
同	徐　璞	大元帅府 参议	五二二	同	同	同	
同	张百麟	同	五二六	同	同	同	
同	雷维森	军事委员	五一七	万黄裳	同	十月 十八日	
同	锺坚持	冲旧筹饷 委员	五二四	周应云	同	同	
同	梁世慈	同	五二五	同	同	同	
同	林飞云	大元帅府 秘书	五二七	万黄裳	同	同	
十　月 廿　日	罗　�票	军事委员	五二八	周应云	同	同	

续　表

任命年月	受任姓名	任命职务	任状号数	缮状姓名	校状姓名	发状月日	备注
十　月廿二日	高亢藩	大元帅府参议	五二九	周应云	万黄裳	十月廿三日	
同	陈人杰	同	五三○	同	同	同	
同	蒋国斌	大元帅府参军	五三一	同	同	同	
十　月廿四日	吴少琴	毛里士埠筹饷委员	五三二	万黄裳	同	同	
同	彭邦栋	湘南劳军使	五三三	同	同	同	
同	陈九韶	湘南筹饷委员	五三四	同	同	同	
十月廿五日	徐承庶	大元帅府参议	五三六	周应云	同	十月廿五日	
十　月廿六日	程天斗	同	五三五	万黄裳	同	十月廿六日	
十　月廿九日	曹玉德	同	五三八	周应云	同	十月廿九日	
同	谢家鸿	同	五三九	同	同	同	
同	管　鹏	同	五四○	同	同	同	
同	吴　山	大元帅府秘书	五四一	万黄裳	同	同	
同	黄兴汉	金边筹饷局长	五四二	同	同	同	
十　月三十日	朱晋经	筹饷委员	五四四	周应云	同	十月卅一日	

续　表

任命年月	受任姓名	任命职务	任状号数	缮状姓名	校状姓名	发状月日	备注
十月三十一日	锺应熙	大元帅府参议	五四五	万黄裳	万黄裳	十月卅一日	
十　月十六日	锺炳良	军事委员		同	同		
同	陆宗绪	同		同	同		
十一月一　日	张　群	大元帅府参军	五四六	潘应民	同	十一月一　日	
同	蒋介石	同	五四七	同	同	同	
同	甄兆麟	温地群筹饷委员	五四八	同	同	同	
十一月三　日	刘汉华	军事委员	五四九	周应云	同	十一月五　日	
十一月四　日	洪　慈	大元帅府参军	五五〇	黄允斌	同	十一月四　日	
同	瞿　钧	同	五五一	同	同	同	
同	祁耿寰	同	五五二	同	同	十一月五　日	
同	陈　煊	筹饷委员	五五三	同	同	同	
同	伍横贯	军事委员	五五四	同	同	同	
十一月五　日	牟　琳	大元帅府参议	七八五	周应云	同	十一月七　日	
同	陈个民	安南筹饷委员	五五五	黄允斌	同	十一月六　日	
同	刘悦生	金边筹饷委员	七八六	同	同	同	

任命 年月	受任 姓名	任命职务	任状 号数	缮状 姓名	校状 姓名	发状 月日	备注
十一月 五　日	刘汉臣	金边筹饷 委员	七八四	黄允斌	万黄裳	十一月 六日	
同	池顺利	同	七八七	同	同	同	
同	吴起汉	同	七八八	同	同	同	
同	赵之璋	同	七八九	同	同	同	
同	刘汉华	东海十六 沙督办		周应云	同	同	
十一月 六　日	陈剑虹	军事委员	七九一	万黄裳	同	同	
同	卢师谛	川西招讨 使	七九二	周应云	同	十一月 七日	
同	石青阳	川东招讨 使	七九三	同	同	同	
同	宋以梅	筹饷委员	七九四	郑涛	同	同	
同	吴肇甫	同	七九五	同	同	同	
同	钱祖勤	无锡筹饷 委员	七九六	同	同	同	
同	胡　龙	苏门答腊 筹饷委员	七九七	同	同	同	
同	蔡鹤朋	军事委员	八〇〇	周应云	同	同	
同	顾时济	大元帅府 秘书	七九八	同	同	同	
十一月 五　日	刘汉华	东海十六 沙护沙督办	四六〇	同	同	十一月 五日	补前

任命年月	受任姓名	任命职务	任状号数	缮状姓名	校状姓名	发状月日	备注
十一月八　日	锺资能	亚齐筹饷委员	八〇二	周应云	万黄裳	十一月九　日	
同	黎萼	大元帅府参军	八〇一	同	同	同	
十一月九　日	杨伯文	吻里洞筹饷委员	八〇三	同	同	同	
同	张国桢	军事委员	八〇四	同	同	同	
同	黄钺锋	同	八〇五	同	同	同	
十一月十　日	赵端	同	八〇六	同	同	十一月十　日	
十一月十二日	陈铁五	同	八〇七	万黄裳	同	十一月十二日	
同	李松年	同	八〇八	黄允斌	同	同	
同	黄炎	同	八一二	同	同	同	
同	谢白燊	同	八一三	同	同	同	
同	陈树森	筹饷委员	八一〇	同	同	同	
同	魏熙	同	八一一	同	同	同	
同	陈寿如	军事委员	八一五	周应云	同	十一月十三日	
十一月十三日	黄季陆	四川军事委员	八一六	黄允斌	同	同	
同	邓天翔	同	八一七	同	同	同	
同	陈得尊	同	八一八	同	同	同	
同	李栖云	军事委员	八一九	同	同	同	

续　表

任命 年月	受任 姓名	任命职务	任状 号数	缮状 姓名	校状 姓名	发状 月日	备注
十一月 十五日	黄范一	军事委员	八二二	周应云	万黄裳	十一月 十五日	
同	周仲良	大元帅府 秘书	八二三	同	同	同	
同	黄嘉梁	同	八三四	同	同	同	
同	杨德麟	荷属特别团 体联络委员	八二五	同	同	十一月 十六日	
十一月 十七日	罗　锃	筹饷委员	八二七	同	同	十一月 十七日	
同	林铁汉	军事委员	八二八	同	同	同	
同	刘　庚	同	八二九	同	同	同	
同	沈维心	同	八三〇	同	同	同	
同	李国柱	同	八三一	同	同	同	
十一月 十八日	赵志超	同	八三三	同	同	十一月 十八日	
十一月 十九日	李汉丞	湖南安抚 使	八三四	同	同	十一月 十九日	
同	许继祥	海军参谋	八三五	同	同	同	
十一月 廿 日	温德尧	军事委员	八三六	潘应民	同	十一月 廿日	
同	杨华馨	大元帅府 参议	八三七	周应云	同	同	
十一月 廿二日	尹　骥	湖南特务 委员	八四〇	潘应民	同	十一月 廿二日	

续　表

任命年月	受任姓名	任命职务	任状号数	缮状姓名	校状姓名	发状月日	备注
十一月廿二日	王振渚	湖南特务委员	八三九	潘应民	万黄裳	十一月廿二日	
同	罗翼群	大元帅府参议	八三八	同	同	同	
十一月廿三日	李国柱	同	八四一	周应云	同		
十一月廿四日	区　培	军事委员	八四二	万黄裳	同	十一月廿四日	
同	左新辉	同	八四四	周应云	同	同	
同	丁　复	同	八四五	同	同	同	
同	吴兆鲤	同	八四六	同	同	同	
同	安　健	川边宣抚使	八四七	同	同	十一月廿五日	
同	欧阳豪	大元帅府参议	八四三	万黄裳	同	十一月廿四日	
十一月廿六日	钟　琦	同	八五一	周应云	同	十一月廿六日	
同	刘德泽	同	八五〇	同	同	同	
同	林义顺	同	八五九	潘应民	同	十一月廿七日	
同	李思汉	大元帅府秘书	八六一	同	同	同	
同	陈中孚	参议兼军事委员	八六〇	同	同	同	

任命 年月	受任 姓名	任命职务	任状 号数	缮状 姓名	校状 姓名	发状 月日	备注
十一月 廿四日	伍瑞年	西堤筹饷 委员	二五二	潘应民	万黄裳	十一月 廿七日	补
同	劳伟	同	八五三	同	同	同	
同	张化成	同	八五四	同	同	同	
同	卢梓竹	同	八五五	同	同	同	
同	何勤	同	八五六	同	同	同	
十一月 廿八日	秦广智	大元帅府 参议	八六二	周应云	同	十一月 廿八日	
十一月 廿九日	高建平	军事委员	八六六	同	同	十一月 廿九日	
同	周况	湖南军事 特派员	八六七	黄允斌	同	同	
同	连声海	印铸局长	八六八	周应云	同	同	
十一月 卅日	周知礼	大元帅府 参议	八六九	同	同	十一月 卅日	
同	李凤威	大元帅府 秘书	八七一	同	同	同	
同	苏苍	同	八七二	同	同	同	
十二月 一日	许人观	军事委员	八七四	万黄裳	同	十二月 一日	
同	冯中兴 （川）	同	八七三	同	同	同	注 销
十二月 三日	欧阳琳 （浙）	同	八七五	同	同	十二月 三日	

续　表

任命 年月	受任 姓名	任命职务	任状 号数	缮状 姓名	校状 姓名	发状 月日	备注
十二月 四　日	安瑞荘	云南拖歪 司筹饷委员	八七六	万黄裳	万黄裳	十二月 五　日	
同	杨春浩	同	八七七	同	同	同	
同	钱祖勤	江苏筹饷 委员	令二五	周应云	同	同	
十二月 五　日	杨　虎	军事委员	八七八	潘应民	同	同	
同	杨春浩	大元帅府 参议	八七九	同	同	同	
十二月 六　日	温宗铠	四川军事 委员	八八〇	周应云	同	十二月 六　日	
十二月 七　日	刘　荫	军事委员	八八三	郑　涛	同	十二月 七　日	
同	陆高满	同	八八四	同	同	同	
同	赵之璋	金边筹饷 局董事长	八九一	周应云	同	十二月 十六日	
十二月 八　日	彭程万	大元帅府 参议	八八九	同	同	十二月 八　日	
十二月 十　日	彭瑞麟	军事委员	九四二	同	同	同	七年 一月二 十五日 奉令 免职
同	张伯烈	湖北劳军 使	九四三	同	同	同	

续　表

任命年月	受任姓名	任命职务	任状号数	缮状姓名	校状姓名	发状月日	备注
十二月十日	蒋文汉	湖北劳军使	九四四	周应云	万黄裳	十二月八日	
十二月十四日	黄嘉梁	云南劳军使	九四八	同	同	十二月十五日	
十二月十八日	蔡晓舟	大元帅府参议	九四九	万黄裳	同	十二月十八日	
同	陆杰	同	九五〇	同	同	同	
同	丁蔚若	同	九五一	同	同	同	
同	杨友熙	同	九五二	同	同	同	
同	曹子瑞	同	九五三	同	同	同	
同	马荫秋	军事委员	九五四	同	同	同	
同	张煦	川南镇守使	（号重）九五四	同	同	同	
同	傅畅稣	大元帅府参议	九五五	同	同	同	
同	马右白	同	九五六	同	同	同	
同	傅畅稣	四川建昌道尹	九五七	同	同	同	
同	马右白	四川宁远慰问使	九五八	同	同	同	
同	杜润昌	四川宁远军事特派员	九五九	同	同	同	
同	孙纵横	大元帅府参军	九六二	周应云	同	十二月廿日	
十二月十九日	师世昌	大元帅府参议	九六〇	同	同	十二月十九日	

续　表

任命年月	受任姓名	任命职务	任状号数	缮状姓名	校状姓名	发状月日	备注
十二月廿三日	林春华	大元帅府参议	九六三	万黄裳	万黄裳	十二月廿三日	
同	顾人宜	大元帅府参军	九六四	同	同	十二月廿四日	
同	赵德恒	同	九六五	同	同	同	
同	赵德裕	同	九六六	同	同	同	
十二月廿四日	赵德恒	云南靖国后备军慰问使	令二八	同	同	同	
十二月廿七日	李思辕	大元帅府参议	九六七	潘应民	同	十二月廿七日	
十二月廿八日	郑炳煊	四川军事委员	九六八	同	同	十二月廿八日	
同	董耕云	大元帅府参军	九七〇	同	同	同	
同	王洪身	同	九七一	同	同	同	
十二月卅日	吴忠信	同	九七二	周应云	同	十二月卅一日	
七年一月二日	刘景双	同	九七六	同	同	一月三日	
同	张汇滔	同	九七七	同	同	同	
同	石青阳	川北招讨使	令三〇	同	同	同	
一月六日	李建中	湘西劳军使	九七八	万黄裳	同	一月六日	

续　表

任命年月	受任姓名	任命职务	任状号数	缮状姓名	校状姓名	发状月日	备注
一　月八　日	但　焘	大元帅府秘书	九七九	周应云	万黄裳	一　月九　日	
一　月十一日	万　斌	四川军事委员	九八〇	万黄裳	同	一　月十一日	
同	冯中兴	同	九八一	同	同	同	
一　月十二日	焦易堂	大元帅府参议	九八二	潘应民	同	一　月十二日	
一　月十四日	刘星海	澳洲筹饷委员	九八三	周应云	同	一　月十四日	
一　月十五日	李锦纶	外交委员	九八五	万黄裳	同	一　月十六日	
同	郭泰祺	大元帅府秘书	九八六	同	同	同	
同	陈家鼐	同	九八七	同	同	同	
同	岑　楼	同	九八八	同	同	同	
同	徐世强	同	九八九	同	同	一　月十八日	
一　月十六日	罗　诚	广州交涉员	九九〇	同	同	一　月十六日	
一　月十七日	颜如愚	四川军事特派员	九九一	黄允斌	同	一　月十八日	
一　月十八日	萧辉锦	大元帅府秘书	九九四	周应云	同	同	
一　月十九日	刘燧昌	大元帅府参议	九九六	同	同	一　月十九日	

续　表

任命 年月	受任 姓名	任命职务	任状 号数	缮状 姓名	校状 姓名	发状 月日	备注
一　月 十九日	严培俊	大元帅府 参议	九九五	周应云	万黄裳	一月 十九日	
一　月 二十日	李安邦	行营守卫 队司令	九九七	同	同	一月 二十日	
一　月 廿二日	杨华馨	滇边宣慰使	一〇〇〇	同	同	一月 廿三日	
同	余祥炘	军事委员	一〇〇一	同	同	一月 廿四日	
一　月 廿三日	邓柏年	大元帅府 参议	一〇〇二	同	同	一月 廿三日	
一　月 廿四日	田永正	大元帅府 秘书	一〇〇四	同	同	二月 四日	
同	徐瑞霖	潮汕筹饷 委员长	一〇〇三	同	同	一月 廿五日	
一　月 廿五日	张鉴安	大元帅府 参议	一〇〇〇	同	同	一月 廿六日	
一　月 廿七日	陈家鼎	同	一〇〇八	潘应民	方　毅	一月 廿八日	
同	恩秉彝	同	一〇〇九	同	同	同	
同	徐忠立	同	一〇一一	同	同	同	
一　月 廿八日	方　毅	大元帅府 秘书	一〇一三	同	郑　涛	同	
同	马　素	美东筹饷 局长	一〇一二	同	同	同	
一　月 廿九日	陈其权	广州地方 审判厅长	一〇一四	周应云	方　毅	一月 卅日	

续　表

任命 年月	受任 姓名	任命职务	任状 号数	缮状 姓名	校状 姓名	发状 月日	备注
一　月 廿九日	卢振柳	华侨义勇队 司令	一〇一五	周应云	方　毅	一月 卅日	
一　月 卅　日	侯湘涛	大元帅府 参议	一〇一六	同	同	同	
同	梁醉生	大元帅府 秘书	一〇一七	同	同	同	
二　月 一　日	杨庶堪	四川宣抚使	一〇一八	同	同		
同	易廷熹	大元帅府 秘书	一〇一九	同	同		
同	马超群	同	一〇二〇	同	同		
二　月 二　日	曾景星	大元府帅 参议	一〇二一	同	同		
同	林君复	同	一〇二二	同	同		
同	松　筠	军事委员	一〇二三	同	同		
同	赵介宸	同	一〇二四	同	同		
同	刘万里	同	一〇二五	同	同		
同	汪宪琦	同	一〇二六	同	同		
同	宋惠卿	同	一〇二七	同	同		
二　月 四　日	潘训初	大元帅府 参议	一〇二八	同	同		
同	陈祖烈	同	一〇二九	同	同		
同	郑德元	同	一〇三〇	同	同		
同	黄肇河	同	一〇三一	同	同		

续　表

任命 年月	受任 姓名	任命职务	任状 号数	缮状 姓名	校状 姓名	发状 月日	备注
二　月 四　日	李自芳	大元帅府 参议	一〇三二	周应云	方　毅		
同	谢心准	同	一〇三四	同	同		
同	周道万	大元帅府 秘书	一〇三三	同	同		
同	林　翔	广州地方检 察厅检察长	一〇三六	黄允斌	同		
二　月 五　日	崔肃平	军事委员	一〇三七	同	同		
二　月 六　日	李述膺	大元帅府 参议	一〇三八	周应云	同		
同	甄元熙	同	一〇三九	同	同		
同	沈　靖	大元帅府 参军	一〇四〇	同	同		
同	邹苦辛	大元帅府 秘书	一〇四一	同	同		
二　月 七　日	秦树勋	广东高等 审判厅长	一〇四三	黄允斌	同		
同	张仁普	广东高等检 察厅检察长	一〇四四	同			
二　月 八　日	李元白	四川调查员	一〇四五	同	同		
二　月 十二日	张义华	大元帅府 参议	一〇四七	周应云	同		
二　月 廿二日	彭素民	大元帅府 秘书	一〇四八	同	同		

续　表

任命 年月	受任 姓名	任命职务	任状 号数	缮状 姓名	校状 姓名	发状 月日	备注
二　月 廿二日	罗剑仇	湘西军事 委员	一〇四九	周应云	方　毅		
同	张兆辰	大元帅府 参议	一〇五〇	同	同		
二　月 廿一日	郑忾辰	同	一一五四	黄允斌	同		
同	简　书	山东军事 委员	一一五五	同	同		
同	安克庚	同	一一五六	同	同		
同	杨　惠	同	一一五七	同	同		
二　月 廿二日	蔡庆璋	安南滀臻 埠筹饷委员	一一五八	同	同		
同	刘柳坡	同	一一五九	同	同		
同	黄洽仁	同	一一六〇	同	同		
同	游子山	同	一一六一	同	同		
同	陈星阁	安南薄寮 埠筹饷委员	一一六二	同	同		
同	杨木钦	同	一一六三	同	同		
同	夏斗田	同	一一六四	同	同		
同	陈侣云	同	一一六五	同	同		
同	李睦之	同	一一六六	同	同		
同	郭澍亭	同	一一六七	同	同		
同	张仰云	同	一一六八	同	同		

任命年月	受任姓名	任命职务	任状号数	缮状姓名	校状姓名	发状月日	备注
二 月廿二日	刘懋卿	安南薄寮埠筹饷委员	一一六九	黄允斌	方 毅		
同	彭玉田	安南喷呔埠筹饷委员	一一七〇	同	同		
同	张化璋	同	一一七一	同	同		
二月二十五日	胡汝翼	大元帅府参议	一一七三	同	同		
同	蔡承瀛	同	一一七四	同	同		
二月二十六日	丘国翰	同	一一七五	同	同		
二 月廿六日	李载赓	大元帅府秘书	一一七六	同	同		
同	刘 白	同	一一七七	同	同		
二 月廿七日	焦易堂	陕西劳军使	一一七八	同	同		
同	王用宾	大元帅府参议	一一七九	同	同		
三 月一 日	宋大章	同	一一八〇	同	同		
三 月二 日	蔡 匡	同	一一八一	同	同		
三 月六 日	邹建廷	大元帅府秘书	一一八二	同	同		
同	颜炳元	大元帅府参议	一一八三	同	同		
同	李茂之	两广盐运使	一一八四	郑 涛	同		

续　表

任命年月	受任姓名	任命职务	任状号数	缮状姓名	校状姓名	发状月日	备注
三　月八　日	熊克武	四川督军	一一八五	黄允斌	方　毅		
同	杨庶堪	四川省长	一一八六	同	同		
三　月十二日	王安富	四川靖国军援鄂第一路总司令	一一八七	郑　涛	同		
同	李善波	四川靖国军援鄂第一路副司令	一一八八	同	同		
同	石青阳	四川陆军第二师师长兼川北镇守使	一一八九	黄允斌	同		
三　月十四日	林伸寿	宿务筹饷局局长	一一九〇	同	同		
同	江维三	宿务筹饷局监督	一一九一	同	同		
三　月二十日	黄德彰	高雷军事委员	一一九二	同	同		
同	陈养愚	大元帅府参议	一一九三	同	同		
同	吴澍勋	湖南军事调查员	一一九四	同	同		
三月二十一日	黄汉杰	两阳四邑军事调查员	一一九五	同	同		
同	杨虎	大元帅府参军	一一九六	郑　涛	同		

续　表

任命年月	受任姓名	任命职务	任状号数	缮状姓名	校状姓名	发状月日	备注
三月二十一日	马伯麟	大元帅府参军	一一九七	郑　涛	方　毅		
三月二十五日	周应时	陆军部司长	一一九九	黄允斌	同		
三月二十六日	邱于寄	大元帅府参议	一二〇〇	同	同		
三月二十九日	林　翔	广东高等检察厅检察长	一二一六	同	同		
同	马廷勤	大元帅府参军	一二一二	同	同		
四　月二　日	戴传贤	代理中华民国军政府外交次长		同	同		
同	江屏藩	大元帅府参议	一二一七	同	同		
同	严　骥	同	一二一八	同	同		
四　月三　日	陈德全	同	一二一九	同	同		
同	高尔登	卫戍总司令部参谋长	一二二〇	同	同		
四　月六　日	李锦纶	外交部政务司长	一二二二	同	同		
四　月四　日	吴承斋	交通部秘书	一二二一	同	同		
四　月六　日	孙　科	外交部荐任秘书	二一九	同	同		
同	陈天骥	同	二二〇	同	同		

续 表

任命年月	受任姓名	任命职务	任状号数	缮状姓名	校状姓名	发状月日	备注
四 月八 日	李安邦	行营卫队司令	一二二四	黄允斌	方 毅		
四 月九 日	马崇昌	大元帅府参议	一二二五	郑 涛	同		
同	郑 权	大元帅府秘书	一二二六	同	同		
同	沈 靖	陆军部练兵处参谋长	一二二七	同	同		
四 月十 日	丁士杰	大元帅府参军	一二二八	同	同		
四 月十六日	华世澂	大元帅府秘书	一二三〇	同	同		
同	陈家萧	大元帅府参军	一二三一	同	同		
同	杨克兴	谏义里筹饷委员	一二三二	同	同		
四 月十七日	黄金城	大元帅府参议	一二三三	同	同		
四 月十八日	林英杰	陆军部靖国援鄂军第一旅旅长	一二三七	同	同		
同	邓 耀	陆军部靖国援鄂军第二旅旅长	一二三五	同	同		
同	崔文藻	陆军次长	一二三六	同	同		

续　表

任命 年月	受任 姓名	任命职务	任状 号数	缮状 姓名	校状 姓名	发状 月日	备注
四　月 十九日	凌　霄	大元帅府 参军	一二三八	黄允斌	方　毅		
四月二 十四日	赵　超	同	一二三九	同	同		
四月二 十五日	王伟夫	大元帅府 参议	一二四〇	同	同		
四月二 十六日	陈　毅	同	一二四一	同	同		
同	朱家训	同	一二四二	同	同		
同	吴江左	同	一二四三	同	同		
同	陈创远	同	一二四四	同	同		
同	张本汉	大元帅府 参军	一二四五	同	同		
同	唐康培	同	一二四六	同	同		
同	李兴高	同	一二四七	同	同		
同	林者仁	大元帅府 秘书	一二四八	同	同		
四月二 十七日	萧　文	军事委员	一二四九	郑　涛	同		
四　月 廿九日	姜汇清	山东西南 路总司令	一二五〇	同	同		
同	冯百砺	大元帅府 参议	一二五一	黄允斌	同		
四　月 三十日	张庆豫	同	一二五二	同	同		

续　表

任命 年月	受任 姓名	任命职务	任状 号数	缮状 姓名	校状 姓名	发状 月日	备注
四　月 三十日	杜潽源	大元帅府 参议	一二五五	黄允斌	方　毅		
同	王子中	同	一二五四	同	同		
五　月 二　日	林斯琛	同	一二五六	同	同		

据《国父全集》第四册(转录史委会藏《大元帅府简任职务
一览表》第一、二号,秘书处总务股制原件)

大元帅府荐任人员职务姓名录[*]

（一九一七至一九一八年）

任命 月日	受任 姓名	任命职务	任状 号数	缮状 姓名	核状 姓名	发状 月日	备注
六年九月 十七日	蒋国斌	参军处总 务科科长	简任状 一一四	万黄裳	万黄裳		
同	梅　培	参军处会 计科科长	三	同	同		
同	陈永惠	参军处庶 务科科长	二	同	同		
九　月 二十三日	殷汝耕	驻日外交 代表秘书			同		
十一月 五　日	阮　复	内政部秘书	四	周应云	同	十一月 六日	
同	丁　震	同	五	同	同	同	
同	王　庹	同	六	同	同	同	
同	张龙云	同	七	同	同	同	
同	方　毅	同	八	同	同	同	
同	方　策	内政部佥事	九	同	同	同	
同	詹德烜	同	十	同	同	同	

---

[*]　栏中系中华民国纪年。

任命月日	受任姓名	任命职务	任状号数	缮状姓名	核状姓名	发状月日	备注
十一月五日	丁象离	内政部金事	一一	周应云	万黄裳	十一月六日	
十一月九日	许荷德	东海十六沙护沙自卫局会办	一三	潘应民	同	十一月九日	
同	何幹新	同	一四	同	同	同	
同	孔祥麟	东海十六沙护沙自卫局坐办	一五	同	同	同	
同	何菁宸	同	一六	同	同	同	
同	徐召虎	东海十六沙护沙自卫局局董	一七	同	同	同	
同	林宝彝	同	一八	同	同	同	
同	李云阶	同	二〇	同	同	同	
同	杨锦堂	同	二一	同	同	同	
同	谭佐卿	同	二二	同	同	同	
同	李重贤	同	二三	同	同	同	
同	锺超俸	同	二四	同	同	同	
同	何齐端	同	二五	同	同	同	
同	刘剑芬	东海十六沙护沙自卫局督征委员	二六	同	同	同	
十一月十二日	张重兴	东海十六沙护沙自卫团正团长	二七	同	同	十一月十二日	

续　表

任命月日	受任姓名	任命职务	任状号数	缮状姓名	核状姓名	发状月日	备注
十一月十二日	梁意和	东海十六沙护沙自卫团副团长	二八	潘应民	万黄裳	十一月十二日	
十一月十四日	袁　逸	财政部员	二九	黄允斌	同	十一月十四日	
同	覃集成	同	三〇	同	同	同	
同	区汉奇	同	三一	同	同	同	
十一月廿一日	郑振春	内政部金事	三二	万黄裳	同	十一月廿二日	
同	袁麟阁	同	三三	同	同	同	
同	黎庆恩	同	三四	同	同	同	
同	林者仁	同	三五	同	同	十一月廿三日	
同	曹羡	同	三六	同	同	同	
同	吴适	同	三七	同	同	同	
同	李维新	内政部技正	三八	同	同	同	
十二月一日	刘兆铭	财政部员	四四	同	同	十二月一日	
同	陈璞	同	四五	同	同	同	
十二月七日	周道万	内政部金事	四九	周应云	同	十二月七日	
同	周知礼	同	五〇	同	同	同	
同	汪鲲南	同	五一	同	同	同	

续　表

任命月日	受任姓名	任命职务	任状号数	缮状姓名	核状姓名	发状月日	备注
十二月七日	蔡蓉芝	金边筹饷局副局长	五二	周应云	万黄裳	十二月十六日	
同	许则敦	金边筹饷局总务科主任	五三	同	同	同	
同	陈辉	金边筹饷局财政员	五四	同	同	同	
同	杨复	金边筹饷局文事员	五五	同	同	同	
同	吴起汉	金边筹饷局董事	五六	同	同	同	
同	李芳洲	同	五七	同	同	同	
同	刘茂三	同	五九	同	同	同	
同	文步阶	同	五八	同	同	同	
同	蔡润生	同	六〇	同	同	同	
同	陈有庚	同	六一	同	同	同	
同	张阁	同	六二	同	同	同	
同	陈开兴	同	六三	同	同	同	
同	郑金兴	同	六四	同	同	同	
十二月十四日	马德贵	财政部员	六七	同	同	十二月十五日	
同	秦天枢	秘书处办事员	六六	同	同	同	

任命月日	受任姓名	任命职务	任状号数	缮状姓名	核状姓名	发状月日	备注
十二月廿二日	周鹤年	印铸局签〔金〕事	六八	周应云	万黄裳	十二月廿三日	
同	尹岳	同	六九	同	同	同	
同	钱述	印铸局技正	七〇	同	同	同	
十二月廿六日	马伯麟	大元帅府参军处副官	七三	同	同	十二月廿八日	
同	左新辉	同	七四	同	同	同	
同	刘项	同	七五	同	同	同	
同	童常志	同	七六	同	同	同	
同	孙本戌	同	七七	同	同	同	
同	曾昭墀	同	七八	同	同	同	
同	卢振柳	同	七九	同	同	同	
同	张贞	同	八〇	同	同	同	
同	宋世科	同	八一	同	同	同	
同	杨家骅	同	八二	同	同	同	
同	倪瀛	同	八三	同	同	同	
同	袁琫明	同	八四	同	同	同	
同	王大光	同	八五	同	同	同	
同	袁培	同	八六	同	同	同	
同	任培生	同	八七	同	同	同	
同	赵国铮	同	八八	同	同	同	

续　表

任命 月日	受任 姓名	任命职务	任状 号数	缮状 姓名	核状 姓名	发状 月日	备注
十二月 廿六日	冯　坤	大元帅府 参军处副官	八九	周应云	万黄裳	十二月 廿八日	
同	施自鸣	同	九〇	同	同	同	
同	黄启元	同	九一	同	同	同	
同	李树南	同	九二	同	同	同	
同	冯福田	同	九三	同	同	同	
同	曹兆征	同	九四	同	同	同	
同	彭　堃	同	九五	同	同	同	
同	王鸿猷	同	九六	同	同	同	
同	杨树德	同	九七	同	同	同	
同	宋慎华	同	九八	同	同	同	
同	马荫秋	同	九九	同	同	同	
同	黄　熏	同	一〇〇	同	同	同	
同	徐演群	同	一〇一	同	同	同	
同	叶醉生	同	一〇二	同	同	同	
同	何梓林	同	一〇五	同	同	同	
同	左忠文	同	一〇六	同	同	同	
同	高元仕	同	一〇四	同	同	同	
同	詹炳炎	同	一〇七	同	同	同	
同	李　焕	大元帅府 参军处总务 科一等科员	一一〇	同		同	
同	刘竣复	同	一一二	同	同	同	

续 表

任命 月日	受任 姓名	任命职务	任状 号数	缮状 姓名	核状 姓名	发状 月日	备注
十二月 廿六日	朱 震	大元帅府 参军处总务 科一等科员	一〇九	周应云	万黄裳	十二月 廿八日	
同	许 济	同	一一一	同	同	同	
同	李达贤	大元帅府 参军处会计 科一等科员	一一三	同	同	同	
同	梅放洲	大元帅府 参军处庶务 科一等科员	一一四	同	同	同	
同	李志强	同	一一五	同	同	同	
同	何登瀛	大元帅府 参军处总务 科二等科员	一一六	同	同	同	
同	雷 震	同	一一七	同	同	同	
同	谢 恺	同	一一八	同	同	同	
同	萧祖雄	同	一一九	同	同	同	
同	方 毅	同	一二〇	同	同	同	
同	杨义胜	同	一二一	同	同	同	
同	黄 伟	同	一二二	同	同	同	
同	李寅钟	大元帅府 参军处庶务 科二等科员	一二三	同	同	同	
同	伍颂唐	同	一二四	同	同	同	
同	赵 义	同	一二五	同	同	同	
同	谭炜楼	同	一二六	同	同	同	
同	雷金玉	同	一二七	同	同	同	

续　表

任命月日	受任姓名	任命职务	任状号数	缮状姓名	核状姓名	发状月日	备注
十二月廿六日	彭 毅	大元帅府参军处总务科三等科员	一〇三	周应云	万黄裳	十二月廿八日	
同	李锐军	同	一二九	同	同	同	
同	胡树藩	同	一三〇	同	同	同	
同	吴 岐	同	一三一	同	同	同	
同	黄体荣	同	一三二	同	同	同	
同	易致和	同	一三三	同	同	同	
同	李 富	大元帅府参军处会计科三等科员	一三四	同	同	同	
同	伍耀三	大元帅府参军处庶务科三等科员	一三五	同	同	同	
同	叶建兴	同	一三六	同	同	同	
同	吴泽理	同	一三八	同	同	同	
同	吴业刚	同	一四〇	同	同	同	
同	叶 镇	大元帅府参军处军医	一四一	同	同	同	
同	郑校之	大元帅府参军处技师	一四二	同	同	同	
七年一月十日	钟嘉澍	内政部佥事	一四三		同	一月十日	
一 月十二日	和耀奎	内政部秘书	一四四	同	同	一月十二日	

续　表

任命 月日	受任 姓名	任命职务	任状 号数	缮状 姓名	核状 姓名	发状 月日	备注
一　月 十八日	张世忱	内政部秘书	一四八	周应云	万黄裳	一月 十八日	
	乔　根	内政部金事	一四九	同	同	同	
	方作桢	同	一四七	同	同	同	
一　月 廿四日	李焕章	同	一五〇	同	同	一月 廿四日	
	甘华鲐	同	一五一	同	同	同	
	张治中	同	一五二	同	同	同	
二　月 一　日	赵精武	大元帅府 参军处副官	一五三	同	方　毅		
同	辛焕庭	同	一五四	同	同		
同	朱海山	同	一五五	同	同		
同	钱嘉祥	同	一五六	同	同		
同	文明清	同	一五七	同	同		
同	何贵元	同	一五八	同	同		
同	徐　适	同	一五九	同	同		
同	萧荣芳	同	一六〇	同	同		
同	李兴高	同	一六一	同	同		
同	张本汉	同	一六二	同	万黄裳		
同	丁士杰	同	一六三	同	同		
同	陈万金	同	一六五	同	方　毅		
同	罗家脩	同	一六六	同	同		

续　表

任命月日	受任姓名	任命职务	任状号数	缮状姓名	核状姓名	发状月日	备注
二　月一　日	夏登云	大元帅府参军处副官	一六七	周应云	方　毅		
同	张海洲	同	一六八	同	同		
同	陈庆云	同	一六九	同	同		
同	张惠长	同	一七〇	同	同		
同	刘　浩	同	一七一	同	同		
同	邓治斌	同	一七二	同	同		
同	李景熙	同	一七三	同	同		
同	许德宽	同	一七四	同	同		
同	彭维杰	同	一七五	同	同		
同	刘　靖	同	一七六	同	同		
同	高秉元	同	一七七	同	同		
同	于尧勋	同	一七八	同	同		
同	陈方培	同	一六四	同	同		
同	安瑞荘	财政部员	一七九	同	同		
二　月四　日	宋华荀	内政部秘书	一八〇	同	同		
二　月八　日	陈承经	内政部佥事	一八一	黄允斌	同		
同	王荫槐	同		同	同		
同	彭　年	同	一八三	同	同		
二　月十二日	宋树勋	同	一八四	周应云	同		

续　表

任命月日	受任姓名	任命职务	任状号数	缮状姓名	核状姓名	发状月日	备注
二　月十五日	曹利民	内政部佥事	一八五	周应云	方　毅		
二　月廿二日	胡光姚	大元帅府参军处副官	一八六	黄允斌	同		
同	陈鸣谈	内政部佥事	一八七	同	同		
同	陈伯江	同	一八八	同	同		
同	邓元章	同	一八九	同	同		
同	刘　屹	同	一九〇	同	同		
三　月十四日	伍尚铨	宿务筹饷局财政员	一九二	同	同		
同	黄　瑞	宿务筹饷局书记	一九三	同	同		
同	刘谦祥	宿务筹饷局董事	一九四	同	同		
同	廖宿生	同	一九五	同	同		
同	包魏荣	同	一九六	同	同		
同	郑丹志	同	一九七	同	同		
同	薛彬良	同	一九八	同	同		
同	薛秉禧	同	一九九	同	同		
同	叶独醒	同	二〇〇	同	同		
同	谢耀光	同	二〇一	同	同		
同	林良玉	同	二〇二	同	同		
同	枢　金	同	二〇三	同	同		

续　表

任命月日	受任姓名	任命职务	任状号数	缮状姓名	核状姓名	发状月日	备注
三　月十四日	冯国华	宿务筹饷局董事	二〇四	黄允斌	方　毅		
同	林应祥	同	二〇五	同	同		
同	梁宝珊	同	二〇六	同	同		
三　月十八日	冯汝枌	署理澄海地方审判厅厅长	民四	同	同		
三　月二十三日	林达存	交际委员	二〇七	郑　涛	同		
同	郑国华	同	二〇八	同	同		
三　月二十五日	杨世督	大元帅〈府〉参军处副官	二一四	黄允斌			
同	鲁　鸣	同	二一五	同	同		
同	曾子书	陆军部秘书	二〇九	同	同		
同	孙天霖	同	二一〇	同	同		
同	姚景澂	同	二一一	同	同		
同	马汝刚	兼署陆军部副官长	民四	同	同		
同	曹　铭	陆军政科长	二一二	同	同		
同	李月秋	同	二一三	同	同		
三　月廿六日	陈养愚	署理澄海地方审判厅厅长	民六	同	同		
同	陈其植	署理澄海地方检察厅检察长	民七	同	同		
三　月廿九日	陆际昇	内政部佥事	二一四	同	同		

续　表

任命月日	受任姓名	任命职务	任状号数	缮状姓名	核状姓名	发状月日	备注
三　月廿九日	夏重民	大元帅府稽查长	二一五	黄允斌	方　毅		
四　月三　日	章勤士	卫戍总司令部秘书	二一八	同	同		
四　月四　日	吴承斋	交通部秘书	一二二一	同	同		
四　月六　日	孙科	外交部秘书	二一九	同	同		
同	陈天骥	同	二二〇	同	同		
四　月十　日	杨芳	同	二二二	郑　涛	同		
同	胡继贤	外交部佥事	二二三	同	同		
四　月十七日	余辉照	大元帅府参军处副官	二二六	黄允斌	同		
同	胡砼	同	二二七	同	同		
四　月廿七日	林仲鲁	内政部佥事	二二八	郑　涛	同		
同	郭冰槐	同	二二九	同	同		
四　月廿九日	陈树枏	印铸局佥事	二三〇	同	同		
四　月卅日	薛云章	大元帅府参军处副官	二三一	黄允斌	同		
五　月二　日	蔡公时	陆军部练兵处秘书	二三三	同	同		

据《国父全集》第四册(转录史委会藏《大元帅府荐任
职务一览表》第一号,秘书处总务股制原件)

本卷编后说明

　　《孙中山全集》第四卷的编辑工作由中国社会科学院近代史研究所中华民国史研究室承担,尚明轩主编,潘汝暄、朱宗震、丁贤俊参加编辑,李新校订。

　　在编辑工作中,承中国第二历史档案馆、中国革命博物馆、北京图书馆、中山大学历史系孙中山研究室、广东省社会科学院历史研究所、上海社会科学院历史研究所、上海图书馆、云南省档案馆、云南省社会科学院历史研究所、广西社会科学院历史研究所、四川大学历史系、重庆市政协文史资料研究委员会、辽宁大学历史系、东北师范大学历史系、哈尔滨师范大学历史系等单位及有关同志,积极提供资料或重要资料线索,给了我们很大帮助和支持,此外,还得到其他不少单位和个人以各种方式给予的热情帮助,谨在此一并致以深切的谢意。

　　孙中山一九一七年二月撰写的《会议通则》,后改名《民权初步》并编为《建国方略》之三(社会建设),今一并编在本集第五卷,本卷仅存篇目。

编　者

一九八四年三月